Katas Ellie

Walk to Life

II

Eine deutsch- amerikanische Geschichte

Impressum
Texte: © 2023 Copyright by Katas Ellie
Umschlag: © 2023 Copyright by Katas Ellie

katas-ellie@gmx.de
https://www.facebook.com/Katas.Ellie

Druck: epubli – ein Service der Neopubli GmbH, Berlin
Köpenicker Straße 154a, 10997 Berlin

Verlag: Inga Rieckmann alias Katas Ellie
c/o Block Services
Stuttgarter Straße 106
70736 Fellbach

Zuständige Pflichtabgabestelle:
Württembergische Landesbibliothek
-Pflichtexemplarstelle-
Konrad-Adenauer-Str.8
70736 Fellbach

Bibliografische Information der Deutschen Nationalbibliothek:
Die Deutsche Nationalbibliothek verzeichnet diese Publikation
in der Deutschen Nationalbibliografie; detaillierte bibliografische Daten sind im Internet über http://dnb.d-nb.de abrufbar

Kapitel 1

Die Feuerwache in Page, Arizona

Mit hämmerndem Herzen und schmerzendem Kopf hocke ich in der Toilettenkabine und weiß weder ein noch aus. Mir ist eiskalt, ich zittere regelrecht. Verdammt, wo habe ich mich da nur reingeritten? Wie hatte es soweit kommen können? Und warum nur kann ich meine Klappe nicht halten?!

Draußen geht die Tür. »Sanna?« Mo kommt herein, klopft an die Kabinentür.

»Ich lebe noch«, krächze ich. Unter Aufbietung all meiner Kraft schaffe ich es, mich hochzustemmen und die Tür zu öffnen. Mos Blick ausweichend, gehe ich zum Waschbecken und wasche mir das Gesicht, spüle mir den Mund aus.

»Geht es?«, fragt sie und reicht mir ein Handtuch.

Immer noch hämmert mein Herz wie verrückt. Mein Gesicht ist bleich, ich erkenne es kaum wieder im Spiegel. Am liebsten wäre ich davongelaufen, hätte mich verkrochen. Doch das geht nicht. Sie warten draußen, erwarten eine Antwort.

»Oh je, das muss dir ja wirklich an die Nieren gegangen sein. Hast ne Menge Scheiß über 9/11 im Netz gesehen, was?« Sie drückt mich tröstend.

Hast du eine Ahnung! »Sei so gut und koche mir einen starken Tee, ja? Mit viel Zucker drin. Ich komme gleich. Tut mir leid um euer schönes Essen, wirklich.« Nur zögernd lässt sie mich allein, und ich höre durch die geschlossene Tür die Stimmen der anderen, wie sie nach mir fragen.

Vielleicht ist es besser so. Raus damit, dann kannst du die ganze Sache hinter dir lassen, einschließlich Tom, einschließlich der Jungs und dieser verrückten Geschichte. Dieser Gedanke kommt mir unwillkürlich. Doch so einfach ist es nicht, und das weiß ich auch. Dafür habe ich sie einfach zu gern. Aber sie werden es danach ganz sicher nicht mehr. All meine Kraft zusammennehmend, ziehe ich leise die Tür ein stückweit auf. Im Flur ist niemand, aber ich höre die Stimmen der anderen.

»Meine Güte, so empfindlich kam sie mir gar nicht vor«, sagt Vince gerade.

»Das ist sie auch nicht«, kommt es von Tom. »Nein, sie hat Angst. Nur, wovor?«

»Vielleicht hat sie ja jemanden bei den Anschlägen verloren«, mutmaßt Geoff.

»Das wird sie uns hoffentlich gleich erklären.« Das ist der Chief. Oh nein, dass ausgerechnet der dabei sein muss!, durchzuckt es mich, aber es nützt doch nichts.

Bei den letzten Schritten auf die Tür zum Mannschaftsraum zu überlege ich mir eine Strategie. Ganz sicher nicht werde ich mich jetzt wie auf eine Anklagebank führen lassen. Als ich den Raum betrete, verstummen alle und schauen mich an. »Du hast recht«, sage ich zu Tom und setze mich wieder auf meinen Platz. Mo kommt herein und reicht mir eine Tasse Tee.

Ich danke ihr leise, verschränke die Hände um die Tasse und schaue auf das Navajo Tattoo auf meinem Handrücken. Und da weiß ich auf einmal, wie ich es machen kann. »Ihr alle habt mich – mehr oder weniger direkt – gefragt, wie ich zu diesem Zeichen hier gekommen bin.«

Jetzt sind sie verblüfft. Damit haben sie nicht gerechnet. Die lauernde Anspannung weicht ein wenig der Neugier, und das hilft mir. »Ich bin offenbar mit einer Gabe auf die Welt gekommen. Ich kann Dinge spüren in meiner Umgebung, kaum merkbare Signale, die jeder Mensch von sich gibt. Ihr alle habt es bereits gemerkt. Körpersprache, Mimik, wie die Menschen sich ausdrücken, das kann ich alles lesen. Und offenbar auch die etwas unsichtbareren Strömungen. Keine Gedanken oder so, denkt das nicht. Die Navajo, die haben dieses Talent erkannt und mich um Hilfe gebeten bei einem ihrer Probleme, und ich konnte ihnen tatsächlich helfen. Es war ein Ritual. Dies hier ist ihr Dank und eine Ehrbezeichnung dafür.« Ich verstumme, sammle Kraft. Trinke einen Schluck Tee, lasse ihn ganz bewusst die Kehle herabrinnen.

»Aber was hat das denn mit…?« Toms erhobene Hand bringt Mo zum Verstummen. Ich mag ihn nicht anschauen, denn ich weiß, wenn ich jetzt seinem Blick begegne, dann breche ich zusammen.

Tief Luft holend und die Tasse abstellend, spreche ich weiter: »Dieses Talent war in meinen jüngeren Jahren noch nicht so ausgeprägt, es ist erst mit der Zeit stärker geworden. Nennt es Erfahrung, ich weiß es nicht. Hätte ich von Anfang an diese Stärke gehabt, dann wäre vielleicht vieles anders geworden. Denn ich bin schon einmal dem Tod begegnet.« Jetzt schaue ich Jimmy an, und er zuckt förmlich zurück. Ich bin ihm unheimlich, und wie!

»Nein, sag nicht…« Toms Hand legt sich auf meinen Arm, aber ich ziehe ihn zurück. Er ahnt es bereits, natürlich tut er das. Er weiß ja, von woher ich stamme.

Ich richte den Blick wieder auf meine Hände, auf die Tätowierung. »Ich weiß nicht, ob Tom euch erzählt hat, woher ich komme. Aus Deutschland, sicher, aber ich bin in der Nähe von Hamburg aufgewachsen, und dort habe ich auch studiert genauso wie mein späterer Mann, und wie das so ist, sind wir da auch viel auf Partys unterwegs gewesen.« Jetzt merke ich bei dem einem oder anderen die Anspannung. Der Name Hamburg lenkt die etwas mehr im Thema drin Steckenden natürlich gleich in die richtige Richtung.

Ich spreche weiter: »Ich hatte eine Kommilitonin, oder besser eine Freundin, Ariya. Sie war Kurdin und etwas ganz Besonderes, ein bildschönes Mädchen, nett, aufgeschlossen, und sie hatte eine eigene Wohnung für sich. Das war schon ungewöhnlich, denn die meisten von uns wohnten entweder noch zuhause oder in WGs, etwas anderes konnten wir uns gar nicht leisten. Sie aber war zudem noch Muslima, die wohnen für gewöhnlich so jung und unverheiratet nicht allein, aber sie tat es, es ging nicht anders, denn ihre Familie lebte in einer anderen Stadt, und sie hatte nun mal hier ihren Studienplatz gefunden. Einen Samstagabend, da rief sie mich an. Sie war ein wenig in Panik. Sie hatte zu einer Party eingeladen, nur ein paar Leute, aber offenbar hatte sich das herumgesprochen, und auf einmal kamen viel, viel mehr, als sie es beabsichtigt hatte. Heute würde man so etwas eine Facebook Party nennen.«

»Oh je«, sagt Mo. »So etwas kann übel enden.«

»Wem sagst du das«, erwidere ich. »Sie flehte uns an, ihr zu helfen, denn die Dinge begannen bereits aus dem Ruder zu laufen. Also sind wir mit unserer gesamten Clique hingefahren. Doch es war bereits zu spät. Laute Musik dröhnte durch den gesamten Block, Massen von Leuten. Wir haben uns in ihre Wohnung durchgekämpft und fanden dort ein regelrechtes Besäufnis vor. Die Mädels tanzten bereits auf den Tischen, und das nicht unbedingt sittsam bekleidet, jedenfalls nicht für Ariyas Verhältnisse. Uns war klar, wir würden das beenden müssen. Also habe ich meinen Freund und seine Kumpels losgeschickt, die Musik auszudrehen und die Leute wegzuschicken, und ich habe mich auf die Suche nach Ariya gemacht. Es gab eigentlich nur zwei Orte, wo sie sein konnte.«

Mo weiß es sofort. »Das Klo oder die Küche.« Sie ignoriert die finsteren Blicke der anderen, versucht mir offenbar zu helfen. Dafür bin ich ihr wirklich dankbar.

»Genau. Ich fand sie in der Küche. Und da war sie auch nicht allein.« Jetzt setze ich mich anders hin. Ich schlinge die Arme um meine Schultern. Eine Schutzhaltung, das ist mir klar, aber es ist mir egal, ob die anderen das sehen. Tom neben mir spannt sich gut spürbar an.

»Ihr Freund war da und noch eine ganze Reihe anderer Typen, fast alles Jungs, alles Ausländer. Günni – das ist - war ihr Freund, er heißt eigentlich Günnyar – hatte sie im Arm, und sie war das heulende Elend. Als sie mich sah, flehte sie mich an, die Leute rauszuschmeißen. Ich habe erstmal die Tür zugemacht und ihr gesagt, dass ich meine Jungs mitgebracht hätte, sie würden sich kümmern. ‚*Das ist alles die Schuld von dieser dämlichen Amerikanerin*‘, schniefte sie, und ich wusste genau, von wem sie redete, denn das Mädel war mir schon an unserer Uni aufgefallen. Feierwütig und ziemlich aggressiv gegen alles, was nicht ihrem *way of life* entsprach. Überheblich, das war sie. ‚*Wie bist du denn an die rangekommen?*‘, fragte ich erstaunt, und sie sagte, irgendjemand hätte sie mitgebracht, ganz am Anfang, und dann hätte sie angefangen, alle möglichen Leute anzurufen, vom Anschluss der Wohnung aus, auf Kosten von Ariya. Weil die Stimmung so lahm war. ‚*Ich hasse sie!*‘, heulte sie, und ich spürte die Missbilligung um mich herum. Sorry, Mo. Soll keine Verallgemeinerung sein.«

»Nein, nein, schon gut. So etwas macht man einfach nicht, nicht auf fremden Partys. Das muss ja ein echtes Miststück gewesen sein«, sagt sie.

»Das war sie, oh ja. Drüben gab es denn auch mächtig Aufruhr, aber das haben wir ausgesperrt. ‚*Ich koche dir erstmal einen Tee, und dann beruhigst du dich wieder*‘, sagte ich zu Ariya. ‚*Wir bekommen das schon hin.*‘ Ich wollte nach einem ihrer Kräutertees greifen, da stand einer der Typen – er war der einzige, der noch ein Mädchen dabeihatte – auf und sagte: ‚*Nein, nein, nicht der. Sie braucht jetzt ein Stück Heimat.*‘ Und er griff zu dem arabischen Tee und zeigte mir, wie man diesen starken, süßen Tee mit Minze kocht, ein echtes Originalrezept. Das fand ich total nett von ihm, irgendwie süß. Wir kamen ins Erzählen, ich fragte ihn, woher sie denn alle stammten, denn sie sprachen zwar Deutsch, aber mit starkem Akzent. Er käme aus dem Libanon, und die anderen waren von überall her, Ägypten, Saudi-Arabien, aus aller Herren Länder. Das war ganz normal an der Uni, es war eine internationale, mein Freund hat da auch studiert und hatte viele ausländische Kommilitonen. So erzählten wir ein wenig, und ich bekam Ariya langsam wieder beruhigt. Drüben wurden die Leute jetzt weniger, und die Lage entspannte sich ein wenig.

‚*Du feierst wohl nicht so?*‘, fragte einer, der war mir schon vorher aufgefallen, denn er saß in der Ecke mit einer Miene, die war wie versteinert.

Ich sagte zu ihm: ‚*Doch, das tue ich, aber nicht wie die da. Glaube ja nicht, wir wären alle so. Das stimmt nicht.*‘

Der andere, der mir den Tee gekocht hat, guckte mich an und meinte: ‚*Damit machst du dich nicht unbedingt beliebt, was?*‘

Da habe ich spöttisch gelacht. Ich habe gesagt: ‚*Das ist mir egal. Auf Anerkennung von einer wie der kann ich verzichten. Ich tue, was mir passt, und wenn mir die Nasen da draußen nicht gefallen, gehe ich halt woanders hin. Es leben anderthalb Millionen Menschen in der Stadt, da finden sich immer welche, die zu mir passen. So wie meine Freunde, die ich mitgebracht habe.*‘

Er lachte und wollte wohl noch etwas sagen, doch in dem Moment hörten wir draußen Sirenen. Die Nachbarn hatten die Polizei gerufen. Verdammt, sagte ich, und Ariya brach wieder in Tränen aus. Von dem Typen in der Ecke kam ein kurzer, schneller Satz auf Arabisch, es klang wie ein Befehl, und sie alle standen unisono auf und verließen den Raum ohne ein weiteres Wort. Bis auf er…«

Ich halte kurz inne und schließe die Augen. Rufe mir die Szene wieder ins Gedächtnis. Ich spüre, wie sich jemand neben mir auf der Lehne des Sessels niederlässt und mir den Arm um die Schultern legt. Schlank. Parfüm. Mo.

Die nächsten Worte wollen mir kaum über die Lippen, aber es hilft ja nichts. »In der Tür drehte er sich noch einmal um. Seine Miene war nach wie vor unbeweglich, aber auf einmal war da ein

Feuer in seinen Augen, es war dunkel und ließ mir irgendwie einen Schauder über den Rücken laufen. ‚*Wir achten Menschen, die gegen alle Widerstände ihren eigenen Weg gehen*‘, sagte er, hielt kurz inne, und dann: ‚*Du solltest zu uns gehören.*‘ Dann drehte er sich um und ging raus.«

»Scheiße, Sanna, das waren doch wohl nicht…«, entfährt es Sean, und Jimmy neben ihm sieht aus, als stünde er kurz davor zu explodieren. Mo hat mich längst losgelassen, als hätte sie sich verbrannt, und Tom, der hat sein Gesicht in den Händen vergraben.

»Da hast du ganz richtig geraten. Derjenige, der mir den Tee gekocht hat, das war Ziad Jarrah, der hat die Maschine in Shanksville abstürzen lassen. Flug 93. Und der in der Tür, das war Mohammed Atta. Auch genannt Atta oder Mohat. Studiert hat er aber mit einem ganz anderen Namen an der Uni. Nur wusste ich das damals noch nicht. Er war es, der deinen Vater umgebracht hat, Jimmy, als er die Maschine in den Nordturm des World Trade Centers steuerte. Es tut mir leid.«

»Verflucht noch eins, das muss…«, fängt der Chief an zu knurren, doch ich unterbreche ihn einfach.

»Pfeifen Sie ihre inneren Truppen zurück, Chief! Die Geschichte ist noch nicht zu Ende, noch lange nicht«, sage ich scharf, doch ich selber werde jetzt auch unterbrochen.

»Ich will nichts mehr davon hören!«, faucht Jimmy mich an, springt auf und stürmt hinaus.

»Aber ich.« Tom packt meinen Arm, zwingt mich, ihn anzusehen. »Ich will es wissen. Weiter.« Seine Miene ist zu Stein geworden, die Augen stechend. Genau das habe ich befürchtet. Ich schlucke, und er schüttelt mich leicht. »Sprich!«

»Lass mich los, sofort!«, warne ich leise, und etwas in meinem Tonfall lässt ihn augenblicklich gehorchen. Ich rücke ein Stück von ihm ab, was Mo von meiner anderen Seite vertreibt. Sie setzt sich wieder zu Sean. »Diese Typen waren so schnell verschwunden, dass es mich gewundert hat«, fahre ich fort. »Ich machte die Tür wieder zu und fragte Ariya, wer die gewesen waren.

Und sie und das andere Mädchen, die Freundin von dem Teekocher, senkten den Kopf. ,*Das sind Günnis Kumpel, Ziad und Mohat*, sagte sie, *mit denen hängt er neuerdings immer öfter rum.*'

Und die andere sagte: ,*Sie haben sich verändert, seit sie Mohat kennen. Das macht mir ein wenig Angst.*'

Ich fragte sie, warum. Und sie erzählte mir, dass sie neuerdings eine Moschee auf dem Steindamm in Hamburg besuchten, eine mit keinem guten Ruf. Die meisten Kurden praktizieren eine sehr moderate Form des Islams, und sie wissen, wovon sie reden. Der Steindamm ist so etwas wie die negative Kehrseite von dem berühmten St. Pauli, er wird im Volksmund auch Kinderstrich genannt. Illegale Prostitution, Obdachlose, Drogenabhängige. Damals konnte man sich als Frau nicht alleine dorthin trauen.« Das hat sich inzwischen geändert, ich weiß es, denn das ist die Gegend, wo sich PicX herumtreibt.

Ich sammle meine Gedanken wieder und hole tief Luft. »Naja, die Party wurde dann von der Polizei aufgelöst. Ein übles Nachspiel hatte das für Ariya allemal, denn die Wohnung lief auf den Namen ihrer Familie, und so bekamen die mit, was da abgelaufen war. Das war natürlich eine Schande für die Familie. Keine zwei Tage später zogen Verwandte bei Ariya mit ein, und sie wurde fortan regelrecht überwacht. Ihren Günni, den konnte sie nur noch heimlich treffen, und auch ich verlor sie ein wenig aus den Augen. Jedenfalls… habe ich meinem Freund und seinen Kumpels auf der Rückfahrt von dieser merkwürdigen Kombo in der Küche erzählt, und einer sagte dann:

,*Die kenne ich. Die sind keine Maschinenbauer wie wir, aber jemand hat mir erzählt, die haben sich sogar einen eigenen Raum in der Uni eingerichtet. Die sollen echt radikal sein.*

Mitten in der Vorlesung verschwinden sie für ihre Verrenkungen.' Damit meinte er das Gebet. Ich hatte auf einmal ein ganz mieses Gefühl, nicht nur wegen Ariya und ihrer Freundin.«

Ich halte kurz inne, sortiere meine Gedanken. Es ist ja schon lange her. »Ich habe dir ja erzählt, dass ich gleichzeitig studiert und gearbeitet habe damals«, sage ich zu Tom. »Am Montag dann war ich wieder auf Arbeit. Meine damalige Abteilung bestand fast nur aus Frauen, und mehr als die Hälfte von ihnen war mit irgendwelchen Polizisten oder Staatsdienern verheiratet. Ich habe ihnen von der Party erzählt und diesen Typen. Die eine wurde dann auch gleich aufmerksam und hat ihren Mann angerufen. Wir haben uns in der Mittagspause mit ihm getroffen«, jetzt schaue ich den Chief direkt an, und er setzt sich ein wenig aufrechter hin, »denn die Hamburger Polizeizentrale, auch genannt das Bullenkloster, war nicht weit weg. Ich habe ihm von meinem miesen Gefühl erzählt, und er hat sich Notizen gemacht. Er fragte, ob ich das offiziell anzeigen möchte. Wie soll ich denn jemanden anzeigen, der mich einfach nur schief anguckt?, habe ich ihn gefragt. Da musste er zugeben, das wäre wohl übertrieben. Aber er würde mal eine Akte anlegen mit diesen Angaben, was er dann auch getan hat. Zwei Tage später steckte mir meine Kollegin einen Zettel mit dem Aktenzeichen zu. Das hätte dann das Ende sein können. War es aber nicht.« Ich verstumme und presse die Lippen zusammen.

»Was ist passiert?«, fragt Tom leise, auf einmal gut hörbare Besorgnis in seiner Stimme. Überhaupt ist die ablehnende Spannung im Raum ein wenig gewichen. Alle halten die Luft an.

Ich sehe ihn an. »Ich bin nach einigen Monaten Ariya an der Uni über den Weg gelaufen. Sie war vollkommen verändert, trug jetzt ein Kopftuch, war blass und abgemagert. Ich habe mich richtig erschrocken und sie gleich beiseite genommen. Sie ist in Tränen ausgebrochen und hat mir erzählt, dass Günni seit ein paar Wochen verschwunden war und mit ihm alle seine Kumpel.

Angeblich eine Familienangelegenheit, aber ich habe sofort gesagt, da stimmt doch etwas nicht, so viele verschiedene Typen aus all diesen Ländern und dann alle gleichzeitig? Sie hat nur die Schultern eingezogen und ist geflüchtet vor mir.

Ich habe dann den Mann meiner Kollegin angerufen und ihm davon erzählt. Er wurde sofort hellhörig und hat sich bedankt, das wäre eine wichtige Information. Gehört habe ich dann erstmal nichts mehr, bis dann eines Tages Ariya mich anrief, in Tränen aufgelöst. Sie sagte, die Jungs wären wieder da, aber ihr Günni, der wäre nicht zurückgekommen, und sie wüsste nicht, was sie noch tun sollte. Da konnte ich ihr auch nicht helfen, denn sie war ja nicht offiziell mit ihm zusammen. Seine Familie hätte eine Vermisstenanzeige aufgeben müssen, doch Ariya hat sich nicht getraut, sie zu kontaktieren. Dann wäre ihre heimliche Beziehung aufgeflogen. Das ist in solchen Familien wirklich ein Problem. Als Mädchen hast du den Mann zu heiraten, den deine Familie dir aussucht, und ansonsten brav zuhause zu bleiben und Jungs nicht anzufassen. Nicht, dass es nicht trotzdem passiert, und das wissen auch alle, aber wenn das auffliegt, bekommen diese Mädchen echte Probleme, weil die Familie das Gesicht verliert. Das geht hin bis zum Ehrenmord, und davor hatte Ariya wirklich Angst. Ich kann das gut verstehen«, füge ich leise hinzu.

»Ist ihr denn was passiert?«, fragt Mo.

»Oh ja. Nicht das, aber die Geschichte ist nicht gut ausgegangen für sie. Aber das kam später.« Ich muss die Augen zusammenkneifen. Obwohl das so lange her ist, schmerzt es noch sehr. Ich spüre eine Berührung am Arm. Tom drückt ihn auffordernd.

»Ich habe meinen Kontakt bei der Polizei wieder angerufen, wieder hat er es sich notiert, und er sagte, er würde gerne mit Ariya sprechen. Er könne sich mal umhören. Da habe ich gezögert, ihre Nummer weiterzugeben, aber er sagte, ich könne ihr gerne seine geben, das wäre ein Diensthandy. Was ich dann auch getan habe. Ich weiß nicht, ob sie ihn angerufen hat. Unser

Kontakt wurde immer seltener. Mein Freund und ich, wir wurden fertig mit dem Studium, sind umgezogen, hin nach Süddeutschland. Das ist für einen angehenden Ingenieur so etwas wie das Silicon Valley in der IT Branche. Alle großen Firmen sind da, Daimler, Bosch, BMW, Porsche, um nur einige zu nennen. Wir wohnten da gerade ein paar Monate, da rief Ariya mich wieder an. Sie musste wohl mal mit jemandem reden. Ihre Familie hätte eine Ehe für sie arrangiert, mit einem entfernten Cousin. Von Günni hat sie immer noch nichts gehört, und dann sagte sie mir, dass sie von ihrer Freundin mitbekommen hätte, dass seine anderen Kumpels gar nicht mehr in Deutschland wären, sondern hier, in Amerika, und dass sie das Fliegen lernen würden. Ich sage, wie bitte? Die hassen die Amerikaner, das war damals gut zu merken, jeder von ihnen hat das mal in einem Satz fallen lassen. Was wollen sie da drüben, und das alle zusammen? Außerdem haben die doch was ganz anderes studiert. Warum wollen sie das Fliegen lernen?«

Ich spüre, wie sich alle anspannen. Jetzt mag ich niemandem mehr in die Augen schauen. »Ich sagte zu Ariya, dass da etwas nicht stimmen würde, und dass wir das endlich melden müssten. Da ist sie in Tränen ausgebrochen. Sie hat mich angefleht, es nicht zu tun. Wenn das herauskäme, dass sie etwas mit denen zu tun hätte, dann würde ihre Familie sie umbringen. Ich war hin- und hergerissen, ich wusste ja, dass mein Kontakt bereits ihren Namen hatte. Also…«

»Also was?«, unterbricht mich Sean scharf.

»Lass sie!«, fährt Mo ihn an.

»Ich hab's nicht getan.« Auf meine Worte stöhnt nicht nur einer auf.

»Scheiße, Sanna, das darf doch nicht wahr sein!«, ruft Vince aus.

»Wegen ihr«, fahre ich schnell fort, bevor mich noch einer unterbrechen kann. »Ich wollte nicht, dass sie noch mehr zu leiden hatte als eh schon. Aber es ließ mir keine Ruhe, und meinem

Freund auch nicht. Wir haben diskutiert und diskutiert, was tun, und er sagte, wir könnten das nicht einfach auf sich beruhen lassen, und ich wusste, er hatte recht. Also habe ich einen anonymen Brief geschrieben an die Polizeidirektion in Hamburg und habe das Aktenzeichen angegeben und alles, was ich wusste. Nur ohne unsere beiden Namen. Damit sollte es genug sein. Ich habe dann nichts mehr von der Sache gehört bis zu jenem Tag. An den erinnert sich wohl jeder Mensch auf der Welt noch, als wäre es heute.«

Ich halte inne und spreche erst mit Verzögerung weiter. »Ich war auf einer Tagung mit meinen Kollegen, ein Hotel mit angeschlossenem Vergnügungspark. Wir sind dann nachmittags rausgegangen, ein bisschen Spaß haben, vielleicht etwas trinken gehen, wie man das so macht. Es war gruselig. Auf einmal war es in dem Park still. Nicht die Fahrgeschäfte, die hat man immer noch gehört. Aber die Menschen waren auf einmal fort, keine Rufe, keine Schreie, wie das sonst so ist. Als wären sie einfach... weg. Nur, dass sie bei euch in New York wirklich weg waren. Einfach ausgelöscht.« Jetzt merke ich, wie mir die Tränen in die Augen steigen. Ich sehe nichts mehr, nur Toms Berührung, die spüre ich immer noch. Seine Hand, warm und stark und fest zupackend.

»Wir wurden dann alle nach Hause geschickt, nur zur Sicherheit. Ich bin hunderte Kilometer Landstraße gefahren, bloß keine Autobahn. Niemand wusste, was als Nächstes passieren würde, denn die großen US Stützpunkte, die in Baden-Baden, Ramstein, Stuttgart, die waren ja nicht weit weg. Würden jetzt Bomben fallen, der dritte Weltkrieg? Aber es ist nichts passiert, ich kam heil zuhause an. Dann haben wir natürlich Nachrichten geguckt, wie alle auf der Welt. Ich erinnere mich nicht mehr genau, wann sie das erste Mal die Fahndungsbilder brachten.«

Ich muss einen Augenblick innehalten. Das kommt alles wieder hoch. »Ich glaube, ich habe geschrien. Ich weiß es gar nicht mehr, aber meinen Freund, den hat's förmlich umgehauen. Wir haben sofort die Kumpel angerufen, alle waren in heller Aufregung. Das ging durch die Ehemaligen der Uni wie ein Lauffeuer. Aber noch flogen wir unter dem Radar der Behörden. Das wäre wohl auch so geblieben, vermute ich, hätte nicht Ariya, diese dumme Nuss, mich ein paar Tage später angerufen.«

»Oh Scheiße«, sagt Mo da leise. »Und damit hatten sie dich?«

»Hmm… sie sagte, man hätte sie und ihre Freundin verhört. Viele Stunden lang. Sie sagte, dass ihre Verlobung geplatzt wäre und ihre Familie sie zur Strafe nach Kurdistan zurückschicken würde. Das ist in etwa so, als wenn du als New Yorker Mädchen mit einem Amish zwangsverheiratet wirst. Tiefstes, rückständigstes Land. Sie wusste weder ein noch aus, aber ich konnte ihr nicht mehr helfen. Mein Freund, der ist ausgerastet. Er sagte, wenn die sie überwachen, dann kommen sie auch zu uns. Also haben wir uns vorbereitet. Ich habe den gesamten Ablauf, die Aktennotizen und die Anrufe, einfach alles, nochmal zusammengetragen. Wir haben Zeitungen gekauft, die New York Times, Washington Post und ein paar andere und haben alles gelesen, dessen wir habhaft werden konnten, Tag und Nacht. Alles, was im Internet damals verfügbar war. Der Anruf kam dann ein paar Tage später.« Jetzt spreche ich immer schneller, denn an diesen Teil denke ich noch viel unlieber zurück als an den ganzen Rest.

»Ich wurde freundlich, aber bestimmt in die nächste US Base in Stuttgart bestellt. Wir wussten nicht, was wir davon halten sollten. Thore, das war mein damaliger Freund und späterer Mann, den hatten sie nicht bestellt. Wir waren damals noch nicht verheiratet, die Wohnung lief auf mich. Offenbar hatten sie gar nicht kapiert, dass er der eigentliche Connect zu den Attentätern war, er hat ja mit ihnen an derselben Uni studiert. Ich wolle ihn da unbedingt raushalten, er wollte nicht, dass ich alleine hinfahre. Wir hatten ja alle schon einmal diese Agentenfilme gesehen, mit den Containern in der Halle, wo dann den Befragten eröffnet wird, sie seien hier nicht mehr in Deutschland oder Amerika, sondern auf neutralem Boden, und man könne mit ihnen machen, was man wolle.«

»Du kannst doch nicht allen Ernstes glauben…«, fährt Danny auf.

»Denk, was du willst, aber ich habe es, und es stellte sich leider als allzu wahr heraus«, erwidere ich.

Ein kollektives »Waas?!« ringsherum lässt mich bitter schnauben.

»Ihr habt ja keine Ahnung! Wohl noch nie von Guantanamo gehört, was? Nur, da bin ich nicht gelandet, und dafür gibt es einen Grund. Wir haben uns abgesichert. Wir haben die Zusammenfassung unserer Fakten an unsere Freunde per Mail geschickt und in Papierform an unsere Nachbarn sowie einige Kollegen verteilt. Außerdem war just an dem Tag bekannt geworden, dass sie hier drüben bereits vor Monaten einen der Attentäter verhaftet hatten, es aber versäumt hatten, seinen Computer zu durchleuchten. Alles war da, sie hätten es nur lesen müssen. Das gab mir natürlich Rückendeckung.« Ich schweige einen Moment.

»Ich bin mir gar nicht sicher, ob ich den Rest hören will«, sagt der Chief da. »Es wird unser Land nicht gut aussehen lassen, richtig?«

Ich nicke nur und fange einen Blick von Tom auf, da wird mir ganz anders. Seine Hand klammert sich an meinen Arm, richtig weh tut es. Langsam ziehe ich ihn weg, und er lässt sofort los.

»Ich bin also morgens in die Base gefahren und wurde auch gleich hineingeführt, mit einem Wachmann, der war wie ein Schrank gebaut. Ein Verhörraum, fensterlos, mit einer verspiegelten Wand. Wie im Krimi. Es waren zwei Männer da, ein Deutscher und ein Amerikaner. Ihre Namen habe ich nie erfahren. Vor ihnen lagen zwei Akten, eine dünne und eine dicke. Die dünne trug mein Aktenzeichen. Sie haben mich auf Englisch interviewt, der Deutsche hat übersetzt, wenn ich mit einigen Terms nicht klarkam. Das Ganze ging über Stunden. Dieser Ami, der war ein ganz harter Hund. Eiskalt und rücksichtslos. Er hat versucht mich auszuquetschen, versucht, mir die Worte im Mund herumzudrehen, nur, dass ich das mit mir nicht habe machen lassen. Wenn es zu heftig wurde, habe ich mich einfach hinter Sprachschwierigkeiten versteckt. Ich bin einfach stur bei der Wahrheit geblieben, sie haben es nicht geschafft. Ich spürte, es ging ihm gar nicht um die Wahrheit, sondern darum, einen Sündenbock für diese ganze Geschichte zu finden. Nach Stunden ohne irgendwas zu essen oder trinken merkte ich langsam, wie mir die Kräfte abhandenkamen. Meine Güte, ich war gerade Mitte zwanzig, noch ein Küken, eben mit dem Studium fertig. Irgendwann konnte ich dann nicht mehr.« Ich schlucke bei dem Gedanken daran.

»Ich bin aufgesprungen und habe mich zu ihnen über den Tisch gebeugt. Ich habe ihnen gesagt, dass jetzt Schluss wäre. Dass ich ihnen nichts mehr sagen könne, und dass sie lieber in ihren eigenen Reihen nach den Versagern suchen sollten, denn sie haben versagt, die deutschen Behörden und die amerikanischen. Dass sie die Attentäter schon gehabt hätten und versäumt, die Puzzleteile zusammenzubringen. Und dann habe ich demonstrativ auf die Uhr geschaut und gesagt, wenn ich nicht in einer halben Stunde hier raus wäre, würden alle meine Freunde und Bekannten die Details dieser Geschichte an die Presse schicken. Das würde dann übel für sie ausgehen. Ich kenne ja jetzt ihre Gesichter und die Aktenzeichen, und das wäre jederzeit nachprüfbar. Da hat der Typ doch tatsächlich seine Hand auf die Akten gelegt und sie verdeckt. Ich habe ihn ausgelacht. Ich habe ihn gefragt, für wie blöde er mich denn hielte, dass ich mir innerhalb von den Stunden, wo wir hier gesessen haben, nicht einmal diese zwei Nummern merken könne. Er könne sie ja gerne verdecken, aber sie wären auf ewig in mein Gedächtnis eingebrannt. Ich würde sie mir auf die Haut brennen lassen, dann müsste er mir den Kopf abhacken und die Haut abziehen, um sie zu tilgen. Da… da… ist er ausgerastet. Und der Deutsche, der hat zugeschaut und nicht eingegriffen.«

Bleierne Stille folgt auf meine Worte. Ich mag den Blicken der anderen nicht mehr begegnen, stehe jetzt auf und stelle mich an die Wand, die Arme verschränkt. Ich sehe Jimmy in der Tür lehnen, die Augen voller Tränen. Den möchte ich jetzt gar nicht anschauen. Ich hole das Handy heraus, löse es aus der Hülle. Dahinter kommen mehrere Fotos zum Vorschein. Eins ist von Thore und mir, eines von den Kids, eines von meinen Eltern. Die stecke ich wieder ein, aber das letzte, das behalte ich in der Hand.

»Es wurde so schlimm, dass sich schließlich die Zuschauer auf der anderen Seite des Spiegels eingeschaltet haben. Er wurde zurückgepfiffen und ich ohne ein weiteres Wort der Entschuldigung wieder rauseskortiert. Ich bin zum Schluss fast getaumelt, doch dann hat mich der Wachmann, der die ganze Zeit mit im Raum gewesen ist, in einen stillen Winkel gezerrt, mir etwas Wasser gegeben und einen Schokoriegel. ‚*Gut gemacht*‘, hat er zu mir gesagt, ‚*der Mann ist ein Fucker. Das hat er verdient, er hat versagt, nicht du.*‘ Und dann hat er mich bis zum Auto gebracht und noch gefragt, ob ich mich denn in der Lage fühlte, selber zu fahren. Ich habe ihm gedankt und ihn weggeschickt und dann bestimmt eine Viertelstunde hinter dem Lenkrad gesessen, ohne etwas zu denken, konnte nur noch zittern.«

»Dem kann ich mich nur anschließen. Du hast dich gegen die Feds behauptet? Gut gemacht!«, sagt der Chief anerkennend.

»Feds, FBI, CIA, Secret Service, Homeland, wer weiß, von welcher Truppe der war. Das spielt keine Rolle mehr.« Ich kann mich über dieses Lob nicht freuen, dabei war die Reaktion des Chiefs meine größte Angst gewesen gleich nach der von Tom. »Als ich wieder halbwegs bei mir war, habe ich Thore eine SMS geschickt, dass ich draußen wäre, und bin losgefahren. Auf dem Weg in die Stadt bin ich dann an einigen Geschäften vorbeigekommen. Nicht nur eines davon war ein Tattoo Studio, davon gibt es eine ganze Reihe rings um die US Bases. Ich dachte, warum mache ich nicht aus der Drohung eine Wahrheit? Ich habe in dem Studio einen pensionierten Army Sergeant getroffen. Ich war so fertig, dass ich ihm die ganze Geschichte prompt erzählt habe, und er hat mich getröstet und wieder ein wenig auf die Beine gebracht. Dann hat er mir die Tattoos umsonst gestochen. Eines für die deutsche Akte«, ich schiebe den linken Ärmel meines Kleides nach unten, »und eines für die amerikanische.« Jetzt folgt der rechte Ärmel, bis alle die Nummern auf meinen Oberarmen sehen können. Aus den Augenwinkeln sehe ich, wie sich Tom langsam aus seinem Sitz erhebt. Ich weiche ein wenig zurück aus Furcht, was er gleich tun könnte. »Ich habe ein Bild aufgehoben von uns beiden, als Erinnerung, und er auch. Hier ist es.« Ich werfe es auf den Tisch, aber es kommt umgedreht dort zum Liegen. Keiner hebt es auf. »Wir stehen heute noch in Kontakt miteinander und schreiben uns von Zeit zu Zeit.«

»Was... was ist dann passiert?«, fragt Mo atemlos. »Haben sie dich in Ruhe gelassen?«

Ich schüttele den Kopf und ziehe meine Ärmel wieder hoch. »Als wir einige Tage später von der Arbeit nach Hause kamen, da war etwas anders in unserer Wohnung. Es war nur ganz unmerklich, ein leicht fremder Geruch, aber ich habe es trotzdem sofort gemerkt. Jemand war da drin gewesen. Wir haben dann Wanzen gefunden, Audio und Video, sogar im Bad und auf der Toilette, diese Schweine. Aber einem deutschen Ingenieur machen die nichts vor, er besaß ja einiges an technischem Spielzeug und hat sich etwas gebastelt, womit er sie aufspüren konnte. Wir haben sie ausgebaut und anderweitig verteilt. Im Klo runtergespült, an die Hühner und Kühe auf einem nahen Bauernhof verfüttert, sie auf LKWs geworfen, solche Dinge. Das Ganze passierte dann noch zwei- oder dreimal, dann hörte es auf. Das war, als eure Armee in Afghanistan einmarschiert ist. Offenbar brauchte man diese Kräfte, um sich mit den wirklich bösen Buben zu beschäftigen anstatt mit uns. Wir sind dann bald da weggezogen, zurück in die Heimat. Seitdem haben wir nichts mehr davon gehört.«

Jetzt schaue ich zu Tom, der dasteht, die Miene regungslos, der Blick finster. Ich wusste, dass es so kommen musste. Ich habe ihm die ganze Zeit meine Verbindung zu dem schlimmsten Ereignis in seinem Leben verschwiegen. Was muss er sich verraten vorkommen nach dem, was wir alles geteilt haben! Vielleicht ist es besser so. Vielleicht lassen wir es hier und jetzt enden.

Aber eines möchte ich ihm noch sagen: »Ich habe lange Jahre gezögert, in die USA zu reisen. Was, wenn sie mich bei der Einreise verhaften? Als wir dieses Fotoprojekt planten, habe ich mir extra einen neuen Pass besorgt, neue Karten, neues Handy, Email und alles, und dann erst das Visum beantragt. Über die Botschaft in Berlin. Wenn da bereits etwas schief gegangen wäre, dann hätte ich es gelassen. Aber es ging alles glatt. Es ist, als hätte es den Fall nicht gegeben. Nur dies hier beweist es noch.« Ich hebe die Schultern. Neben mir spüre ich eine Bewegung. Jimmy ist näherkommen, aber ich halte ihn mit einer unmerklichen Bewegung zurück.

Stattdessen schaue ich Tom direkt in die Augen. »Als Jimmy mir erzählt hat, wer ihr seid, dass ihr bei den Anschlägen auf die Türme dabei gewesen wart, war das ein Schock für mich. Ich bin einfach umgefallen. Du weißt es, du hast mich gefunden, aber ich konnte dir nichts sagen. Die ganze Zeit habe ich mich gefragt, warum habe ich dich da oben in den Bergen aufgelesen? Warum habe ich mich so verpflichtet gefühlt, dir zu helfen, habe dich mitgenommen auf meine Wanderung und vor den Navajo beschützt, die dich von ihrem Land werfen wollten, habe dich selber gesund gepflegt, anstatt dich ins Krankenhaus zu bringen? Vielleicht ist das meine Sühne dafür, dass ich in jenem Moment eine falsche Entscheidung getroffen habe. Hätte ich nicht auf Ariyas Flehen gehört oder diesen Brief nur einen Tag eher abgeschickt, vielleicht wäre Jimmys Vater noch am Leben und so viele andere auch. Vielleicht wärest du da oben in den Bergen gar nicht gelandet«, sage ich und merke, wie mir eine Träne herunterläuft. »Ich habe mich nicht getraut, dir das zu sagen. Euch. Was müsst ihr jetzt von mir denken? Was…«

»Du gibst dir jetzt nicht die Schuld daran!«, kommt es leise von Jimmy.

»Die anderen haben versagt, nicht du. Du hast ihnen alles gegeben, was sie wissen mussten, und dennoch haben sie es nicht kapiert. Das ist nicht deine Schuld«, ergänzt Mo.

»Ja, das sagt sich so leicht. Doch so fühlt es sich nicht an. Es… es tut mir leid.« Auf einmal halte ich die Blicke nicht mehr aus, besonders Toms nicht. »Ich glaube, ich brauche mal einen Moment für mich.«

Ich dränge mich an Jimmy vorbei aus der Tür, seine ausgestreckte Hand beiseite wedelnd. Weit gehe ich indes nicht, nur bis an das Fenster am Ende des Flurs. Dort lehne ich mit der Stirn an der kühlen Scheibe und schaue den Schneeflocken zu, die jetzt dicht zu Boden fallen. Ein Rettungswagen kehrt zurück, er fährt langsam auf den Hof der Wache, dahinter ein PKW, beide mit ausgeschalteten Scheinwerfern. Oh nein, jetzt kommen auch noch die anderen vom Einsatz zurück…

Hinter mir werden Stimmen laut, und dann höre ich Mo: »Ach du Scheiße, schaut euch das mal an! Sie hat ja richtige Hämatome im Gesicht!« Es folgen zahlreiche Flüche und ein ganz, ganz tiefes Grollen…

Es ist kein bewusster Entschluss. Ich flüchte einfach die Treppe hinunter, durch die Gerätehalle hinaus ins Freie. Die kalte Luft, die Schneeflocken sind mir gerade recht. Ich laufe bis zu der niedrigen Mauer, die den Hof begrenzt. Dort stehe ich zitternd im fallenden Schnee, die Arme eng um mich geschlungen, doch die Kälte, die kommt nicht von außen, die kommt von innen. Ich will hier weg. So schnell wie möglich. Fort von den Blicken, fort von…

Der Angriff erfolgt so schnell, dass ich keine Zeit habe zu reagieren. Ich werde nach vorne gestoßen und so brutal gegen die halbhohe Mauer geschubst, dass mir einen Moment die Luft vor lauter Schmerz wegbleibt. Jemand ist hinter mir, jemand, der sich mit seinem ganzen Körpergewicht auf mich presst. Meine Rippen jaulen förmlich auf vor Schmerz.

»Wen haben wir denn hier?«, raunt eine fremde, tiefe Stimme. Ich rieche Schweiß und ungewaschenen Körper, eine Hand schiebt sich unter meinen Rock und weiter hoch. Ich versuche mich zu befreien, trete nach hinten aus, doch er lacht nur. »Wir werden uns jetzt amüsieren, oder warum bist du sonst alleine hier draußen, he?« Er liegt so schwer auf mir, dass ich keine Chance habe. Durch die Tränen in meinen Augen erkenne ich nur undeutlich, was vor mir ist, aber einen winzigen Moment klärt sich meine Sicht, ich sehe Baumaterial hinter der Mauer, Paletten und Rohre. Als seine Finger sich in unschwer zu deutender Absicht zwischen meine Beine bohren, packe ich eines der Rohre und schlage mit aller Kraft nach hinten aus.

Ich habe gut getroffen. Der Kerl fällt in sich zusammen wie ein gefällter Baum. Hastig springe ich von der Mauer weg, rutsche auf den hochhackigen Stiefeln über den Schnee, das Rohr hoch erhoben in der Hand, und verpasse ihm noch einen Schlag zwischen die Beine, doch er ist kaum mehr bei Bewusstsein, um das noch merken. Keuchend ringe ich nach Luft und stehe gekrümmt da. Wo kam der her? Ich bin unter einer Lampe, nur undeutlich sehe ich den Krankenwagen im Schneegestöber. Ist da noch jemand? Ich muss aus dem Licht raus. Rasch mache ich ein paar Schritte aus dem Lichtkegel, doch es ist zu spät.

Eine weitere Gestalt löst sich aus dem Schatten des Krankenwagens. »Cooler Schlag, Mädchen, aber jetzt wirf mal das Rohr weg.« Als er näherkommt, sehe ich eine dürre Gestalt, einen ungepflegten Bart und zottelige fettige lange Haare und genauso dreckige Klamotten, wie der andere sie anhatte. Und er spricht mit einem Akzent, der kommt mir doch sehr, sehr bekannt vor.

Ich hebe das Rohr, da sehe ich den Gegenstand in seiner Hand. Er hat eine Pistole!

Panik will mich überwältigen. Mit aller Kraft reiße ich mich zusammen und gifte ihn auf Deutsch an: »Was macht ein Schluchtenscheißer wie du hier im Wilden Westen mit einer solchen Knarre in der Hand? Willst du Cowboy und Indianer spielen, oder was?« Wenn er die Pistole nur eine Winzigkeit senken würde… Ich packe das Rohr fester.

»Ah geh, da schau einer an!« Er antwortet im breitesten österreichischen Akzent. »Ein echter Fischkopp! Was hast du denn hier verloren? Lass das Rohr fallen! Sofort!« Er wird nicht laut dabei, aber dass er die Sicherung gelöst hat, das wirkt dennoch. Mit einer ausholenden Bewegung pfeffere ich das Rohr in Richtung Halle. Hoffentlich hören das die anderen oben, bitte, bitte, flehe ich innerlich. Er ruckt mit der Pistole. »Und jetzt komm her. Du wirst mit mir kommen. Um den da ist es nicht schade, und wir beide, wir werden…«

Oben wird das Fenster aufgerissen. »Sannaaa!!«, brüllt jemand, und ich höre entsetzte Rufe.

Mein Gegenüber reißt die Pistole herum, feuert. »Nein!«, schreie ich los und stürze mich auf ihn. Der erste Tritt landet an seiner Hand. Die Pistole fliegt in hohem Bogen durch die Luft, ein weiterer Schuss löst sich. Zwei schnelle Schläge ins Gesicht, dann ein Tritt in den Bauch und ins Gemächt. Mir bleibt die Luft weg vor lauter Schmerz, den meine Rippen aussenden. Wie durch einen Nebel höre ich Rufe und polternde Schritte auf der Treppe. Die Pistole, denke ich noch und will zu ihr, aber ich rutsche auf diesen dämlichen hochhackigen Schuhen aus. Da packt mich mein Gegner bei den Füßen, und ich verliere das Gleichgewicht, schlage mit der Seite und dem Kopf auf dem Boden auf. Den schmerzhaften Riss an meiner Schläfe merke ich nur nebenbei. Alles, was ich denken kann, ist, dass er nicht an die Pistole gelangen darf, denn dann sind die anderen in höchster Gefahr. Ich trete nach hinten aus, trete und trete auf ihn ein, bis die Schatten kommen und ich von ihm weggezerrt werde.

»Hör auf, hör auf jetzt, er ist fertig!«, ruft Tom und hält mich fest. Nur noch halb bei Bewusstsein sehe ich den Chief, wie er den Angreifer überwältigt und ihm Handschellen anlegt. Plötzlich ist alles voller Leute, alle rufen durcheinander. Ich werde hochgehoben und getragen, hinein ins halbwegs Warme. In der Halle setzen sie mich auf eine Bank, es wird hell, als sie das Licht einschalten, kreisende Lichtblitze vor meinen Augen, und auf dem Boden… wo kommt denn all das Blut her?, frage ich mich benommen.

»Ist sie angeschossen? Um Himmels Willen…« Das ist Mo. Ich spüre Hände auf mir, sie tasten mich hastig ab. Prompt schießt der Schmerz durch mich hindurch, und ich schreie auf.

»Tut mir leid, tut mir leid…«, flüstert Tom. »Halt sie mal aufrechter, Danny.« Ich werde unter den Achseln gepackt und ein wenig hochgezogen. Es tut weh, so weh, dass ich leise stöhne, als er mich weiter abtastet. Mo erscheint in meinem Gesichtsfeld, sie drückt mir eine Kompresse auf die Schläfe, neuer Schmerz. »Nichts gebrochen, soweit ich feststellen kann, aber das muss nochmal geröntgt werden. Du musst ins Krankenhaus und…«

Draußen werden Rufe laut. »Holt die Sanitäter!«

»Tom, komm schnell!«

Mit einem Fluch werde ich Danny in die Arme gedrückt, und hastig rennende Schritte folgen Tom hinaus. Ich schließe die Augen. Danny lässt mich vorsichtig wieder auf die Bank herunter, eine Bewegung, die meine Rippen mit neuen Schmerzen quittieren. Mo tupft an meiner Stirn herum. »Das muss genäht werden. Du musst wirklich ins Krankenhaus.«

»Nein«, protestiere ich schwach. »Bitte, kann das nicht einer von euch machen? Jetzt gleich? Ich will nicht…«

»Aber Sanna…«, will Danny wiedersprechen und versucht, mich auf die Bank zu legen, doch ich schiebe ihn weg.

»Ich gehe in kein Krankenhaus. Tu es, Mo. Oder einer von den anderen. Ihr habt das doch gelernt, oder nicht? Macht es jetzt, solange ich kaum etwas spüre.« Ich schlage die Augen auf, und langsam wird mein Blick klar. Danny hockt neben mir auf der Bank, er hält mich fest im Arm. Mo kniet auf dem Boden, neben sich einen aufgeklappten Erste Hilfe Koffer. Von den anderen ist nichts zu sehen, sie sind alle draußen.

»Bist du sicher?«, fragt sie leise.

»Tu es einfach. Noch merke ich nicht viel. Die Spritzen sind doch genauso ätzend. Ich hasse Spritzen.«

Mo presst die Lippen zusammen, sie wechselt einen kurzen Blick mit Danny, der gut spürbar an meiner Seite die Schultern hebt. »Na gut. Aber jammere nicht rum, dass es wehtut. Und beschwer dich hinterher nicht, wenn du eine Narbe behältst. Ich habe das schon ewig nicht mehr gemacht.«

»Ist mir egal. Viel verschandeln kannst du da eh nicht mehr. Tu es einfach.«

»Halt ihren Kopf fest, Danny.« Mo packt Nadel und Faden aus, während Danny meinen Kopf umfasst. Immerhin, sie nimmt Eisspray, das betäubt wenigstens etwas, aber es tut trotzdem scheußlich weh, als sie beginnt, den Faden durchzuziehen. Um ja keinen Laut von mir zu geben, beiße ich mir auf die Lippen und konzentriere mich auf Dannys Hände, die meinen Kopf sanft, aber dennoch fest umfasst halten. Überrascht stelle ich fest, diese Nähe stört mich nicht. Bei allen anderen, bei Jimmy, Sean und Vince, wäre das ein Problem. Doch bei ihm nicht. Wie kommt das nur?, frage ich mich verwundert.

Es sind nur ein paar Stiche, aber sie kommen mir vor wie eine halbe Ewigkeit. »So, fertig.« Mo klebt mir einen Verband auf die Schläfe.

»Tapferes Mädchen«, sagt Danny und lässt mich wieder los. Mo nimmt ein Tuch, feuchtet es an und wischt mir das Blut aus dem Gesicht.

Jetzt, da die Anspannung langsam nachlässt, spüre ich, mir wird kalt. Ich fange an zu zittern, langsam aber sicher kommt der Schock, das merke ich. »Himmel, du musst ins Warme, es ist ja eiskalt hier.« Danny nimmt von Mo eine Decke entgegen und legt sie mir um die Schultern. »Kannst du selber laufen? Ich glaube nicht, dass ich dich tragen sollte bei der Prellung an den Rippen.«

»Wird schon gehen.« Ich beiße mir auf die Lippen, als er mich hochzieht.

Langsam, Schritt für Schritt, hilft er mir die Treppen hoch. Mo hält uns die Türen auf. »Am besten legen wir dich in meinen Raum, da hast du Ruhe. Komm, es sind nur noch wenige Schritte.«

Sie verfrachten mich auf Mo's Liege, eine harte Pritsche, wohl nicht wirklich zum Schlafen gedacht. Danny schiebt mir einen Stapel Decken unter die Beine und deckt mich fest mit einer weiteren zu. »Geht es? Brauchst du etwas gegen die Schmerzen?«, fragt er besorgt.

Ich spüre in mich. Meine ganze Seite pocht wie verrückt. Noch tut es nicht weh, aber ich habe bestimmt eine hübsche Prellung an der Hüfte und auch an der Schulter. »Ja, wäre gut.«

Gleich darauf ist Mo wieder mit einem Glas Wasser und zwei Tabletten in der Hand zurück. Danny hebt meinen Kopf an, ich würge sie irgendwie herunter, mein Hals ist wie zugeschnürt. Dabei fällt mein Blick auf das Kleid. Es ist zerrissen und blutdurchtränkt.

»Oh nein. Tut mir leid, Mo, das Kleid ist hin. Wirklich. Hätte ich meine Klamotten angehabt, der Typ hätte keine Chance gehabt. Diese verdammten Stiefel! Ich war zu langsam.«

»Mach dir keinen Kopf«, erwidert Mo und lauscht mit halbem Ohr nach draußen. Es sind immer noch die Rufe der Männer zu hören, und in der Ferne hört man jetzt auch Sirenen. »Kann ich…?«

»Geh nur, guck, was los ist«, flüstere ich und schließe die Augen.

Danny jedoch bleibt bei mir, er hält weiter meine Hand. »Du hast ihn fertig gemacht, Champ«, sagt er leise.

»Nicht wirklich«, flüstere ich, und ich merke, wie mir die Tränen kommen. Auf einmal schlägt alles über mir zusammen. »Danny, es tut mir leid. Bitte, seid mir nicht böse. Ich wollte euch ganz bestimmt nicht…«

»Schscht, nicht.« Er streicht mir über den Kopf. »Denke nicht, wir seien dir böse. Du hast nur so eine Art, das Unterste zuoberst zu kehren, die ist einfach unglaublich.«

»Es ist Tom. Seit ich ihn kenne, kommt alles wieder hoch, ich kann da nichts daran machen, gar nichts«, schluchze ich und schließe die Augen. »Je mehr er zu sich zurückfindet, desto mehr wird alles in mir aufgewühlt. So wie eben. Ihr habt mich angegangen, und wie! Dabei wollte ich euch nur helfen! Warum nur? Oh, warum nur?«

Und gerade passiert es wieder, ich kann mich einfach nicht zurückhalten. Deshalb will ich mich von ihm fortdrehen, doch das jagt eine neue Schmerzwelle durch meine Seite, sodass ich es sein lasse, aber nicht verhindern kann, dass ich aufstöhne dabei.

»Nicht. Bleib ruhig liegen. Du hast ganz schön was einstecken müssen. Es ist nicht…«

Doch ich will seine Erklärungen nicht hören. »Ich habe ihn euch zurückgebracht. Eigentlich solltet ihr mich dafür auf Händen tragen, verdammt! Stattdessen geht ihr mich an, jeder auf seine Weise, wo ihr nur könnt. Was habe ich euch nur getan? Was nur?« Ich kann meine Wut darüber nicht im Zaum halten. Am liebsten hätte ich gesagt: *Ich hasse euch, lasst mich in Ruhe, allesamt!* Doch das wäre kindisch gewesen und stimmt zudem nicht. Sonst würde es nicht so wehtun. »Ihr macht mich kaputt. Fast sollte man meinen, das wäre Absicht. Bin ich euch zu nahegekommen? Ist es das?«

Die Hand auf meinem Kopf wird abrupt zurückgezogen. Er schweigt. Vorsichtig mache ich die Augen wieder auf. Er hat den Kopf abgewandt, die Kiefermuskeln gut sichtbar angespannt. Sofort merke ich, ich bin auf der richtigen Fährte. Die Schmerzen werden in den Hintergrund gedrängt. »Meine Güte.« Das bringe ich nur flüsternd heraus. »Kann das sein? Ihr seid eifersüchtig auf mich? Wegen meiner Nähe zu ihm?« Sein Kopf fährt zu mir herum. Ich lese leises Erschrecken in seiner Miene. Mein Zorn kocht wieder hoch, ich kann nichts dagegen machen. »Habt ihr das immer so gemacht? Sobald eine euch, ihm, zu nahegekommen ist, sie gezielt aus eurer Mitte vertrieben? Jimmy gräbt sie an, oder Sean, dann ein wenig Drama, und huch, das war's dann?«

Treffer, erkenne ich sofort. Oh man, Sanna, warum kannst du nicht deine Klappe halten? Mir kommen die Tränen, ich kann nichts dagegen tun. »So ist das also.« Ich schlage die Hände vors Gesicht, will ihn das nicht sehen lassen. »Fahrt zur Hölle, allesamt! Fahrt einfach nach Hause, fahrt so schnell wie möglich, und nehmt ihn mit. Ich will euch nicht mehr sehen. Geht einfach, geht!!!« Das letzte Wort schreie ich heraus, und ich reiße die Hände vom Gesicht, schubse ihn von mir weg. Er fängt sich gerade noch rechtzeitig ab, dann bringt er sich mit einem Sprung an die Tür in Sicherheit.

Mein Schrei muss wohl unten zu hören gewesen sein, denn gleich darauf erscheinen Mo und Geoff hinter Danny. »Was ist denn hier los?«, ruft Mo und drängt sich an ihm vorbei.

»Nichts.« Danny schaut mich aus weit aufgerissenen Augen an, dann schüttelt er den Kopf und sucht das Weite.

Ich selber reiße auch die Augen auf. Wie sehen Mo und Geoff denn aus? Ihre Kleidung, alles blutverschmiert. Das stammt nicht von mir, kann es gar nicht. »Oh Gott, was ist da draußen passiert?«

Mo presst die Lippen zusammen. Sie setzt sich zu mir »Es ist schlimm. Der eine, der, den du mit dem Rohr platt gemacht hast, ist ein entflohener Schwerstverbrecher. In Vegas haben er und sein Kumpel anscheinend eine Bank überfallen, und dann haben sie hier auf der Flucht diesen Unfall verursacht. Ihr Fahrzeug war Schrott, also haben sie sich auf die Lauer gelegt und auf unsere Leute gewartet. Haben auf die Einsatzfahrzeuge geschossen und auf sie...« Mo kommen die Tränen.

»Himmel, ist jemandem etwas passiert?!« Sofort werden meine eigenen Sorgen in den Hintergrund gedrängt.

Geoff nickt mit grimmiger Miene. »Sechs verletzt, zwei kritisch. Wir warten auf den Rettungshubschrauber. Die Rettungshubschrauber, wir brauchen alles, was verfügbar ist. Denn die Unfallopfer sind auch schwer verletzt, und sie hatten zwei Geiseln im Kofferraum, die sind in wirklich schlimmem Zustand. Eine Frau und ein Mädchen, noch kein Teenie.«

»Oh Gott.« Mir wird ganz anders. »Er wollte mich vergewaltigen. Der Dicke.«

»Sanna!«, ruft Mo entsetzt aus.

»Hat er aber nicht geschafft. Training sei Dank. Es war knapp. Sehr knapp... he, ist ja gut.« Jetzt bin ich es, die Mo tröstet. Sie bricht in Tränen aus, bei der sonst so taffen Rettungsfrau ein ungewöhnliches Bild. »Nicht, beruhige dich. Du wirst gebraucht, also nimmt dich zusammen.« Sie nickt und atmet tief durch. Geoff streicht ihr beruhigend über die Schulter, was sie wieder zu sich bringt.

»Der Chief will dich sehen, so schnell wie möglich. Er braucht deine Aussage, denn die Feds kommen her, und er will sie von dir fernhalten«, sagt sie.

Ich muss schlucken. »Scheiße!«, entfährt es mir.

»Außerdem will er, dass du dich mal mit dem einen Kerl unterhältst, der mit der Pistole. Er schweigt, tut so, als verstünde er kein Englisch. Ist wohl ein Landsmann von dir...«, ergänzt Geoff.

Ich schnaube verächtlich. »Pah, der ist Österreicher, und natürlich spricht der Englisch.« Ich gehe in mich. Fühle ich mich stark genug dafür? Die Schmerzen verschwinden langsam unter einer betäubenden Decke. »Also gut. Hol mir mal einen Tee, Mo, und etwas Brot. Ich muss was essen, sonst stehe ich das nicht durch. Und was anderes anzuziehen, das wäre auch nicht schlecht.«

Nach dieser Stärkung und einer kleinen Ruhepause geht es mir etwas besser. Mein Kreislauf war wohl vollkommen im Keller, doch jetzt kommt er wieder in Schwung. Damit leider auch die Schmerzen, die jetzt deutlich zu spüren sind, trotz Tabletten, besonders als ich in einen Arbeitskombi von der Feuerwehr schlüpfe. Aber das ignoriere ich. Wäre ja noch schöner, wenn dieses Arschloch etwas merkt.

Die Treppe herunter schaffe ich es alleine, obschon Geoff mich vorsichtshalber beim Arm nimmt. Sie führen mich zu einer Durchgangstür, die in einen schmalen Flur mündet, der hinüber zum Polizeitrakt der Wache geht. Die nächste Tür ist aus klarem Glas. Getroffen bleibe ich stehen. Der Empfangsbereich der Polizeiwache sieht aus wie ein Kriegsgebiet. Verletzte auf Tragen, Sanitäter und Feuerwehrleute überall. Draußen vor der Tür eine große Anzahl Einsatzfahrzeuge, so viele auf einem Haufen habe ich noch nie auf einer Reise gesehen, außer bei dem Feueralarm am JFK Flughafen in New York. »Wo… wo kommen all die Leute her?«, flüstere ich entsetzt.

»Es war ein Reisebus.« Mo schlingt mir den Arm um die Taille. »Sie haben einen Teil der Verletzten in die Klinik gebracht, aber sie ist zu klein. Nur die schlimmsten Fälle sind dort, die anderen sind hier. Wir haben alles angefordert, was im Umkreis verfügbar ist.«

Geoff knurrt. »Das haben die *Fucker* geplant! Sie haben den Bus an einer Stelle verunglückt, wo es kein Netz gibt, und unsere Jungs dann so schnell überwältigt, dass sie keine Verstärkung anfordern konnten. Dann sind sie hierher und wollten offenbar wieder ein Fahrzeug stehlen oder Geiseln nehmen oder wer weiß was. In unserer Wache. Aber das hast du verhindert. Ich glaube, dass der Chief den Fall wasserdicht haben will, bevor die Feds übernehmen. Er hasst die Feds. Wirst du ihm helfen?«

»Oh ja.« Das ist für mich keine Frage. Nicht, nachdem ich dies hier gesehen habe. Langsam ziehe ich die Tür auf, und augenblicklich schlägt mir der Lärm entgegen, die Rufe, die Befehle, das Stöhnen der Verletzten, der Geruch von Blut und Desinfektionsmittel. Geoff und Mo führen mich rasch durch den Bereich hindurch nach hinten in die Wache. Auch da herrscht hektische Betriebsamkeit, obschon nur wenige Schreibtische besetzt sind. Die meisten sind mit Sicherheit draußen im Einsatz. Als sie mich kommen sehen, halten sie einen Moment inne und stehen dann auf. Es ist fast, als stünden sie Spalier für mich, als Mo und Geoff mich zum Büro des Chiefs führen.

Auch der Chief hat Blut auf seiner Kleidung. Er hängt am Telefon, das Handy bereits in der Hand. »Es ist mir egal, ob die Maschine gewartet ist oder nicht! Schickt sie einfach los, und zwar schnellstens!«, blafft er in den Hörer und drückt erbost den Ausknopf. Dann sieht er mich, deutet auf den Stuhl und schickt Mo und Geoff mit einer Handbewegung zurück an die Arbeit. Bevor ich etwas sagen kann, hebt er den Finger und nimmt einen Anruf auf dem Handy entgegen. »Ja«, sagt er und schnappt sich Zettel und Stift. Er schreibt eine lange Liste herunter. »Alle erfasst? Keiner fehlt? Aha…« er notiert sich noch ein paar Dinge. »Okay, danke. Kommt so schnell wie möglich wieder her… ja. Bis später.«

Als er aufgelegt hat, bleibt er einen Moment mit zusammengekniffenen Augen sitzen. Dann schüttelt er sich und schaut zu mir auf. »Wie geht es dir? Ich darf doch du sagen, nach alledem?«

»Das ist Okay. Ich bin halbwegs in Ordnung. Mo hat mir ein Schmerzmittel verpasst. Was kann ich für Sie… dich tun?«

»Nenn mich Jeff. Wir brauchen deine Aussage und deine Papiere, und wenn du dich gut genug fühlst, dann möchte ich, dass du dem Arschloch da in der Zelle auf den Zahn fühlst. Ich könnte mir vorstellen, dass dir das ganz gut gelingen wird.«

Ein Teil von mir will das ablehnen, aber ein anderer wetzt bereits die virtuellen Messer. »Ich kann's ja versuchen. Viel auszusagen gibt es eh nicht, es waren ja nur ein paar Minuten. Also, wer macht das mit mir? Du hast doch sicherlich Besseres zu tun.«

»Oh ja. Komm mit.« Er will mir die Tür aufhalten, hält inne. »Das war Tom eben. Sie haben unseren Captain über den Haufen geschossen, und wie es scheint, hat er die Rolle einfach übernommen. Deine Jungs, die haben uns sehr geholfen, allen voran er. Tun sie immer noch. Ein Glück für uns, dass sie hier sind!«

Ich nicke nur und sage nichts. Meine Jungs… mir wird kalt. Das Gefühl kann ich nicht abschütteln, ganz egal, wie behutsam ein älterer Deputy meine Aussage aufnimmt, sie mich mit Tee und einer Decke versorgen, weil sie sehen, dass ich friere. Ich zwinge mich, die Konzentration auf die anstehenden Dinge zu lenken.

Die Aussage ist in der Tat schnell erledigt. Sie fragen mich, ob ich Anzeige wegen versuchter Vergewaltigung gegen den Dicken erstatten will. Ich entscheide mich dagegen. Das Strafregister dieses Typs ist eh schon so lang, dass er mehrfach lebenslänglich ins Gefängnis wandern wird, und so habe ich keine Scherereien mit dem amerikanischen Staat, hoffe ich.

Dann bringen sie den Gefangenen in den Verhörraum. Er wehrt sich nach Kräften, doch das ficht die Deputies nicht an. Er ist ein Wicht, erkenne ich, und er hat Angst, das ist selbst auf diese Entfernung gut zu sehen. Schwitzt wie verrückt. Vielleicht auch abhängig? Damit kann ich doch arbeiten.

Der Chief kommt zu mir. »Wir lassen dich nicht mit ihm allein. Es wird einer von uns mit dir im Raum sein, und hinter der Scheibe schauen wir zu. Wir lassen einen Recorder mitlaufen, aber versuche trotzdem, ihn zum Englischen zu bewegen, ja? Sonst müssen wir das noch offiziell übersetzen lassen, und das ist echt ätzend. Alles klar?«

Ich überlege. »Ist es nicht besser, wenn ich erstmal so tue, als würde ich mich heimlich zu ihm schleichen? Dann macht er nicht sofort dicht. Er wird mir schon nichts tun, er ist ja gefesselt, oder nicht?«

Das schmeckt dem Chief ganz und gar nicht. »Bist du sicher, dass du es so machen willst?«

»Hmm... ja. Ein Versuch wäre es wert. Aber schaut bitte nach, ob ihr irgendwelche Drogen in seinen Sachen oder im Fahrzeug findet. Er sieht aus, als wäre er auf Entzug. Kann mich aber auch täuschen.«

»Also schön.« Er seufzt. »Wir haben ungefähr eine, vielleicht auch zwei Stunden, bis die Feds aufschlagen. Eventuell sind sie auch schneller hier, wenn sie mit einem Heli kommen. Guck einfach, was du aus ihm rausbekommst, und wenn nicht, dann sind wir halt mal wieder die unfähigen Hinterwäldler.« Er spuckt beinahe aus. Oha, scheint, als hätte er da bereits so seine Erfahrungen gemacht.

Also wird der Deputy aus dem Raum beordert und der Gefangene dort einige Zeit sitzen gelassen. Der Chief weiß seine Karten wohl zu spielen. Mit lauter Stimme gibt er Alarm und jagt alle nach draußen zum Einsatz; das ist in dem Raum bestimmt zu hören. Er selber schlüpft dann leise mit noch einem Mann in den anderen Raum hinter der verspiegelten Glasscheibe.

Nun bin ich dran. Einmal tief Luft holend, drücke ich langsam die Tür auf und schaue zögerlich hindurch.

»Na, schau einer an, wen wir da haben. Willste noch ne Runde?«, zischt der Gefangene sofort, doch er ist bleich im von Schrammen und blauen Flecken übersäten Gesicht. Der Eindruck von eben verstärkt sich, er schwitzt wie verrückt. Der ist tatsächlich auf Entzug, man sieht es.

»Schicker Kombi, Madl! Nur mit deiner Schminke, da musste noch üben!« Er mustert mich von oben bis unten und grinst anzüglich.

Leise drücke ich die Tür zu und lehne mich ihm gegenüber an die Wand. »Ich wollte mal gucken, wie dir die Handschellen stehen, Schluchtenscheißer. Ihr habt da draußen ja für mächtig Aufruhr gesorgt. Das überfordert sie hier kolossal. So schnell wird sich mit dir keiner beschäftigen können!«

»Ah geh! Denen habe ich nichts zu sagen. No comprende, si?« Er spuckt aus.

Ich schnaube nur. »Als wenn dir das jemand abnehmen würde. Der andere ist im Krankenhaus, und wenn der erstmal anfängt zu singen, brauchen die dich gar nicht mehr. Dann wanderst du einfach in irgendein finsteres Loch. Die machen Hackfleisch aus dir, in einem Bundesgefängnis allemal.«

Er wird bleich. »Waas?! Bundes... wie kommst du denn da drauf? Red' doch keinen Schmarrn!«

»Der Chief hat gesagt, die Feds werden dich einkassieren. FBI, Mulder und Scully, falls dir das was sagt. Ihr seid über die Staatengrenze rüber, du Blödmann, das hier ist Arizona. Deshalb sind sie jetzt zuständig und nicht mehr diese Hinterwäldler. Junge, Junge, ich kann dir gar nicht sagen, wie mich das freut.«

Ich stoße mich von der Wand ab und setze mich auf die Ecke des Tisches, sorgsam auf den Abstand zu ihm achtend. Nicht, dass er mich doch noch angreift. Aber die Ketten sehen stabil aus, sie sind im Boden verankert. Gut so!

»Gerade stelle ich mir dich in Orange vor und wie du dann als Fickvorlage für die richtig schweren Jungs in einem FBI Knast dienst. Die stehen auf solche kleinen Ärsche wie dich. Das wird bestimmt nett.« Meine Stimme trieft nur so vor Verachtung. Ich habe zwar keine Ahnung, ob das hier wirklich so gehandhabt wird, aber warum nicht damit pokern? Er hat offenbar noch weniger Ahnung als ich. »Und wenn die Feds dich erstmal in die Mangel nehmen, dann hast du eh nichts mehr zu lachen. Dagegen ist das hier ein Spaziergang. Soll ich dir sagen, was sie mit dir machen werden? Ich habe das nämlich schon einmal durchgemacht.«

Jetzt beuge ich mich vor, und er weicht doch tatsächlich ein Stück zurück. »Die verstehen mit Ausländern keinen Spaß. Für ihre eigenen Leute gelten ja gewisse Regeln, aber für dich… da werfen sie alles über Bord. Bis du deine diplomatische Vertretung angerufen hast, haben die dich längst in einem finsteren Loch verschwinden lassen, und keiner weiß, wo du bist. Und dann kommen sie dich Tag und Nacht besuchen.«

Er keucht jetzt leise. »Du verdepparst mich doch…«

»Nope.« Ich setze mich ihm gegenüber auf den Stuhl. »Obwohl… vielleicht machen sie das auch nicht. Denn hier, so viel steht fest, gibt es noch eine richtige Todesstrafe, und sie wird regelmäßig angewandt. Je nachdem, ob dort draußen alle überleben oder nicht, seid ihr – oder du – dann eh fällig.« Jetzt wird er leichenblass. Ich nicke bekräftigend. »Also, so, wie ich das einschätze, hast du nur zwei Möglichkeiten: Entweder du spielst weiter den blöden Aussie, der nix versteht. Dann passiert das, was ich dir bereits gesagt habe. Oder aber du machst gegenüber den Hinterwäldlern deine Aussage, jetzt gleich, und zwar vollständig, bevor dein Kumpel dich belasten kann. Die werden dich nicht allzu hart anfassen, denn die sind eher gutmütig hier. Obwohl der Sheriff echt sauer auf dich ist. Dann kannst du dich gegenüber den Feds auf das Papier berufen, und sie gehen dich vielleicht nicht zu hart an. Aber du musst ihnen schon etwas liefern. Ansonsten wird es übel für dich ausgehen. Überleg es dir also gut, was du tust.«

Seine Hände zittern immer mehr. Er hat ganz kleine stechende Pupillen in blassgrauen Augen, wie bleiche Fischaugen sehen sie aus. Mir wird übel von diesem Anblick, von seinem Geruch. Ich wünschte, ich hätte ein Glas Wasser mitgebracht. So langsam merke ich, wie sich bohrender Kopfschmerz in mir breit macht. Doch das zwinge ich zurück.

»Also? Was wirst du tun? Wie wäre es, wenn du mir zunächst deinen Namen gibst. Dann kann ich ja beim Sheriff etwas bessere

Stimmung verbreiten. So ist der nicht gut zu sprechen auf dich. Ihr wart echt bescheuert, euch ausgerechnet eine vollbesetzte Wache auszusuchen. Was hat euch nur geritten? Alles voller Cops und Rettungskräfte…«

»Die sollten beim Unfall sein. So hat sich Dickie das ausgedacht«, spuckt er aus, und er windet sich unruhig.

»Aha. Und wie kommt ein kleines Würstchen wie du dazu, sich mit so einem Fettwanst wie Dickie zusammenzutun und eine Bank zu überfallen? Ach, vergiss es! Ich will's gar nicht wissen.« Ich stehe auf. Der Raum verschwimmt kurz vor meinen Augen, was ich jedoch verdränge. »Ich merke schon, du hast es nicht kapiert. Bist wahrscheinlich zu dumm. Tja, da kann man nix machen. Aber eines ist sicher: Ich werde auf jeden Fall da hinter dem Spiegel stehen, wenn sie dich so richtig auseinandernehmen. Das gönne ich mir einfach.«

Ich will zur Tür, da keucht er plötzlich los und zerrt wie verrückt an den Ketten. »Du Miststück, du verdammte Trutschn! Dickie hätte dich durchnehmen sollen, solange, bis du nicht mal mehr deinen Namen weißt!«

»Pah!« Ich schaue mit verschränkten Armen auf ihn herab. »Das hätte der nie geschafft. Selbst in Stelzen hab' ich ihn noch platt gemacht! Und du mit deiner Knarre… du hast es ja nicht mal geschafft, ein Fenster offen wie ein Scheunentor zu treffen! Was seid ihr bloß für Amateure! Was ist? Du hast anscheinend keine Ambitionen. Denn ich interessiere dich nicht mal annähernd! Stehste auf Jungs? Oder etwa…« Mir fällt ein, was Mo gesagt hat, über die Opfer im Kofferraum.

»Oh jaaahh… die Kleine, die hat's mir angetan.« Er grinst mich an und reibt sich den Schritt. »Dem guten Toni kam ein solcher Leckerbissen gerade recht. Willsta'n ma sehn?« Er nestelt an seinem Hosenstall herum.

Mir wird schlecht. »Nee, lass dein Würstchen mal stecken. Wahrscheinlich viel zu klein für eine richtige Frau.« Seine Hand zuckt zurück, er schaut mich böse an. »Toni, soso! Also Anton. Und weiter?« Jetzt habe ich ihn, das spüre ich. »Na komm schon, spuck's aus. Nachname!«

Er fletscht die Zähne. »Herrleitner.«

»Und woher kommst du? Wiener bist du nicht, dafür hast du nicht den feinen Schmäh. Eigentlich hast du gar nichts. Bist'n Bauer?« Damit beleidige ich ihn richtig.

»Linz, du Schaßtrommel! Da isses a bisserl schöner«, spuckt er aus und fletscht die Zähne.

»Tja, feststeht, das schöne Linz wirst du nicht so schnell wiedersehen. Also überlege dir gut, was du gleich zu den Dorftrotteln hier sagst. Ich bin fertig mit dir, du *Fucker*!« Ich schaffe es gerade noch so vor die Tür, dann wird mir schwindelig.

Nebenan geht die Tür auf, der Chief und einer seiner Deputies kommen heraus und stürzen gleich zu mir, als sie mich taumeln sehen. »Mist, das war viel zu viel für dich! Wir müssen dich ins Krankenhaus…«

»Nein!« Ich wehre sie ab. »Mir ist nur ein wenig schlecht. Lasst mich.« Ich setze mich auf einen Stuhl. »Er wird singen, so, wie ich das einschätze, Jeff. Sein Name ist Anton Herrleitner aus Linz in Österreich.« Ich nehme mir einen Stift und schreibe es auf einen Zettel. »Er hat die Kleine im Kofferraum auf dem Gewissen, und ich habe ihm eine Scheißangst vor den Feds gemacht und der Todesstrafe. Spielt damit, dann singt er euch ein Konzert. Wenn ihr ihm noch einen Sniff erlaubt, dann umso mehr.« Ich muss die Augen schließen, denn alles verschwimmt davor. »Bitte, kann mich nicht jemand in die Lodge fahren? Ich glaube, ich würde mich gerne etwas hinlegen. Aber nicht hier. Hier ist es zu laut. Mir tut mein Kopf weh.« Draußen sind jetzt über den Fahrzeuglärm hinweg auch noch Hubschrauber zu hören.

Er legt mir die Hand auf die Schulter. »Ist gut, das machen wir, jetzt gleich. Aber soll nicht doch einer der anderen…« Meine abwehrende Handbewegung bringt ihn zum Verstummen. »Ich gebe dir Mo mit. Sie wird dich versorgen, keine Widerrede.«

Mittlerweile ist es mir egal, ob mich Mo oder Geoff oder irgendjemand anderes begleitet. Ich merke, dass ich ans Ende meiner Kräfte gelange. Der Chief lässt seinen Deputy den Wagen vor die Hintertür fahren.

Mo kommt, sie sieht noch schlimmer aus als vorhin. »Geht es?« Sie nimmt mich besorgt in den Arm und führt mich mit dem Deputy hinaus zum Wagen. Zitternd setze ich mich auf den Rücksitz und schließe die Augen. Ich will nichts mehr sehen, nichts mehr hören, nur noch schlafen. Die kurze Fahrt zur Lodge verbringe ich im Dämmerzustand. Ich werde erst wieder richtig wach, als mich kalte Luft und Schneeflocken treffen.

Sylvie ist da, sie schreit auf, als sie mich sieht. »Oh mein Gott, Sanna! Was ist passiert?!«

Doch sie wartet keine Antwort ab, sondern hilft Mo, mich aufs Zimmer zu bringen. Ich werde ausgezogen, sie helfen mir in ein sauberes Shirt, legen mir die Beine hoch und decken mich gut zu. Alles dreht sich, und ich spüre die Übelkeit in Wellen über mich hereinbrechen. Das ist der Kreislauf, vermute ich, und ich weiß, was mir hilft:

»Sylvie, ich brauche… Tee. Mit Zucker. Irgendwas Salziges auch… Brühe. Kannst du mir das machen?«, frage ich mühsam.

Sie nickt und zieht Mo mit sich hinaus. Durch die halb geschlossene Tür höre ich, wie Mo ihr eine Kurzfassung dessen erzählt, was sich zugetragen hat. »Sie gefällt mir gar nicht. Das soll sich ein Arzt mal ansehen. Aber die sind alle voll bis oben hin mit den Verletzten. Hier, ich gebe dir noch ein paar Schmerzmittel, die wird sie brauchen.«

»Lass mich nur machen«, beruhigt Sylvie sie. »Fahr zurück, du wirst da gebraucht. Nun mach schon.« Gleich darauf höre ich den Streifenwagen davonfahren, und es wird still.

Das ist genau das, was ich brauche. Erschöpft schließe ich die Augen, und ich dämmere tatsächlich weg in eine wohltuende, matte Stille, bis Sylvie mich wieder weckt, in der Hand zwei Tassen. »Was willst du zuerst? Salz oder Zucker?«

»Salz.« Das ist für mich keine Frage. Sie hilft mir, mich aufzusetzen, und ich trinke nach und nach in kleinen Schlucken den Becher leer. Die Brühe ist schmackhaft, offenbar selber gekocht. Sie belebt mich ein wenig, und ich merke, dass ich das wirklich gebraucht habe.

»Du hast sie also... und dann noch den Typen verhört? Mensch, Sanna! Man sollte meinen, wir hätten keine Polizei«, sagt sie kopfschüttelnd.

»Ich wollte nur helfen, und es hat funktioniert. Also gut, jetzt den Tee.« Auch den Becher trinke ich nach und nach leer und fühle mich gleich sehr viel besser. Jetzt schlägt die Müdigkeit über mir zusammen. »Danke, Sylvie. Ich glaube, jetzt kannst du mich ruhigen Gewissens allein lassen.«

»Bist du sicher? Willst du kein Schmerzmittel?« Ich will den Kopf schütteln, lasse es aber wegen des sofort stechenden Schmerzes. Sie guckt mich skeptisch an. Ich muss ja furchtbar aussehen! Aber schließlich seufzt sie. »Also gut. Ich lege dir die Tabletten und dein Handy hierhin. Wenn du merkst, dass es anders wird, ruf mich sofort, verstanden? Und hier hast du noch ein Glas Wasser. Trink etwas davon, wenn du kannst.«

»Ist gut.« Endlich geht sie, und ich bin allein. Mein Handy brummt, nicht nur einmal. Ich schalte es ab. Dann liege ich da, aber ich schlafe nicht, sondern starre in die Dunkelheit. Nicht nur mein Körper fängt an, immer mehr wehzutun, weil die Wirkung des Schmerzmittels langsam nachlässt, auch schlagen jetzt die Ereignisse der vergangenen Stunden voll zu mir durch. Das war's also. Es ist vorbei. Sie fahren nach Hause, alle zusammen. Ich will erleichtert sein, doch stattdessen schießt der Schmerz durch mich hindurch und lässt meine wunde Seele aufbrechen wie schon lange nicht mehr. Mir laufen die Tränen herunter, es wird ein richtiger Heulkrampf, und davon werden die Kopfschmerzen nicht besser. Oh, wie konnte dieser eigentlich so schöne Tag voller Vorfreude auf die Nacht so katastrophal enden? Auch ohne dieses Arschloch in der Zelle wäre es nicht gut ausgegangen, das wird mir jetzt klar. Nicht nachdem, was in der Wache passiert ist. Oh, warum nur kann ich meine Klappe nicht halten?

Irgendwann fehlt mir einfach die Kraft für weitere Tränen und Gedanken. Ich zwinge mich, etwas Wasser zu trinken und will dann die Augen schließen und versuchen, im Schlaf Vergessen zu finden, nur meldet sich bereits nach kurzer Zeit meine Blase. Der Tee und die Brühe und das Wasser waren zu viel, das nützt alles nichts. Mühsam richte ich auf, sitze einen Moment mit geschlossenen Augen auf dem Bett. Dann stemme ich mich hoch, die Hand an der Wand. Es ist ja eine Plattform, kein Bettpfosten, nichts, was mir hilft. Ich schaffe es gerade so eben ins Bad und aufs Klo. Als ich mir anschließend zitternd die Hände wasche, schaue ich kurz in den Spiegel.

Schöne Scheiße, Sanna! Du siehst aus wie Quasimodo. Meine Stirn eine dicke Beule unter dem Verband, die rechte Gesichtshälfte angeschwollen, und eine gut sichtbare Prellung an der Schulter. Wie der Rest aussehen muss, das spüre ich mit jeder Bewegung. Schmerzhafte Wellen gehen durch meinen Körper. Ich muss schlucken, das Bild verschwimmt vor meinen Augen. Rasch stütze ich mich ab, aber es ist zu spät. Das Bild kippt weg, ich merke, wie ich falle. Ich halte mich am Waschbecken fest, daher stürze ich nicht hart, aber es reicht, um mich in die Bewusstlosigkeit zu schicken.

Wie durch Watte höre ich Stimmen. Wütende Männerstimmen.
»Es geht ihr also gut, ja?!«
»Schnell, leg sie auf das Bett!«
»Verdammt nochmal!«

Ich kann nichts sehen, aber da sind so viele Hände auf mir, sie tun mir weh, ein stechender Schmerz ohne Ende. Ich schreie auf, will sie wegschieben, da werden meine Arme gepackt und brutal festgehalten, so kommt es mir vor, regelrecht gefesselt. Jemand schiebt mir etwas in den Arm, es sticht wieder so, und dann blendet mich ein Licht, das jagt derart einen Schmerz durch meinen Kopf, dass ich das Bewusstsein verliere.

Kapitel 2

Es ist still, als ich das nächste Mal erwache. Ich habe einen ekeligen Geschmack im Mund, wie nach einem Besäufnis, und ich habe Durst. Hat Sylvie nicht… ich versuche, die Augen zu öffnen, doch das gelingt mir erst nach einiger Zeit, sie sind regelrecht verklebt. Habe ich geweint? Scheint so. Als ich sie endlich offen habe, sehe ich, dass es draußen langsam hell wird. So lange habe ich geschlafen? Mein Blick fällt auf das Wasserglas, ich will es greifen, bekomme aber die Hand nicht bewegt, sie ist… sie ist gefesselt!

Erschrocken ziehe ich die Luft ein. Haben sie mich gefangen, doch noch bekommen? Ich rucke an der Fessel, will die andere Hand zu Hilfe nehmen, aber auch die ist fixiert, der Arm weit ausgestreckt, und es ragt etwas heraus, das ich nicht ganz sehen kann, aber spüren, es tut weh. Die Panik überkommt mich, ich beginne zu keuchen und zu kämpfen, da löst sich ein Schatten von der Sitzgruppe und kommt zu mir. Ich schreie auf, will mich verstecken…

Doch da ist er schon heran und hält mich fest. »Sanna, nicht! Es ist alles gut! He, ganz ruhig, dir tut keiner was.«

Nur langsam dringt die Stimme zu mir durch. »D..Danny?«

»Ja, ich bin's. Beruhige dich, hm? Wenn du wieder halbwegs bei dir bist, dann nehme ich die Fesseln sofort ab. Du hast um dich geschlagen, wir mussten dich festbinden.« Er schaltet jetzt die Lampe auf dem kleinen Tisch ein. Besorgt schaut er auf mich herab, aber wie sieht er selbst nur aus? Blass und sichtlich erschöpft.

»Ich habe Durst. Binde mich los. Bitte…« Ich will nicht flehen. Aber ich ertrage es nicht, so ausgeliefert zu sein.

Danny nickt und tut es ohne ein weiteres Wort. Als ich den Arm wieder bewegen kann, stelle ich fest, dass ich eine Kanüle darin stecken habe, sie ist an einen durchsichtigen Beutel angeschlossen, der an einem Haken an der Wand hängt. »Was…?«

»Flüssigkeit und Schmerzmittel. Du hast eine Gehirnerschütterung, und zwar eine amtliche. Der Chief hätte dich niemals da rausholen dürfen, schon gar nicht, um dieses Arschloch zu verhören. Was denkt er sich dabei? Tom ist ausgerastet, als er das gehört hat.« Mich trifft ein forschender Blick. »Und was hast du dir nur dabei gedacht?«

Sofort gehe ich in Verteidigungsmodus. »Er hat mich gefragt, ob ich helfen kann. Ich habe die vielen Verletzten gesehen. Warum sollte ich nicht versuchen zu helfen? Es hat funktioniert. Der Typ hat doch gesungen, oder nicht?«

»Oh ja.« Jetzt setzt Danny sich zu mir aufs Bett. »Das hat er. Da hat sich der Chief ein paar hübsche Sternchen dazu verdient, aber auf deinem Rücken. Die Feds haben nur gestaunt, was ich so mitbekommen habe, und das ist nicht viel. Wir hatten alle Hände voll zu tun.«

»Schlimm?«, frage ich leise.

Er nickt müde. »Sie wissen immer noch nicht, ob alle durchkommen werden. Es dauert einfach zu lange hier draußen, so viele adäquat zu versorgen. Im Ort ist mittlerweile die Hölle los. Das FBI, die Presse, sie alle wollen mit dir sprechen. Mit uns. Aber das hat der Chief abgeblockt. Die Zufahrt zur Lodge wurde gesperrt. Wir haben dir ein ärztliches Attest ausgestellt, dass du nicht vernehmungsfähig bist. Das hält dir die Feds erst einmal vom Leibe.«

»Oh Gott.« Ich muss schlucken. Erneut spüre ich, wie die Panik mich zu überwältigen droht, doch das habe ich schnell wieder im Griff. Stattdessen nehme ich einen Schluck Wasser, und ich merke, ich habe Hunger. »Danny, kannst du…« Ich hebe den Arm mit der Kanüle an.

Er schüttelt den Kopf. »Die bleibt drin, bis mindestens noch ein Beutel leer ist. Anordnung von Tom. Ich warne dich! Provoziere ihn nicht noch mehr, er ist kurz davor, völlig auszurasten. Wir haben ihn nur mit Mühe dazu bewegen können, sich ein wenig hinzulegen. Er ist über alle Erschöpfung hinaus. Ich fürchte… das war ein wenig zu viel für ihn.«

Erschrocken schaue ich ihn an. »Nein! Bitte sag nicht, dass…«

»Oh nein.« Jetzt hellt sich Dannys Miene ein wenig auf. »Er hat alles gut gemeistert, mehr als gut. Man kann sogar sagen, er war in Bestform. Wie in alten Zeiten. Nein, es ist die Sorge um dich, die ihn fertig macht. Sanna, ich…« Er presst die Lippen zusammen, schaut kurz weg und sucht nach Worten. Dann holt er tief Luft und sieht mich wieder an. »Es tut mir leid. Wir hätten dich nicht so angehen dürfen. Du hast recht, wenn du sagst, dass wir dir dankbar sein müssen, dass du ihn uns wiedergebracht hast. Glaube mir, das sind wir auch. Es ist nur so…« Er verstummt.

»Nur was?« Jetzt verdränge ich meine Schwäche und setze mich endgültig auf. Er hilft mir, steckt mir ein Kissen hinter den Rücken. Ich merke, ich kann mich kaum bewegen. Meine Rippen sind bandagiert, und das fest. Ich schiebe es beiseite. »Komm schon, was habt ihr für ein Problem mit mir?«

Er ringt mit sich. Steht schließlich auf, geht ans Fenster. Gegen das Dämmerlicht kann ich nur seinen Schatten sehen. »Du… du stehst irgendwie zwischen uns.« Der Satz hängt im Raum, eine lange Zeit. Ich sitze regungslos da und warte, dass er weiterspricht. Dann seufzt er. »Durch diese Geschichte hast du dich tiefer mit ihm verbunden als jeder von uns, und irgendwie auch mit uns. Ich kann das nicht wirklich erklären. Aber wir haben bisher noch nie jemanden in unserer Mitte akzeptiert, dem wir nicht vollkommen vertrauen konnten. Und das konnten wir nicht, solange du nicht ehrlich zu uns warst. Wir haben gemerkt, dass du etwas verbirgst.«

Mich durchfährt ein eiskalter Schrecken. Himmel, was wissen sie noch von mir? »Und das hat sich jetzt geändert?«, frage ich vorsichtig.

Er schaut mich an, die Miene mit einem Ausdruck, den kann ich nicht deuten. »Ich kann es dir nicht sagen. Aber Fakt ist, so, wie Tom reagiert hat, da ist mir klar geworden, euch verbindet mehr. Viel mehr. Und Jimmy wusste das anscheinend schon. Habe ich recht?«

Ich schließe die Augen, doch dann nicke ich unmerklich. »Ich musste ihm das begreiflich machen. Er hätte sonst nicht aufgehört. Er hat mein Nein nicht akzeptiert. Ich musste schon ziemlich deutlich werden, bevor er es kapiert hat.«

»Pah, das schadet ihm gar nicht«, erwidert Danny ernst, aber auch ein wenig schadenfroh.

»Das hat Tom auch gesagt. Nur, es hat alles nur noch schlimmer gemacht. Es schadet *mir*, verstehst du? Ich gehe kaputt an euch. Ach verdammt!« Ich drehe ihm den Rücken zu, was mir einen warnenden Schmerz durch die Rippen schickt. Ich kann ein unterdrücktes Stöhnen nicht verhindern.

»Vorsicht, nicht so heftig bewegen.« Jetzt ist er wieder bei mir und hilft mir, mich hinzulegen. »Was ist, magst du vielleicht was essen? Soll ich Sylvie…«

»Lass Sylvie schlafen, aber ja, ich mag was essen. Geh mal an meinen Rucksack, bitte. In dem oberen Fach findest du ein paar Päckchen. Mach mir eine davon, ja?«

Er tut, was ich sage, doch als er die YumYums findet, schüttelt er den Kopf. »Im Ernst jetzt?«

»Die sind Medizin. Damit habe ich Tom wieder auf die Beine gebracht. Tu's einfach. Der Wasserkocher steht im Bad.«

Als er aufsteht, fällt der Rucksack um, und ein paar weiße Umschläge rutschen heraus. Er will sie wieder hineintun, aber ich strecke die Hand aus. »Gib sie mir bitte.« Er reicht mir die Umschläge. Unschlüssig halte ich sie in der Hand, während er nebenan das Wasser aufsetzt und die Suppe vorbereitet.

»Was ist da drin?«, fragt er durch die Tür.

»Die sind für euch. Ich wollte euch dies eigentlich heute Morgen geben. Weil ihr ja nach Hause fliegt. Ihr fliegt doch noch heute?«

»Heute Abend, ja. Wir müssen nach dem Mittag los.« Danny kommt jetzt mit der dampfenden Suppe wieder zurück ans Bett. »Also, was ist da drin?«, fragt er, nun hörbar neugierig.

»Das wird nicht verraten. Nimm du sie, Danny. Du musst mir versprechen, sie erst im Flieger zu verteilen, okay? Jeder bekommt einen Umschlag. Der dicke hier ist für Tom.«

»Na, den gibst du ihm doch wohl lieber selber, oder?« Doch ich schüttele nur vorsichtig den Kopf, was ihn verwundert und nicht eben wenig beunruhigt. »Na gut, ich mach's. Iss jetzt. Und keine Dummheiten, verstanden?«

Den gesamten Morgen und Vormittag verbringe ich mehr oder weniger im dämmrigen Halbschlaf. Sylvie ist es jetzt, die bei mir wacht, die anderen bekomme ich nicht zu Gesicht, worüber ich nicht unfroh bin. Was auch immer da in dem Beutel drin ist, es nimmt mir die Schmerzen, aber es macht auch wirklich matt, ein Gefühl, das ich hasse. Zu viele Tage und Wochen habe ich im Krankenhaus verbracht, damals, bei meinen Behandlungen. Das will ich nicht mehr. Beinahe, aber nur beinahe wäre ich versucht, die Kanüle doch noch zu entfernen. Aber Dannys Warnung gibt mir zu denken. Ach was, lass sie drin. Heute Nachmittag sind sie weg, und dann kann ich machen, was ich will.

Um die Mittagszeit kommt dann Sylvie mit einem Tablett herein. Eine leichte Suppe, etwas Brot. Pudding. Krankennahrung. Ich esse trotzdem alles auf. Anschließend hilft sie mir auf die Toilette, doch ich merke, den Gang bekomme ich bereits allein hin. Das Zeug wirkt anscheinend tatsächlich. Ich schaffe es sogar, mich einigermaßen zu waschen und in ein frisches Shirt zu schlüpfen. So fühle ich mich gleich viel besser.

Kaum liege ich wieder, kommt Mo herein, frisch geduscht und mit einem großen Blumenstrauß in der Hand. »Von den Jungs auf der Wache. Sie machen alle mehr oder weniger einen Kniefall vor dir, echt wahr!«

Ich bin gerührt, und mir wollen die Tränen kommen. Das hat von den anderen noch keiner für mich getan, nicht einmal Rob. Da erkundige ich mich doch lieber nach ihren angeschossenen Kollegen. Mo lässt sich aufs Bett fallen und gibt mir einen Umschlag. Als ich hineinschaue, ist darin mein Foto, das ich auf der Wache gelassen hatte. Froh stecke ich es wieder hinter die Handy Hülle.

Sie berichtet: »Sie sind über den Berg, aber es war echt knapp! Was für eine Scheiße! Hoffentlich lassen sie die beiden Arschlöcher in der Hölle schmoren dafür! Du hast dem Kleinen ja gehörig einen Schrecken eingejagt.«

»Wie, habt ihr den Mittschnitt etwa schon übersetzt?«, frage ich verwundert.

»Danny hat's getan, als er bei dir gewacht hat, obwohl er nicht alles verstanden hat. Er kann Deutsch, wusstest du das nicht? Von seiner Oma oder so. Er meint nur, diese neudeutschen Schimpfwörter und dieses österreichische Kauderwelsch, das wusste er nicht so wirklich zu übersetzen, aber er hat es versucht. Wir haben es alle gelesen. Echt genial, wie du das angestellt hast!«

Ich muss grinsen, trotz allem. »Das ist wohl auch besser so, dass er nicht alles verstanden hat. Ich habe mich nicht gerade zurückgehalten. Und das Arschloch auch nicht. Der ist ein Kinderschänder, Mo. Dieses Schwein!«

Sie presst die Lippen zusammen. »Die arme Kleine! Sie haben sie und ihre Mutter irgendwo auf dem Weg hierher überfallen und ihren Wagen gestohlen. Die beiden waren Tage im Kofferraum eingesperrt, außer für…«

»Nicht.« Ich lege ihr die Hand auf den Arm. »Sprich es nicht aus. Es ist vorbei. Es war schlimm, aber es werden alle wieder gesund. Das habt ihr gemeinsam hinbekommen, nicht?«

»Oh ja. Deine Jungs, die waren toll.« Jetzt errötet sie ein wenig. Bestimmt hat sie sich ausgiebig trösten lassen. Doch dann sagt sie: »Sie müssen bald los. Sie wollen sich von dir verabschieden. Kann ich ihnen sagen, dass sie dich besuchen kommen dürfen?«

Sie muss gemerkt haben, dass da noch mehr vorgefallen ist. Aber will ich sie sehen? Ich schüttele unmerklich den Kopf. »Ich glaube nicht, dass das eine gute Idee ist. Nein, ich möchte schlafen. Und am liebsten erst wieder aufwachen, wenn sie weit, weit weg sind. Bitte, Mo. Es geht nicht. Mach das Licht aus, wenn du gehst, sei so gut, ja? Ich bin müde.«

»Na gut. Ich richte es aus, aber sie wollen dich wirklich gerne sehen. Besonders Jimmy. Der ist ganz nervös.«

Ich stöhne unmerklich auf. Der ist der Letzte, den ich jetzt gebrauchen kann. »Lasst mich einfach in Ruhe!«, knurre ich und drehe den Kopf fort von ihr zur Wand. Sie seufzt nur und sagt nichts mehr. Nachdem sie mir einen neuen Beutel an die Kanüle gestöpselt hat, lässt sie mich allein.

Aber sie halten sich nicht daran. Ich habe das schon geahnt und liege die ganze Zeit voller Anspannung da, doch das strengt mich so an, dass ich dann doch wegdämmere. Wach werde ich erst wieder, als sich jemand zu mir aufs Bett setzt. Ich fahre hoch, doch dann erkenne ich Danny. »Hast du mich erschreckt!«

»Wir müssen jetzt fahren. Auf Wiedersehen, Sanna. Das meine ich wirklich so. Komm uns besuchen in New York, wenn du magst. Dann haben sich die Gemüter hoffentlich etwas beruhigt.« Er beugt sich über mich und gibt mir einen sanften Kuss auf die Stirn, drückt mir noch einmal die – unverletzte – Schulter und geht dann hinaus.

Der nächste ist Vince, doch er bleibt nur in der Tür stehen, immerhin. »Das finde ich auch, komm uns besuchen. War echt nett, dich kennen gelernt zu haben. Gute Besserung.«

Sean kommt dagegen herein, er hat ein Geschenk dabei. »Damit du auf die Beine kommst, Champ. Dem hast du es aber gegeben! Bin mächtig stolz auf dich.« Er grinst mich an, gar nicht so spöttisch wie sonst, und verabschiedet sich mit einem Kuss auf meinen tätowierten Handrücken.

Doch als Jimmy sich hereinschleicht, die Schultern eingezogen wie ein geprügelter Hund, und dann auch noch die Tür zu macht, wird es mir zu viel. Ich schließe die Augen, will ihn nicht sehen.

»Sanna, ich...«

»Ach Jimmy, können wir es nicht einfach gut sein lassen und vergessen?«, wehre ich ihn müde ab. »Ihr habt genug auf mir rumgehackt. Ich kann nicht mehr! Lasst mich einfach in Ruhe. Fahrt nach Hause, räumt Toms Leben auf, und dann habt ihr ihn wieder ganz für euch.« Bei den letzten Worten schwindet meine Stimme, ich merke, wie mir die Tränen in die Augen steigen.

»Das können wir nicht, und das weißt du auch. Rede keinen Unsinn.« Jetzt setzt er sich zu mir aufs Bett und nimmt meine Hand. Am liebsten hätte ich sie zurückgezogen, doch das wäre kindisch gewesen. Er streichelt sie sanft. »Ich habe dich verstanden. Wie sehr, das weißt du vermutlich gar nicht. Du... du bist einfach... Es... es tut mir leid, wie das alles gelaufen ist. Es hätte mir klar sein müssen, dass bei dir ganz andere Maßstäbe gelten als bei allen anderen. Das hast du gestern bewiesen. Sei mir nicht gram, ich bitte dich. Das... das ertrage ich nicht.« Die letzten Worte presst er nur noch heraus. Ich merke, wie mir eine Träne die Wange herunterläuft. Er wischt sie sanft mit dem Finger fort. »Ich mache den Weg frei für dich und ihn. Pass du nur auf, dass du nicht unter die Räder kommst, ja? Denn wenn dir etwas passiert, ertrage ich das noch viel weniger. Und er auch nicht.« Er drückt mir noch einmal die Hand, dann steht er auf und geht zur Tür.

»Jimmy?« Vorsichtig öffne ich die Augen.

»Ja?«

»Es tut mir leid.« Ich muss schlucken bei dem Ausdruck in seinem Gesicht. Einen winzigen Moment sieht es so aus, als wolle er noch einmal zu mir kommen, doch dann nickt er nur, wendet sich ab und verlässt das Zimmer.

Mit auf einmal hämmerndem Herzen schaue ich auf die Tür. Einer fehlt noch. Wird er sich von mir verabschieden? Innerlich wappne ich mich, kann den Gedanken kaum ertragen. Doch die Tür bleibt zu. Ich höre ihre Stimmen, schlagende Autotüren, einen startenden Motor. Dann sind sie fort.

Der Schmerz droht, sich wie eine Decke über mich zu legen. Es sind nicht die Schmerzen meines Körpers, die sind nach wie vor betäubt. Nein, es ist ein Schmerz ganz tief in mir drin, dort, wo ich gerade erst wieder zugelassen habe, dass neues Leben entsteht. Noch halte ich ihn im Zaum, will es nicht wahrhaben. Ich stemme mich hoch, umständlich behindert durch die Kanüle. Irgendwie schaffe ich es, den Beutel von der Wand zu bekommen, und nehme ihn mit hinüber zum Rucksack. Allein mich zu bücken und eine Hose daraus hervorzuziehen, ist schon mit solchem Umstand verbunden, dass ich fast versucht bin, halb nackt rauszulaufen oder den Verband zu entfernen. Irgendwie schaffe ich es, die Hose anzuziehen und den Hoodie um die Schultern zu hängen. Den Infusionsbeutel stopfe ich in die Tasche. Für die kurze Strecke mag das gehen. Ich muss es einfach wissen. Es ist ja nicht weit.

Vorsichtig ziehe ich die Tür auf und luge hinaus. Nicht, dass mich jemand sieht. Doch draußen ist niemand. Es ist ein grauer, von matschigen Schneeresten und leichtem Nieselregen durchzogener Tag. Die eine Hand an der Wand abgestützt, gehe ich die wenigen Schritte zu Toms Zimmer hinüber.

Vorsichtig drehe ich den Türknauf. Die Tür lässt sich einfach öffnen, sie ist nicht abgeschlossen. Gleich sehe ich auch, warum. Sylvie hat keine Zeit verloren. Das Zimmer ist leer, das Bett abgezogen. Er ist wirklich fort. Ohne ein Wort, ohne mich noch einmal zu sehen. Jetzt zerbricht meine Beherrschung wie die Scherben eines herunterfallenden Glases. Ich schluchze auf. Mir wird wieder schwindelig, ich muss mich an der Wand abstützen. Tränenblind und nur mit Mühe schaffe ich es zurück in mein Zimmer. Dort breche ich auf dem Bett zusammen.

Ich weiß nicht, wie lange ich so daliege und mir einfach nur stumm die Tränen herunterlaufen. Für mehr habe ich keine Kraft mehr, ich bin ausgebrannt. Irgendwann schlafe ich ein, ich merke es gar nicht.

Als ich wieder aufwache, sind draußen Stimmen zu hören. Ich liege immer noch angezogen und ihn Decke auf dem Bett. Mir ist kalt, zittere regelrecht. Oh nein, wenn die das entdecken, dann gibt es Ärger! Hastig streife ich Hoodie und Hose ab, stecke beides unter die Bettdecke und schlüpfe selber darunter. Nur den Infusionsbeutel schaffe ich nicht, auf den Haken zu hängen, der ist zu weit oben. Stattdessen lege ich ihn erhöht auf ein Kissen und meine Hand darunter.

Sylvie kommt mit einem Tablett herein. »Oh, du bist wach! Gut! Hier, Tee und Kuchen. Das wird dir guttun. Du hast immer noch zu wenig gegessen. Wie geht es dir denn, hmm?« Sie streicht mir fürsorglich über das Haar wie bei einem kleinen Mädchen. Dabei fällt ihr Blick auf den Beutel. Sie schnalzt missbilligend mit der Zunge und hängt ihn wieder auf.

»Schon besser, wirklich. Sorry, Sylvie. Ich hab mich komisch bewegt, da ist er runtergesaust. So ging es auch, nur wird er nicht so schnell leer.« Um sie milde zu stimmen, trinke ich einen Schluck Tee, süß und stark, und beiße von dem Kuchen ab, obschon ich nicht wirklich Hunger habe.

Sie schüttelt den Kopf. »Der muss schön leer werden, damit du gut schläfst. Brauchst du noch etwas? Mo kommt nachher noch einmal und schaut nach dir, und sie bringt einen Arzt mit. Nein, keine Widerrede! Du brauchst ein Attest. Das FBI fragt nach dir.«

Der Bissen Kuchen bleibt mir im Halse stecken. Ich verschlucke mich, muss husten. »Vorsicht.« Sie klopft mir behutsam den Rücken. »Ich glaube, das lassen wir erstmal. Trinke deinen Tee aus. Ich komme nachher wieder.«

Sie lässt das Licht an, doch das schalte ich gleich aus. Ich will jetzt nichts sehen, will nur noch vergessen. Doch das ist mir nicht vergönnt. Alles kommt erneut hoch, der gestrige Tag, die Gesichter, ihre Mienen, wie sie mich angesehen haben. Vor allem Tom. Bei seinem Namen rolle ich mich zusammen, so gut es irgendwie geht. Doch die Tränen wollen nicht mehr kommen. Es ist alles leer, wie betäubt. Da schließe ich doch lieber die Augen und dämmere weg.

Als dann abends der Arzt kommt, stelle ich mich halb bewusstlos. Ich will mit niemandem reden, weder trinken noch essen. Sie sollen mich einfach in Ruhe lassen. Er stellt nichts fest, was die anderen nicht auch schon festgestellt haben, Prellungen über Prellungen und eine Gehirnerschütterung, und verordnet mir strikte Bettruhe. Mos Frage, ob mich das vor dem FBI schützt, kann er nicht beantworten. Er wird sein Bestes geben, sie mir vom Leibe zu halten, das verspricht er. Abschließend spritzt er mir noch etwas in die Kanüle, etwas, das mich beinahe sofort einschlafen lässt. Ist vermutlich besser so, denke ich, und dann bin ich weg.

Nachts träume ich. Jemand liegt neben mir. Tom ist es, er ist da, sein Atem, sein Geruch, seine Wärme. Instinktiv flüchte ich mich hinein, in diese Sicherheit. Es lässt mich ruhig werden und tief und fest durchschlafen.

Als ich am Morgen aufwache, fällt mein erster Blick neben mir aufs Bett, aber da ist natürlich niemand. Schöner Traum, Sanna! Was auch immer dir der Doktor da gespritzt hat, es hat offenbar seine Wirkung getan. Auf dem Nachttisch sehe ich einen Becher Tee und ein paar Kleinigkeiten zu essen. Da bekomme ich Hunger, wirklich Hunger, und esse alles bis auf den letzten Krümel auf.

Sylvie ist erfreut, dass sie mich so munter sieht, als sie das Frühstück bringt. Auch das vertilge ich, bis ich meine, bald zu platzen. Anschließend frage ich sie, ob ich es wagen kann, duschen zu gehen. Sie ist unschlüssig, wegen der Verbände und der Naht an meiner Stirn. Wir vertagen es auf später, wenn Mo wieder da ist. Der Beutel ist leer, sie hat keinen neuen, deshalb stöpseln wir ihn aus der Kanüle aus. Ich beschließe, mich waschen zu gehen, besser als nichts. Sylvies Hilfe lehne ich ab, was sie nur zögerlich akzeptiert. Das Erlebnis von vorletzter Nacht ist ihr wohl noch allzu gut im Gedächtnis.

Im Bad ist es warm, viel zu warm für mich. Ich öffne das Fenster ein wenig, damit frische Luft hereinkommt. Vor dem Haus höre ich Stimmen. Erst achte ich nicht darauf, doch dann fällt auf einmal mein Name, und ich konzentriere mich, das Ohr an der Fensteröffnung.

Es ist der Chief. »Ich weiß nicht, wie lange ich sie noch zurückhalten kann. Sie verlieren langsam die Geduld, verdammter Mist! Sie haben gesagt, sie kommen heute Mittag her und werden wenigstens versuchen, mit ihr zu reden.«

»Aber Jeff, das können sie doch nicht machen!« Das ist Sylvie. »Du hättest sie gestern Abend sehen sollen! Der Doktor hat sie regelrecht betäubt, damit sie schlafen konnte vor lauter Schmerzen.«

»Ich weiß, ich weiß.« Er klingt hörbar frustriert. Und wütend. Müde. Alles zusammen. Wer weiß, ob er überhaupt zum Schlafen gekommen ist. »Sieh zu, dass du sie ein wenig aufgepäppelt bekommst, Sylvie, damit sie durchhält. Ich könnte diese Mistkerle erwürgen!«

Mehr brauche ich nicht zu hören. Ich schiebe das Fenster zu. Die Panik schwappt wie eine Welle über mich. Das werde ich auf keinen Fall, mit denen reden! Die sollen mich nie wieder in die Finger bekommen! Ich fasse keinen wirklichen Entschluss, aber kurze Zeit später finde ich den Rucksack offen vor mir stehend. Diese Reaktion kenne ich, ich kenne sie nur allzu gut. Reiner Selbstschutz. Keine Frage, ob ich das schaffe, ob es zu viel wird für mich. Es gibt nur einen Ort, wo ich hingehen kann und wo mich unter Garantie keiner findet.

Chip ein kleines Dankeschön in Gedanken zusendend, ziehe ich umständlich meine Wandersachen an. Die Kanüle entferne ich mir selber und verbinde die Einstichstelle mit dem restlichen Verbandmaterial, das ich im Bad finde. Meine Sachen habe ich schnell gepackt. Noch spüre ich keine Schmerzen, doch ich weiß, das wird nicht so bleiben. Daher sehe ich lieber zu, dass ich fortkomme. Aber das ist gar nicht so einfach. Allein, den Rucksack aufzusetzen, erfordert einiges an Improvisation. Schließlich zerre ich ihn aufs Waschbecken und schiebe ihn so auf den Rücken. Das sendet dann trotz der Betäubung stechende Schmerzen durch meine geprellte Schulter und auch die Hüfte, als ich den Gurt umlege. Ich polstere beide Schultergurte und den Hüftgurt mit Sylvies Handtüchern. Dann stehe ich da, schließe die Augen und gehe in mich. Das Gewicht drückt. Aber es ist okay, und es stabilisiert irgendwie die Rippen, ich gehe aufrechter. Gut so! Ich mache zwei Schritte. Wird mir schwindelig? Nein, wird es nicht. Es wird gehen, es muss einfach!

Ich schleiche mich hinten herum um die Lodge davon. Jetzt brauche ich die Wanderstöcke das erste Mal wirklich, und zwar bei jedem Schritt. Ich möchte rennen, zwinge mich aber, bewusst langsam zu gehen. Mir ist nicht geholfen, wenn ich bereits nach kurzer Zeit zusammenbreche. Auf Umwegen gelange ich zur Straße. In der Einfahrt zu der Lodge steht ein Streifenwagen und in einiger Entfernung – oh Scheiße – ein Fernsehübertragungswagen. So schlimm?

Zum Glück ist es immer noch wirklich trübe, die Sicht schlecht. Daher muss ich nicht sehr weit südlich ausweichen, damit man mich beim Queren der Straße nicht mehr bemerkt. Der Nebel hilft, denn ansonsten hätte man mich bis weit ins Hinterland gesehen, die Gegend bei der Lodge ist ziemlich flach. Den richtigen Weg finde ich trotz des Nebels und des Umweges recht schnell, auch ohne Wanderapp, denn mein Handy, das kann ich nicht einschalten, man könnte mich tracken. Ich gehe die Strecke ja schon zum zweiten Mal und habe sie noch gut im Gedächtnis. Schon bald bin ich in der Landschaft verschwunden, ein Schatten unter vielen, und somit hoffentlich unauffindbar für alle, die mich verfolgen wollen.

Zunächst geht alles gut. Ich komme rasch voran, obschon ich merke, ich schwitze wie noch nie trotz der kühlen Temperaturen. Ich schiebe es auf die Medikamente und hoffe, dass ich sie rausschwitze und wieder mehr zu mir selber werde. Unterwegs achte ich darauf, dass ich viel trinke, die Trinkblase habe ich vorher randvoll gemacht und zudem einen gehörigen Vorrat an Energieriegeln und Nüssen in die Taschen gesteckt, sodass ich den Rucksack nicht absetzen muss, um an sie heranzukommen. Ich zwinge mich, sie nach und nach zu verzehren, obschon ich nicht wirklich Hunger habe.

Etwa nach einer Stunde bemerke ich langsam eine Veränderung in mir. Die Schmerzen werden stärker, die Betäubung lässt nach. Meine Bewegungen werden mühsamer, ich höre meinen keuchenden Atem in der Stille der Winterluft. Immer öfter muss ich jetzt anhalten. Ich habe eine Notration Schmerztabletten mitgenommen, die hatte mir Mo dagelassen, und werfe jetzt zwei ein. Das hilft erstmal, aber die Wirkung lässt ziemlich schnell wieder nach.

Als ich dann endlich, endlich, den Wegweiser sehe, ist der Tablettenvorrat aufgebraucht, und mein Kopf hämmert wie verrückt. Noch kann ich gehen, aber ich merke, es wird Zeit, die Kräfte verlassen mich. Ich darf hier draußen nicht zusammenbrechen, ich darf es einfach nicht!

Den Eingang finde ich nach einigem Suchen in einer Schneewehe. Es ist immer noch so kalt, dass sie nicht komplett weggetaut ist. Der Schnee hilft, er baut mir quasi eine Rampe in die Unterwelt, sodass ich wie auf einer Rutsche dort hinunterrutschen kann. Unten angekommen, liege ich erst einmal lange Zeit keuchend da. Die Anspannung lässt schlagartig nach, ich bin in Sicherheit.

Mit letzter Kraft stemme ich mich hoch und taumele, die Hände an den engen Canyonwänden abstützend, zu dem Hot Pot hin. Auch hier liegt noch Schnee, aber er ist vor der Höhle weggetaut wegen der warmen, feuchten Luft. Vor dem Eingang breche ich auf die Knie. Ich schaue nach oben. Wo habe ich genug Felsüberhang, dass man mich von oben nicht sieht? Da, da hinten, in der Nische. Ich krieche hinüber, zerre den Rucksack herunter, neue Schmerzen schießen durch mich. Mit zitternden Fingern hole ich das Zelt heraus, baue es auf. Schlafsack und Isomatte. Ich muss mich aufwärmen, zittere jetzt unkontrolliert, und mein Blick fängt erneut an zu verschwimmen, mir wird schlecht. Gehirnerschütterung. Du musst liegen. Zieh deine verschwitzten Klamotten aus, sonst holst du dir den Tod. Alles geht durcheinander in meinem Kopf, doch ich schaffe es nicht mehr, breche zusammen und rolle mich mit letzter Kraft in den Schlafsack ein.

Reißender Schmerz weckt mich wieder auf. Es ist wie ein Schock. Etwas Eiskaltes wird mir auf die Haut geklatscht, und mir ist kalt, so kalt. Ich schreie auf, will mich wehren, doch der Griff, der mich umfasst hält, ist unerbittlich.

»Ja, jetzt jammerst du rum! Selber schuld, warum bleibst du nicht da, wo du hingehörst?« Die Stimme ist heiser, fast tonlos, ich erkenne sie nicht. Meine Augen sind tränenblind, ich sehe nur einen Schatten.

Ich werde hochgehoben, getragen, dann Wärme. Auf die Kälte folgt die Hitze, ich werde ins Wasser getaucht, es brennt, nochmal Schmerz, kaum zu ertragen. Doch auch da bleibe ich nicht lange. Wieder hebt man mich hoch, trägt mich, legt mich auf weiche Decken. Jemand reibt mich trocken, nur noch leichter Schmerz, und ich will mich gerade entspannen, da trifft etwas Brennendes meine Haut. Ich habe keine Kraft mehr, mich zu wehren, bringe nur noch ein klägliches Wimmern zustande. Dabei schimpft man immer weiter auf mich ein, ich verstehe die Worte kaum, sie sind mir fremd. Finsterste amerikanische Schimpfwörter sind es wohl, und sie lassen mich vor Angst ganz klein werden.

Doch es ist bald vorbei. Ich werde eingewickelt, fest zugedeckt. Dann, ganz sacht nur, eine Berührung an meinem Gesicht. Es kratzt. Bartstoppeln. Ein Geruch weht heran, vertraut, so vertraut. »Tom…« Schlagartig lassen die Angst und die Anspannung nach, und ich dämmere weg.

Diese Prozedur wiederholt er noch mehrmals an diesem Tag und in der folgenden Nacht. Am Schluss habe ich nicht einmal mehr die Kraft zu wimmern. Schlaff hänge ich in seinen Armen, bin kaum mehr bei Bewusstsein, nehme alles nur noch durch einen Schleier wahr. Er ist unerbittlich, zwingt mich zu trinken, zwingt Schmerzmittel in mich hinein. Ich will nur noch schlafen, vergessen, aber er lässt mich nicht, bis ich schließlich nicht mehr kann und vollkommen bewusstlos werde.

Es ist heller Tag, als ich das nächste Mal aufwache. Warmer Sonnenschein dringt in das Zelt, es ist seins, wie ich jetzt sehe. Das Lager neben mir, ein zerwühlter Schlafsack, ist leer. Er ist es, er ist es wirklich! Aber wie ist das möglich? Ein Schluchzen steigt mir die Kehle hoch, ich kann es nicht verhindern. Ich will mich zusammenrollen, doch das verzeihen meine malträtierten Rippen nicht. Schmerz, aber diesmal nicht so schlimm. Keuchend liege ich da und zwinge mich, eine Bestandsaufnahme zu machen.

Die Prellungen sind noch da, oh ja. Druckempfindlich, aber nicht mehr so schlimm. Was er auch immer mit mir gemacht hat, es wirkt. Die Rippen sind immer noch sehr empfindlich, aber der Verband ist fort, sodass ich mich besser bewegen kann. Meine Stirn... oh je. Sie puckert wie verrückt, ich spüre eine Schwellung. Eine Entzündung? Das ist nicht gut. Mein Kopf dagegen ist wieder klar. Die Wirkung der Medikamente hat nachgelassen. Gut so! Ich hasse dieses benebelt-Sein. Kann ich mich bewegen? Ich versuche es und bin überrascht, dass es mir auf Anhieb gelingt. Jetzt fällt mir auf, dass ich ohne Kleidung in meinem Schlafsack liege. Natürlich. Für das Bad muss er mich ausgezogen haben.

Ich habe Durst, sehe aber kein Wasser. Daher krieche ich umständlich nach vorne, ziehe leise das Zelt auf. Beide Rucksäcke sind da, seiner jedoch irgendwie kleiner. Natürlich, Sally ist ja nicht mehr da. Das ganze Hundezeug fehlt.

Mühsam ziehe ich etwas frische Wäsche, eine Wärmehose und Shirt heraus. Anziehen ist dann doch noch ein Problem, hinterher bin ich schweißgebadet, und ich merke, ich habe wirklich Durst. In kleinen Schlucken trinke ich die Reste aus der Trinkblase und dann noch das, was ich in einem Topf finde. Ich erinnere mich an die Notration Antibiotika, die ich im Rucksack habe. Soll ich sie nehmen? Ich zögere. Wer weiß, was ich noch alles im Körper habe. Nein, das muss so gehen.

Wie ich da so hocke, merke ich, meine Blase drückt. Schon wieder! Er muss mir ganz schön was reingezwungen haben gestern Nacht, oder liegt das an den Schmerzmitteln? Mühsam krieche ich aus dem Zelt und richte mich nun das erste Mal auf. Oh je! Steif wie eine alte Frau. Alles schmerzt, und ich spüre ein warnendes Stechen hinter der Stirn. Aber es nützt nichts. Zu der Ecke, wo die Besucher des Hot Pots gewöhnlich ihre Notdurft verrichten, ist es ja nicht weit. Es ist eine Nische mit einem Loch im Boden, primitiv, aber effektiv, denn der Regen und ein unterirdischer Wasserlauf spülen die Hinterlassenschaften regelmäßig fort.

Zur Sicherheit nehme ich einen Wanderstock mit, doch weit komme ich nicht. Wie aus dem Boden gestampft steht plötzlich Tom vor mir. Seine Augen, seine Miene, alles eine einzige, zornige Maske. Ich will mich verstecken vor diesem Blick, aber ich tue es nicht.

»Was hast du vor?«, knurrt er und kommt näher. »Du gehörst ins Bett! Warum bleibst du nicht da, wo du hingehörst?« Er will mich am Arm fassen, aber ich wehre in ab.

»Lass mich! Ich muss mal. Lass mich einfach.« Ich gehe an ihm vorbei, angespannt darauf wartend, ob er mich dennoch angeht. Und richtig, er kommt hinter mir her. Das geht mir dann doch zu weit. Als er mir in die Nische folgen will, fauche ich ihn an: »Nein! Du bleibst draußen. Du wirst mir nicht helfen da drin und zuschauen!« Das macht ihn derart zornig, dass er sich abrupt umdreht und mich alleine lässt.

Es nützt doch nichts, fluche ich innerlich, während ich mich hinhocke. Das schmerzt dann doch und noch vielmehr, mich hinterher aufzurichten. Aber Dank Stock schaffe ich auch das und gehe mit langsamen Schritten zum Zelt zurück. Er ist dabei, die Kocher in Gang zu bringen und schaut nicht auf, als ich wieder ins Zelt hineinkrieche. Jetzt sticht meine Stirn wie verrückt. Müde sinke ich auf den Schlafsack und schließe die Augen.

Erst seine Hand weckt mich irgendwann auf. »Du wirst jetzt essen.« Keine Bitte, sondern ein Befehl.

»Ich hab keinen Hunger...«, wehre ich schwach ab, doch er packt mich hart bei der Schulter und richtet mich auf.

»Du wirst jetzt essen«, knurrt es an meinem Ohr, »oder ich schütte es dir in den Hals!«

Derart gezwungen, würge ich die Suppe in kleinen Schlucken und Bissen herunter und den anschließenden Tee auch. Meine Stirn schmerzt immer mehr, und ich merke, ich brauche Hilfe. Er will mich wieder in den Schlafsack einpacken, aber ich halte ihn fest. »Guck bitte mal nach meiner Stirn. Da stimmt was nicht...«, flüstere ich schwach.

Der Verband wird mir mit einem Ruck heruntergerissen. Ich schreie auf und höre seinen unterdrückten Fluch. »Das hat sich entzündet! Schöne Scheiße! Warum hast du nichts gesagt?«

»Wann hätte ich denn wem etwas sagen sollen?«, erwidere ich matt, doch er hört mir gar nicht zu, kramt in seinem Rucksack und kommt mit einem Päckchen zurück. Dabei schimpft er die ganze Zeit vor sich hin, ich mag das gar nicht hören. Er sprüht mir etwas auf die Naht, es brennt, und dann packt er eine Spritze aus. »Nein. Oh nein, keine Spritze! Ich habe selber... Antibiotika...«

»Halt den Mund!« Sein Zorn ist wie eine Peitsche, ich ducke mich förmlich darunter. »Du nimmst das hier!« Und er schiebt mir die Spritze ohne Vorwarnung unter die Haut, wie ein eingeschlagener Nagel, so grob kommt es mir vor. »Jaah, das hast du jetzt davon. Warum tust du nicht, was man dir sagt?«

Das stachelt meinen Zorn an. Kaum hat er die Spritze herausgezogen, schiebe ich ihn weg. »Niemand hat mir etwas gesagt! Alles, was ich mitbekommen habe, war, dass das FBI mich verhören will und dass sie mich dafür schnellstens wieder auf die

Beine bekommen sollen! Und du, du warst nicht da. Du warst fort...« Ich kann nicht mehr, jetzt kommen mir die Tränen. Schluchzend falle ich zurück auf das Lager, seine Hände, die jetzt zupacken wollen, schiebe ich weg. »Lass mich! Lass mich in Ruhe! Geh, geh einfach!« Ich warte nicht ab, ob er es tut, sondern schließe die Augen. Doch er geht nicht, er macht mir einen neuen Verband auf die Stirn und deckt mich anschließend gut zu.

»Schlaf jetzt.« Ein Befehl, aber es klingt nicht mehr ganz so knurrig. Ich habe keine Einwände. So kann ich ihm wenigstens eine Weile entkommen.

Später weckt er mich und will mit mir die Prozedur mit dem Schnee und dem warmen Wasser wiederholen, doch diesmal setze ich mich durch und weise seine Hilfe komplett zurück. Ich tue es selbst. Nur in ein Handtuch gewickelt, kühle ich zunächst die Prellungen mit Schnee, steige anschließend ins heiße Wasser. Dann esse ich etwas, trinke und kann danach tief und fest schlafen. Es wirkt wahre Wunder. Er sagt nichts, beobachtet mich aber wachsam, sollte ich erneut zusammenklappen. Doch den Gefallen tue ich ihm nicht. Es ist mir auch egal, ob er mich so sieht. Was könnte er schon zu sehen bekommen, was er nicht längst zu sehen bekommen hat?

Ich merke, mit jeder Stunde geht es mir besser. Als ich am Nachmittag nach einem längeren Schlaf wieder aufwache, höre ich leise Stimmen oberhalb der Schlucht. Ich schrecke hoch. Ist die Polizei da? Doch es sind nur zwei, Toms Gebrumm und eine etwas jüngere Stimme, die kommt mir doch... Chip! Was macht der denn hier? Leise krieche ich aus dem Zelt und schleiche mich an.

»Sie haben aufgegeben«, sagt Chip gerade. »Sie sind vorhin gefahren. Der Chief sagt, wenn sie sich gut genug fühlt, soll sie die Agenten anrufen. Sie wollen dann eine Videokonferenz machen oder so.«

»Hat er nochmal versucht, aus dir unseren Aufenthaltsort herauszuholen oder dich zu verfolgen?« Ich kann hören, wie zornig Tom darüber ist.

»Nö. Er hat genauso aufgegeben. Der ist echt fertig, Mann! In der Stadt herrscht totales Chaos, immer noch. Aber wie es scheint, bekommt Sanna sie alle klein. Mann, das hat für einen Aufruhr gesorgt, das kann ich dir sagen! Die Leute von der Wache sind stinksauer auf den Chief, und Pa und Ma und Meg, sie wollten sofort alles stehen und liegen lassen und hierher, und Faith ist am Durchdrehen, weil sie Sanna nicht erreicht. Aber da ja niemand wusste, wo ihr wart…«

»Ist wohl besser, es bleibt noch eine Weile so. Danke, Chip…«

Hastig ziehe ich mich zurück. Die Erleichterung flutet durch mich hindurch, dass ich mich ganz schwach fühle. Ich liege auf meinem Schlafsack und merke, wie diese Anspannung, die immer noch in mir gewesen sein muss, von mir abfällt. Jetzt kann ich wirklich ruhen, und das tue ich auch, ich schlafe bis zum Abend tief und fest durch.

Es ist dunkel, als ich das nächste Mal erwache. Doch halt, das stimmt nicht so ganz. Ein Feuer ist in Gang, ich kann den flackernden Schein durch die Zeltwand erahnen. Als ich rausschaue, ist von Tom nichts zu sehen. Ist wohl auch besser so.

Ich mache eine Bestandsaufnahme. Der Schmerz an meiner Stirn ist verschwunden, die Wunde ist nur noch druckempfindlich. Die Wange ist komplett abgeschwollen. Den Prellungen geht es auch besser, meinen Rippen… naja. Geht so. Aber ich kann mich bewegen, und daher beschließe ich, noch eine Runde Schneepackungen einzulegen und anschließend ins warme Wasser zu steigen und dort eine Weile zu bleiben.

Das wirkt wahre Wunder. Ich lasse mich mit geschlossenen Augen treiben, bin ganz schwerelos, muss nur darauf achten, dass der Verband nicht nass wird. Könnte ich doch nur für immer hierbleiben und die Welt da draußen, Tom, seine Freunde, das FBI, diesen ganzen Schlamassel einfach vergessen! Doch das ist eine reine Wunschvorstellung. Ich weiß, ich muss mich dem stellen, und das wird schneller passieren, als mir lieb ist. Nein, ich muss die Zeit nutzen und Kraft schöpfen, für die Auseinandersetzung mit *ihm* allemal. Denn dass diese kommen wird, das ist so sicher wie das Amen in der Kirche.

Als wären meine Gedanken gehört worden, werde ich von dem Gefühl aufgeschreckt, dass mich jemand beobachtet. Kaum drehe ich den Kopf, sehe ich den Umriss seiner Gestalt. Er hockt auf den Stufen des Beckens, nur in Shorts, und wacht über mich, so lese ich das. Sollte ich untergehen... Seine Miene ist vollkommen versteinert. Da mag ich gar nicht hinschauen, aber ich zwinge mich, es dennoch zu tun.

»Was ist? Du brauchst nicht auf mich aufzupassen, es geht mir gut«, sage ich unwirsch und bewege die Hände, um etwas mehr in seine Richtung zu schwimmen. Er schüttelt abwehrend den Kopf, knurrt leise dabei.

»Doch, es ist so. Es geht mir besser und...«

Sein zorniger Aufschrei unterbricht mich. Er drischt mit der Faust auf die Stufen. »Verflucht nochmal, Sanna, schau dich doch nur an!!!«, faucht er.

Ich zucke vor diesem Ausbruch förmlich zurück, verliere das Gleichgewicht und gehe kurz unter. Nach Luft schnappend komme ich wieder hoch, und da ist er an mich herangekommen, hockt auf der untersten Stufe im Wasser, die Augen wie zwei stechende Dolche. Dieser Zorn... der will nicht so wirklich passen. Auf mich? Mitnichten. Der gilt nicht mir, erkenne ich auf einmal. Der gilt sich selber. Weil mir etwas passiert ist... Warum habe ich das nicht vorher erkannt? Ich muss ja völlig benebelt gewesen sein!

»Oh nein, Tom, du machst dir doch wohl keine Vorwürfe, weil ich überfallen wurde?! Aber warum?« Das ertrage ich nicht. Ich ertrage es nicht, ihn so zu sehen, wie er sich mit Vorwürfen quält.

»Hat er dich bekommen? Hat er?!?« An diesen Worten erstickt er fast, sein Kiefer mahlt derart, dass ich die Zähne knirschen höre. Die Fäuste geballt, hockt er vor mir. Oh Gott, ich habe blaue Flecken an den Schenkeln, natürlich habe ich die, und nun denkt er… haben die anderen es ihm nicht gesagt? Oder hat er das erst hier gesehen? Im Protokoll hatte ich das ja klar angegeben. Einerlei, ich erkenne, ich muss schnell etwas tun, denn es bedarf nur noch einer winzigen Kleinigkeit, und er rastet vollkommen aus. Das würde er sich niemals verzeihen.

Ohne einen wirklichen Entschluss gefasst zu haben, überbrücke ich den Abstand zwischen uns beiden, umfasse sein Gesicht. »Nein, hat er nicht«, flüstere ich und küsse ihn. Nicht eben sanft, denn auch in mir schwelt immer noch der Zorn, das merke ich, über diese Distanz, darüber, dass er mich allein gelassen hat.

Er erstarrt einen Moment gut spürbar. Ich löse mich von ihm, schaue ihn an und sehe, wie er mit sich ringt, wie er kämpft, mich nicht anfassen will, nicht nach alldem, und dann den Kampf verliert. Er packt zu, auch nicht sanft, sondern regelrecht grob, und ich presse meine Lippen wieder auf seine, es tut richtig weh. Wir gehen aufeinander los wie zwei wütende Hunde, es ist wie eine Explosion. Getrieben von unserem Zorn, auf uns, auf die anderen und die Welt da draußen, hält uns nun nichts mehr. Er packt mich, wirft mich beinahe auf die Bank im Wasser, und dann ist er über mir, sein Mund, seine Hände sind überall, ein einziger Angriff. Fieberhaft hetzen sie über meine Haut, und dann dringt er in mich ein, nur ein bisschen, ein seltsames Zögern angesichts seiner Hast. Seine Hand bildet eine Barriere, er hält sich und mich auf Distanz, doch das ist das Letzte, das ich will. Mir ist es mittlerweile egal, ob er mich in zwei Hälften spaltet oder sonst etwas mit mir anstellt, ich will ihn spüren, ganz und gar.

Ich rucke die Hüften nach oben. »Komm schon! Tue es!«, keuche ich.

»Nein…« Er kämpft mit sich, mit mir.

»Nimm deine Hand weg. Gib mir deine Hand... Tom!!« Das letzte Wort schreie ich fast, und als er es immer noch nicht tut, packe ich seinen Arm und reiße ihn fort. Er verliert das Gleichgewicht, fällt auf mich, dringt in mich, endlich, endlich, doch meine Rippen, die verzeihen diesen Aufprall nicht so leicht, ich schreie schmerzhaft auf.

Mit einem Fluch reißt er sich von mir los und ist keinen Augenblick später aus dem Wasser heraus und verschwunden. Ich liege da, völlig benommen und außer Atem, mit schmerzenden Rippen und summendem Schoß, ein schales Gefühl des unbefriedigten Verlangens hallt nach. Draußen kann ich einen zornigen Schrei hören, dann noch einen und noch einen.

»Himmel, Tom!« So schnell ich mit meinen schmerzenden Rippen kann, bin ich aus dem Wasser heraus und suche ihn. Da, dort hinten hockt er im Schnee und drischt mit seiner Faust auf einen Felsen ein.

»Hör auf!« Mein Schrei lässt ihn mit geballter Faust herumfahren. Von seinen Augen sehe ich nur zwei helle Steine im Feuerschein. So wütend und verzweifelt habe ich ihn noch nie gesehen, nicht auf der gesamten Reise, und ich ertrage es noch weniger als vorher. Rasch überbrücke ich die Distanz zwischen uns, hocke mich vor ihn in den Schnee und nehme seine Faust in meine Hände. Sie blutet. »Nicht…«, sage ich leise und streichele sie.

Er keucht, als wäre er einen Marathon gelaufen. Der Schweiß läuft ihm die Stirn herunter. »Ich… ich habe dir wehgetan. Oh Gott, Sanna…« Seine Miene zerbricht. Er entreißt mir seine Faust, schlägt die Hände über den Kopf zusammen, schlägt auf sich selber ein.

»Nicht… Tom, hör auf!« Ich packe seine Hände und zwinge sie wieder runter. »Du hast mir nicht wehgetan.« Er schüttelt heftig den Kopf. »Jedenfalls nicht hier.« Ich lege meine und damit auch seine Hände in meinen Schoß. Er will es nicht wahrhaben, das sehe ich gut, doch ich nicke und lächele leicht. »Du bist mit deinem vollen Gewicht auf meine Rippen gekracht, du Idiot«, flüstere ich und drücke ihm einen ganz, ganz sanften Kuss auf den Mund. Dann lasse ich den Kopf an seine Schulter sinken, ein weiteres Mittel zur Beruhigung. Ich muss das jetzt einfach tun, ihn beruhigen und ihn spüren, ertrage es nicht, ihn so weit weg von mir zu haben.

Er hockt da, völlig regungslos, seine Hände immer noch in meinen. Fassungslos, das ist er, das spüre ich gut. Schließlich richte ich mich auf. »Komm zurück ins Wasser mit mir.« Und ich ziehe ihn hoch und hinter mir her, was er sich völlig kraftlos gefallen lässt.

Doch das währt nur ein paar Schritte. Plötzlich fasst er zu, hebt mich hoch und trägt mich die ganze Strecke bis ins Wasser hinein. Dort setzt er mich auf die Bank, steht vor mir und schaut mich an. Einmal von oben bis unten, als müsse er sich versichern, dass ich wirklich da bin, und vor allem, bei Verstand. Ich lächele leicht und streiche ihm sanft mit dem Handrücken über die Wange.

»Bist du wirklich sicher?«, flüstert er, beinahe ängstlich.

»Oh ja.« Denn ich habe ihn ja gespürt.

Er wagt es immer noch nicht, das sehe ich. Da muss ich wohl die Initiative ergreifen. Ich küsse ihn, erst sanft, aber bald sind wir in Windeseile wieder da, wo wir vorhin aufgehört haben. Nur, dass ich diesmal im Wasser bleibe, indem ich von der Bank rutsche und ihm die Beine um die Hüften schlinge. Schon will er wieder die Hand zu Hilfe nehmen, doch ich packe sie und halte sie fest. »Ah ah, die bleibt oben. Hände auf meine Schultern, Fidnie.«

»Bist du sicher?«, keucht er leise. Schon wieder.

Ich nicke und ziehe auffordernd die Augenbrauen hoch. »Hände auf meine Schultern. Nun mach schon.«

Er spannt sich gut sichtbar an, aber er tut es. Trotzdem will er mich festhalten, irgendwie, doch das lasse ich nicht zu. Langsam sinke ich herab, auf ihn und dann tiefer und immer tiefer. Er sieht mir ins Gesicht, will auf das kleinste Anzeichen von Schmerz sofort reagieren. Doch ich lächele nur und mache weiter.

Natürlich spüre ich ihn, was denkt er denn? Er ist vorhin mit einiger Wucht in mich gedrungen, und er ist ziemlich gut bestückt, das muss man schon sagen, aber so riesig, wie er vielleicht denkt, ist er nun auch wieder nicht. Außerdem wäre mir das egal, und das warme Wasser tut sein Übriges, um uns ineinanderzufügen.

Schließlich sind wir uns so nahe, wie es nur irgend geht. Er schaut mir in die Augen, als könne er es nicht wirklich glauben. »Wovor hast du nur solche Angst?«, flüstere ich an seinem Mund und küsse ihn sanft.

Seine Hände gleiten von meinen Schultern, nach unten, packen meine Hüften. Er presst mich an sich, als müsse er sich versichern, dass er wirklich in mir ist, ganz und gar. Ich nicke nur und lächele ihn an. Er zieht sich zurück, ganz leicht nur, schiebt sich vor, und dann tut er es wieder und wieder, und jedes Mal wird der Abstand ein wenig größer. Ich lasse mich fallen, überlasse mich ihm nun vollkommen. Nichts hält uns jetzt mehr zurück.

Stunden später - oder sind es Tage? Ich weiß es nicht mehr, bin völlig aus der Zeit gefallen – liegen wir völlig erledigt nebeneinander auf der Bank, die Rückseite im warmen Wasser, die andere draußen an der kühlen Luft. Von Zeit zu Zeit schöpfe ich Wasser mit der Hand über mich, damit mir nicht kalt wird.

»Wir haben ein Problem«, sage ich leise und muss ein Gähnen unterdrücken. So köstlich träge, so wunderbar müde habe ich mich schon lange nicht mehr gefühlt. Ich es kann es nur jeder Frau wünschen, so etwas einmal zu erleben, diesen Rausch, dieses erste Zusammenkommen, wo man über Stunden, über Tage nicht die Finger voneinander lassen kann und sich das unerfüllte Begehren von der Zeit davor auf einen Schlag entlädt. Ich erlebe das jetzt schon zum zweiten Mal, erst bei meinem Mann, dann bei Tom.

Letzterer wendet jetzt den Kopf und grinst mich träge an. »Ach ja? Was denn?«

»Ich habe keine Ahnung, wie wir jemals aus diesem verdammten Becken wieder herauskommen sollen.«

Er prustet los, und auch ich muss kichern. Schon fassen seine Hände wieder zu. »Lass es uns doch mal probieren«, gluckst er, packt mich und schubst mich ins Wasser.

Schließlich schaffen wir es, unter viel Gelächter, Geschiebe und einigen Pausen. Meine Glieder sind wie aus Gummi, und seine vermutlich auch, denn er schafft es kaum bis ins Zelt. Wir trocknen uns auch nicht wirklich ab, und anziehen, das geht gar nicht. Er fällt einfach nur in seinen Schlafsack und hält ihn mir einladend auf, mich unverwandt ansehend. Mit einem Lächeln schlüpfe ich zu ihm und decke uns beide dann mit meinem Schlafsack zu. Er zieht mich an sich, nimmt mich fest in den Arm. Derart umfangen, wollen mir schon die Augen zufallen, aber etwas will ich noch wissen:

»Tom? Du hast meine Frage von vorhin noch nicht beantwortet.«

Keine Antwort. Als ich den Kopf wende, ist er eingeschlafen, vollkommen erledigt, der arme Kerl. Damit will ich es gut sein lassen, denn ich bin es ja auch. Ich dämmere weg, nur werde ich nach einiger Zeit wieder wach, weil meine Rippen diese Seitenlage nicht wirklich gutheißen. Es nützt nichts, ich muss in die Waagerechte, und das geht nur auf meinem Lager. Bedauernd verlasse ich den Kokon, decke ihn gut zu und küsse ihn sanft auf den Mund, was er mit einem schläfrigen Seufzer beantwortet. »Schlaf gut«, flüstere ich und bin selber binnen kürzester Zeit eingeschlafen.

Ich werde vor ihm wach, als die Sonne schon hoch steht und warm in den Canyon scheint. Lange betrachte ich ihn, wie er da liegt und ruht, wieder diesen Ausdruck von Frieden im Gesicht, den ich so sehr liebe. Vollkommen verausgabt hat er sich in den letzten Tagen, erst seine Familie, dann die Jungs, dann die ganze Aufregung um Jimmy und die Erinnerungen an jene schrecklichen Ereignisse, dann der Einsatz. Und dann auch noch ich. Das kann ich drehen und wenden, wie ich will, ich bin der Grund dafür, dass er so fertig war. Und dann noch die gestrige Nacht. Kein Wunder, dass er schläft wie ein Stein! Und doch bin ich froh, so froh, dass es so gekommen ist, denn jetzt, das merke ich, ist er wieder eins mit sich, ruht in sich. Wie ist das nur möglich? Ich kann mit ziemlicher Sicherheit sagen, dass er noch nie eine Frau getroffen hat, die er einfach so, ohne Schranken, nehmen konnte. Wie kann das bloß sein? Auch eine Frage, die ich ihm gewiss stellen werde.

»Deine Gedanken höre ich bis hierher«, sagt er da und macht die Augen auf. Er lächelt mich an. »Guten Morgen.« Dann fällt sein Blick auf mein Lager, und sofort erscheint ein besorgter Ausdruck auf seinem Gesicht. »Wolltest du nicht mehr bei mir schlafen?«

Ich schüttele den Kopf. »Wollen schon, nur haben meine Rippen nach einiger Zeit angefangen, ein Konzert zu singen. Es dauert wohl noch eine Weile, bis ich wieder auf der Seite schlafen kann.«

»Hmm… ich glaube, das muss ich mal untersuchen…«, sagt er todernst und verschwindet erst mit den Händen und dann mit dem Kopf in meinem Schlafsack. Es ist die Fortsetzung von letzter Nacht, sofort fängt mein Körper an zu summen bis in die letzte Faser. Als er tiefer wandert, kann ich ein Stöhnen nicht mehr unterdrücken. Er schaut hoch, fragend. »Ist das okay?«

Als Antwort schiebe ich nur seinen Kopf weiter runter. Als er meine Mitte trifft, schreie ich auf. Sofort ist er wieder oben, umfasst mein Gesicht. »Habe ich dir weh getan?«

»Nein… mach weiter!« Ich schiebe ihn wieder nach unten. Kurze Zeit später hat er mich soweit, und ich zerspringe in tausend Teile.

Schwer atmend kommt er wieder hoch, legt sich auf mich. »Scheint, als wärest du ein wenig empfindlich…«

»Natürlich… etwa du nicht?« Und ich umfasse ihn, nicht eben sanft, und dirigiere ihn in mich hinein.

»Oh Gott…«, entfährt es ihm, und dann sagt er nichts mehr.

Hinterher liegen wir beide schweißgebadet nebeneinander. Seine Hand streichelt sanft mein Gesicht. »Du bist wirklich ein Wunder. Wie kommt das nur? Wie…?«

»Ich bin die Erste, nicht wahr?«

Er zuckt gut sichtbar zusammen auf die Frage, doch das währt nur einen Moment. »Komm her.« Er zieht mich an sich, umfasst mich fest. Vermutlich will er nicht, dass ich sein Gesicht beobachte, so lese ich das. Schließlich seufzt er. »Ich kapier es einfach nicht.« Er verstummt, sucht nach Worten. »Ich meine, du bist so eng, aber dann… es passt einfach. Wie kommt das nur?«

Ich lache nicht. Es macht ihm anscheinend wirklich zu schaffen. »Einen Teil der Antwort kann ich dir vielleicht geben. Erstens…«, ich klopfe ihm auf die Hand, die sich schon wieder in tiefere Regionen verirrt, »habe ich nie ein Kind bekommen. Und zweitens, ich bin ausgeräumt.«

»Wie meinst du das, ausgeräumt?« Jetzt dreht er mich zu sich um und schaut mich doch an.

»Es ist alles weg. Nach diesen ganzen Behandlungen, da war alles kaputt. Ich bin fast verblutet, war schon auf der Intensivstation. Sie haben alles rausgenommen. Nun, ja, zumindest fast alles. Ein Teil… der Wichtigste«, ich muss grinsen, »ist noch da.«

»Lass mich raten, welcher das ist«, brummt er leise und will seine Hand schon wieder tiefer schieben, doch auch diesmal halte ich ihn zurück.

»Aber ich glaube, es gibt noch einen dritten Grund.« Jetzt werde ich ernst, und er zieht sich sofort zurück.

»Welchen?«

»Hmm... wer hat bei euch die Mädchen angeschleppt? Oder tut es jetzt noch mit den Frauen? Jimmy? Sean?«

Er prustet los. »Wie du das nur erraten konntest!«

»Na, Danny und Vince ganz bestimmt nicht.«

Jetzt grinst er. »Nee, Vince hat nur eine Frau jemals angeschleppt, die göttliche Maria. Seine Mama. Und Danny... der hat's nicht so mit Frauen.«

Ach was? Interessant. Kein Wunder, dass er diesen Spitznamen trägt. *Jungfrau.* Ich muss lächeln. »So so! Aber ich wette, die Frauen von Jimmy und Sean, die entsprechen einem ganz bestimmten Typ. Langbeinig, sexy, schmal gebaut. Richtig?«

»Hmm... meistens, ja. Warum?«

Wie kann ich das erklären? Da fällt mir etwas ein. Mein Lächeln wird zu einem Grinsen. »Ein echter Mann«, zitierend hebe ich den Finger, »braucht etwas zum Anfassen und keinen Besenstiel in seinem Bett.«

Er reißt die Augen auf. »Wer hat das gesagt?«

Ich kichere. »Mein Großvater. Nach dem fünften Glas Schnaps oder so.«

»Ha!« Schallend lacht er los, er will sich gar nicht mehr einkriegen. »Ein weiser Mann, scheint mir«, japst er schließlich.

»Ja, das war er. Ich hatte ihn unwahrscheinlich gerne. Er hat mir die Liebe zu Büchern, zum Wissen vermittelt. Und er hatte den Schalk im Nacken sitzen.« Ich lächele bei der Erinnerung an ihn. »Nun ja. Auf jeden Fall, diese Frauen passen nicht zu dir. Die sind nicht dein Typ. Diejenigen, die es vielleicht wären, solche wie ich, halten sich für gewöhnlich von Gruppen wie euch fern.« Jetzt guckt er fragend. Ich hebe die Schultern. »Das ist eines der Dinge, die ich Jimmy an den Kopf geworfen habe. Er sagte mir, er hätte mich gerne zwanzig Jahre früher kennen gelernt. Da habe ich ihn verspottet, regelrecht ausgelacht.« Also erzähle ich ihm dasselbe wie Jimmy über die Gruppendynamik und wie diese Dinge für gewöhnlich ablaufen.

Er ist sprachlos. »Wow.« Da muss er schlucken. »Kein Wunder, dass es ihm die Sprache verschlagen hat.«

»Ich glaube einfach, du hattest nie wirklich eine Chance, ein normales Mädchen kennenzulernen, jedenfalls nicht, solange ihr immer zusammen wart.«

Das muss er erst einmal verdauen. Er liegt schweigend neben mir, denkt nach. »Vielleicht hast du recht«, seufzt er nach einiger Zeit. »Obwohl... da gab es mal eine... Meredith. Merry. Die hatte es mir echt angetan. Sie war ein wenig wie du, nicht ganz so... aber es hat ihr nichts ausgemacht. Alle anderen haben sich immer beschwert und wollten dann nichts mehr von mir wissen.«

»Hast du Pam deswegen geheiratet? Weil sie nicht mit Männern konnte und du nicht mit Frauen? Hast du sie als Schicksalsgenossin gesehen?« Diese Frage rutscht mir unwillkürlich heraus. Daran hat er eine ganze Weile zu kauen. Doch schließlich seufzt er und nickt. »Und dann, was ist mit ihr passiert? Mit Merry, meine ich?«, frage ich.

»Hmm... wir waren eine ganze Zeit lang zusammen, aber sie... nur war dann plötzlich...« Er verstummt. Das tut ihm offenbar immer noch weh, das sehe ich.

»Lass mich raten. Plötzlich hatte sie was mit Jimmy?«

»Verdammt nochmal, Sanna, woher *weißt* du das immer?! Wie machst du das nur?« Er schüttelt fassungslos den Kopf.

Ich kann ein Seufzen nicht unterdrücken. Scheint, als wäre es Zeit für ein paar Wahrheiten. Doch dazu setze ich mich lieber auf und bringe so etwas Abstand zwischen uns. »Ich glaube, du musst dir mal über ein paar Dinge klar werden«, sage ich und ziehe meinen Schlafsack fest um mich, denn es ist immer noch kühl im Zelt. Sofort merkt er auf, wird wachsam. Das sollte er auch, denke ich so bei mir.

Eine Weile suche ich nach Worten. »Ich möchte, dass du mich nicht falsch verstehst. Deine Jungs, die mag ich, ich mag sie wirklich. Jeden auf seine Art. Und eure Freundschaft, die ist ganz gewiss etwas Besonderes, nur...«

»Nur?«, fragt er leise und sieht mich forschend an.

»Ja, nur. Ich glaube, sie haben dir nicht wirklich eine Chance gelassen. Sie lieben dich, jeder auf seine Art und ein bisschen mehr, als es in einer normalen Freundschaft üblich ist. Das ist auch nicht verwunderlich nach dem, was ihr alles durchgemacht habt. Und gerade, weil sie das tun, ertragen sie es nicht, wenn sich jemand anderes zwischen euch schiebt. Du bist ihr Anführer, Tom, der Ringgeber. Sie sind – auf gewisse Weise - von dir abhängig. Wenn dir eine zu nahekommt, dann suchen sie die Schwachstelle und vertreiben sie wieder. Ah, ich sehe, du glaubst mir nicht?«, frage ich, denn er schüttelt fassungslos den Kopf.

»Du musst dich irren. Das kann nicht sein«, kommt es tonlos von ihm.

»Es tut mir leid, aber ich glaube, das tue ich nicht«, erwidere ich leise. »Als ich sie das erste Mal traf, habe ich ziemlich bald gemerkt, da stimmt etwas nicht. Sieh mal, eigentlich müssten sie mir dankbar sein, dass sie dich wiederbekommen haben. Dein Vater, der hat es mir ganz offen gezeigt, als er mir das erste Mal begegnet ist, und deine Kinder... die sind einfach toll. Aber die Jungs... die haben mich beobachtet wie eine feindliche Macht. Nach der Sache mit Pam wunderte es mich nicht, dass sie mir gegenüber misstrauisch waren, aber dann...« Ich seufze, halte inne. Es will mir nicht über die Lippen.

»Was, Sanna? Sag es mir.«

Ich schaue ihn kurz an, sehe seinen Blick, diese Anspannung. Irgendwie weiß ich nicht, wie ich das in Worte fassen soll. Ich denke an die Begegnungen mit den Jungs zurück, an die vielen Mails und Chats mit Jimmy. »Oh mein Gott.« Jetzt erst wird mir etwas klar. Er sagt nichts, sitzt nur da und schaut mich stumm an.

»Ich habe es erst gar nicht gemerkt. Du hast doch die WhatsApps von Jimmy gelesen. So richtig angefangen, an mir herum zu graben, hat er erst, als er merkte, dass wir beide in einem Zelt schliefen und mir das zu schaffen machte. Als ich ihm sagte, dass sich zwischen uns etwas verändert, da hat er dann richtig losgelegt. Und als Jimmy mich dann das erste Mal sah, da war er regelrecht entsetzt. Wahrscheinlich hatte er schon in Gedanken das Bett bezogen und eine zweite Claudia Schiffer beglückt, keine Ahnung, und dann komme ich daher, eine, die sogar nicht seinem Typ entspricht. Das hat er geschluckt und gut überspielt, wirklich gut, aber mir hat er dennoch nichts vorgemacht. Bis er dann gemerkt hat, dass ich so ganz anders als die anderen bin, und ich ihn wirklich zu interessieren begann. Und dann haben die Jungs gemerkt, dass irgendetwas so gar nicht läuft wie sonst. Ich steckte bereits mitten zwischen euch.« Ich halte inne, suche nach Worten.

»Ich glaube, das ist eine unbewusste Kiste, irgendetwas, das sich über die Jahre zwischen ihnen eingespielt hat. Als sie merkten, dass ich wirklich von Interesse für Jimmy wurde und sie das nicht einordnen konnten, haben sie mich regelrecht eingekreist, wie ein Rudel Wölfe seine Beute. Wie sie versucht haben, hinter das Geheimnis des Tattoos zu kommen! Sean mit seinem Spott, aber ganz besonders Danny, der war viel direkter als die Übrigen, der hat sich aufgespielt wie ein Wächter. Sie haben gezielt nach einer Schwachstelle bei mir gesucht und dann auch endlich gefunden, an unserem letzten Abend. Da sind meine Schutzschilde zerbrochen. Was dann passiert ist, weißt du. Das wollte ich nie, niemals preisgeben müssen, und ihr habt mich dazu gezwungen. Letztendlich hatten sie also doch noch Erfolg. Sie haben mich vertrieben. Zumindest an jenem Abend.«

Er schaut auf, mit Tränen in den Augen. »Ich wollte hinter dir her. Sie haben mich daran gehindert, und als Mo dann auch noch das Foto… Und so bist du diesen Typen allein gegenübergestanden, und ich konnte nichts, aber auch gar nichts tun!«

»Tom, nicht.« Ich greife nach seiner Hand, ziehe ihn zu mir. »Wer weiß, ob er dich dann nicht gleich erschossen hätte. Deshalb bin ich auch auf ihn los. Ich wollte nicht, dass euch etwas passiert, euch allen nicht. Dafür habe ich die Bande einfach viel zu gern. Das macht es ja so schwierig. Ich mag sie einfach, jeden auf seine Weise.«

»Wirklich? Du hast versucht, uns zu retten?« Er kann es nicht fassen.

»Oh ja. Alles, was ich denken konnte, war, dass er nicht wieder die Pistole zufassen bekommen darf, denn dann wärest du, nein, ihr alle, in ernsthafter Gefahr. Deshalb bin ich nicht fortgerannt. Ich wollte euch unbedingt vor Schaden bewahren…«

Jetzt packt er zu. »Nur, dass du dir selber damit geschadet hast. Oh man, Sanna! Wie du ausgesehen hast! Oder es immer noch tust.« Er berührt sachte meine Stirn. Der Verband ist längst fort, aufgeweicht von dem Wasser und allem anderen.

»Schscht.« Ich küsse ihn sanft. »Es tut nicht mehr weh, jedenfalls nicht sehr. Ich bin froh, so froh, dass es so gekommen ist und nicht anders. Nur… nur habe ich nicht ertragen, dass du auf einmal fort warst. Warum nur? Warum bist du gegangen?«

Er schüttelt den Kopf, diesmal fassungslos. »Wie kannst du das von mir denken? Ich bin nicht gegangen. Ich war in der Nacht bei dir, hast du das denn nicht gemerkt?« Jetzt ist er ernsthaft am Drängen. »Sanna! Ich hätte dich doch niemals allein gelassen.«

Mir wird ganz anders unter seinem Blick. »Ich dachte, das wäre ein Traum gewesen. Der Doktor, der hat mir etwas gespritzt, von dem ich richtig weggetreten bin. Und vorher, als die Jungs gegangen waren, da habe ich in deinem Zimmer nachgeschaut. Es war leer. Und als der Chief dann noch zu Sylvie sagte, dass sie mich für das FBI aufpäppeln sollte, da wusste ich weder ein noch aus. Ich bin nur noch geflüchtet.«

»Oh verdammt, Sanna! Sie haben es dir nicht gesagt? Ich habe ihre Hütte übernommen, für uns. Ich wollte dich bei mir haben, ohne störende Nachbarn.«

Das wärmt mir das Herz, wie sehr, das weiß er vermutlich gar nicht. »Nein. Keiner von ihnen. Nicht die Jungs, nicht Mo, und Sylvie auch nicht.« Jetzt hält er mich fest, ganz fest an sich gedrückt, und ich merke, dass mir die Tränen kommen. »Bitte sei mir nicht böse. Und den Jungs auch nicht. Sie sind ein Teil von dir, und genau deshalb mag ich sie auch. Als sie sich verabschiedet haben, da haben sie mir einen Platz eingeräumt. Jimmy hat es mir direkt gesagt. Er macht den Platz frei für mich. Scheint, als hätten sie mich akzeptiert.«

»Sanna…« Er schiebt mich zurück, schaut mich an, lange, sehr lange. Und dann liebt er mich noch einmal, ganz sanft und sehr, sehr zärtlich, eine Seite, die ich so an ihm noch nicht kenne. Ich zerfließe fast und überlasse mich ihm ganz und gar, sodass keine Trauer und nichts anderes mehr zwischen uns kommt.

Der Hunger treibt uns schließlich aus dem Zelt. Chip hat uns ein riesiges Essenspaket von seiner Mutter Rosie mitgebracht, das hatte ich gestern gar nicht mitbekommen. Nun ja, es gab Wichtigeres für uns beide, doch jetzt stürzen wir uns ausgehungert auf die Köstlichkeiten.

»Oh je, so langsam platze ich bald«, sage ich schließlich und lehne mich stöhnend zurück. »Ich habe dieses Essen vermisst. Wirklich vermisst. Es ist so ganz anders als dieser Fraß, den man für gewöhnlich überall bekommt.«

»Na na«, schnalzt er mit der Zunge und schiebt sich genüsslich noch ein Stück Brot rein. »Du musst wirklich mit nach New York kommen. Da führe ich dich zum Essen aus, dass dir Hören und Sehen vergeht.«

»Ja, New York.« Auf einmal kommt die Wirklichkeit zurück, und das mit Macht. Was dort auf ihn wartet. »Du musst bald gehen, nicht?«

Er hält inne. »Mach dir keine Gedanken. Das ist…« Doch mein heftiges Kopfschütteln lässt ihn verstummen.

»Wie ernst ist es? Sag es mir! Verschweig es mir nicht.« Denn das würde ich nicht ertragen.

Er seufzt und stellt seine Schale weg. Die Lippen zusammengepresst, schaut er in die Ferne. »Pam… sie zieht wirklich alle Register. Sie hat die Scheidung eingereicht, wahrlich keine Überraschung. Aber, sie hat auch Anzeige gegen mich erstattet, wegen Gewalttätigkeit in der Ehe und obendrein noch Vergewaltigung.«

»Waas?!« Mir bleibt die Luft weg.

Er nickt finster. »Solange ich unauffindbar war, hat sie das nicht gemacht. Aber sie muss irgendwie mitbekommen haben, vermutlich über die Kinder, dass die anderen wieder in Kontakt mit mir stehen. Man kann mich jederzeit verhaften, zumindest im Staate New York. Hier aber nicht. Das ist eine lokale Angelegenheit.«

»Und jetzt?« Mir fehlen die Worte. Die gesamte Freude über die letzte Nacht und diesen Morgen ist wie ausgelöscht.

Er ballt die Fäuste. »Ich muss zurück und mich dem stellen. Dad sagt, er sucht einen Anwalt. Sein Freund ist nicht wirklich bewandert in Strafrecht, und das Ding wird auch zu groß für einen reinen Freundschaftsdienst. Sie müssen jemanden finden, der gut ist, wirklich gut. Pams Familie, die ist ziemlich reich und hat Beziehungen. Wer weiß, was sie denen erzählt hat. Oh Gott.« Er reibt sich über das Gesicht. »Anwälte sind so verdammt teuer. Ich habe Reserven, aber ob die reichen… ich weiß es nicht. Genau das hat sie beabsichtigt. Sie will mich ruinieren, mit allem Drum und Dran. Uns. Uns alle. Denn dass die Jungs mir helfen werden, ist klar, und ihr auch.«

»Miststück!« Mein Fluch kommt aus vollstem Herzen. Ich stehe auf. »Okay, was sitzen wir hier noch herum? Auf geht's!«

Er sieht mit offenem Mund zu mir auf. »Was… aber du kannst nicht…«

Ich schüttele den Kopf. »Du musst zurück, und du glaubst doch nicht, dass ich dich ruhigen Gewissens hier festhalte, während Rob und deine Freunde die ganze Sache ausfechten für dich? Das will ich ihnen nicht antun. Nein, wir gehen und fliegen zurück. So schnell wie möglich.«

»Aber… aber…« Jetzt kommt er auf die Füße und fasst mich bei den Schultern. »Was ist mit deinen Vereinbarungen, mit den Navajo? Du hast doch noch zu tun!«

»Die lass mal meine Sorge sein. Nach der Geschichte werden sie gewiss nicht darauf bestehen, dass ich allein mit dem Rucksack durch ihre Wüste ziehe. Nein. Ich fliege mit dir. Ich will die letzten Tage in diesem Land nicht getrennt von dir sein, Tom.«

Fassungslos schaut er auf mich herab. Dann hebt er mich hoch, trägt mich zum Wasser. Zieht mich aus, Stück für Stück, und dann nimmt er mich mit ins Wasser und liebt mich, mir unverwandt in die Augen schauend. Und am Ende, da liege ich mit meinem Kopf an seiner Schulter, wispert es leise zu mir ins Ohr: »Ich liebe dich, Sanna.«

Kapitel 3

Diese Worte hallen nach in mir, eine lange Zeit. Als wir packen, den Canyon verlassen und uns auf den Rückweg machen, denke ich darüber nach. Ich habe ihm nicht darauf geantwortet, und das hat er wohl auch nicht erwartet. Bin ich bereit, mich darauf einzulassen? Sicherlich, ich begehre ihn, brauche ihn auch, bin verliebt. Wir haben vieles geteilt. Aber das geht einen Schritt weiter, und ich weiß nicht, ob ich das wirklich will. Lass dir Zeit, Sanna, mahnt mein Unterbewusstsein. Ihr wart erst so kurze Zeit richtig zusammen, und das ist kein Alltag. Das ist Urlaub, auf gewisse

Weise. Wir haben die Zeit in einem Kokon verbracht, in einem riesigen, doch es war einer. Jetzt hält die Realität Einzug. Du kannst gar nicht wissen, wie er in Wirklichkeit ist.

Doch mein Herz, das sagt etwas ganz anderes. Ich spüre es, bei jedem Blick, bei jeder zufälligen oder auch nicht ganz so zufälligen Berührung, bei jedem Wort. Es verbindet sich, unsichtbare Stränge, die stetig fester werden. Das kommt mir bedenklich vor. Am Ende des Weges, da sind wir schon fast bei der Straße vor der Lodge angekommen, da fälle ich eine Entscheidung.

Wir pirschen uns förmlich an die Lodge heran, denn der Medienwagen, der ist immer noch da. Nur die Polizeiwache, die ist nicht mehr postiert, und das macht uns vorsichtig. Ungesehen gelangen wir auf das Gelände und klopfen an die Hintertür von Sylvies Büro.

Sie öffnet sofort und schreit auf, als sie uns sieht. »Gott sei Dank, Mädchen, da bist du ja wieder!« Sie umarmt mich, ganz vorsichtig, als wäre ich zerbrechlich. »Wie geht es dir? Du siehst auf jeden Fall erholt aus.« Sie mustert mich besorgt.

»Besser, Sylvie, viel besser. Die Ruhe da draußen war genau das Richtige für mich.« Das und noch etwas anderes, füge ich in Gedanken hinzu und werfe Tom über ihre Schulter hinweg einen langen Blick zu, den er genauso lang erwidert. »Wie steht es denn hier? Die Presseleute, die sind ja immer noch da.«

»Oh ja. Ich habe sie vom Gelände geworfen, aber ich kann nicht garantieren, dass sich hier nicht doch einer herumdrückt und Fotos macht. Deshalb...« Sie lächelt und greift hinter sich. Gleich darauf hat sie einen Schlüssel in der Hand. »Hier. Das ist meine Hütte. Ihr dürft sie haben, bis ihr wieder fahrt. Sie ist einfach, ohne allen Komfort, aber das kennt ihr ja. Ihr fahrt doch bald?« Sie schaut zwischen uns hin und her, und ihr Lächeln vertieft sich. Ist das so gut zu sehen?

»Ja, so schnell wie möglich«, sagt Tom. »Sanna wird mitkommen. Eine Reise dort draußen allein, das kann sie noch nicht.«

»Das wissen wir doch, keine Sorge«, sagt sie zu mir. »Werde du nur ganz gesund, das ist das Wichtigste. Oh, alle warten darauf, von euch zu hören! Dein Handy war die ganze Zeit aus.«

»Ich weiß. Ich brauchte Ruhe, und außerdem, das hätte meine Datenrate nicht verkraftet. Hast du WLAN auf der Hütte?«

Sie lacht. »Ach, wo denkst du hin. Nein, das wirst du schon hier erledigen müssen. Warte, ich mache euch etwas zu essen und zu trinken, ihr guckt in Ruhe eure Sachen durch, und dann fahre ich euch hin, alles klar?«

Im Frühstücksraum ist um diese Zeit niemand mehr. Zögerlich starre ich auf mein Handy herab. »Nun mach schon. Mehr als brummen kann es nicht«, sagt Tom und schaltet es schließlich selber ein.

Ich gebe seufzend den Code ein, und natürlich, es legt sofort los. »Oh Gott, das hört ja gar nicht mehr auf!«

»Was meinst du, wie es mir seit Tagen geht? Sie bombardieren mich geradezu mit Nachrichten. Ich habe ihnen nichts geschrieben«, fügt er schnell hinzu und hebt die Hände, »außer, dass es dir besser geht. Solange nicht klar war, wie es weiter geht… mit dir… mit uns…« Jetzt schaut er mich mit einem solch intensivem Blick an, den habe ich bisher nur einmal von ihm gesehen: vor ein paar Tagen, als wir getanzt haben. Wieder schlägt er eine Bresche, und ich merke, mein Verstand, der hat keine Chance gegen mein Herz.

Sylvie kommt mit ein paar Kleinigkeiten und durchbricht so den Moment. »Hier, das wird euch guttun. Brauchst du noch was?«

»Ähm, ja, einen Stick oder eine Speicherkarte, damit ich dir Eure Fotos überlassen kann. Ich war ja fast schon fertig und hoffe, den Rest schaffe ich noch. Sonst muss ich sie euch schicken.«

»Ist gut. Nur keine Eile«, sagt sie, drückt mir sanft die Schulter und lässt uns allein.

Schließlich rufe ich WhatsApp auf. »Oh Gott! Rate, wer den Vogel abgeschossen hat?«

Er grinst. »Jimmy, wer sonst?«

»Wie du das nur erraten konntest. Und als nächstes...?« Ich schaue lächelnd auf.

»Hmm...« Er tut so, als überlege er. »Lizzie.«

»Och, wie hast du das... das gibt's doch nicht!«

»Ich kenne doch meine Tochter. Was ist, rufen wir sie an?« Jetzt rückt er zu mir herum.

»Warte.« Ich habe gerade eine Nachricht gesehen, eine mit einem Bild. Das verdecke ich jetzt. »Hat Danny dir etwas gegeben, bevor sie aufgebrochen sind?«

»Was... oh ja. Es ist in meinem Rucksack. Das habe ich völlig vergessen.« Rasch steht er auf und kommt gleich darauf mit dem weißen Umschlag zurück. »Was ist da drin?«

Ich lächele. »Ein Geschenk, Fotos. Jeder von euch hat welche bekommen, aber für dich... sind es ein paar mehr. Mach's auf. Dann zeige ich dir die Nachricht.« Denn sonst wäre die Überraschung verdorben.

Als er schließlich die Fotos in den Händen hält, ist er sichtlich sprachlos. Lange betrachtet er das Schneefoto von mir aus dem Canyon die Chelly, doch am meisten berührt ihn das Bild von seinen Freunden in Schwarzweiß. »Oh Sanna.« Er schaut auf, Tränen in den Augen.

»Und jetzt guck mal hier.« Ich halte ein Foto von Lizzie hoch. Es zeigt die Wand hinter dem Billardtisch im PFZ. Da hängt dasselbe Bild, nur viel größer und gerahmt. Die Strichlisten sind verschwunden.

»Das... wow! Wow!!! Du machst mich echt sprachlos! Wie bist du nur auf diese...« Ihm fehlen sichtlich die Worte.

»Das ist doch ein würdiger Nachfolger, nicht?« Ich lächele in mich hinein, während ich das Book hochfahre und Jimmy einen neuen Chatlink schicke.

Es dauert, bis sie sich melden. Vermutlich sind sie unterwegs, ist ja auch kein Wunder, denn es ist mitten in der Woche. Die Kids haben Schule, die Jungs müssen arbeiten. Während wir warten, schicke ich zahlreichen Leuten Nachricht, dass ich wieder unter den Lebenden weile. Dann beschließe ich, ein paar Anrufe zu machen, während Tom nach passenden Flugverbindungen sucht.

Mit Faith telefoniere ich direkt, sie bricht prompt in Tränen aus, als sie meine Stimme hört. »Ich kann das Projekt nicht weitermachen, nicht jetzt, verstehst du?«, sage ich ihr schließlich. »Aber ich komme wieder, nächsten Winter. Das möchte ich unbedingt fortführen, Faith, es war so wunderschön!«

Mit Kris telefoniere ich anschließend. Sie hat ja noch gar nichts mitbekommen und rastet prompt aus, als sie von dem Überfall hört. Es dauert, bis ich sie wieder beruhigt habe, und sie lässt es auch nur geschehen, weil ich ihr versichere, dass ich jetzt zurückfliege und die letzten Tage in der Zivilisation verbringe. Von Tom und mir erzähle ich ihr erst einmal nichts, das hat Zeit bis später. Als ich aufgelegt habe, atme ich einmal tief durch. »Verdammter Mist!«, sage ich auf Deutsch, und als ich aufblicke, sehe ich Toms besorgte Miene. Er hat ja nichts verstanden, aber der Tonfall sagt genauso viel wie die Worte.

»Probleme?«

»Hmm… Kris. Sie ist echt sauer. Ich soll dir in die Eier treten, und zwar feste, dass du nicht auf mich aufgepasst hast.« Er zieht die Augenbraue hoch. »Ach, lass sie. Sie wird sich schon wieder beruhigen.«

»Wenn du das sagst…« Er dreht das Book zu mir um. »Die nächsten verfügbaren Direktflüge gehen morgen Vormittag nach Newark oder JFK. Alle anderen nur mit Zwischenstopp, das dauert zu lange.«

»Und von wo?« Ich beuge mich vor, kann aber durch das gespiegelte Sonnenlicht im Display nichts erkennen.

»Vegas oder Phoenix, das gibt sich nichts. Nur, wie wollen wir da hinkommen... um diese Jahreszeit gibt es kaum Flüge von hier. Ach, weißt du was, wir fragen die Jungs in der Wache. Soll Sylvie uns doch einfach vorbeifahren. Traust du dir das zu?«

Bei dem Gedanken muss ich schlucken. »Wir können ja mal vorbeischauen...«

Ich muss doch sehr blass geworden sein, denn er greift sofort meine Hand. »He, nur Mut. Ich lasse nicht zu, dass die Meute dich überfällt, klar?«

»Also gut.« Ich schließe kurz die Augen und nicke dann. »Nach dem Anruf von den Jungs. Aber wehe, du lässt mich allein!«

Der Anruf lässt so lange auf sich warten, dass ich es tatsächlich schaffe, die Fotos für Sylvie zusammenzustellen und auch meine eigenen in die Cloud zu laden und an Kris zu schicken. Der Abschluss langer, sehr intensiver und aufregender Wochen. »So«, sage ich zufrieden und logge mich aus. »Da hat sie erst einmal Arbeitsmaterial für mindestens ein Jahr. Und ich hoffentlich genug, dass es mich über den Sommer bringt.«

»Viel wirft deine Fotografie nicht ab, oder?«, fragt Tom da.

»Hmm...« Ich schließe alle Programme außer das Chat Programm. »Geht so. Es wird besser. Es reicht für die laufenden Kosten, Versicherungen, Kleidung und so weiter, und ich kann mir für die Reisen und das Equipment etwas zurücklegen. Aber würde ich noch Miete zahlen müssen oder einen Kredit, dann würde ich nebenbei arbeiten gehen müssen. Das Los der freien Künstler. So komfortabel wie Kris und Perri habe ich es nicht. Aber ich... oh nein!« Jetzt erst bemerke ich seinen Blick. »Oh nein, du machst dir jetzt keine Vorwürfe! Vergiss es! Und komm ja nicht auf die Idee, mir Geld geben zu wollen«, füge ich hinzu und will das Book energisch zuklappen, da erinnere ich mich gerade noch rechtzeitig an den ausstehenden Anruf. »Du wirst jeden Cent brauchen. Also vergiss es!«

»Na schön.« Das passt ihm zwar nicht, aber was soll er machen? Ich lasse es nicht zu, so einfach ist das. »Aber…« Weiter kommt er nicht, denn jetzt pingt ein Chatfenster auf.

»Oh, es ist Jimmy. Komm.« Ich ziehe ihn in eine etwas dunklere Ecke des Raumes, damit uns die Sonne nicht so blendet. Dort will ich schon die Verbindung aufbauen, aber er setzt sich erst einmal so hin, dass er mich fest in den Arm nehmen kann.

»Stellen wir sie vor vollendete Tatsachen, hm? Nicht, dass sie noch auf andere Ideen kommen.« Er sieht mich an, sucht mein Einverständnis.

»Ich dachte, du wolltest…« Unter der Intensität seines Blicks verstumme ich. Da kann ich machen und denken, was ich will. Mein Herz entscheidet einfach, über allen Verstand hinweg. »Ja. In Ordnung«, höre ich mich sagen. Er zieht mich an sich und klickt dann erst den Chat an.

Die Erwachsenen sind alle da, die Kids jedoch nicht, vermutlich sind sie noch in der Schule. »Na endlich! Da seid ihr ja wieder!«, kommt es über den Lautsprecher, und ihr Gelächter wärmt uns die Seele. Doch dann bemerken sie mit einem Mal, wie wir vor der Kamera sitzen, ich in Toms Arm und den Kopf an seiner Schulter. Als er mir dann noch einen Kuss auf die Schläfe drückt, ist die Überraschung perfekt. Rob reißt die Augen auf. Jimmy erstarrt gut sichtbar, während Vince anfängt zu prusten und Dannys Lächeln stetig breiter wird. Mit einem zufriedenen Grinsen hält er dem völlig geplätteten Sean die offene Hand hin.

»Mist!« Sean greift in seine Tasche und holt ein paar Scheine raus, und es sind keine kleinen, das sehe ich. Tom neben mir lacht unterdrückt.

»Nein! Ihr habt nicht allen Ernstes gewettet!«, entfährt es mir entrüstet.

»Tja… was soll ich sagen… willkommen in der Familie?« Danny steckt zufrieden die Scheine ein.

Diese wenigen Worte machen mich sprachlos und lassen mich schlucken. Ich bringe keinen Ton mehr heraus, sodass Tom die Konversation alleine bestreitet. Alle sind erleichtert, dass es mir besser geht und dass wir morgen zurückkehren werden, und dann geht es nur noch um Pam und den Prozess, der unausweichlich kommen wird. Die Jungs haben über ihre Kontakte einen Anwalt aufgetan, einen jungen und richtig guten, wie sie sagen, der sich schon die Hände reibt, es mit Pams mächtiger Familie aufzunehmen. Tom soll ihn sofort anrufen, was er auch gleich tut, nachdem wir aufgelegt haben.

Es dauert nur wenige Sekunden nach Ende des Chats, dann summt mein Handy. Ich brauche gar nicht auf das Display zu schauen, weiß ich doch genau, wer mir da schreibt.

<*Alles in Ordnung mit dir? Geht es dir gut?*>

Beinahe wäre ich versucht, ihn zu ignorieren. Aber ich tue es nicht, denn sonst kommt das dicke Ende morgen. <*Aber ja, es geht mir gut.*>

<*So sah das eben aber gar nicht aus. Du wirktest getroffen. Und du hast eine geschwollene Lippe. Sei ehrlich, ich bitte dich!*>

Ach herrje! Das habe ich gar nicht bemerkt. <*Ich lüge dich nicht an, Jimmy. Es geht mir gut, besser denn je. Mich haben einfach Dannys Worte sehr berührt. Willkommen in der Familie. Euer Torwächter hat mich eingelassen. Das... ich weiß nicht, wie ich das ausdrücken soll. Es macht mich sprachlos. Und was das andere angeht... mach dir keine Sorgen. Wir passen gut zusammen. Sehr gut sogar.*> Das wollte ich ihm eigentlich gar nicht schreiben, denn das geht ihn schließlich nichts an. Oder eben doch, als Toms besten Freund. Er macht sich sonst nur verrückt.

<*Wirklich?*>

<Aber ja. Stille Gewässer, selbst die kleinen, können erstaunlich tief sein.>

Pause. Sehr lange. Im Hintergrund höre ich Tom, wie er mit einigen Hmms dem Anwalt lauscht. Dann summt mein Handy wieder.

<Jetzt bin ICH sprachlos. Das gibt's doch nicht!>

<Meine Güte, du denkst aber auch nur mit einem Körperteil! Eine Beziehung ist so viel mehr als nur das!>

<Das ist wohl wahr. Durch dich habe ich eine ziemlich gute Vorstellung davon bekommen, wie so etwas sein könnte. Ich freue mich für euch, für dich, aber ganz besonders für ihn. Und gleichzeitig könnte ich mir in den Hintern treten, dass ich mir diese Gelegenheit habe entgehen lassen. Nichts für ungut.>

Nach diesen Worten bleibt mein Handy still.

Auch Tom legt jetzt auf und bleibt einen Moment regungslos sitzen. Ich wende den Kopf, schaue ihn an. »Nicht gut?«

Er presst die Lippen zusammen. Dann steht er auf, kommt zu mir, hockt sich vor mich und nimmt meine Hände. Oh je, denke ich sofort. »Er sagt, ich muss damit rechnen, dass sie mich sofort einkassieren, wenn ich aus dem Flieger steige.«

»Oh Tom!« Ich weiß nicht, was ich sagen soll.

Seine Miene wird grimmig. »Er sagt, ich soll alles geschehen lassen und ruhig bleiben. Er würde das regeln. Es kann sein, dass sie eine Kaution aufrufen, gegen die ich wieder auf freien Fuß gelangen kann. Auch das würde er regeln, aber es könnte etwas dauern. Sanna, ich… es könnte sein, dass ich nicht mehr viel Zeit mit dir verbringen kann, bis dein Visum abläuft.« Jetzt zieht er mich an sich und hält sich an mir fest.

Ich habe so etwas schon geahnt. Irgendwie war alles zu schön, um wahr zu sein, und jetzt schlägt das Schicksal wieder zu. Doch noch greife ich nach jedem Strohhalm. »Du hast gesagt, das sei eine lokale Angelegenheit im Staate New York. Würde es etwas bringen, wenn wir nicht über JFK, sondern Newark fliegen? Das liegt doch in New Jersey, richtig?«

Er schüttelt den Kopf. »Die tauschen sich aus, da kannst du sicher sein.«

»Und wenn ich einen Wagen anmiete? Sodass dein Name nicht auftaucht?«

Da überlegt er einen Moment. »Das wäre eine Möglichkeit. Aber Sanna, das ist teuer und anstrengend für dich, zu anstrengend in deinem Zustand, und spätestens, wenn ich zuhause bin, bekommt das irgendjemand mit, und dann bin ich eh fällig und du vielleicht auch, weil du mich eingeschmuggelt hast. Nein, dann bringe ich es lieber gleich hinter mich.« Er streicht mir tröstend über die Wange.

Ich hätte vor Wut heulen mögen, doch ich reiße mich zusammen, um seinetwillen. »Dann sollten wir die Zeit, die uns bleibt, so gut wie möglich nutzen, meinst du nicht? Los komm, fahren wir auf die Wache.«

Sylvie bringt uns über eine rückwärtige Piste auf das Gelände der Wache, denn sie weiß nicht, ob vorne noch die Pressemeute lauert. »Hier war einiges los in den letzten Tagen. Die Wache wurde teilweise regelrecht belagert, genauso wie das Hospital. Alle wollten die Frau sprechen, die die Verbrecher besiegt hat. Aber die Jungs haben dichtgehalten, allesamt.«

Als wir uns dem Hintereingang nähern, werde ich dann doch nervös. Tom merkt das natürlich sofort, und er legt mir den Arm um die Schultern und greift mit der anderen Hand meine. So sieht es ein wenig aus, als würde er mich stützen, und das hält die Meute tatsächlich zurück, als wir mitten im Schichtwechsel bei den Feuerwehrleuten aufschlagen.

Dennoch fällt Mo mir mit einem Aufschrei um den Hals, und auch von Geoff werde ich fest umarmt, was aber in Ordnung für mich ist. Die anderen hält Tom mit seiner Anwesenheit auf

Distanz, sodass ich nur Hände schütteln muss, das aber viele. Selbst der Captain ist wieder da, den Arm in einer Schlinge und noch ziemlich lädiert. Er dankt Tom für seinen Einsatz, und mir überreicht er eine kleine Medaille.

Ich bin sprachlos, weiß gar nicht, was ich damit anfangen soll. »Was macht man damit?« Alle lachen auf bei meinen Worten.

»Das heftest du dir an die Uniform. Oder ans Hemd, an die Bluse, je nachdem«, sagt Tom.

Ich schüttele nur entgeistert den Kopf. Diese Amis! »Eine Uniform, so etwas besitze ich nicht. Aber ich werde sie in Ehren halten, vielen, vielen Dank.«

»Ich glaube, der Chief will euch noch sprechen«, sagt Mo und zwinkert mir zu. Sie legt mir den Arm um die Schultern und wispert mir ins Ohr: »Dem haben wir dermaßen bescheid gestoßen, dass er nicht mehr wusste, wo vorne und hinten ist.«

»Na dann, schauen wir mal, was er will«, sagt Tom und führt mich nach unten zur Wache.

Auch dort werden wir überschwänglich begrüßt, die Cops trommeln sogar auf die Tische bei unserem Anblick. Ich merke, wie ich über und über rot werde. Da flüchte ich mich doch lieber ins Büro des Chiefs.

Er entschuldigt sich bei mir, ziemlich kleinlaut und nach Worten suchend. Doch das wiegele ich ab. »Wir haben alle getan, was wir konnten. Du musst dich nicht entschuldigen, Jeff.«

»Also gut.« Er atmet einmal tief durch. »Hast du das FBI schon angerufen?«

»Nein. Ich wüsste ja nicht einmal, wo. Was wollen die nur von mir? Ich habe euch doch alles gesagt, was sie wissen müssen.«

»Tja. Ich finde, diese Abfuhr haben sie verdient. Ich habe dich informiert, damit habe ich meine Pflicht getan, auch wenn sie es nicht verdienen, diese… Tu es, oder lass es einfach. Dann hat die Botschaft dich eben nicht erreicht.« Das sagt er mit nicht geringer Genugtuung.

Wir reden über den Fall. »Der kleine Pisser hat sich förmlich in die Hosen gemacht, als die Feds übernommen haben. Die beiden werden mehrfach lebenslänglich hinter Gittern landen«, berichtet der Chief. »Diese Sache hat unsere Kapazitäten an ihr absolutes Limit gebracht. Es wird Zeit für die Task Force, wirklich Zeit. Überlege es dir, Tom, und gib mir bescheid. Wir können jemanden wie dich gut gebrauchen.«

Toms Griff um meine Hand verstärkt sich unmerklich. »Auch wenn dieser jemand bald einen Eintrag in seiner Strafakte haben wird?«

»Was?!« Der Chief sperrt den Mund auf, als Tom ihm einen kurzen Abriss der Ereignisse liefert. Der Chief schaut fassungslos zu mir, und ich nicke.

»Sie ist ein echtes Miststück.«

»Wenn du das sagst… sieh zu, dass du heile da wieder rauskommst. Ehrlich, Tom. Das wäre jammerschade.«

Wohl am meisten für seine Pläne, denke ich so bei mir, und frage ihn: »Wir müssen so schnell wie möglich nach Phoenix oder Vegas, damit wir morgen früh einen Direktflug nehmen können. Habt ihr irgendeine Möglichkeit, das zu organisieren?«

Er denkt kurz nach, hebt dann den Finger und wählt eine Kurzwahltaste. »Jo, Ned, ich bin's. Fliegt einer von euch morgen früh nach Phoenix, wegen der Teile? Ja? Ich hätte zwei Passagiere für euch. Mit Gepäck, aber nicht viel. Ja? Alles klar. Danke.« Er legt auf. »Sechs Uhr. Wo sollen wir euch einsammeln? In der Lodge?«

»Nein, in Sylvies Hütte. Vielen Dank, Jeff.« Wir verabschieden uns von ihm.

Wir ziehen uns in den Mannschaftsraum der Wache zurück, um die Flüge zu buchen. Schwierig mit zwei offenen Rückflugtickets unterschiedlicher Gesellschaften, aber irgendwie bekommen wir es hin. Ich schlucke notgedrungen die Kröte, die viereinhalb Stunden in der Economy-Class zu verbringen. Es gibt

Schlimmeres. Außerdem, die Maschine, die wir finden, hat eh keine richtige Business Class, sondern nur einen durch einen Vorhang abgetrennten Bereich mit denselben Sitzen. Das heißt, selbst mit einem teureren Ticket würde sich Mr.-über-einen-Meter-Neunzig gehörig falten müssen. Von daher ist es okay für mich. Tom muss seine Waffe für den Flug anmelden und verbringt einige Zeit am Telefon, das zu regeln. Offenbar gibt es dafür strenge Vorgaben.

Sylvie bringt uns anschließend zu ihrer Hütte. Jetzt bin ich wirklich sprachlos, denn diese ist ein echter, traditioneller Hogan, die Behausung der Navajo, aus Baumstämmen und Lehm gefertigt und ohne allen Schnickschnack. Sie erklärt uns ein wenig die Bauweise, dann lässt sie uns nach einer Umarmung zum Abschied und dem Versprechen zu schreiben allein.

Kaum ist sie fort, schauen wir uns an. »Und nun?«, frage ich.

»Und nun…« Er lässt den Rucksack vom Rücken gleiten und kommt zu mir.

Die tickende Zeit, diese verrinnenden Minuten machen uns fiebrig. Wir können einfach nicht voneinander lassen, nicht einen Augenblick. Der Hogan hat keinen Strom, wir zünden Kerzen an, als es dunkel wird, und schenken einander, was nur irgend geht. Doch das Gefühl des drohenden Verlustes im Hintergrund bleibt. Es gibt noch so viel zu sagen, so viel zu erkunden, dass wir gar nicht wissen, wo als erstes anfangen.

Schließlich liegen wir eng aneinander geschmiegt auf der Schlafstätte. »Ich hätte gerne ein Foto von uns«, flüstert Tom.

»So, wie wir jetzt sind?« Ich muss grinsen, aber er rückt mich ein Stück von sich ab.

»Nein. Wie wir gereist sind, am Feuer, irgendwie so.«

»Dann lass uns rausgehen. Der Sternenhimmel ist bestimmt toll.« Denn es ist eine kalte Nacht, kein Wölkchen am Himmel. Diese Zeit nehmen wir uns jetzt einfach.

Rasch kleiden wir uns an, greifen Schlafsäcke und Isomatten, bauen uns ein Lager. Tom zündet zwischen den Felsen ein Feuer an, warmer Lichtschein im Dunkel. Unterdessen stelle ich Stativ und Kamera auf. Er lehnt sich an einen der Felsen, während ich ein wenig an der Perspektive und den Einstellungen herumprobiere, denn die Belichtung ist schwierig. Unsere Bewegungen sollen nicht verschwimmen. Ich entscheide mich für eine Nahaufnahme, nur wir beide, kaum Hintergrund. Die Felsen habe ich schließlich schon zur Genüge abgelichtet.

»So müsste es gehen«, sage ich schließlich zufrieden und will mich neben ihn setzen, aber er zieht mich zwischen seine Beine, umfasst mich und lehnt den Kopf an meinen.

»So ist es besser«, brummt er in mein Ohr. »Wann drückst du den Auslöser?«

Ich lächele. »Irgendwann und immer mal wieder. Erzähl mir etwas. Zum Beispiel... wann hast du das erste Mal gemerkt, dass ich dir etwas bedeute? So richtig, meine ich.«

»Ah, Gott...« Er lehnt den Kopf zurück, überlegt. »Schwierig zu sagen. Dass mir etwas an dir liegt, das habe ich bereits sehr früh gemerkt. Eines Abends, kurz vor der Flut, da bist du weinend zu unserem Lager zurückgekehrt. Da das erste Mal so wirklich. Ich fing an, mir Sorgen um dich zu machen.«

»Da hatte ich das erste Mal mit Jimmy telefoniert«, erinnere ich mich.

»Ach, wirklich? So spät erst?«

»Ja. Er hat mir von Pam erzählt und was sie dir vorgeworfen hat. Das hat mich so traurig gemacht und wütend. Dein Vater wusste davon nichts. Sie haben ihm ganz viele Sachen nicht gesagt, genauso wie ich. Um es ihm nicht noch schwerer zu machen. Ich... ich habe einfach gemerkt, ich brauchte jemanden, dem ich mich wirklich anvertrauen konnte. Und das war dann Jimmy. Ausgerechnet, der Frauenversteher.« Ich muss grinsen, und auch

Tom lacht auf bei dem Wort. »Aber wann hast du dann wirklich…?«, komme ich auf meine eigentliche Frage zurück.

»Hmm… in der Lodge, nachdem sie mit dir das Ritual durchgeführt hatten, da habe ich gemerkt, ich konnte den Gedanken nicht ertragen, dich zu verlieren, und ich war echt versucht… aber du bist vor mir zurückgewichen.«

Mir wird ganz anders. »Ich habe mich gefragt, was du auf einmal hattest. Denke nicht, das lag an deinem Aussehen, das stimmt nicht. Ich hab's einfach nicht wirklich kapiert. So was will mir nicht in den Kopf, dass jemand ausgerechnet mich…«

Er küsst mich auf die Halsbeuge. Es jagt mir einen Schauder durch den Körper. »Du hast keine Ahnung, wie du auf andere wirkst. Du bist nicht schön, nicht mal annähernd hübsch.«

Ich muss lachen. »Ja, besten Dank auch. Das ist mir klar.«

Auch er gluckst in sich hinein. »Geht mir doch genauso, mit den anderen kann ich nicht mithalten. Aber dennoch siehst du gut aus, und du hast eine Ausstrahlung, die ist enorm. Ich hab's gleich gemerkt, als wir uns das erste Mal begegnet sind, als du dich zwischen mich und den Abgrund gestellt hast. Ich wollte nicht mehr leben, und dann standst du da, wie ein Geist. Dafür habe ich dich tatsächlich gehalten. Du hast mich regelrecht gebannt mit deinem Blick. Bis du dann vor mir saßt und mir die Schale hingehalten hast. Zuerst war ich so zornig auf dich. Du hast mich gezwungen zu leben, hast mich nicht gehen lassen. Doch als du dann Sally über den Pass geschleppt hast und dazu noch mein Gepäck, da merkte ich plötzlich, ich kann mich nicht mehr gehen lassen. Du hast mich angekettet an das Leben. An dich. Wie auch immer du das geschafft hast.« Er dreht mich zu sich herum, schaut mir in die Augen. Meine Hand öffnet sich, lässt den Auslöser fallen. Genug der Fotos.

»Ah, nicht so schnell«, sagt er und umfasst mein Gesicht. »Jetzt bist du dran. Quid pro Quo, Sanna. Wann?«

Da muss auch ich lange überlegen. »Ich weiß es nicht wirklich. Nachdem du dir das Gestrüpp aus dem Gesicht genommen hast, da war mit einem Mal irgendwas ist anders. Weil du da von einem Patienten zu einem… zu einem Mann wurdest. Dein Gesicht, das hat mich wirklich fasziniert. Ich konnte bereits nach wenigen Minuten aus ihm lesen wie aus einem Buch, und dann hast du mir die Schulter behandelt, und ich konnte deine Berührung kaum ertragen. Da habe ich das erste Mal wirklich begriffen, dass du… mich irgendwie… berührst. Ganz tief drin.«

Jetzt fehlen mir die Worte. Ich lehne den Kopf an seine Schulter. Lange Zeit sage ich nichts, ich spüre, wie er wartet. »Ich hatte eine Mauer um mein Innerstes errichtet. Sie war ziemlich hoch und dick, aber du, du hast angefangen, da überall kleine Haken hineinzuschlagen. Das ging schon lange vorher los, noch bevor du dich verändert hast. Ich habe es auch irgendwie bemerkt, wie du mich manchmal angeschaut und berührt hast, nur nicht verstanden. Doch das änderte sich, als ich versuchte, wieder mehr Abstand zu dir zu gewinnen. Es ging irgendwie nicht, und dann hast du die Mauer zum Einsturz gebracht, hier, an dem Abend, als wir getanzt haben. Ich war dir plötzlich schutzlos ausgeliefert, doch, es ist so!«, bekräftige ich.

»Genauso wie ich dir«, flüstert er und umfasst mich fester.

»Weißt du, ein Teil meines Verstandes, der kühle, kalkulatorische Teil, der warnt mich. Der sagt, sieh zu, Sanna, dass du das Weite suchst. Diese Sache kann für dich nur schlimm ausgehen, bei alldem, was Tom erwartet. Wie soll das funktionieren, er in New York und du auf der anderen Seite des großen Teiches?« Jetzt versteift er sich, es ist gut zu spüren. Ich spreche leise weiter: »Aber dieser Teil hat keine Chance gegen den ganzen Rest. Mein Herz, meine Seele, mein Gewissen, meine Gefühle, sie alle sagen etwas ganz anderes.«

»Und was?« Es ist kaum zu hören.

Ich will gerade Luft holen, da sehe ich aus den Augenwinkeln eine Bewegung, ein helles Licht am Himmel, dann noch eines und noch eines. »Was...« Ich hebe den Kopf, setze mich auf, und auch Tom schaut jetzt hoch. »Oh, sieh doch nur...« Ich habe kaum das letzte Wort gesprochen, da hören wir ein Zischen, es wird beständig lauter, lange Lichtspuren ziehen sich über den Himmel.

»Scheiße, das kommt runter!!!«, ruft er und will mich in Deckung zerren, doch wohin? Es geht so schnell, dass wir wie erstarrt sitzen bleiben und fasziniert zuschauen, wie sich die Leuchtspuren über den Himmel ziehen und eine davon ganz in unserer Nähe mit einem hörbaren Knall einschlägt.

»Oh man!« Jetzt springe ich auf. »Ich wollte immer mal einen finden, hab's aber nie geschafft. Los, komm!« Wir schnappen uns unsere Lampen und laufen los, brauchen nur dem verbrannten Geruch zu folgen.

»Was war das?«, fragt Tom, während er eilends hinter mir herläuft. Ich renne nun schon fast.

»Entweder ein Teil von einem Satelliten – was ich nicht hoffe – oder aber ein echter Meteor. Die sind selten, sehr, sehr selten. Ich habe noch nie einen gefunden, aber schon mal einen runtergehen sehen. In der Wüste... da! Da hinten ist es!«

Gras steht in Flammen, wir treten es rasch aus. Im Licht unserer Lampen sehen wir einen kleinen Krater mit einem etwa faustgroßen Klumpen darin und ringsherum verteilt noch etliche kleinere. Ich stoße einen Jubelruf aus. »Es ist einer! Sieh doch nur...!« Fasziniert wie die kleinen Kinder hocken wir uns hin und beleuchten die Bruchstücke.

»Au, die sind noch ganz heiß!«, fluche ich und nehme schließlich einen Stock, um ein Stück anzuheben. »Sieh dir das an! Er glänzt, in fast allen Farben.« Das sieht wunderschön aus, wie ein Regenbogenspiel auf mattschwarzem Untergrund.

»Der ist toll«, sagt Tom und gabelt sich einen Weiteren auf. Der hat einen deutlichen Rotanteil und sieht aus wie ein glühendes Stück Kohle.

»Los, komm, sammeln wir ein paar ein. Wir lassen sie für Sylvie da, sie freut sich bestimmt darüber. Aber der hier«, ich fasse meinen jetzt an, und er ist nur noch handwarm, »der ist für dich. Den schenke ich dir.«

Einen Moment sitzt er stumm da. Dann: »Du schenkst mir einen Stern?«

Ich hätte vergehen mögen unter seinem Blick, dabei kann ich seine Augen im Schatten der Lichtkegel kaum erkennen. Und dennoch, ich spüre es. »Als Zeichen der Hoffnung. Dass alles gut wird. Als Abschied…«

Er steht auf, geht ein paar Schritte fort. Stumm schaue ich ihm hinterher. Hat er es noch nicht wahrhaben wollen? Doch dann hebt er etwas auf, dreht sich herum und kommt zurück zu mir. Er hockt sich vor mich auf die Knie. »Diesen hier schenke ich dir. Er hat dieselbe Farbe wie deine Augen.« Er reicht mir einen weiteren, etwas kleineren Stein, der blau im Licht der Lampen schimmert.

»Oh Tom.« Mir fehlen die Worte. Behutsam schließe ich die Faust darum. Nicht, dass er zerbricht.

Er streicht mir über die Wange. »Du hast mir noch nicht gesagt, was dein Herz, deine Seele und der ganze Rest von sich gegeben haben.«

Ich lege meinen Kopf an seine Schulter. Hole einmal tief Luft. »Sie haben gesagt, dass sie dich lieben, Tom Flynnt.«

In dieser Nacht schlafen wir nicht. Wir liegen da, sehen uns an, stumm, oder ineinander verschlungen und ruhen eingehüllt in die Nähe des anderen. Lange vor dem Morgengrauen stehen wir auf und packen zusammen, immer noch stumm.

Die kurze Fahrt in einem klapprigen Pickup zum Flughafen schaue ich durch die schmutzigen Scheiben und weiß nicht, was ich empfinden soll. Ich bin stumpf, wie ausgeleert.

Ein klarer Tag zieht auf, mit einem wunderschönen Sonnenaufgang, doch ich muss mich beinahe zwingen, die Kamera zu zücken und die grandiose Landschaft unter uns abzulichten. Unser Pilot, Ned, zieht eine extra schöne Schleife für uns über dem Stausee und dem Glen Canyon, bevor er gen Südwesten schwenkt und wir das Navajo Land hinter uns lassen. Dem Grand Canyon, der einige Zeit später auftaucht, widme ich dann nur noch ein oder zwei Bilder, obschon auch der zum Land der Navajo gehört.

Ich bin ganz dankbar, dass die beiden Männer vorne sitzen und über Kopfhörer ihre Konversation bestreiten. So kann ich meine eigenen absetzen und aus dem Fenster starren, während mir die eine oder andere Träne die Wange herunterrinnt. Toms besorgte Blicke in meine Richtung ignoriere ich.

In Phoenix landen wir auf einem der Regionalflughäfen und müssen ein Taxi zum International Airport nehmen. Wir sind so früh dran, dass wir reichlich Zeit zum Einchecken haben, was Tom auch braucht, denn er muss sich für die Waffe noch ein spezielles Case besorgen, damit sie mit ins Fluggepäck darf. Schließlich lassen wir uns mit zwei To-Go Bechern und einem Sandwich in einer ruhigen Ecke nieder, aber die Geräusche bleiben. Über die allgegenwärtigen Fernsehmonitore flimmern die Flashnews des neuesten Schulmassakers. Was für ein netter Ausklang der Reise!

»Puh!«, macht Tom und trinkt einen Schluck. Aus zusammengekniffenen Augen beobachtet er die vorbeieilenden Menschen.

»Geht mir genauso. Ist ganz schön viel nach dieser langen Zeit der Stille, nicht?« Ich nehme seine freie Hand und drücke sie. Irgendwie habe ich das Gefühl, ihn immer noch beschützen zu müssen. »Was ist, wollen wir unsere Fotoausbeute von gestern Nacht anschauen? Das lenkt uns ab.«

Er ist regelrecht dankbar über den Vorschlag. Es ist eine ganze Reihe von Bildern entstanden, die ich jetzt auf das Book herunterlade. Gleich nach den ersten Bildern steht fest, dass keines von ihnen gelöscht wird. Sie zeigen Toms Mimik in allen Varianten, wie er erzählt, wie er mich anlächelt, nach Worten sucht, die Stirn runzelt, überlegt. Jedes einzelne ein ganz eigenes Spiel der vielen Linien in seinem Gesicht.

»Welches gefällt dir am besten?« Ich scrolle durch sie hindurch, und mit einem Mal sagen wir beide: »Das da!« Wir lachen los, und ein wenig fällt die Anspannung von uns ab. Ich schicke das Bild per Bluetooth an sein Handy, sodass er es auf jeden Fall bei sich hat, und da wir schon dabei sind, auch gleich noch ein paar andere. Wer weiß, was noch passiert.

Der Flieger ist vollgepackt bis oben hin. Tom mit seinen langen Beinen weiß kaum, wo er sie unterbringen kann, ohne dabei mir oder seinem Sitznachbarn zu nahe zu kommen. »Ich hasse Fliegen«, knurrt er. Da habe ich es etwas besser, er hat mir großmütig den Fensterplatz überlassen. Als die Anschnallzeichen erlöschen, klappe ich die Armstütze zwischen uns hoch, ziehe die Beine an und rolle mich zusammen, den Kopf auf seinem Schoß. So kann er seine Beine auf meinen Platz ausstrecken und wenigstens etwas bequemer sitzen, und ich finde ein wenig Schlaf, während seine Hand sanft meinen Nacken streichelt.

Den gesamten Flug sprechen wir kaum ein Wort miteinander. Was hätten wir auch sagen sollen mit so vielen Leuten dicht um uns? Schließlich dämmere ich so fest weg, dass er mich richtig wecken muss, als wir mit dem Landeanflug auf New York beginnen. Zum Glück für mich ist das Wetter trübe, und mir bleiben etwaige Aussichten auf die Südspitze von Manhattan erspart.

Mit jedem Meter, den wir uns dem Terminal nähern, wird Tom nervöser, das spüre ich gut. Als wir an das Gate rollen und die

Anschnallzeichen erlöschen, schalten wir beide gleichzeitig unsere Handys ein.

Die ersten Nachrichten treffen ein, und ich höre, wie Tom scharf die Luft einzieht und gleich darauf an mir vorbei aus dem Fenster zum Gate späht. Ich folge seinem Blick und sehe sie sofort. Zwei uniformierte Polizisten und einer in Zivil, dicker Bauch überm Gürtel und die goldene Marke gut sichtbar an der Seite.

Er fährt zurück, sitzt einen Moment wie erstarrt. Dann atmet er tief durch und schaut mich an: »Hör zu, ich möchte nicht, dass du da mit reingezogen wirst. Also halte ein wenig Abstand zu mir«, flüstert er leise und eindringlich. »Ich bitte dich, Sanna! Ich könnte es nicht ertragen, wenn sie dich auch noch aufs Korn nähmen.«

»Ist gut. Ich warte ein wenig und folge dir dann. Die Jungs holen mich ab, das haben sie mir geschrieben.« Ich gebe ihm einen langen Kuss, den er fast verzweifelt erwidert. Dann ist er an der Reihe aufzustehen. Er gibt mir seinen Gepäckschein, dann geht er langsam den Gang hinunter. Ich dagegen bleibe noch einen Augenblick sitzen, bis ich an die Kameratasche im Handgepäckfach herankomme. Mit hämmerndem Herzen laufe ich langsam hinter ihm her, etliche Passagiere zwischen uns. Am Ende der Brücke, bevor es durch eine Automatiktür in den Terminal geht, dreht er sich noch einmal um und sieht mich mit einem langen Blick an. Ich lege meine Hand aufs Herz, was seine Augen kurz aufleuchten lässt. Dann holt er tief Luft, strafft sich und tritt durch die Tür.

Immerhin, sie führen ihn nicht in Handschellen ab, sondern eskortieren ihn nur. Offenbar hat er ihnen gleich den Wind aus den Segeln genommen, sodass ihm dieses Drama erspart bleibt. Langsam laufe ich hinter ihnen her durch den Terminal, folge ihnen aber nicht aus dem Sicherheitsbereich, sondern bleibe hinter der gläsernen Barriere und schaue zu, wie sie hin zu den Ausgangstüren gehen. Direkt davor steht ein Streifenwagen und ein ziviler, worin sie einsteigen und sich in Bewegung setzen. Nur mit Mühe kann ich die Tränen zurückhalten.

Bevor sie um die nächste Kurve verschwinden, fällt mein Blick auf den Außenbereich eines Cafés. Jemand anderes sieht den Wagen genauso hinterher wie ich, hat sich sogar leicht erhoben, um besser sehen zu können. Eine Frau in einem Kostüm und langem Mantel. Ich habe schon die Kamera gezückt, bevor ich sie bewusst erkannt habe. Das ist Pam, ganz sicher. Zwar mit großer Sonnenbrille, was etwas lächerlich wirkt angesichts des trüben Wetters, aber sie ist es. Ich schalte den Serienschuss ein und halte drauf.

Sie schaut ihm hinterher, ein triumphierendes Lächeln auf den stark geschminkten Lippen. Na warte, du Miststück, freu dich nicht zu früh, denke ich und mache noch eine Nahaufnahme von ihr, da beugt sie sich zu jemandem herab, einem Mann, der am Tisch nebenan sitzt und an seinem Laptop arbeitet. Durch den Zoom sehe ich, dass er mit einer schier unfassbaren Geschwindigkeit auf die Tasten einhämmert. Einen solch schnellen Anschlag habe ich noch nie gesehen, und das will was heißen. Ohne einen bewussten Entschluss lichte ich auch ihn ab, denn sie ärgert sich nun über seine Nichtreaktion und klappt ihm einfach das Display vor der Nase zu. Als er aufblickt, sichtlich verärgert, bekomme ich sein Gesicht in der Nahaufnahme. Wer das wohl ist? Gleich darauf stehen sie beide auf und verlassen das Café und damit mein Sichtfeld.

Ich schalte die Kamera ab und zücke das Handy. Zuoberst in der WhatsApp Liste prangt Jimmys Name, gleich gefolgt von Robs. Die letzte Nachricht ist gerade ein paar Minuten alt. <*Wir stehen im Stau. Sind bald da*>, schreibt Jimmy.

Ich schreibe zurück: <*Sie haben ihn mitgenommen. Zwei Cops und ein Detective. Ohne Drama, ohne Handschellen, alles ganz friedlich. Ich habe Pam gesehen und abgelichtet. Sie hat sich alles angeschaut*>

Gleich darauf klingelt mein Handy. Ich sehe, es ist Jimmy, doch ich komme nicht mehr dazu anzunehmen. »Mrs. Räymän?«

Ich wende mich um. Oh Scheiße. Da stehen ja Mulder und Scully! »Ja? Es heißt Reimann, bitte.«

Sie halten ihre Marken hoch. »Mrs. Reimann, wir sind vom FBI. Wir müssen Sie bitten, mit uns zu kommen. Wir haben da ein paar Fragen an Sie.«

Wie gut, dass Tom das nicht gesehen hat!, ist mein letzter Gedanke, bevor ich Jimmys Anruf wegdrücke und sie mich abführen.

Ich nenne sie immer noch Mulder und Scully, obwohl sie sich natürlich mit anderen Namen vorgestellt haben. Sie sehen den beiden berühmten FBI Agenten aus der Fernsehserie sogar ein wenig ähnlich, er ein langer, schlaksiger Typ, sie klein, brünett und adrett. Sie bringen mich in den Sicherheitsbereich des Terminals, wo die Polizei eine eigene Abteilung hat, und dort in einen Verhörraum.

Immerhin, ich werde gefragt, ob ich etwas zu trinken haben möchte, was ich bejahe. Scully hat sich mir gegenüber hingesetzt und zieht nun eine umfangreiche Akte aus ihrer Tasche und legt sie vor sich auf den Tisch. Mulder dagegen lehnt mit verschränkten Armen an der Wand. »Sie werden sicherlich wissen, dass meine Kollegen in Vegas auf Ihren Anruf warten.«

»Auf meinen Anruf?« Ich tue erstaunt. »Nein, warum?«

»Nun, sie wollen mit Ihnen noch einmal ihre Aussage durchgehen wegen des Überfalls in…«, sie guckt in die Akte, »Page, Arizona.«

»Aber… das verstehe ich nicht. Ich habe gegenüber der örtlichen Polizei bereits meine Aussage gemacht. Das muss da doch stehen?«

Die beiden wechseln einen Blick. »Nun, da dies eine Bundesermittlung ist, muss die Aussage vor einem Bundesagenten wiederholt werden.«

»Das tut mir leid. Man hat es mir nicht gesagt.« Das stimmt sogar. Davon ist kein Wort gefallen. »Ich war in den ersten paar Tagen nach dem Überfall kaum in der Lage, überhaupt ein Wort zu sprechen. Sie hatten mich sediert. Steht das nicht in Ihrem Bericht?«

»Nein, steht es nicht«, erwidert sie knapp und macht sich eine Notiz.

Mulders Blick richtet sich auf meine Stirn, wo immer noch das Wundpflaster klebt. »Das müssen sie mir einmal erklären«, sagt er und kommt ein wenig näher. »Sie sagen, Sie waren sediert, aber sind noch in der Lage, den Verdächtigen aufs Glatteis zu führen, und zwar derart gekonnt, dass wir es nicht besser hätten machen können?«

Was zum…?, denke ich, aber ich habe ja nichts zu verbergen. »Bei dem Überfall bin ich von den zwei Männern attackiert worden. Der erste wollte mich vergewaltigen, das konnte ich abwehren, aber meine Rippen wurden dabei angeknackst. Der andere, der mit der Pistole, hat mich umgeworfen, und ich bin ziemlich hart mit dem Kopf aufgeschlagen, aber auch den konnte ich abwehren. Ich habe einige Dinge in der Selbstverteidigung gelernt. Die Sanitäter auf der Wache haben mich notdürftig versorgt und dann in den Mannschaftsraum der Wache verfrachtet und dort liegen lassen, weil es so viele andere Verletzte gab. Die Verbrecher hatten einen Reisebus in einen Unfall verwickelt. Der Ort ist sehr klein, es gibt nur eine Handvoll Rettungskräfte und Ärzte da. Und dann wollte der Chief unbedingt, dass ich den Österreicher zum Reden bewege, bevor Ihre Kollegen kommen. Deshalb haben sie mich wieder auf die Beine gebracht. Ich war kaum in der Lage, gerade zu stehen. Danach haben sie mich in meine Unterkunft gebracht und allein gelassen. Dort bin ich dann zusammengebrochen, man hat mich erst Stunden später gefunden. Die nächsten Tage war ich dann mehr oder weniger bewusstlos, und dann hieß es, Ihre Kollegen seien gefahren.«

»Und man hat ihnen nicht gesagt, dass Ihre Aussage nochmal aufgenommen werden müsste…«

»Nein. Mit keinem Wort.« Ich überlege. »Es ist alles ein wenig verschwommen, nach dem Überfall, meine ich. Aber ich hatte den Eindruck, dass der Chief Ihre Kollegen nicht mag.«

Scully schnalzt ungeduldig mit der Zunge. »Da führen die beiden ja eine schöne Fehde auf Ihrem Rücken aus, das muss ich sagen.« Sie wechselt einen Blick mit ihrem Partner.

»Wie meinen Sie das? Was für eine Fehde?« Ich sehe genau, wie sie überlegt, ob sie Dienstinterna wiedergeben soll oder nicht.

Schließlich sagt sie: »Es gibt hier mehrere gegenseitige Dienstaufsichtsbeschwerden in den Akten beider Männer. Das Ganze geht schon über Jahre. Es hat mit dem Tod eines jungen Mannes angefangen, eines Verwandten des Sheriffs. Unsere Leute haben sich damals wahrlich nicht mit Ruhm bekleckert. Da haben die Sie schön mit reingezogen.«

»Und was heißt das jetzt für mich? Nehmen Sie meine Aussage noch einmal auf?«, frage ich. Irgendwie habe ich das Gefühl, dass das noch nicht alles war. Es liegt daran, wie mich er, Mulder, beobachtet. Taxiert. Das macht man nicht nur wegen eines Überfalles. Auf einmal bekomme ich ein ganz, ganz mieses Gefühl, und es soll mich nicht täuschen.

Scully klappt den Deckel der Akte zu. »Das werden die lokalen Kollegen mit Ihnen gleich tun, ja.« Sie überlegt kurz, und sagt dann: »Ich kann mich des Eindrucks nicht erwehren, dass dem Kollegen in Vegas mehr an der Fortführung dieser Fehde gelegen ist denn an der Wahrheit. Sein Blick ist verstellt. Aber die Kollegen hier in New York, die schauen genau hin. Sie haben da in dem Gespräch mit dem Verdächtigen einen Satz fallen lassen: Dass Sie es bereits einmal erlebt hätten, von den Bundesbehörden vernommen zu werden. Da haben die Kollegen natürlich angefangen zu graben, sie wollten wissen, ob Sie gepokert haben oder nicht, aber weit sind sie nicht gekommen, sie sind auf eine Mauer gestoßen, eine sehr hohe Mauer. Und wenn das so ist, dann ist dort auch etwas dahinter. Sie haben dann uns informiert.«

Ich schlucke trocken. »Sie sind nicht vom lokalen FBI Büro?«

Scully lächelt schmal. »Nein. Wir sind von der NSB.« Als sie sieht, dass mir das nichts sagt, ergänzt sie: »Die Abteilung für Terrorismusbekämpfung des FBI in Washington. Ich muss schon sagen... das war wirklich herausfordernd.« Jetzt wandeln sich ihre strengen Züge etwas, und sie wirkt gleich sehr viel sympathischer. Ihr Kollege setzt sich endlich und zieht eine weitere, sehr, sehr viel dickere Akte aus seiner Tasche.

»Sie waren wirklich eine harte Nuss, Mrs. Reimann«, meint er und schlägt sie auf. Rot prangt dort *Top Secret* auf den Blättern. »Und das soll schon etwas heißen. Denn sie«, er zeigt unfein mit dem Daumen auf Scully, »kriegt für gewöhnlich alles raus. Aber für das Ding hier mussten wir tatsächlich einige Barrieren auf nicht ganz vorschriftsmäßigem Wege umgehen. Ein paar Hebel ansetzen. Sie wissen, was das hier ist?«

»Natürlich«, sage ich leise. »Die Nummer sehe ich jeden Tag im Spiegel.« Ich habe sie sofort erkannt. Die beiden schauen fragend auf, und ich ziehe meinen Hoodie ein Stück nach unten und auch das darunter liegende Shirt über der rechten Schulter. Die beiden ziehen unisono die Augenbrauen hoch. »Das ist mir eine tägliche Mahnung, bis an mein Lebensende. Eine Mahnung dafür, tolerant zu sein, freundlich, Frieden zu halten. Andere Kulturen zu respektieren. Ich habe mein Leben lang danach gelebt.«

»Sie haben es also wirklich getan!« Scully schüttelt den Kopf. »Wir haben uns das Video Ihrer Vernehmung angeschaut. Ich will mich jeden Kommentars über die Dinge, die dort abgelaufen sind, enthalten. Es waren andere Zeiten. Amerika befand sich im Krieg...«

»Das ist keine Entschuldigung. Amerika ist doch ständig irgendwo mit irgendwem im Krieg!«, unterbreche ich sie brüsk. Was wollen die von mir?

»Wohl wahr«, erwidert sie und schaut ihren Kollegen an.

»Aber Sie hätten eine Entschuldigung vom amerikanischen Staat verdient. Sie haben alles richtig gemacht«, sagt Mulder.

Nein, habe ich nicht, aber das werde ich ihnen tunlichst nicht auf die Nase binden! »Stellen Sie sich vor, auf so was kann ich getrost verzichten.« Meine Stimme trieft nur so vor Verachtung.

»Das kann ich verstehen«, sagt Scully. »Der Typ – ich sage jetzt bewusst nicht Kollege – der Sie damals vernommen hat, der hat einen gewissen Ruf. Er war später in Guantanamo eingesetzt und steht jetzt unter Anklage wegen diverser nicht ganz so sauber gelaufener Vorfälle. Vielleicht mag Ihnen das ein gewisser Trost sein. Mir jedenfalls bereitet es nicht wenig Genugtuung, wie Sie ihn klein bekommen haben. Sie konnten es damals schon. Wären Sie Amerikanerin, man könnte Sie direkt für das Recruitment Program der Akademie vorschlagen.«

»Nein, danke.« Ich verschränke die Arme. »Wie sie sich sicherlich vorstellen können, ist meine Meinung vom amerikanischen Staat nicht allzu hoch. Was jammerschade ist, denn die meisten Menschen, die ich hier kennengelernt habe, waren echt großartig. Bis auf der eine oder andere Beamte.«

»Das ist bedauerlich.« Das sagt Mulder sehr schmallippig.

»Ich kann mir nicht vorstellen, wie es gewesen sein muss, jemals einem dieser Attentäter gegenüberzustehen«, wischt Scully gekonnt diesen Konflikt beiseite.

Ich hebe die Schultern. »Ganz ehrlich, die meisten von denen waren ganz normale Jungs. Nichts Besonderes. Ich habe sie ja nur kurz von Angesicht zu Angesicht gesehen. Aber der eine, Atta, der war anders. Als wenn einem der lebende Tod über die Seele läuft. Der hat mich wirklich gegruselt. Ich frage mich nur…«

Beide schauen mich an. »Was fragen Sie sich?«

Wieder zucke ich mit den Schultern. »Was bringt ganz normale Jungs dazu, so etwas zu tun? Was bringt ein siebzehnjähriges Pickelgesicht dazu, an den Waffenschrank seines Vaters zu gehen und seine Mitschüler über den Haufen zu schießen wie in den Nachrichten heute Morgen? Ein schiefer Blick? Eine Beleidigung? Krankhaftes Geltungsbedürfnis?«

Scully seufzt. »Das ist eine Frage, die können wir nicht beantworten. Jedenfalls ist es unser Job, so etwas zu verhindern. Nicht immer erfolgreich, das muss ich zugeben. Hoffen wir, dass man für künftige Fälle daraus gelernt hat. Nun ja.« Sie klappt die Akte wieder zu. »Ich muss ja wohl nicht erwähnen, dass diese Dinge unter Verschluss bleiben müssen, oder?«

Ich denke an die Jungs. An die Leute von der Wache in Page. Und lächele selber schmal. »Das ist meine Geschichte. Ich bin so etwas wie ein Zeitzeuge. Aber ich gehe damit nicht hausieren, keineswegs, denn ich könnte mir vorstellen, dass es, wenn es bekannt werden würde, einiges an Aufruhr erzeugen würde. Auch für mich. Also ja. Ich halte es unter Verschluss.«

»Gut«, erwidert Scully knapp, und ich merke, es passt ihr nicht, was ich gesagt habe. Was denkt sie denn? Dass ich das für immer aus meinem Gedächtnis tilgen kann? Das kann ich nicht, und das muss ihr auch klar sein. Sie zieht nun zwei weitere Dokumente hervor, eines davon ein Flugschein. Oh je, durchfährt es mich jetzt, und ich spanne mich an.

Mein Gefühl solle mich nicht getäuscht haben. »Wir haben leider eine schlechte Nachricht für Sie. Durch die Missachtung einer Anordnung der Bundesbehörden wurde durch die Kollegen in Vegas Ihr Aufenthaltsstatus infrage gestellt und veranlasst, dass Ihre Aufenthaltsgenehmigung per heute beendet wird.«

»Was?« Mein Mund wird trocken. Tom, denke ich nur, und mir wird eiskalt. Scully reicht mir die Blätter, aber ich nehme sie nicht.

»Es tut mir leid, das können wir ad hoc nicht rückgängig machen. Das heißt, Sie werden heute Abend das Land verlassen müssen und bis dahin in Gewahrsam bleiben. Da dies jedoch auf die Veranlassung der Kollegen in Vegas geschehen ist, sehen wir wiederum keine Veranlassung, Sie irgendwie einzusperren oder so. Sie dürfen nur den Terminal nicht verlassen, also seien Sie so klug und halten sich daran, verstanden?«

Irgendwie schaffe ich es, gleichgültig die Schultern zu heben. »Mein Visum läuft eh nur noch ein paar Tage. Ich wollte allerdings Freunde in New York besuchen. Ist es mir erlaubt zu telefonieren? Ich muss sie informieren.«

»Sicher«, sagt Mulder gelassen, und Scully fügt mit einem schmalen Lächeln hinzu: »Es wird Sie vielleicht freuen zu hören, dass die Flüge heute Abend absolut überbucht sind. Wir haben daher für Sie nur noch einen Sitz in der First-Class organisieren können. Die Extrakosten dafür darf dann der Kollege in Vegas begründen. Das wird ihm hoffentlich eine Lehre sein. Geben Sie den Kollegen draußen Ihren Gepäckschein und alles Weitere, sie werden sich kümmern. Und wir schauen zu, dass Sie keinen Eintrag in Ihrer Akte bekommen. Damit Sie auch beim nächsten Mal noch mehr nette Amerikaner kennenlernen dürfen.«

Die beiden stehen auf, packen die Akten wieder ein und geben mir nacheinander die Hand zum Abschied. Es liegt ein ganz klein wenig Hochachtung darin, was mich ein wenig mit der Situation versöhnt. Als Scully die Tür aufziehen will, wendet sie sich noch einmal um. »Ach, ich vergaß zu fragen: Was ist eigentlich aus Ihrer Freundin geworden? Die Sie mit den Attentätern in Verbindung gebracht hat? Der Freund ist in Afghanistan verschollen, haben wir später herausgefunden. Es sieht so aus, als hätte er kalte Füße bekommen und wäre von den Terroristen getötet worden.«

»So etwas in der Richtung hatten wir damals auch vermutet«, gestehe ich. »Meine Freundin Ariya wurde nach Kurdistan verheiratet, als dritte Ehefrau eines wesentlich älteren Mannes. Sie war mehr Sklavin für den als Frau, so habe ich gehört. Sie starb

2008 an der Fehlgeburt ihres sechsten Kindes. Das haben mir Bekannte erzählt.«

»Oh Schande!«, sagt Scully leise und mit Bedauern.

Ich nicke und presse kurz die Lippen zusammen. »Ihre Familie hat sie nicht gut behandelt, und das kommt dann dabei heraus.«

»Falls Sie jemals wieder etwas in dem Zusammenhang mit dieser Sache hören sollten, informieren Sie mich bitte. Hier ist meine Karte. Das meine ich ernst. Halten Sie das nicht zurück«, sagt Scully und reicht sie mir.

»Ist gut, das mache ich.« Ich stecke die Karte ein, und ohne ein weiteres Wort verlassen Mulder und Scully den Raum. Wie betäubt starre ich auf die Dokumente herab und lese doch kein Wort, was da steht. Es ist sowieso alles egal. Ich werde ihn nicht wiedersehen. Nur mühsam unterdrücke ich die aufkommenden Tränen.

Die Ankunft eines weiteren FBI Beamten holt mich zurück. Im Prinzip ist die Angelegenheit binnen weniger Minuten erledigt. Er verliest noch einmal das Vernehmungsprotokoll der lokalen Behörden, fragt, ob ich dem etwas hinzufügen will, was ich verneine, und lässt mich dann unterschreiben und zeichnet es selber ab. Das war's. Ich frage nach meinem Gepäck, und er übergibt mich einem uniformierten Beamten der Flughafenpolizei, der mir zur Seite gestellt wird, um die Sachen aus dem Gepäckbereich zu holen und dann den Terminal zu wechseln. Ich veranlasse, dass Toms Sachen an das PFZ überstellt werden. Soll der amerikanische Staat ruhig dafür zahlen.

Die Leute vom FBI haben mir mit einer amerikanischen Linie einen Direktflug nach Frankfurt gebucht. Im Abflugterminal checke ich an einem besonderen Counter ein, denn mein First-Class Ticket verschafft mir den Zugang zu einer speziellen Lounge. Eine ganz neue Welt für mich. Elegant, sehr stylisch, mit Büffet, einer Bar. Jeder Passagier kann einen eigenen Bereich beanspruchen, mit einer Workstation.

»Müssen Sie jetzt bis zum Abflug bei mir bleiben und mich bewachen? Oder gar überwachen?«, frage ich den Beamten.

»Ich muss nur schauen, dass Sie bleiben, wo Sie hingehören«, gibt er mit regungsloser Miene zurück.

Oh je. »Ich habe zu arbeiten, also schauen Sie woanders hin«, kanzele ich ihn brüsk ab und drehe das Ultrabook so, dass er es nicht einsehen kann. Den Hinweis versteht er durchaus, er setzt sich ein Stück weg und nimmt sich eine der kostenlosen Zeitungen.

Es sind noch runde vier Stunden bis zum Abflug, denn es ist gerade mal nachmittags, und der Flieger geht abends. Ich stöpsele mein Headset ein und mache mich bereit für den ersten der vielen Anrufe, die ich zu erledigen habe. Doch zunächst schicke ich eine WhatsApp an Tom. Keine Ahnung, ob die ihn erreicht. Wahrscheinlich nicht, wenn sie ihn verhaftet haben und seine Sachen einkassiert.

Ich überlege sehr genau, was ich ihm schreibe. Nicht, dass er sich unnötig aufregt. *<Ich kann leider nicht länger im Land bleiben, muss sofort ausreisen. Anscheinend sind die FBI Leute in Vegas so angepisst darüber, dass ich mich nicht gemeldet habe, dass sie meinen Aufenthaltsstatus für beendet erklärt haben. Das heißt, ich fliege noch heute Abend zurück. First-Class, auf Kosten deines Staates. Dein Gepäck wird ins PFZ geliefert. Mach dir keine Sorgen, mit mir ist alles in Ordnung. Ich denke immerzu an dich. Sanna.>* So, das muss reichen. Nichts von meiner Befragung, das würde ihn jetzt nur unnötig belasten.

Als nächstes rufe ich Jimmy an, der mich regelrecht mit Anrufen bombardiert. Und Lizzie und Col auch, wie ich feststelle. Was ist denn da los?

»Sanna! Mensch, wo steckst du denn?! Wir wollten dich schon suchen lassen!«, legt er auch gleich los. Im Hintergrund höre ich Robs besorgte Stimme. »Wir müssen so schnell wie möglich zurück, du ahnst ja nicht, was passiert ist und...«

»Jimmy, stopp! Halt mal die Luft an«, zische ich ins Telefon, stehe auf und gehe ein paar Schritte weiter weg, damit der Beamte nichts mitbekommt. »Es ist was passiert. Ich kann nicht mit euch fahren.« Rasch erkläre ich ihm, dass das FBI mich verhört hat und dass ich ausreisen muss, und frage dann: »Was ist mit Tom? Was ist los?«

Er stottert regelrecht. »Du... du wurdest vom...?! Geht es dir gut? Oh man, Sanna! Haben sie dich...?!«

»Nein, es ist alles in Ordnung, nur weisen sie mich aus. Jimmy, was ist los? Was ist passiert? Rede mit mir!«

Ich höre, wie er ein paar Mal tief durchatmet. »Es gibt Schwierigkeiten mit Tom. Aber keine Sorge, wir regeln das schon. Sieh du nur zu, dass du heile nach Hause kommst, ja? Das zu wissen hilft ihm am allermeisten.« Jetzt macht er dicht, das ist gut zu hören. Er will mich nicht damit belasten, nicht nach dem, was er denkt, das ich gerade durchgemacht habe.

»Jimmy! Verdammt nochmal, sag mir, was passiert ist!« Am liebsten hätte ich geschrien, doch ich bringe nur ein heiseres Flüstern zustande, wegen des Beamten, der beunruhigt den Kopf in meine Richtung dreht.

Bestimmt denkt er jetzt, dass ich kurz vorm Heulen bin. »Beruhige dich, das kriegen wir schon hin. Wir melden uns.« Und er legt einfach auf.

Ist das zu fassen? Willkommen in der Familie, ha, von wegen! Kurz überlege ich, ob ich Danny anrufen soll, aber ich habe seine Nummer nicht. Da bleibt mir nur eine Alternative, denn Rob, so viel steht fest, wird genauso dichtmachen wie Jimmy. Weil sie mich schützen wollen.

Ich rufe erst Col an, doch der geht nicht ran, dann versuche ich es bei Lizzie. Sie geht gleich ran, als hätte sie am Telefon gelauert, und bricht prompt in Tränen aus. Die nächste Viertelstunde oder so verbringe ich damit, sie zu beruhigen. »Sie haben Dad verhaftet«, schluchzt sie.

»Das weiß ich, Lizzie, ich war dabei. Aber es war nicht schlimm, sie haben ihm keine Handschellen angelegt oder so, sondern ihn einfach nur mitgenommen.«

Aber sie schluchzt auf. »Onkel Danny hat zu Onkel Sean gesagt, dass er bis zum Prozess nicht mehr freikommen wird, wenn sie… wenn sie nicht… oh Sanna!« Jetzt weint sie richtig, laute, abgehackte Schluchzer. Mir wird ganz anders.

»Lizzie, Lizzie, beruhige dich! Hör mir zu! Sag mir, was geschehen ist. Warum wird dein Vater nicht freikommen? Was ist passiert? Reiß dich zusammen!« Ich fahre sie jetzt ganz bewusst grob an. »Die anderen wollen es mir nicht sagen. Sie denken, sie sollen mich damit nicht belasten, dabei müssen wir doch zusammenhalten. Also sag es mir.« Ich laufe unruhig auf und ab, während ich spreche. Die Augen des Polizisten heften sich die ganze Zeit auf mich.

Ich höre, wie Lizzie eine Tür aufreißt, ihre rennenden Schritte, dann eine weitere Tür und gleich darauf den dröhnenden Beat eines Rapp Songs. Die Tür fliegt mit einem Knall zu, dann wird die Musik abgeschaltet, das Handy kracht. Gleich darauf ist Col dran.

»Sanna! Wir haben versucht anzurufen.« Er klingt ganz komisch, total gepresst.

»Ich habe es gesehen. Tut mir leid, ich musste hier einiges klären und konnte nicht telefonieren. Aber jetzt bin ich ja da. Was ist los? Erkläre es mir!«

»Oh Gott.« Ich höre, wie Cols Stimme bricht, sie klingt auf einmal unnatürlich hoch, wie im Stimmbruch. Ich höre ein Klacken, offenbar hat er die Tür verschlossen, dann ein Schniefen, ich weiß aber nicht, von wem es ist. »Dass sie Dad verhaftet haben, das weißt du sicherlich schon«, kommt es tonlos.

»Ich weiß. Ich war dabei. Was ist passiert?«

»Es… es ist in etwa so gelaufen, wie der neue Anwalt es gesagt hat. Sie würden ihn wieder frei lassen, auf Kaution, aber…« Jetzt höre ich Lizzie wieder aufschluchzen.

»Aber was, Col? Spuck's aus! Mach schon!«

»Aber… aber wir müssen das Geld innerhalb von 48 Stunden aufbringen auf Anordnung des Richters. Und es… und es ist viel. Sehr viel. Weil bei so etwas immer das Vermögen der Familie mit eingerechnet wird, und das ist offenbar auch Mums Anteil. Die Montgomery sind reich, Sanna, sehr reich. Sie haben das berücksichtigt.«

Oh Gott. »Onkel Danny sagt, das bekommen wir nur hin, wenn wir das PFZ verkaufen, notverkaufen, genau gesagt, denn das Geld über einen Kautionsagenten zu leihen, ist sehr, sehr teuer. Viel zu teuer für uns, und so schnell geht das niemals.«

»Und damit müssen sie das PFZ verkaufen, womöglich mit Verlust. Weil sie bestimmt noch Kredite darauf laufen haben. Oh, verdammter Mist!« Genau das hat Pam beabsichtigt. Sie will ihnen alles nehmen, wirklich alles, und es ist ihr egal, ob sie dafür über Leichen geht. »Col, sag mir, wie viel.«

»Aber Sanna…«

»Kein Aber! Sag es mir!«

Es entsteht eine lange Pause. Ich höre nur Lizzies abgehackte Atemzüge. Schließlich flüstert Col: »Zwei Millionen Dollar. Grandpa hat fast einen Herzinfarkt bekommen, und die Onkel wissen nicht… sie sagen, dass Dad auf keinen Fall lange im Gefängnis bleiben darf, weil er das nicht aushält. Oh Gott, Sanna, was sollen wir nur tun? Sie müssen unser Zuhause verkaufen, wenn sie ihm helfen wollen.«

Mir hat es die Sprache verschlagen. Diese Bösartigkeit hinter alldem macht mich sprachlos. Bedeuten ihr denn die Kinder gar nichts? Geht es nur um Rache? Ich zwinge mich, strategisch zu denken. »Wann kam diese Neuigkeit durch?«

»Was…« Jetzt wird er aufmerksam. »So vor zwei Stunden oder so. Warum?«

»Das heißt, sie haben gewiss noch nichts unternommen, richtig?« Ich klicke, während ich rede, den Internetbrowser an und rufe einen Währungsrechner auf. Zwei Millionen Dollar. Knapp 1,8 Millionen Euro nach dem derzeitigen Stand. Eine ziemliche Summe.

»Richtig. Sie warten auf den Anwalt, aber der ist bei Dad. Wieso…?

»Stell mich mal auf Lautsprecher, Col.« Ich warte, bis er es getan hat. »Du hast ganz recht mit der Einschätzung eurer Mutter, Col. Sie war hier, als sie euren Dad verhaftet haben, und sie hat gelächelt dabei. Das hat mich wütend gemacht, so wütend. Ihr müsst etwas für mich tun, denn ich habe euren Dad verdammt gerne, wisst ihr das?«

»Onkel Sean sagt, ihr seid jetzt fest zusammen. Stimmt das?«, schnieft Lizzie, aber sie weint zumindest nicht mehr.

Ich zögere nicht. »Ja, das stimmt. Stört es euch?«

Lizzie zieht hörbar die Nase hoch, und Col sagt nur: »Nee. Ist doch cool.«

»Danke, Col. Wirklich. Also gut, gibt es irgendjemanden in der Familie eurer Mutter, mit dem ihr ganz besonders gut könnt? Jemanden, den ihr mögt und der euch mag, egal, wer euer Vater ist?«

»Grandpa Styles«, sagen beide sofort und wie aus einem Mund. »Er ist eigentlich unser Urgroßvater, der Vater von Mums Ma. Er hat uns immer gerne gemocht und wir ihn.«

»Kann man ihm vertrauen, Col? Kannst du zu ihm gehen und mit ihm reden und ihm sagen, was eure Mutter da veranstaltet? Würde er dir glauben? Euer Grandpa oder einer der Jungs ist bestimmt nicht auf die Idee gekommen, ihn um Hilfe zu bitten, oder?«

Col schweigt einen Moment. »Nein. Das denke ich auch nicht«, sagt er schließlich. »Aber er wird doch nicht das Geld... ich meine, so viel...?«

»Das kann man nicht wissen. Ein Versuch wäre es wert. Zumindest kann er innerhalb der Familie zu euren Gunsten wirken, denn ich glaube nicht, dass die wirklich begriffen haben, was eure Mutter dort tut. Willst du das versuchen, Col?«

»Auf jeden Fall! Bin schon unterwegs! Er wohnt nicht weit. Ich rufe dich an!« Und er drückt Lizzie das Handy wieder in die Hand.

»Hey«, sage ich behutsam, »ich kann dir nicht sagen, alles wird gut. Aber die Männer sollen ja nicht auf die Idee kommen, den Kampf ohne uns auszufechten, verstanden? Das müssen sie einfach lernen. Wir sind auch stark und können kämpfen.«

Lizzie schluchzt leise, vermischt mit einem halben Kichern. »Du bist echt cool, Sanna. Wirklich. Onkel Jimmy hat uns erzählt, was da in Page abgegangen ist. Naja, zumindest einen Teil davon. Den Rest haben wir belauscht. Ich bin froh, so froh, dass es dir wieder besser geht. Ich mag dich, und ich freue mich, dass Dad und du... ich meine...«

Da muss ich lächeln und setze mich wieder hin. Auch mein Gegenüber entspannt sich etwas, beobachtet mich aber weiter. »Ich habe dich auch sehr gern, Lizzie. Jetzt möchte ich, dass du etwas für mich tust, und zwar ohne, dass die anderen es mitbekommen. Kannst du mir die Nummer von eurem Anwalt besorgen? Von dem neuen? Geht das?«

»Oh ja! Grandpa hat seine Karte an den Kühlschrank geheftet. Warte, ich fotografiere sie dir.« Was sie auch gleich tut. Die Möglichkeit, etwas tun zu können, baut sie sichtlich auf.

»Okay, Lizzie, das habe ich. Ich melde mich wieder bei dir. Kein Wort zu den anderen außer zu Col, klar? Sieh zu, dass du auf dem Laufenden bleibst. Und Kopf hoch, hab keine Angst. Ihr seid nicht allein.«

Ich zoome die Visitenkarte größer. D.MacAllister von MacAllister&MacAllister. Klingt gewichtig. Ich wähle seine Nummer, bekomme aber nur eine Bandansage. Ich spreche darauf, bitte um dringenden Rückruf in der Sache Flynnt. Dann schaue ich auf die Uhr. Ungefähr zehn Uhr abends in Deutschland. Einen Versuch wäre es wert. Banker haben Arbeitszeiten, die sind echt verrückt, vor allem solche, die mit Amerika zu tun haben. Und ich habe Glück. Bereits nach dem zweiten Klingeln der Durchwahl meldet sich mein Freund Simon, Kundenbetreuer Ausland bei der Deutschen Bank in Frankfurt.

»Sanna, meine Güte, von dir habe ich ja lange nichts mehr gehört! Wie geht es dir denn? Und von woher rufst du denn an? USA?« Die Ländervorwahl hat er natürlich sofort erkannt.

»Ja, ich war ein paar Monate in den Staaten unterwegs. Eine echt interessante Reise. Simon, ich brauche deine Hilfe, und zwar sofort. Wie gut kennst du dich mit den Kautionsgeschichten der amerikanischen Strafverfolgungsbehörden aus?«

»Waas?! Sitzt du etwa im Knast oder was?«, ruft er sofort aus.

»Nein, ich nicht, aber ein guter Freund von mir. Warte, ich erkläre es dir…« In knappen Worten erläutere ich ihm die Zusammenhänge. »Ich warte auf den Rückruf seines Anwalts. Wie schnell können wir das Geld bereitstellen, und zwar so, dass die Familie nicht merkt, dass es von mir kommt? Das wäre mir etwas peinlich, verstehst du? Ich glaube nicht, dass es allzu lange benötigt wird, denn es gibt mögliche andere Quellen, aber ob die auch so schnell sind, dass die Frist eingehalten wird?«

»Bist du dir wirklich sicher…?«

»Simon! Wann habe ich dich jemals gebeten, etwas von dem Geld zu überweisen?«

Er schnaubt. »Nur in Notfällen, ich weiß, und es war auch jedes Mal prompt wieder da. Oh, ich wünschte, du würdest mir endlich erlauben, damit ein wenig zu investieren. So liegt es nur herum und setzt Schimmel an. Oder es rettet deine Freunde, ob nun in diesem alten Kasten oder dort drüben. Also gut. Ich kann ein Treuhandkonto einrichten, bei einer unserer amerikanischen Töchter. Dann taucht dein Name und die Deutsche Bank nicht auf. So ist es zumindest verdeckt. Das geht schnell, und das Geld könnte binnen Minuten verfügbar sein.«

»Alles klar. Sobald ich den Anwalt dran habe, schicke ich einen Link. Er kommt von einer Adresse...« Ich überlege. *Sallyontour*? Nein. Lieber neu. »*Sannastour*. Die Adresse richte ich gleich ein. Bis später.«

Ich höre noch sein Lachen und seinen Kommentar »Du und deine Internetgeschichten!«, dann legt er auf. Ich fletsche förmlich die Zähne. Na warte, Pam, wer zuletzt lacht...

Mein Gegenüber räuspert sich. »Sie sehen aus, als wollten Sie gleich jemandem an die Gurgel.«

Ich schaue auf. Er ist sichtlich beunruhigt. Gleichgültig winke ich ab. »Ach was. Haben Sie Kinder, im Teenageralter? Dann sagt Ihnen der Begriff Zickenterror sicherlich etwas, nicht?«

»Wem sagen Sie das«, seufzt er und schüttelt den Kopf.

»Oh man, ich könnte jetzt 'nen Kaffee vertragen. Wollen Sie auch einen?«, frage ich und stehe auf, mein Book mit mir nehmend.

Er schüttelt abwehrend den Kopf. »Ich bin im Dienst. Keine Geschenke, von niemandem.«

Da muss ich lächeln. »Das hier ist die First-Class Lounge, Officer. Hier gibt es die Getränke umsonst, und außerdem, das Ticket hierfür, das zahlt Ihr Vater Staat. Der lädt Sie ein. Also?«

»Na gut. Mit Milch und Zucker, bitte.« Auf einmal wirkt er gar nicht mehr so grimmig.

Als ich von der Bar zurückkomme, habe ich die neue Emailadresse bereits eingerichtet. Ungeduldig warte ich, dass der Anwalt anruft, aber es dauert. Deshalb widme ich mich ausgiebig WhatsApp und bombardiere nun meinerseits Jimmy und Rob mit

Nachrichten, denn genau das würden sie ja nach dieser Abfuhr erwarten.

An Lizzie schicke ich jedoch: *<Ich denke, es wird Zeit, dass ich einmal Dannys Nummer bekomme, was denkst du? Er scheint der Einzige zu sein, der wenigstens einen Funken Verstand in dem Laden hat.>*

Sie schickt mir den Smiley mit der ausgestreckten Zunge zurück. *<Bitteschön>* und die Nummer dazu. Dann aber: *<Stimmt es, dass du gehen musst? Dass man dich rauswirft?>*

<Ja, Lizzie, das ist leider so. Ich kann nichts machen. Ich hätte euch so gerne noch besucht, denn ich habe euch alle mittlerweile sehr ins Herz geschlossen. Aber gegen die Behörden, da komme ich nicht an.>

<Ich habe dich auch sehr gerne. Wirklich. Du bist eine tolle Freundin für Dad.>

Du meine Güte. Das klingt, als wären wir schon Jahre zusammen. Dabei hatten wir gerade einmal ein paar Tage. *<Ich danke dir, Lizzie, das macht mich sehr froh. Ich melde mich vor meinem Abflug nochmal bei euch.>* So, das muss genügen, sonst bekomme ich noch das Heulen. Stattdessen schalte ich in den Kampfmodus.

Ich pinge Danny an. *<Ich bin's, Sanna. Kann mir mal jemand erklären, was bei euch los ist?!>*

<Als hätte ich es nicht geahnt>, kommt gleich darauf zurück. *<Geht es dir wirklich gut? Wenn das FBI...>*

<Es geht mir gut, es war nur eine Formalität, bis auf die Missachtung der Anordnung. Da kann ich leider nichts machen. Verdammt schade! Aber jetzt sag mir, was ist passiert? Und keine Ausflüchte bitte. Hinterher darfst du Jimmy in meinem Namen in den Arsch treten.>

<Ich glaube nicht, dass wir dich damit belasten sollten>, schreibt er gleich darauf zurück.

<Jetzt trete ich DIR gleich in den Allerwertesten! Wie war das mit willkommen in der Familie?! Also los, nun sag schon!>

<Nein, Sanna. Und weißt du warum? Weil Toms Arschtritt viel mehr wehtut als deiner. Das würde er nicht wollen.>

<Ach, und dass ich hier sitze und mir wer weiß was für Gedanken mache, das würde er wollen?! Ihr spinnt doch!> Keine Antwort mehr. Na schön. Wenn ihr mit verdeckten Karten spielt, dann ich auch. Ungeduldig starre ich auf das Handy. Dann, endlich, ein Anruf von einer unbekannten Nummer.

Der Anwalt ist dran. Er klingt überraschend jung, gar nicht so seriös, wie man sich das von Anwälten vorstellt. Ich erkläre ihm, wer ich bin und wie ich zu Tom und den Jungs stehe, was wir erlebt haben. Da setzt er sich erstmal hin, um in Ruhe mit mir sprechen zu können und nicht im Gehen. Er bittet mich, ihn Mac zu nennen, denn das täten alle.

»Wie geht es ihm, Mac? Wie hält er sich?«, frage ich besorgt.

»Finsterster Laune, aber er hält sich«, berichtet er knapp. »Sie haben ihn wieder auf die Beine gebracht, richtig? Das haben mir die anderen erzählt. Ich habe leider nicht viel Zeit, mit Ihnen zu reden, denn wir müssen schauen, wie wir die Kaution organisieren. Ich muss mit der Familie sprechen.«

»Genau deshalb rufe ich an. Ich würde Ihnen gerne gleich einen Link zuschicken, einen Chatlink, der Sie mit meinem Bankberater verbindet. Bitte, nehmen Sie sich die Zeit. Wir finden eine Lösung, ohne dass den Jungs das Wasser bis zum Halse steht.«

Da wird er hellhörig, und er gibt mir sofort seine persönliche Email Adresse.

Kurze Zeit später bringen wir den Chat zustande, und ich habe Simon und Mac vor mir auf dem Schirm. Letzterer sieht jung aus, verdammt jung mit seinem Wuschelkopf und der stylischen Brille. Aber er hat was drauf, das merke ich gleich. Augenblicklich sind Simon und er in eine detaillierte fachliche Diskussion über Treuhandkonten und diverse andere Dinge vertieft, von der ich nicht einmal einen Bruchteil verstehe.

Schließlich wendet sich Simon mit einem Grinsen an mich. »Sieht so aus, als würdest du doch noch unter die Investoren gehen, Sanna. Uncle Sam zahlt Zinsen für die Zeit, welche die Kaution einbehalten wird. Ich melde mich, wenn ich die Sache fertig habe.«

»Danke, Simon, danke dir sehr. Gute Nacht«, verabschiede ich mich und bleibe mit Mac im Chat zurück.

»Die Familie muss Ihnen wirklich am Herzen liegen, Sanna«, meint er nach einer kurzen Zeit des Schweigens, währenddessen er sich Notizen macht.

»Das tut sie, und ich möchte Tom so schnell wie möglich aus dieser Misere befreien. Mac, ich… ich möchte nicht, dass die anderen hiervon erfahren, verstehen Sie? Die Männer würden nicht wollen, dass ich so etwas tue. Colin ist derzeit unterwegs, um mit seinem Urgroßvater zu reden, von der Montgomery-Seite. Wenn wir Glück haben, macht der das Geld locker, auch wenn es etwas dauern kann. Bis dahin überbrücke ich. Sie sollten sich überhaupt einmal mit Colin unterhalten. Der kann Ihnen eventuell einige wertvolle Einblicke in den Montgomery Clan geben, denn er bekommt sehr viel mit, und er ist nicht dumm.«

Jetzt grinst er in die Kamera. »Na, das ist doch mal ein Tipp, mit dem kann ich arbeiten. Die anderen konnten mir nicht allzu viel von der Gegenseite berichten. Es gibt wohl kaum Kontakt. Aber die Kinder… das ist ein Ansatz.«

»Lassen Sie Lizzie aber außen vor«, sage ich sofort. »Sie nimmt das Ganze zu sehr mit.«

»Alles klar. Ich melde mich.« Er beendet den Chat.

Stumm sitze ich vor dem schwarzen Bildschirm. Oh bitte, bitte, lass es gutgehen. Bitte lasst ihn gleich wieder frei. Unbemerkt läuft mir eine Träne die Wange herunter, doch mein Bewacher, der merkt es.

»He, alles in Ordnung?«, fragt er besorgt. Ich winke nur ab. »Sie sollten mal was essen, Lady, Sie sind ganz blass. Gilt die Einladung auch für das Essen?«

Ich muss lachen. »Ich denke schon. Holen sie sich ruhig etwas, ich laufe Ihnen schon nicht weg.«

Er knurrt nur, tut mir aber den Gefallen und schlendert zum Buffet. Gleich darauf bekomme ich einen Teller mit ein paar Antipasti in die Hand gedrückt. Auf einmal merke ich, ich habe wirklich Hunger. Zum Frühstück hat es nicht wirklich etwas gegeben und im Flieger auch nur ein Brötchen. Warum die First-Class nicht nutzen, wenn man schon da ist? Also ziehe ich an die Bar um, und mein Bewacher kommt mit. Wir bestellen uns jeder eine richtige Mahlzeit, und ich erzähle ihm, warum man mich aus dem Land wirft.

»Wegen einer Fehde zwischen einem Dorfsheriff und einem Fed? Im Ernst?«, mampft er zwischen zwei Bissen. Ich merke, das edle, sehr feine Essen ist an ihn wirklich verschwendet. Er frisst regelrecht.

»Tja, ist so.« Ich wickele mir langsam eine neue Ladung Pasta auf die Gabel und stecke sie in den Mund. »Sie können es ja nachlesen, Officer. Das ist nicht so tragisch, mein Visum lief eh nur noch ein paar Tage. Aber ich hätte gerne meine Freunde hier in New York besucht. Das geht nun leider nicht mehr. Entschuldigen Sie mich, da kommt ein Anruf, ich muss da rangehen.«

Kris ist dran. Ich setze mich ein Stückchen weg und versuche, sie möglichst behutsam über die Geschehnisse des letzten Tages aufzuklären und dass ich bald nach Hause komme, dennoch rastet sie fast aus und Perri mit ihr, als sie von den FBI Menschen hören.

»Und er hat dich natürlich allein gelassen!«, ruft Kris empört aus.

»Beruhigt euch, Leute«, rufe ich dazwischen. »Er hatte keine Wahl, das erzähle ich euch gleich. Die FBI Leute haben sich beinahe bei mir entschuldigt.« Nur mühsam gelingt es mir, die Gemüter meiner beiden Freunde zu beruhigen. Dann fasse ich mir ein Herz und erzähle ihnen von Tom und mir. Perri läuft zornig an und Kris kneift die Augen zusammen.

»Sanna…«, hebt sie warnend an.

»Ich weiß, ich weiß, es klingt ein wenig wie… nach dem Helfersyndrom. Aber das ist es nicht. Ich habe ihn wirklich gern und seine Familie auch und hoffe von ganzem Herzen, dass er heile da rauskommt. Er steckt ganz schön tief in der Scheiße.«

»Na, du bist zum Glück bald aus der Schusslinie!«, keift sie und beendet die Verbindung damit, dass sie den Laptop abrupt zuklappt. Oh je, ist die sauer! Da kann ich mir noch was anhören, wenn ich wieder zuhause bin. »Puh!«, mache ich, als ich zu meiner inzwischen kalten Pasta zurückkehre.

»Das war aber kein Teenager«, sagt der Officer.

»Nee, nur meine Freundin. Die ist gerade ausgerastet, als sie von der Sache mit dem Chief gehört hat«, sage ich und esse alles auf.

Die Zeit verrinnt, ohne dass ich etwas von Tom, von Mac oder den anderen höre. Ich widme mich den Emails, informiere Freunde und Verwandte über den Abschluss der Reise. Die Bilder schaue ich ganz bewusst nicht an, besonders nicht die von Tom und mir. Nein, das möchte ich jetzt nicht. Dann, nach gefühlt einer halben Ewigkeit, erhalte ich eine kurze WhatsApp von Col.

<Ich habe Grandpa Styles alleine angetroffen. Er war echt geschockt von dem, was ich erzählt habe. Er will sich kümmern und uns helfen.>

<Gut so. Fahr nach Hause. Und mach dir keine Sorgen. Wir haben deinen Vater bald wieder draußen, du wirst sehen. Mac

kommt zu euch. Rede als erstes mit ihm. Und Col, kein Wort zu den anderen, auch nicht zu Lizzie, egal, was er dir über mich erzählt. Schwöre mir das.>

<Ich schwöre. Egal, was es ist.>

Gleich darauf schreibe ich eine E-Mail an Mac und informiere ihn über Cols Rückkehr. Die beiden müssen es so hindrehen, dass niemand von meinem Eingreifen etwas ahnt. Damit weihe ich Col mit ein, das ist mir klar. Ich weiß, ich kann ihm vertrauen, er wird dichthalten.

Jimmy und Danny dagegen watsche ich jetzt per WhatsApp ab und tue so, als wäre ich stinksauer. Sie haben es nicht anders gewollt. Von Lizzie und Rob verabschiede ich mich mit tröstenden Worten.

Dann habe ich plötzlich nichts mehr zu tun. Ich ziehe wieder an die Bar um, meinen Begleiter im Schlepptau, und quatsche mit der Dame hinter dem Tresen. Dabei logge mich in meine Stocks ein und gucke, was sich da so tut, und bin überrascht, wie viele Downloads ich bereits habe. Da sich der Officer sichtlich langweilt, erzähle ich ihm von meiner Reise und dem Projekt, zeige ihm die Bilder. Bald schaut mir auch die Bedienung an der Bar über die Schulter, und auch der eine oder andere Passagier gibt sich sichtlich beeindruckt. Prompt bekomme ich die Karte eines frankfurter Verlegers zugesteckt, der sich sehr für meine Bilder interessiert. Hmm, Sanna, scheint, als würde sich diese verfrühte Ausreise doch noch für dich lohnen. So vergeht die Zeit bis zum Abflug rasch. Doch noch immer gibt es keine Nachricht von Tom, selbst als ich schließlich zum Gate aufbreche.

Es gibt einen Escortservice, ach herrje. Um dorthin zu kommen, muss ich durch die Immigration, aber nicht durch die langen Schlangen, sondern an einen speziellen Schalter, und dort warten zwei bekannte Gesichter auf mich. Die beiden Lady Officers von meiner Einreise lachen erfreut, als sie mich sehen. »Oh, seht mal, wer da ist! Haben Sie tolle Bilder gemacht, ja?«

»Oh ja«, sage ich und reiche ihnen meinen Pass und die Visumsdokumente. »Nur habe ich mich leider mit einem Fed angelegt. Deshalb schmeißen sie mich früher raus. Aber die zusätzliche Zeit von Ihnen konnte ich gut gebrauchen. Wenn Sie Pause haben und ich noch da bin, kann ich Ihnen gerne ein paar Bilder zeigen.«

»Wir haben bald Feierabend«, zwinkert die eine meinem Begleiter zu, der prompt verlegen errötet. Das quittieren die beiden mit Gelächter und winken mich durch.

»Sie scheinen ja überall Bekannte zu haben«, meint der Officer zu mir, als wir zum Gate gehen.

»Wenn man offen und freundlich auf die Menschen zugeht und einen Teil von sich gibt, kommt das ganz von selber«, sage ich mit nicht leiser Genugtuung. Das war eine Rüge für sein teilweise sehr unfreundliches Benehmen, und das hat er genau verstanden. Mir kann es egal sein, ob er darüber verstimmt ist. Die beiden Frauen kommen dann auch recht bald, und wir verbringen eine fröhliche halbe Stunde über den Bildern, bis sie sich verabschieden. Kaum eine Viertelstunde später gehe ich an Bord der Maschine und bin den Blicken meines Bewachers entschwunden.

Wieder betrete ich eine völlig neue Welt. Ich habe einen Einzelplatz, einen großen Sessel mit einem richtigen Monitor und vielen anderen Annehmlichkeiten. Das Allerbeste ist jedoch, dass ich das Abteil mit einem Sichtschutz verschließen kann, was ich bestimmt nach Abflug tun werde.

Dann, wir werden gerade aufgefordert, die Sitze senkrecht zu stellen und unsere elektronischen Geräte abzuschalten, eine Nachricht von Col. <*Ich korrigiere meine vorherige Einschätzung. Du bist echt MEGA! War ganz schön schwierig, mit Mac zu reden, ohne dass die anderen was mitbekommen. Wir fahren jetzt los und holen Dad aus dem Revier ab. Er kommt frei. Ich könnt' vor Freude laut schreien, tue es aber nicht, weil sie sonst was merken.*>

<Aber ich tue es, auch wenn sie mich dann vielleicht für bekloppt halten und auf dem Klo einsperren oder so. Oh, ich bin erleichtert! Mein Flug startet jetzt. Ich drücke euch ganz fest, ihr beiden. Das habt ihr super gemacht, aber ganz besonders du. Ich melde mich, wenn ich in Frankfurt bin (7,5h ca.)>

Dann steht die Stewardess neben mir und fordert mich nun mit Nachdruck auf, das Handy abzuschalten. Sie bleibt sogar stehen und guckt, ob ich es auch wirklich tue. Irgendwie müssen sie mitbekommen haben, dass mit meiner Ausreise etwas nicht stimmt, denn ich spüre, sie beobachten mich. Ich passe ja auch nicht wirklich hierher, mit den nicht mehr ganz sauberen Trekkingklamotten und völlig übermüdet nach der letzten Nacht und den Aufregungen des Tages. Den Start und die ersten Minuten des Fluges verbringe ich wie erstarrt auf mein dunkles Display starrend.

Dann, nachdem die Anschnallzeichen erloschen sind, ziehe ich mit einem Ruck den Sichtschutz vor meinem Abteil zu. Auf einmal schlägt alles über mir zusammen. Die Anspannung lässt schlagartig nach, ich fange an zu weinen, es wird ein richtiger Heulkrampf, obwohl kein Laut über meine Lippen kommt. Nur die Stewardessen, die bekommen es mit, denn sie können ja über den Sichtschutz drüber schauen.

Schließlich können sie es wohl nicht mehr mit ansehen. Vielleicht störe ich auch die anderen, wer weiß. Die Chefstewardess kommt, sie bittet mich, ihr zu folgen und meine Sachen mitzunehmen. Sie bringt mich zu einer gesonderten Tür. Dahinter gibt es eine einzelne Kabine mit einem eigenen, angeschlossenen Bad. Die Luxusvariante von der First-Class. Die Kabine ist leer, nicht belegt. Dort bemuttern sie mich regelrecht, bringen mir Tee, etwas zu essen. Fragen, ob ich ein Beruhigungsmittel haben möchte. Ich lehne dankend ab, aber die Freundlichkeit hilft, ich beruhige mich wieder etwas und bin dann bald in einen Koma-ähnlichen Schlaf gefallen.

Das Handy schalte ich den ganzen Flug über nicht ein. Die Gebühren, die für die Online Verbindung aufgerufen werden, sind astronomisch. Nein, das wird warten müssen. Kurz bevor wir die europäische Küste überfliegen, gehe ich duschen. Was für ein Luxus! Erfrischt zwinge ich mich, etwas zu essen und zu trinken, und surfe lustlos in dem angebotenen Entertainment Programm, doch dann kann ich nicht anders und schalte das Book ein, lasse die Bildsequenz von Tom und mir durchlaufen, wieder und wieder. Es ist fast wie ein Film, wenn man es schnell genug macht. Ich könnte glatt wieder anfangen zu heulen, doch diesmal dränge ich die Tränen zurück und halte mich einfach an seinem Anblick fest und versuche, wenigstens so etwas Trost zu finden.

Kapitel 4

In Frankfurt angekommen, bringe ich die Einreise binnen eines Wimpernschlages hinter mich, als First-Class Passagier wird mir das Gepäck sogar gebracht. Gewöhn dich lieber nicht daran, Sanna. Unter anderen Umständen hätte ich diese Art zu reisen mit jeder Minute genossen, aber so bin ich nur erschöpft. Bevor ich mein Handy einschalte, suche ich eine Anzeige der nächsten Zugverbindungen und finde einen ICE nach Hamburg-Altona in einer halben Stunde. Perfekt. Das Ticket ziehe ich am Automaten, erste Klasse, und buche gleich bis Rostock durch. Ich brauche Platz zum Arbeiten. Dann erst schalte ich mein Handy ein und suche mir den nächsten Hotspot, denn meine amerikanische Karte funktioniert hier nicht, und die deutsche möchte ich nicht einlegen, weil ich dann erstmal den Kontakt nach drüben verliere.

Es ist jetzt fast elf Uhr vormittags in Frankfurt und damit fünf Uhr morgens in New York. Das halb gefürchtete, halb erwartete Bombardement von Messages bleibt mir erspart. Ganz oben in der Liste steht Toms Nummer mit zwei Nachrichten, doch die spare ich mir auf. Erstmal gucke ich weiter unten. Eine kurze Nachricht von Rob, der mir einen guten Flug wünscht und sein Bedauern ausdrückt, dass ich nicht zu ihnen kommen kann. Jimmy und Danny habe ich wohl endgültig beleidigt, sie schreiben gar nicht mehr. Lizzie schickt mir ein Selfie von ihrem Dad und sich selber, wie sie Arm in Arm auf ihrem Bett sitzen. Tom sieht müde aus, dunkle Schatten unter den geröteten Augen, aber er lächelt. Col schickt mir nur einen nach oben gereckten Daumen.

Dann also Tom. Die erste Nachricht hat er offenbar noch aus dem Revier geschickt. <*Ich werde entlassen. Warum, kein Wort. Was für ein Schlamassel mit deiner Ausweisung, Sanna.*> Mehr nicht.

Und dann, vor nicht einmal einer halben Stunde: <*Ich liege hier und kann nicht schlafen, schaue immer wieder unser Foto an. Du fehlst mir.*> Kein Wort über die Jungs, die Kaution, was passiert ist. Macht er jetzt genauso dicht wie Jimmy und Danny oder ist er einfach so fertig, dass er nicht mehr kann? Ich will ihn nicht drängen, und Vorwürfe machen will ich ihm schon gar nicht. Er hat genug durchgemacht. Du tust es doch auch, Sanna. Hast ihm das FBI vorenthalten. Weil du ihn nicht belasten wollest in seiner Situation. Nein, das geht so nicht! Wir sind jetzt im Alltag angekommen, und der funktioniert nur, wenn wir einander vollkommen vertrauen.

Also schreibe ich: <*Mir fällt gerade ein riesen Felsbrocken vom Herzen, dass du zuhause bist. Bin jetzt in Frankfurt gelandet. Es ging mir genauso, ich habe im Flieger immer wieder unsere Bilder angeschaut, vor und zurück. Kann noch gar nicht fassen, wie schnell das alles passiert ist. Ich steige gleich in den Zug nach Hamburg. Melde mich, sobald ich eine stabile Verbindung habe, über Chat. Ich muss dir einiges erzählen. Oh, ich wünschte, ich wäre jetzt bei dir. Bei euch allen.*>

Der Zug ist nicht sehr voll, mitten in der Woche und zu der Uhrzeit. Ich habe zwar eine Reservierung für einen festen Sitzplatz. Stattdessen such ich mir ein leeres Abteil, wo ich ungestört telefonieren kann. Ich muss mich regelrecht stählen, um gelassen auf den Chatanruf zu reagieren. Keinesfalls will ich, dass jemand etwas davon mitbekommt.

Ich buche einen unbegrenzten Chat, und gleich darauf kommt er ins Bild. Er liegt und hat das Handy an Kopfhörer angeschlossen, damit er mich im Display sehen kann. Egal, wie weit er weg ist, unsere Blicke versenken sich sofort ineinander. Ich spüre es bis in die letzte Faser. »Hey.«

Er sagt gar nichts, schaut nur und schaut und schaut. »Du siehst müde aus«, kommt es nach langer Zeit. Er klingt ganz heiser.

»Du auch, Tom. Uns wurde ganz schön was zugemutet, nicht?«

Jetzt setzt er sich auf. Er liegt auf einem Sofa, erkenne ich. Nicht unten in der Bar, sondern in der Wohnung seines Vaters vermutlich. »Die Jungs wollten mir nicht sagen, was genau bei dir passiert ist. Sie sagen, ich soll mich damit nicht belasten.«

»Ha! Dasselbe haben sie auch mit mir gemacht. Sie wollten mich nicht belasten. Aber das macht es nur schlimmer.« Jetzt kommen mir doch die Tränen. »Verdammt«, entfährt es mir, und ich blicke hastig zur Seite.

»He, was ist passiert, hmm?« Der letzte Laut brummt in meinem Ohr und geht mir durch und durch.

»Also gut.« Ich wische mir hastig die Tränen ab. »Aber Quid pro Quo, Tom.« Ich warte.

Er ringt mit sich, das sehe ich gut. Will mich ebenso nicht belasten. »Also gut. Quid pro Quo.«

»Ich wurde nicht nur einfach ausgewiesen. Tatsächlich wurde ich am Flughafen vom FBI abgeführt, kaum dass du im Polizeiwagen saßt. Und das war nicht das lokale, sondern die waren von der NSB…«

»Waas?!« Noch gerade rechtzeitig senkt er seine Stimme zu einem Flüstern, sonst hätte er es wohl laut herausgebrüllt.

»Beruhige dich, es ist nicht wirklich was passiert.« Also erzähle ich es ihm. Das Bild fängt an zu zittern, so sehr verkrampft er sich. »Tom, es ist alles gut. Zum Schluss haben sie mir quasi einen Job angeboten, stell dir das vor. Weil ich so gut meinen Gegner auszuspielen weiß. Und sich entschuldigt für damals, zumindest halb. Naja. Da hat Jeff Hensson uns ein schönes Ei gelegt, das kann ich dir sagen! Reib ihm das bei Gelegenheit einmal richtig unter die Nase, ja? Für diesen FBI Idioten in Vegas wird es auf jeden Fall ein Nachspiel haben, denn er muss die sehr, sehr teuren Kosten für meinen Flug begründen.«

Ich sehe, wie er sich fassungslos das Gesicht reibt. »Das hast du mir im Gefängnis nicht geschrieben.«

»Nein. Sei ehrlich, hätte dir das in dem Moment geholfen?«

Seine Miene verdüstert sich. »Nein. Ich wäre die Wände hochgegangen. Wäre ich eh beinahe. Mac hat mich wieder runtergeholt. Er ist gut, das muss ich schon sagen. Er weiß, was er tut.« Jetzt guckt er mich an, und ich sehe genau, was er überlegt.

»Jetzt du«, sage ich.

Also tut er es, auch wenn er immer noch zögert, mir die Höhe der Summe zu nennen, doch das lasse ich ihm nicht durchgehen. Als er geendet hat, kneift er mit einem Mal die Augen zusammen und kommt ganz nahe ans Handy heran. »Moment mal. Das ist nicht neu für dich«, landet er gleich einen Volltreffer. Ich schüttele den Kopf und schlucke doch ein wenig. »Aber wer... oh.« Jetzt dämmert es ihm.

»Die anderen machen immer wieder denselben Fehler. Sie binden die Kinder nicht mit ein, Tom«, erwidere ich leise. »Ich habe die beiden beruhigt, sie getröstet, Lizzie vor allem. Und dann mit Col einen Schlachtplan ersonnen.«

»Was, du hast ihn zu Styles geschickt?! Bist du verrückt?! Du weißt doch gar nicht...« Jetzt sieht er aus, als würde er am liebsten das Handy an die Wand werfen. Ich ziehe mich ein wenig von der Kamera zurück und schaue aus dem Fenster, wo die Landschaft vorbeifliegt.

»Genau, das weiß ich nicht. Ich habe mich in dem Moment auf Col verlassen müssen, dass der alte Mann in Ordnung ist. Ehrlich, Tom, dein Sohn ist bereits erwachsen. Er weiß das gut einzuschätzen. Es hilft ihm, etwas tun zu können. Und es hat doch funktioniert, oder nicht? So, wie der reagiert hat, ist der Familie gar nicht klar, was deine Ex da veranstaltet. Womöglich ist ihnen nicht bewusst, dass durch diese Sache der Ruf ihres gesamten Clans gefährdet wird.« Jetzt schaue ich wieder in die Kamera, eindringlich, wie ich hoffe. »Das ist etwas, mit dem ihr spielen könnt. Fangt doch endlich mal an zu kämpfen und lasst es nicht einfach geschehen! Lasst Col ruhig mit ihm weitermachen. Er passt schon auf, dass er nichts sagt, was die anderen nicht wissen dürfen. Wenn euch jemand Einsichten in diese Familie liefern kann, dann er. Nutzt das, brieft ihn über eure Strategie, damit er nicht unwissentlich etwas preisgibt. Ihr braucht so viele Informationen wie möglich. Mac hat das längst begriffen, denke ich. Ich habe mit ihm gesprochen, als er von dir aus dem Gefängnis kam. Er ist gut, das ist mein Eindruck.«

Tom hat sich fassungslos wieder aufs Sofa sinken lassen. »Oh Gott. Das ist ein richtiger Krieg. Und dich haben wir da schön mit reingezogen. Das habe ich nicht gewollt, Sanna.«

Tja, dann hättest du mich nicht... »Ich steckte von dem Augenblick an richtig mit drin, als ich deinen Vater das erste Mal am Telefon hatte. Er tat mir so leid. Und ich mag ihn, deine Kinder auch. Sehr sogar. Und ich wusste, worauf ich mich einlasse, wenn ich mit dir zusammenkomme. Verstand gegen Gefühl, schon vergessen? Entweder du bist mit mir zusammen, Tom, oder du bist es nicht. Dazwischen gibt es nichts, denn dann bin ich nichts weiter als ein Strich auf einer Liste. Abgehakt. Mein Verstand, der hat übrigens die Seiten gewechselt gestern, nachdem ich das ganze Ausmaß erfahren habe und deine Frau am Flughafen gesehen habe, ihr triumphierendes Lächeln. Ich habe Bilder davon gemacht. Die schicke ich Mac, vielleicht kann er sie einsetzen...« Ich erzähle ihm ein wenig davon.

Er stöhnt nur leise. »Sanna, ich kann gar nicht... Gott, ich bin so müde...«

Da gemahne ich mich der Zurückhaltung. »Du solltest versuchen, ein wenig zu schlafen. Ich habe es schließlich geschafft, weil Col mir kurz vor dem Abflug geschrieben hat, dass du freikommst. Da bin ich einfach umgefallen. Versuche es.«

Jetzt schaut er wieder in die Kamera. »Ohne dich neben mir? Ich glaube nicht, dass ich das kann.« Wie verloren sich das anhört!

Ich lächele leicht. »Schließe die Augen. Stell dir einfach vor, ich liege neben dir, wie es sich anfühlt...

»Mmpf! Ich glaube nicht, dass ich das hier machen sollte, sonst wird's peinlich«, gibt er von sich und wirft einen raschen Blick an sich herunter. Mich trifft ein müdes, aber leicht verschmitztes Lächeln.

»Hast du kein Bett?«

Er schüttelt den Kopf. »Noch nicht. Das müssen wir noch kaufen.«

»Dann roll doch deinen Schlafsack und deine Isomatte in einem stillen Winkel in diesem Riesenkasten aus. Als Erinnerung. Das riecht dann auch gleich ganz anders. Nach uns...« Wie gut, dass niemand im Abteil ist, durchzuckt es mich, denn ich werde ziemlich rot.

Jetzt kommt er wieder heran. »Ach ja? Na, du bist mir vielleicht eine...« Aber er tut es, geht in eine Art Abstellkammer, wo sein Rucksack an der Wand lehnt, packt aus. Bald darauf liegt er vor mir. Er schnuppert. »Stimmt. Und ein wenig nach Flugbenzin. Aber das kann ich ignorieren.«

»Stell das Handy so hin, dass ich dich sehen kann. Lass es nicht in deiner Hand. Ich bleibe bei dir, bis du schläfst. Entspann dich, wie ich es dir gezeigt habe...« Meine Stimme wird immer leiser, und es wirkt tatsächlich. Schon bald werden seine Atemzüge ruhiger und tiefer, und ich sehe genau den Moment, wo er wirklich loslässt und tief und fest schläft. Jetzt könnte ich auflegen, aber ich tue es nicht, ich bleibe bei ihm, packe den Chat in ein kleines Fenster unten auf dem Bildschirm, damit ich ihn im Blick behalten kann.

Ich suche mir die Bahnverbindung nach Rostock heraus, gebe Kris bescheid, wann ich ankommen werde, mit der Bitte, Kurt zum Abholen zu schicken. Maile Simon meine digitale Unterschrift, da er die Verträge des Treuhandkontos noch gestern Nacht geschickt hat. Das Geld ist jetzt eingezahlt und somit erstmal weg. Nun, ich habe eh nichts davon gebraucht und kann darauf verzichten. Auf einmal werde ich so müde, dass mir glatt die Augen zufallen.

»Sanna! Bist du noch da?« Eine Stimme weckt mich wieder auf. Ich schrecke hoch. Draußen ist jetzt flaches Land anstatt der Berge zu sehen. Wie spät ist es? Mein Blick fällt auf die Anzeige in der Wand. Nächster Halt Hamburg Hbf. Da habe ich wirklich lange geschlafen!

Rasch tippe ich auf das Touchpad, und gleich darauf erscheint Robs Gesicht in dem Chat. Er steht vor einem Fenster, die Morgensonne scheint rot herein.

»Hi, Rob! Schläft er noch?«

»Wie ein Stein. Das hast du gut gemacht, Mädchen. Wir haben es nicht geschafft. Wie geht es dir denn, hm? Das war ein Schreck gestern, was?«

Ja, vor allem mit Tom, aber den Kommentar verkneife ich mir.

»Das kann ich dir sagen! Aber es ist ja alles gut gegangen. Wie geht es den Kindern? Und dir? Du siehst müde aus.«

»Das ist ganz schön viel für einen alten Mann wie mich. Aber wir schaffen das schon, mach dir keine Sorgen.«

Hast du eine Ahnung! Er macht es auch, blockt mich ab. Will mich nicht belasten. Ich kommentiere das nicht weiter, Tom kann ihnen allen bescheid stoßen, wenn er wieder wach ist. Stattdessen erzähle ich ihm ein wenig über den Flug und wo ich mich gerade befinde, denn ich merke, er braucht das jetzt, bestelle Grüße für die anderen und lege dann auf.

Stunden später steige ich in Rostock aus dem Zug und falle Kurt um den Hals. »Willkommen zuhause, Mädel«, lacht er und mustert mich gleichzeitig besorgt. »Du siehst geschafft aus. Und dünn. War anstrengend, was?«

»Oh ja.« Ich atme einmal tief durch und hake mich bei ihm ein. »Aber keine Sorge, Kris päppelt mich schon wieder auf.« Gemeinsam verlassen wir das Bahnhofsgebäude und laufen zum Taxiplatz, und Kurt sagt: »Guck mal da, wen ich mitgebracht habe.«

»Ooohhh!« Ich sehe den Landi sofort und laufe entzückt zu ihm. »Hallo, Dicker«, sage ich und klopfe das Riffelblech auf der Motorhaube. »Hat Onkel Kurt dich gut behandelt, was?« Der Landi glänzt. Frisch gewaschen und – ich schnuppere – auch neu versiegelt. Der penetrante Geruch der Hohlraumversiegelung ist unverkennbar. »Mensch, Kurt, das hättest du doch nicht machen müssen.«

»Ach, lass nur, so war ich wenigstens beschäftigt. Komm, steig ein. Oder willst du fahren?«

»Nein, nein, fahr du. Ich bin echt geschafft, Jetlag und so. Bin ja praktisch von Arizona durchgeflogen. War ein ganz schöner Ritt. Aber so toll, Kurt! Das kannst du dir nicht vorstellen.« Meine Erschöpfung und Traurigkeit verberge ich hinter fröhlichem Geplauder. Alles will Kurt wissen, vor allem über die Indianer, wie er sagt. Alter Karl May Fan, das ist er. Da kann ich natürlich aus dem Vollen schöpfen, und ich zeige ihm auch die Tätowierung auf meinem Handrücken. So vergeht die Fahrt nach Haulensteen wie im Fluge.

Kris stürzt schon die große Freitreppe hinunter, kaum dass der Landi von der Landstraße in die lange Allee eingebogen ist. »Oh mein Gott, Sanna! Du bist ja nur noch Haut und Knochen! Was haben sie mit dir gemacht da drüben? Und deine Stirn…«

»Es geht mir gut, Kris, keine Sorge. Perri…« Ich werde einen halben Meter angehoben, als er mich fest umarmt.

»Das sieht mir aber ganz und gar nicht danach aus«, grollt er, setzt mich ab und legt mir den Arm um die Schultern. Mit der freien Hand nimmt er den Rucksack, während Kris mich von der anderen Seite umarmt und mir die Kameratasche abnimmt. »Komm rein. Wir haben was gekocht für dich. Kurt, willst du auch?«

»Ein andermal, ich habe noch eine Tour. Machts gut, Kinder, bis demnächst.« Er steigt wieder in den Landi und fährt ihn nach hinten in die Remise, wo er sein eigenes Auto geparkt hat. Hinter der Hausecke sehe ich einen unmerklichen Schatten hervorlugen. Es ist das Mädchen. Ich winke müde, und es winkt zurück.

Kris und Perri wollen sich so gar nicht beruhigen, bestürmen mich mit Fragen, als wir ins Haus gehen und sie mich in die Küche hinunterdirigieren. »Leute, Leute, nun lasst mir doch ein wenig Luft, bitte!«, wehre ich schließlich ihre Hände und Fragen ab. Das währt aber nur solange, bis ich endlich an dem großen Tisch sitze und etwas zu essen und zu trinken vor mir stehen habe.

»Und jetzt raus mit der Sprache: Was haben die mit dir gemacht?!«, faucht Kris beinahe. Perri schnalzt mit der Zunge und bedenkt sie mit einem Kopfschütteln.

»Wen meinst du mit *sie*? Die Verbrecher? Die Behörden? Oder Tom und seine Familie und seine Freunde?«

»Du weißt genau, wen ich meine!«, schnappt sie böse.

Mir vergeht augenblicklich der Appetit. Ich lege das Besteck fort und schiebe den Teller zurück. »Also gut. Aber unterbrich mich nicht ständig, verstanden?«

Das Essen tritt in den Hintergrund. Perri stellt es schließlich warm, während ich leise, oft nach Worten suchend, oft auch den Tränen nahe, von meiner Reise berichte. Schließlich, da ist es draußen schon fast dunkel, komme ich zu den Ereignissen vor unserem Abflug.

Da explodiert Kris. »Du... du hast gezahlt?! Bei allen Heiligen, Sanna, bist du verrückt?! Da haben sie dich ja...«

»Nein, Kris. Sie wissen gar nichts davon.«

»Oh man, Sanna! Du hast dich ja total von denen einwickeln lassen. Helfersyndrom, dass ich nicht lache! Mensch, Perri, sag doch auch mal was! Das geht doch so nicht. Aber jetzt bist du ja wieder hier. Am besten, wir versenken dein Amerika Handy im Fischteich oder verbrennen es unten im Keller auf dem Opferstein.«

»Was?« Mir fehlt die Sprache. »Moment mal.« Jetzt regt sich langsam der Widerstand in mir, trotz meiner Erschöpfung. »Du tust ja geradezu, als hätte ich den Verstand verloren, als wäre ich ein Opfer! Bist du verrückt geworden? Was hättest du denn an meiner Stelle gemacht? Ihn da oben sterben lassen? Oder ihn der Polizei übergeben? Und jetzt im Gefängnis gelassen, auf dass er wieder den Verstand verliert? Nein, das konnte ich nicht. Nicht nachdem, was war durchgemacht haben und jetzt füreinander empfinden.«

»Aber...«, hebt Kris wieder an, doch diesmal lasse ich sie nicht ausreden.

»Traust du mir nicht zu, eigene Entscheidungen zu fällen, selber Freundschaften zu schließen? Ich mag sie, allesamt, und bei Tom, da ist es mehr geworden, viel mehr. Denk, was du willst, Kris, aber mir redest du da nicht rein. Und was das Helfersyndrom angeht«, jetzt fixiere ich sie, und sie setzt sich sofort aufrechter hin, »da könnt ihr beide euch getrost ganz oben auf die Liste setzen. Denn schließlich schufte ich seit drei Jahren unentgeltlich auf eurer Baustelle und helfe euch immer wieder bei finanziellen

Engpässen aus! Denk mal darüber nach, wie das von außen aussehen muss!«

Sie schluckt, sagt nichts. Perri schüttelt nur den Kopf. »Und weißt du, warum ich das mache? Weil ihr meine Freunde seid. Und Tom und seine Familie sind es jetzt auch! Also gewöhnt euch dran.«

Auf einmal halte ich es nicht mehr aus. Ich springe auf, packe Rucksack und Kameratasche und verlasse die Küche durch den Hinterausgang. Gleich darauf stehe ich in meinem kleinen Häuschen. Endlich zuhause!, denke ich mit einem Seufzer. Im Küchenherd brennt ein Feuer, es ist kuschelig warm. Sie haben einen Tee aufgebrüht, er simmert auf dem Herd vor sich hin.

Müde lasse ich mich auf das Sofa sinken. Dass Kris ausrastet, damit habe ich ja schon gerechnet, aber dass sie derart an meinem Verstand zweifelt… ich muss mit jemandem darüber reden, und dafür kommt nur eine in Frage: meine älteste und beste Freundin Alex. Die hatte ich während der Tour nur mit ein paar allgemeinen Reiseinfos auf dem Laufenden gehalten, nicht mit dem ganzen Drama um Tom. Davon weiß sie noch nichts. Vielleicht war es ein Fehler, das ausschließlich mit Kris zu teilen. Doch das wird sich jetzt ändern.

Wir telefonieren bestimmt drei Stunden lang. Es tut gut, einmal jemand Unbeteiligtem das Herz auszuschütten, nur dass sich herausstellt, ganz so unbeteiligt ist Alex auch nicht.

»Jaja, die liebe Kris ist schon ein arger Wachhund. Ich hatte sie manches mal dran, wenn du anderweitig beschäftigt warst, und du hast dann nie zurückgerufen. Das sagt mir, sie hat es dir nicht ausgerichtet, hat sogar den Anruf auf deiner Liste gelöscht«, berichtet sie. Ich schlucke, als ich das höre. »Ich habe dir nichts davon gesagt, weil ich gemerkt habe, dass du die Auszeit dort draußen brauchtest. Und mal ehrlich, das Projekt ist ja auch total cool. Nur hast du leider die Tendenz, dich wirklich ausnutzen zu lassen und dann zu schuften bis zum Umfallen, sodass nichts anderes mehr in deinem Leben Platz hat. Das solltest du mal ändern.«

Ich hole tief Luft. »Oh ja. Das wird sich jetzt ändern. Ich komme dich besuchen. So schnell wie möglich.« Denn das habe ich seit dem Tod meines Mannes nicht mehr getan, wie mir schuldbewusst klar wird.

»Ich bin gerade auf einem Projekt eingesetzt, aber Anfang Mai bin ich wieder zuhause. Dann kannst du mich besuchen. Lass uns ein paar Tage freinehmen. An die See fahren oder woanders hin.«

So verabreden wir es.

Kaum habe ich aufgelegt, klopft es an der Wohnzimmerscheibe. An der Größe des Schattens erkenne ich Perri. Ich mache auf. »Komm rein. Es ist kalt.« Mit ihm schlüpft Kater Putin rein und begrüßt mich maunzend. Ich nehme ihn auf den Schoß und streichele ihn, was er sich schnurrend gefallen lässt.

Perri stellt mir einen gut gefüllten Teller hin und faltet seine über zwei Meter auf einen der beiden Barhocker am Küchentresen. Sichtlich ringt er nach Worten. »Du hast da etwas angesprochen, das geht uns schon die ganze Zeit im Kopf herum. Über die Arbeit, die du hier leistest. Wir hatten eigentlich gedacht, dass wir dir einen Anteil von Haulensteen…«

»Ich will kein Geld oder Anteile von euch, Perri. Das hatten wir doch schon«, erwidere ich müde. Ich beiße mir auf die Lippen. »Aber ihr solltet mal akzeptieren, dass ich auch ein eigenes Leben habe, eigene Freunde. Ich möchte nicht jedes Mal diskutieren müssen, wenn ich eine Entscheidung treffe oder etwas für meine Freunde tue. Wenn ich sie besuchen will. Und was ich auf keinen Fall möchte, ist, dass deine Frau an mein Handy geht und dann die Anrufer löscht. Ist das klar?« Jetzt kommt noch einmal der Zorn in mir durch. Bin ich denn so blind gewesen? Nein, aber vollkommen dicht mit Arbeit.

»Oh man.« Er schüttelt den Kopf und steht auf. »Ich rede mit ihr, verlass dich drauf. Komm erst einmal an, und schlaf dich aus.

Du siehst aus, als würdest du gleich umfallen.« Er beugt sich zu mir, gibt mir einen Kuss auf die Stirn und lässt mich allein.

Jetzt schlägt die Müdigkeit wirklich über mir zusammen. Ich schaffe es nicht einmal, den Rucksack auszupacken, sondern krieche gleich ins Bett und schlafe so tief und fest ein, dass ich es beinahe nicht mitbekomme, wie Tom versucht, mich zu erreichen.

Ich muss mich wohl ziemlich verwirrt angehört haben, denn er ist gleich besorgt. »Sorry, mach dir keinen Kopf. Jetlag-Koma.« Ich blinzele auf die Uhrzeit. Halb fünf Uhr morgens. Also halb elf bei ihm. »Langer Tag, was?«

»Das kann man wohl sagen.« Er klingt erschöpft. »Ich musste eine Aussage machen. Mac hat mich begleitet. Wir haben uns danach mit Styles getroffen. Er hat tatsächlich die Kaution aufgebracht, stell dir das vor. Und er hat mit Montgomery geredet. *Dem* Montgomery. Offenbar war denen gar nicht so klar, was bei uns abgeht. Jedenfalls, die beiden wollen Pam zurückpfeifen, damit die Anzeigen vom Tisch kommen.«

Bingo! Da habe ich richtig gelegen. »Oh Tom, da bin ich froh, so froh! Aber… wird sie das schlucken?«

Er seufzt. »Ich weiß es nicht. Wie ich sie einschätze, wird sie nicht klein beigeben. Wir werden sehen. Und bei dir? Kris immer noch sauer?«

»Oh je.« Jetzt seufze ich. »Ich habe dir ja mal gesagt, du solltest dir über einige Dinge in der Freundschaft zu deinen Jungs klarwerden. Jetzt sieht es so aus, als würde ich die Retourkutsche dafür bekommen, denn *mir* sind auch ein paar Dinge in Bezug auf unsere Freundschaft hier auf Haulensteen klar geworden. Wie ist scheint, ist Kris mein Jimmy oder mein Danny. Ich habe das vorher nicht wirklich erkannt. Alex hat mich darauf gestoßen, meine Freundin aus Studientagen. Sie sagt, Kris hat mich regelrecht abgeschottet. Also war die Reise auch in der Hinsicht zu etwas gut. Ich werde einige Dinge ändern.«

»Gut! Solange du uns nicht ändern willst...«

»Niemals«, sage ich leise. Wir sprechen noch lange in dieser Nacht, bis es bei mir hell wird und er endlich eingeschlafen ist.

Kris grollt mir, doch das stört mich kein Bisschen, da mir Perri nach wie vor nicht gram ist. Ich kenne Kris halt sehr gut, und ich weiß, das hält sie nicht ewig durch, und tatsächlich, irgendwann fängt sie wieder an, mit mir zu reden, notgedrungen. Die Osterferien sind zwar schon vorbei, aber nun steht der erste Schwung studentischer Helfer vor der Tür, der auf Haulensteen untergebracht und verköstigt werden will, von einer bautechnischen Fakultät. Wir warten beide auf eine Entschuldigung, aber wollen nicht nachgeben und ziehen stur unseren Stiefel durch. Wir entwerfen einen Schlachtplan, denn die Räume im Obergeschoss sind jetzt dran, Wände müssen verkleidet und verputzt werden, Malerarbeiten, alles, was Perri über den Winter vorbereitet hat. Vorräte müssen gekauft werden, Materialen aus dem ökologischen Baumarkt in der Kreisstadt. Ich bin viel mit Landi und Anhänger unterwegs.

Ich gewöhne mir jetzt eine neue Routine an, gehe früh ins Bett, anstatt lange Abende mit Kris und Perri in der Gutsküche zu verbringen, und stehe um vier Uhr morgens wieder auf, um den Tag mit Tom zu beginnen. Manchmal liege ich im Bett, manchmal setze ich mich auch vor das Wohnzimmerfenster, mal allein, mal habe ich aber auch Besuch, denn die beiden Kinder schauen oft vorbei, entzückt darüber, dass ich wieder da bin. Durch sie lasse ich mich nicht stören, sie hören ja nicht, was ich mir mit Tom alles erzähle.

Erst jetzt, in diesen langen, langen Telefonaten, wo nichts uns stört, keine Freunde, keine anderen Angelegenheiten, lernen wir uns richtig kennen, die vielen, vielen Details aus unserem bisherigen Leben. Es sind schöne Momente, wo wir zusammen lachen, aber auch traurige und bittere, denn wir haben beide viel durchgemacht. Mal sehen wir uns über Video, aber viel öfter hören wir uns nur per Telefon, denn seine Stimme ist es, die mir viel, viel mehr gibt als sein Anblick, denn dann kann ich die Augen schließen und mir vorstellen, er läge neben mir. Genauso geht es ihm, wie er mir eines Nachts verlegen gesteht. Was stellst du dir denn noch so vor?, frage ich belustigt, und wir enden in einem ziemlich schrägen Ansatz von Telefonsex, bei dem wir uns irgendwann so kringelig lachen, dass wir beschließen, nein, das ist nichts für uns. Gut, dass wir uns da einig sind!

Über Pam und den bevorstehenden Prozess reden wir dagegen so gut wie nie am Telefon. Wir wollen nicht, dass dies in diesen kostbaren Minuten zwischen uns gerät. Darüber halten er und die anderen mich über WhatsApp auf dem Laufenden, sie haben eigens dafür eine Gruppe gegründet mit allen Beteiligten, selbst Col und Lizzie, damit niemand außen vor steht oder sich benachteiligt fühlt. Scheint, als wäre es ihnen eine Lehre gewesen. Danny schreibt mir nicht mehr direkt, aber Jimmy fängt nach kurzer Zeit wieder an, er sehnt sich nach einem Wort von mir, wie er mir ziemlich verschämt mitteilt und sich quasi bei mir entschuldigt damit. Prompt fängt er wieder das Schäkern an, was ich schlagfertig erwidere. Mir solls recht sein, wenn es ihm damit besser geht. Im Gegenzug unterhalte ich ihn mit kleinen, unverfänglichen Geschichten aus meinem Alltag und allerlei Bildern, die ich aber auch stets mit Tom teile, damit er weiß, was ich mit Jimmy treibe. Das bin ich ihm einfach schuldig.

Auch Mac ist regelmäßig mit mir in Kontakt und gibt mir einige Details durch, welche die anderen so nicht berichten, vielleicht, weil sie ihnen zu unwichtig erscheinen. So bin ich über die Angelegenheit bestens informiert. Der Prozessbeginn wird auf Ende Mai festgelegt, also noch ungefähr sechs Wochen. Bis dahin werden die Anklagepunkte offengelegt, und jede Seite kann sich die Verteidigung zurechtlegen.

Als die Scharen von Helfern eintreffen einschließlich meiner Nicht Tamara, erhalte ich mittendrin einen enttäuschten Anruf von Simon, dass das Geld wieder da ist, kaum verzinst über diese kurze Zeit. Mir ist es egal. Soll es doch Schimmel ansetzen. Ich möchte es immer für den Notfall verfügbar haben.

Für Tamara, die mehrere Wochen bleiben kann und von Haulensteen aus Homescooling macht, ist es etwas ganz Neues, dass sie nicht bei mir im Backhaus auf der Empore schlafen kann, weil ich einen Teil der Nacht mit Tom verbringen möchte. Das war bisher immer der Fall gewesen, schon alleine deswegen, weil meine Schwester ihr sonst nicht erlaubt hätte zu kommen, denn sie war anfangs noch viel zu jung, um mit den übrigen Studenten und Helfern zusammen zu übernachten. Nun ist sie aber Sechzehn, und ich finde, es wird langsam Zeit. Tamara fällt aus allen Wolken, als sie erfährt, dass ihre Tante plötzlich einen Freund hat, noch dazu in Übersee, was nächtelange Telefonate nach sich zieht. Aber sie ist nicht unzufrieden mit der Situation und zieht bereitwillig rüber ins Frauenlager. Das hatten wir von Anfang an so eingerichtet. Jungs in die Remise, die Mädels in die Scheune. Was dazwischen und im Wald abgeht, ist nicht unser Problem, und Tamara, die ist alt genug, wie ich ihr zu verstehen gebe. Ein Vertrauensbeweis, den sie genauso erwidert, indem sie mir gesteht, dass sie seit einigen Monaten die Pille nimmt. Sieh an, sieh an, das Kind wird erwachsen.

Die Arbeiten im Gutshaus überlasse ich getrost den Helfern. Ich habe in meinem Leben schon so viele Wände verputzt, nach dieser Arbeit sehne ich mich nicht wirklich zurück, stehe nur mit Rat und Tat zur Seite, falls man mich braucht. Stattdessen mache ich mich an die längst überfällige Pflege der Alleebäume in unserer langen Einfahrt, schneide Totäste und gefährliche Überhänger heraus. Das Klettern, die vielen Stunden alleine tun mir gut. Ich merke, meine Rippen heilen jetzt wieder ganz ab, ich werde wieder so gelenkig wie früher, denn das Wandern war eine extrem einseitige Belastung und hat meiner Armmuskulatur nicht wirklich gutgetan.

Bei diesen Arbeiten gewöhne ich mir jetzt an, einen Gürtel mit zwei Handytaschen zu tragen. Früher habe ich das Handy einfach im Backhaus oder noch öfter in der Gutsküche liegen gelassen, wie Kris und Perri es auch machen. Es herrscht einfach ein solcher Lärm auf Haulensteen, dass man das Klingeln eh nicht hört.

Doch Kris' Eingreifen war mir eine Lehre, sodass ich das deutsche und das amerikanische Handy immer bei mir haben möchte. Die Kletterei verschafft mir eine gute Ausrede, denn da muss man das Handy immer am Mann oder der Frau haben für den Notfall. Irgendwie kann ich mich nicht dazu durchringen, die Nummern zu vereinen. Faulheit, Voraussicht, hinterher weiß ich es nicht mehr. Es ist einfach praktisch, wenn sich die Anrufe nicht vermischen. So entstehen auch ein paar schöne Bilder von meiner Kletterei, von denen ich einige Mo schicke, die ganz begeistert ist und sich mit tollen Canyonbildern von ihr und Geoff revanchiert. Sie will Sean im nächsten Urlaub in New York besuchen, und sie haben auf jeden Fall Telefonsex, wie sie mir mit einem errötenden Smiley gesteht. Soso!, denke ich und frage Tom, ob er das weiß, woraufhin er nur lacht und meint, das würde ihn bei Sean gar nicht überraschen.

Es ist nur ein paar Tage vor Ende des Arbeitseinsatzes der Studenten, und ich bin fast am Ende der Allee angekommen, da kommt Tamara eines Nachmittags angelaufen und ruft mir ganz aufgeregt zu, sie müsse mir unbedingt etwas zeigen. Auf meine Nachfrage, was denn, tut sie so geheimnisvoll, dass ich mich sofort abseile, auch wenn ich dann hinterher mühsam wieder aufsteigen muss. »Mit Klettergeschirr oder ohne?«

»Hmm... ohne«, lacht sie und zieht mich mit sich, nachdem ich Gurt und Helm abgenommen habe. Wir betreten das Haupthaus, wo uns der gewohnte Lärmcocktail empfängt, und sie zieht mich die Treppe hinauf bis auf den Dachboden. Hier ist es ein wenig leiser, denn der Dachboden ist nicht ausgebaut. Es gibt kaum Fenster bis auf das Rundbogenfenster im Giebel und ein oder zwei Erker und die beiden Türmchen.

Zu Ersterem führt Tamara mich jetzt und zeigt hinaus. »Guck mal«, sagt sie und weist auf die Wiesenfläche vor dem Haus. Die Auffahrt zu Haulensteen ist mehr oder weniger ein holpriger Feldweg, der auf einen runden Vorplatz mündet, ziemlich zerfahren durch die vielen, vielen Baustellenfahrzeuge. Doch das meint sie nicht. Ich schaue auf das Brachland, was sich bis hinunter zur Straße zieht, noch immer ziemlich grau vom Winter, aber jetzt durchsetzt mit den ersten grünen Sprossen, und ich sehe…

»Oh, wow! Was ist denn das?«, entfährt es mir. Ich öffne das Fenster und lehne mich weiter hinaus, erkenne aber schnell, das reicht nicht. Ich muss aufs Dach. Schon klettere ich die Schornsteinfegerstiege empor, und von dort sehe ich es ganz deutlich: Da sind Muster in der Wiese, teils geschwungene, teils geometrische. »Tamara, hol Kris und Perri, sei so gut.«

Gleich darauf ist sie mit den beiden wieder da, und wir quetschen uns zu dritt auf die Stiege. »Seht ihr das? Da ist vor einigen Tagen der Kalksack zerplatzt, erinnert ihr euch? Scheint, als hätte er bestimmte Pflanzen gedüngt oder anderen den Garaus gemacht.«

»Das ist ein alter Garten! Mensch, Sanna!«, ruft Kris begeistert aus und umarmt mich spontan, eine ziemlich gefährliche Aktion angesichts unserer Position, doch das ist uns egal. »Oh, lass uns nachschauen, jetzt gleich!«

»Moment, lass mich erst einmal ein paar Bilder machen, sonst wissen wir unten nicht, wo wir suchen müssen. Perri, hol schon mal ein paar Stecken und Absperrband, ja? Da sollte keiner mehr rüberfahren. Und ein Spaten wäre nicht schlecht.« Denn am Rand sieht man deutlich, da haben die Rangierereien die Muster beinahe verschwinden lassen. Gleich darauf bin ich mit Kris allein auf dem Dach. Lieber hätte ich jetzt die große Kamera, aber zur Not tut es auch das Handy, und ich mache gleich Fotos mit beiden, denn das ist eine tolle Story für die Kids drüben in NY.

Kris beobachtet das aus schmalen Augen. »Ist das jetzt deine neue Standardausrüstung, oder was?«, fragt sie pikiert.

»Solange ich nicht sicher sein kann, dass niemand an mein Handy geht, ja«, erwidere ich knapp. »So, das sollte reichen. Los komm, gehen wir runter.« Ich lasse sie einfach stehen. Soll sie merken, wie sauer ich auf sie bin!

Unten angekommen, wartet Perri bereits auf uns. Wir fangen bei den Wendespuren an, sie geben uns den einzigen Anhaltspunkt, denn unten sieht man fast nichts. Allenfalls ein etwas anderes Grün. Als Perri an der Stelle in den Boden sticht, trifft das Spatenblatt nach etwa der Hälfte mit einem deutlichen Klong auf etwas Hartes. Wir fangen an, vorsichtig zu graben, und finden in ca. 15 cm Tiefe Pflastersteine, keine Katzenköpfe, sondern flache, längliche Steine, wie man sie früher für Gehwege benutzt hat.

Tamara läuft sofort los, weitere Spaten zu holen, und bald sind wir wie wild am Stechen und haben sehr schnell herausgefunden, wie man die Wege von dem Rest trennt. Noch entfernen wir die Grasnarbe nicht, denn wir wollen nichts historisch Wertvolles zerstören. Bald kommen auch die anderen hinzu, neugierig, was wir da machen, und im Nu haben wir mit dreißig Mann einen Gutteil der Struktur abgestochen.

Uns ist klar, hier brauchen wir Hilfe. Wir fangen an, im Internet zu recherchieren. »Frühestens Barock, würde ich sagen«, meine ich, und wir schauen nach Barockgärten. Buchsbäume, Kieswege. Hmm… nicht exakt. Schließlich finden wir nach einigem Suchen einen englischen Garten aus der viktorianischen Zeit. Also der Kaiserzeit in Deutschland. Die Pflastersteine, die sehen genauso aus wie unsere. Das Ganze untersteht dem National Trust, also der Stiftung, die viele englische Landgüter verwaltet und vor dem

Verfall bewahrt. Dort ist auch ein Link zu einem Gartenexperten hinterlegt, und Kris beschließt, eine Email an ihn zu schreiben.

»Was für ein tolles neues Projekt«, sagt sie zufrieden. Sie guckt mich an. »Willst du dich dem widmen?«

»Lust hätte ich schon. Habt ihr denn Budget? Die Bäder werden nicht billig, und die Fenster waren es auch nicht.«

»Schon«, sagt Kris. »Ich habe einige Werke gut verkaufen können. Deine Schneebilder sind echt klasse. Okay. Lass uns mal gucken, was die Leute vom National Trust sagen.«

Wir schleichen umeinander herum, das merke ich wohl. Daher sage ich: »Das dauert gewiss ein wenig. Ich mache erst einmal die Allee fertig, und dann sattele ich den Landi auf und fahre ein paar Tage weg zu meiner Freundin.«

Ihr Kopf fährt hoch. »Aber… du kannst doch nicht…«

»Kris!«, unterbricht Perri sie scharf. Sie kneift die Lippen zusammen.

»Warum? Die Helfer fahren bald wieder, und der Garten hat jetzt bestimmt Hundert Jahre unter der Grasnarbe überwintert, da wird es auf die paar Tage auch nicht mehr ankommen. Mitte Mai bin ich wieder da. Dann gucken wir uns ihn an.« Und damit beende ich die Diskussion.

»Gut so«, sagt Tom später in der Nacht. »Sie soll dich ja nicht so vereinnahmen.« Ein wenig eifersüchtig hört er sich schon an, das ist gut zu merken. Ich stehe mit ihm in der Remise, denn er konnte sich nicht vorstellen, was Landi aufzusatteln bedeutet. Also zeige ich es ihm. Dachgepäckträger, Dachzelt, die Rücksitze raus, Schränke rein, dazu Toilette, Wassertank und Kühlschrank. Eben das gesamte Campingzeug.

»Und das machst du alles allein?« fragt er und klingt beeindruckt.

»Wer denn sonst? Ich kann doch nicht jedes Mal Perri fragen, wenn was ist. Obwohl, könnte ich schon. Aber mein Stolz erlaubt mir das nicht«, lächele ich und schalte das Licht wieder aus.

»Das hat dir alles dein Mann beigebracht, nicht?«

»Hmm… nicht wirklich«, antworte ich, während ich über den Hof zum Backhaus zurücklaufe. Es wird langsam heller, die Sterne verblassen. Ich gehe allerdings nicht rein, sondern setze mich auf die Terrasse vor dem großen Fenster. »Er war ja der Techniker, ich habe nur ab und an mit angefasst und ansonsten meistens zugeschaut. Aber dann musste ich ja selber ran. Das kam ganz von selbst.«

»Du bist ganz schön patent. Die Jungs hat das auch beeindruckt, das kann ich dir sagen. Die meisten Frauen, die sie anschleppen, stellen sich entsetzlich an.« Jetzt lacht er, ich höre es an seiner Stimme.

»Das liegt daran, dass ich auf einer Farm aufgewachsen bin, wo es keine Söhne gab. Sonst wäre das wohl anders geworden. Die alten Rollenbilder sind immer noch fest verankert, bei dir doch auch, gib es zu!«

Er seufzt. »Man möchte beschützen, was man liebt. Das liegt in der Natur der Menschen.« Immerhin, er sagt nicht *Männer*.

Als er aufgelegt hat, sitze ich noch eine Weile da und schaue sinnierend auf die dunstigen Wiesen in der Morgendämmerung. Als ich aufstehe und reingehen will, sehe ich eine Bewegung an einem der Fenster oben im Gutshaus. Kris steht da und beobachtet mich, schlaflos anscheinend, denn so früh ist sie sonst nie auf.

Als wir uns später in der Küche sehen, um das Frühstück für die Helfer vorbereiten, kommt sie auf einmal zu mir und umarmt mich. Ihre Form der Entschuldigung. »Ich will dich nicht verlieren«, flüstert sie kaum hörbar für mich.

»Mich oder meine Arbeitskraft?«, kann ich mir nicht verkneifen zu erwidern. Sie zuckt förmlich zurück vor diesen Worten und will mich loslassen, doch ich halte sie fest. »Sei ehrlich, Kris, mit mir, aber auch mit dir selber. Freundschaften kann man auch über die Distanz halten. Ich tue es ja auch. Aber du...«

Sie reißt sich los, setzt sich an den Küchentisch und verbirgt ihr Gesicht in den Händen. »Ich hab Panik bekommen, als du mir von Tom erzählt hast.« Perri erscheint in der Tür, doch er dreht sich gleich wieder um und lässt uns allein. »Was, wenn du gehst? Das schaffen wir nicht allein.«

»Oh Kris!« Ich setze mich zu ihr und drücke ihre Hand. Sie schaut auf, mit Tränen in den Augen. »Ich verlasse euch doch nicht einfach so, denke das nicht. Aber ihr beide müsst euch darüber klar werden, wie es weitergehen soll. Wenn ihr hier wirklich eine Kunst- und Begegnungsstätte aufziehen wollt, wo auch Leute übernachten, braucht ihr jemanden, der das managt, wenn ihr beide weiter eure Kunst machen wollt. Nur, ich glaube nicht, dass ich das sein werde. Das ist zu viel für mich, wenn ich weiter fotografieren will. Ich habe euch beim Gröbsten geholfen, aber jetzt müsst ihr selber flügge werden. Das ist nun mal so.«

Sie sagt nichts dazu, sitzt wie erstarrt. Ich seufze. »Vielleicht magst du dir mal eine Antwort überlegen, solange ich unterwegs bin.«

Kapitel 5

Anfang Mai treffe ich Alex in Hamburg. Ich übernachte dort, dann beschließen wir, nach Rømø in Dänemark zu fahren und dort ein paar entspannte Tage auf dem Campingplatz am Strand zu verbringen.

Diese Auszeit tut mir gut und die Zeit mit Alex allemal. Einfach nur mal die Seele baumeln lassen und an nichts anderes denken als an den nächsten Spaziergang und was man abends zu essen kochen will. Oder sich einfach einen Pølser vom Kiosk holen. Alex hat die Pause genauso bitter nötig wie ich, denn ihr letztes

Projekt – sie arbeitet als Controllerin – war ziemlich anstrengend. Sie amüsiert sich köstlich darüber, dass ich jeden Morgen zur Unzeit aufstehe, um den Tag mit Tom zu beginnen. Bewaffnet mit Schlafsack und Isomatte in den Dünen oder – je nach Wetter – in Regenzeug auf einem langen Spaziergang am Strand.

Ich wünschte, er wäre hier bei mir, genauso wie er sich wünscht, ich wäre bei ihm in New York. Doch das halten alle, sowohl seine Freunde als auch meine, für keine gute Idee. Wegen des FBIs, wegen meines unsicheren Visa Status‘, und wegen des bevorstehenden Prozesses. Es würde Tom in der Sache schaden, wüsste die gegnerische Seite, dass er eine neue Beziehung begonnen hat.

Also kann er nur in seinem immer noch sehr kahlen Zimmer liegen und ich ihn über Handy trösten, denn er besitzt fast nichts mehr. Seine Frau hat seine Sachen in einer Gründlichkeit zerstört, wie sie auch versucht hat, sein restliches Leben zu zerstören, dass es mich sprachlos macht. Nur dass sie an die wirklich wichtigen Dinge nicht herangekommen ist, Erinnerungen, die er - warum auch immer – bereits im PFZ gelagert hat. Vielleicht, weil er unbewusst geahnt hat, dass diese Ehe kein gutes Ende nehmen würde? Dennoch, der Verlust aller Dokumente, Zeugnisse, Zertifikate und was da sonst noch vorhanden war, ist ein ziemlicher Schlag ins Kontor, der ihm sehr zu schaffen macht. Sie müssen alles wiederbeschaffen, und das kostet entsetzlich viel Nerven, Geld, Gebühren und Anwaltskosten.

Am Ende unserer Zeit auf Rømø erhalte ich über den gemeinsamen Chat die nächste Hiobsbotschaft. Die Klageschrift wurde zugestellt, und Pam dreht jetzt erst richtig auf. Eine Fülle neuer Vorwürfe kommt dazu, völlig aus der Luft gegriffen, aber Tom weiß weder ein noch aus.

»Da komme ich nicht raus, Sanna. Wie soll ich das schaffen? Die glauben in solchen Fällen doch eher der Frau als dem Mann. Wir können es nicht beweisen«, sagt er nachts, bar jeder Stimme, zu mir. Ich sitze im Morgengrauen oben auf einer Düne und merke, wie mir die Tränen herunterlaufen.

»Und Vince sagt immer noch nicht, was sie mit ihm veranstaltet hat?«

»Nein. Er hat Angst, glaube ich, dass sie ihn genauso vor Gericht zerrt. Vielleicht erpresst sie ihn auch, wer weiß. Das könnte sogar passen. Gott, Sanna, wir wissen nicht mehr, was wir noch tun sollen.« Er klingt ganz erstickt. Genau das hat sie beabsichtigt. Dieses Miststück!

Ich beschließe, nicht untätig zu bleiben. Als allererstes bitte ich Mac, mich einmal zurückzurufen, wenn er aufgestanden ist. Dann schreibe ich Vince eine WhatsApp, allein.

<*Kannst du mich mal anrufen, bitte? Wir müssen reden.*>

Prompt erfolgt die Antwort. <*Ich ahne, was du willst, und die Antwort lautet Nein. Vergiss es.*> Und er schaltet sein Handy aus, das sehe ich daran, dass er die nächste WhatsApp von mir, den persönlichen Arschtritt, nicht mehr liest.

Feigling! Ich überlege, tippe mir das Handy an die Lippen. Die Männer machen dicht. Also liegt es wieder einmal an uns Frauen. Ich schreibe Lizzie: <*Kannst du mir die Nummer von Maria, von Vinces Mama, besorgen? Ich muss mal mit ihr reden.*>

Lizzie antwortet mir erst nachmittags unserer Ortszeit, als sie aufgestanden ist. <*Geht es um das, was Mum mit ihm gemacht hat? Sie hatten Streit gestern Abend, richtig angebrüllt haben sie sich unten. Stimmt es, dass Vince der Vater von Maddy ist? Wie konnte er nur... und sie auch!*>

Aber sie tut mir den Gefallen und schickt mir eine Festnetznummer. Puh, da muss ich wohl tief in die Tasche greifen mit dem amerikanischen Handy im dänischen Netz und einem Ferngespräch nach Amerika. Na warte, Vince! Jetzt bekommst du es mit der wirklichen weiblichen Macht in deinem Hause zu tun.

Mit Maria telefoniere ich bestimmt zwei Stunden lang. Sie ist höchst erfreut, mich kennenzulernen, hat schon viel von mir gehört, und dass ich mit ihr gleich auf Italienisch weiterspreche, tut ein Übriges, sie mir gewogen zu machen. Behutsam kläre ich die alte Dame darüber auf, was ich glaube, aus den Worten der Jungs herausgehört zu haben. Sie fällt prompt aus allen Wolken. Davon hat ihr famoser Sohn anscheinend nie etwas berichtet.

Erst ist sie empört, dann verstört, denn die Kleine war ja ihre Enkeltochter, aber dann schlägt das in Wut um. »Na warte, diese elegante Schlampe kann was erleben! Und Vincenzo auch!«, ruft sie und schickt einige sehr farbenfrohe italienische Kraftausdrücke durch den Äther, die ich so noch nicht kenne und mir gut merke.

»Wir müssen irgendwie beweisen, dass das Ganze nicht freiwillig vonstattengegangen ist, sonst hat sie ihn immer wieder in der Hand, Maria, verstehst du? Wer weiß, ob sie ihn nicht bereits erpresst.«

»Lass mich nur machen, Cara. Wenn er mit diesem Weib losgezogen ist, dann war das hier in der Gegend, und hier passen wir alle aufeinander auf! Irgendjemand muss etwas mitbekommen haben davon. Ich höre mich mal um, aber erstmal schmeiße ich meinen Vincenzo aus dem Bett und versohle ihm den Hintern! Ich melde mich bei dir.«

»Ich danke dir, Maria. Wenn du etwas herausbekommst, ist es ganz wichtig, dass Mac, der Anwalt, davon als allererstes erfährt. Die anderen sind da gar nicht so wichtig und ich auch nicht. Er baut gerade die Verteidigung auf und ist für jede Hilfe dankbar.« Ich gebe ihr die Nummer durch, und wir verabschieden uns mit dem Versprechen, in Kontakt zu bleiben.

Als ich aufschaue, kommt Alex mit einem Becher Kaffee auf mich zu. »Na, du siehst ja aus, als wolltest du gleich jemanden zerfleischen. Gibt es Ärger?«

»Oh ja«, sage ich und grinse matt. »Aber nicht für mich.« Ich nehme den Becher, stoße mit ihr an, und wir begehen den letzten schönen Tag auf der Insel, bevor wir wieder nach Hause fahren.

In den folgenden Tagen höre ich so gut wie nichts von drüben. Maria ruft nicht an, und Tom gibt sich einsilbig während unserer Telefonate, sodass diese schmerzhaft kurz sind und ich bald nicht mehr weiß, was ich noch tun soll. Der WhatsApp Chat verstummt ganz, und auch von Mac höre ich keinen Ton.

Meine Unruhe betäube ich mit Arbeit. Kaum einen Tag, nachdem ich aus Rømø zurück bin, fliegt aus England ein Gartenexperte vom National Trust ein. Anhand der Bilder, die Kris ihm bereits gemailt hatte, konnte er die Arbeit eines englischen Gartenarchitekten identifizieren und auch in etwa die Zeit, in der das Ganze entstanden ist, weshalb er persönlich vorbeikommt, denn solche Lost Gardens, wie er sie nennt, sind selten, und für die der englischen Architekten fühlt sich der NT immer zuständig, egal wo auf der Welt.

Der Mann bringt eine Drohne mit, ausgerüstet mit einer Spezialkamera, wie diese auch von den Archäologen für die Feldforschung benutzt wird. Damit überfliegt er das gesamte Gebiet vor unserer Einfahrt, und mithilfe eines speziellen Fotoprogrammes machen wir Details sichtbar, die man mit bloßem Auge nicht sehen kann. Wir stellen fest, das Gebiet des ehemaligen Gartens ist wesentlich größer, es geht fast ganz bis zur Straße hinunter, alles derzeit ungenutzte Brachfläche. Wir identifizieren einen alten Brunnen, sehen Umrisse von größeren Steinen im Boden, Böschungen. Eine Menge Arbeit.

Gemeinsam mit dem Experten entwerfe ich einen Schlachtplan, wie wir diesen Garten am besten wieder zum Leben erwecken können. Die Grasnarbe muss komplett runter, aber wir müssen aufpassen, dass der Boden nicht erodiert. Daher, Stück für Stück. Er macht mir einen Bepflanzungsplan nach originalem Vorbild, denn es gibt einen ganz ähnlichen Garten bereits in England, und sagt mir, wie ich den Boden dafür vorbereiten muss.

‹Er hat mich mit meinem Akzent aufgezogen, stell dir das vor›, schreibe ich Tom eines Abends, da sind noch zwei Tage bis zum Prozess, *‹er meint, ich spreche ganz schön Amerikanisch.›* Keine Antwort erhalte ich darauf.

In der Nacht warte ich vergeblich auf seinen Anruf, und auch am Abend danach. Dann ist der Tag des Prozesses gekommen. Zumindest der erste Tag. Mac hat mir geschrieben, dass ich damit rechnen muss, dass die Gegenseite mich zu einer Befragung aufruft, und er würde das, je nachdem, wie sich die Dinge entwickeln, auch tun. Dann, nach ein paar Tagen, noch immer ohne Nachricht von allen, ruft Mac mich an.

»Die Geschworenen wollen dir Fragen stellen, zu eurer Reise. Wie du Tom erlebt hast.«

»Und verrätst du mir auch, wie der Stand der Dinge ist und was ich sagen darf und was nicht?« So ganz kann ich mir einen bitteren Ton nicht verkneifen.

Er kommt näher an die Kamera. »Nein. Wir haben uns dafür entschieden, dich nicht auf dem Laufenden zu halten, damit deine Aussage unverfälscht rüberkommt. Glaube mir, Sanna, das ist besser so. Du hast genug für sie getan, das meine ich wirklich so. Bitte kontrolliere in den nächsten Tagen regelmäßig deine Email, ob du eine Einladung bekommst.«

»Und das hättet ihr mir nicht gleich sagen können? Ich sitze hier wie auf heißen Kohlen, Mac, und höre nichts von euch.«

»Sorry, Sanna. Mir sind von meinem Mandanten die Hände gebunden, also schlag ihn hinterher anstatt mich, klar?« Er klingt jetzt auch ungehalten, und ich entschuldige mich sofort.

Nach Ende des Telefonats laufe ich schnurstracks zu Kris und Perri und erzähle ihnen, was mir bevorsteht. »Du brauchst andere Klamotten, damit du seriös rüberkommst«, sagt Kris sofort. »In deiner Arbeits- und Trekkingkleidung kannst du dich da nicht blicken lassen. Glaube mir, ich weiß, wovon ich rede.« Schließlich hat sie bereits harte Verhandlungen mit etlichen Kulturbehörden,

Fonds und ähnlichen Institutionen hinter sich. Dass ich das muss, das ist mir selber klar, schließlich habe ich lange genug in einer großen Firma gearbeitet.

Also fahren wir einkaufen in die Kreisstadt, und ich springe über meinen Schatten und kaufe mir einen Hosenanzug, schlicht, elegant und mit passender Bluse darunter und entsprechenden Schuhen. Ohrklipse und Perlenkette besitze ich zum Glück schon von meiner Großmutter, trage sie aber so gut wie nie. Jetzt passt es dazu. Auch ein wenig Schminkzeug, Lippenstift, Wimperntusche und Kajal, lege ich mir zu. Das erste Mal seit bestimmt fünfzehn Jahren.

Aber Kris ist noch nicht fertig. Wir entwerfen einen Schlachtplan. Das geht schon bei dem Raum los, wo die Webcam aufgebaut wird. Wir tun es schließlich im Ballsaal. Der Saal ist bereits fertig restauriert, Stuckdecken, schöner Parkettboden, alles leuchtet, und an der Decke dominiert ein echter Kronleuchter, den wir in einem vergessenen Winkel des Kellers gefunden und restauriert haben. Dazu ein eleganter alter Tisch und Stuhl, passend zur Umgebung.

»So«, sagt sie zufrieden und kontrolliert noch einmal die Einstellungen der Webcam. »Jetzt können sie anrufen.«

Lange müssen wir nicht warten. Am Nachmittag erhalte ich eine Einladung zu einer Videokonferenz mit einem Zeitfenster von vier Stunden.

»Puh, ich bin nervös«, gestehe ich Kris und Perri, die mich von allen Seiten betüddeln und so gar nicht allein lassen wollen. Doch als es soweit ist, schicke ich sie raus.

Was auch immer ich erwartet habe, es erfüllt sich nicht. Mir sitzt eine relativ kleine Runde gegenüber, der Richter, ein paar Beisitzer und im Hintergrund einige Geschworene, die ich nicht sehen kann, deren Anwesenheit mir aber mitgeteilt wird. Aber nicht die Anwälte und schon gar keine Zuhörer oder Tom und Pam.

Mir muss ein wenig meine Verwunderung anzusehen sein, denn der Richter erklärt mir, dass ich als Zeugin behandelt werde und er dem Antrag, mich unter Ausschluss aller Beteiligten zu befragen, stattgegeben hat. Genauso, erfahre ich, wurde es auch mit den Kindern gemacht. Sie schützen mich vor Pam, geht mir auf. Pam soll nicht erfahren, dass es mich gibt, nicht mal ansatzweise. Was ist da los?

Ich werde zu dem Zustand befragt, in dem sich Tom befand, als ich ihn in den Bergen Arizonas aufgelesen habe. Wie er sich unterwegs verhalten hat. Ob er gewalttätig gewesen ist. Das kann ich klar verneinen. »Selbst als es ihm sehr schlecht ging, er völlig geschwächt war, hat er mich immer noch unterstützt und beschützt. Wenn man als Frau alleine eine solche Reise antritt, bleibt es nicht aus, dass man auch mal in brenzlige Situationen gerät. Das wusste ich und habe mich entsprechend darauf vorbereitet. Dennoch war ich manches Mal froh, dass er bei mir war. Gewalttätigkeit, das liegt nicht in seiner Natur. Er ist ein Retter, er beschützt Menschen, selbst unter Gefahr seines eigenen Lebens. Das hat er immer getan.«

»Wussten sie, dass Sie es bei Mr. Flynnt mit einem 9/11 First Responder, einem der damaligen Ersthelfer, zu tun hatten?«

Ich zucke innerlich zusammen. Das kam schon zur Sprache? Von wem? Etwa Pam? Hat sie versucht, ihn als Geisteskranken hinzustellen? »Nein, das wusste ich nicht. Das habe ich erst später von seinen Freunden erfahren.«

»Denken Sie, dass dies der Grund für seinen Zusammenbruch war?« Auch diese Frage ist so schmerzvoll, dass ich mich mit aller Macht zusammenreißen muss. Oh Tom, wo musst du nur durch?

»Mit Zusammenbruch meinen Sie bitte was?«, frage ich nach.

»Dass er gegangen ist und sich später in diesem Zustand befand, den Sie beschrieben haben«, sagt einer der Beisitzer.

»Meiner Meinung nach war das kein Zusammenbruch«, widerspreche ich. »Es war der einzige Ausweg aus dieser Situation für ihn. Er hat seine Kinder in Sicherheit gebracht und ist gegangen, bevor das Ganze eskalieren konnte, bevor er etwas tut, was er hinterher bereuen könnte. Ich kann das gut nachvollziehen. Manchmal ist die Einsamkeit das Beste, was einem in einer solchen Lage passieren kann, um wieder zu sich zu kommen und die richtigen Entschlüsse zu fassen. Nur hat er leider völlig die Bedingungen im Winter da draußen unterschätzt, war nicht entsprechend ausgerüstet und hat sich auch noch verirrt. Zu wenig Nahrungsmittel und eine geschwächte Lunge, alles kam zusammen. Ich konnte ihm helfen, und es ging ihm sehr schnell wieder besser.«

»Was denken Sie über seine Frau?«

Ah, jetzt kommen wir zum Knackpunkt. Ich frage mich, ob sie wissen, dass Tom und ich zusammen sind. Bestimmt nicht. Also sage ich ihnen, was ich von Pam halte. Von ihrem Problem mit normalen Männern, wie sie versucht hat, ihn zu beherrschen, er aber ausgebrochen ist, und wie ihr anscheinend das Wohl ihrer beiden Kinder, den beiden, die ihr eingepflanzt worden sind, völlig egal ist, solange ihr Status gewahrt bleibt.

»Sagen Sie das jetzt, weil Sie dem Beklagten freundschaftlich verbunden sind?«, fragt einer der Beisitzer.

Jetzt überlege ich genau, was ich sage. »Es stimmt, wir sind Freunde geworden, vor allem aber mag ich seine Familie. Und nein, ich sage das nicht deswegen, denn er hat mit mir über seine Ehe nicht gesprochen, jedenfalls nicht über die Details.« Das stimmt sogar. Das hat er immer vermieden, nur hier und da Bemerkung fallen lassen. »Nein, mir hat vor allem das etwas über ihr Verhältnis gesagt, was die Kinder mir berichtet und wie sie reagiert haben. Die beiden sind einfach großartig, und sie haben viel durchgemacht in letzter Zeit. Eine Frau, die das Seelenheil ihrer Kinder riskiert, um ihren eigenen Status zu wahren, ist aus meiner Sicht keine Mutter. Sie ist ein Monster.«

»Finden sie nicht, dass Ihre Betrachtungsweise etwas einseitig ist?«, fragt der Richter.

»Oh nein. Nicht, nachdem ich beobachtet habe, wie Mrs. Flynnt kalt lächelnd der Verhaftung ihres Mannes zugesehen hat. Nicht, nachdem über die Beziehungen ihrer Familie die Kaution so unverhältnismäßig hoch angesetzt wurde, dass die Kinder nochmals ihren Zufluchtsort, ihr Zuhause verlieren und ihre Anverwandten und Freunde und Beschützer alles, was sie besitzen. Nicht, nachdem Mrs. Flynnt das eigentliche Zuhause bereits verwüstet hatte. Nein, Euer Ehren, ich finde nicht, dass diese Betrachtungsweise einseitig ist. Die Fakten sprechen für sich.«

Auf diese Worte folgt eine Weile Schweigen. Dann fragt einer der Beisitzer: »Haben Sie Beweise dafür, dass Mrs. Flynnt der Verhaftung zugesehen hat?«

Jetzt bin ich überrascht. Die Fotos hatte ich Mac gemailt. Hat er sie noch nicht eingesetzt? Aber warum nicht? »Ich habe sie fotografiert, ja. Die Bilder kann ich Ihnen gerne schicken, mit original Zeitstempel. Den kann ich auch notariell beglaubigen lassen, sollte das nötig sein. Ein triumphierendes Lächeln ist, selbst unter starker Schminke, immer zu erkennen. Das kann man nicht maskieren.« Diese Bemerkung kann ich mir nicht verkneifen. Das Maskenhafte will ich ihnen unbedingt begreiflich machen.

Kurz darauf bedankt sich der Richter für das Gespräch, nicht ohne mir die E-Mail-Adresse des Gerichts gegeben zu haben, und wir beenden die Verbindung. Ich schicke rasch die Bilder rüber, dann warte ich, bis die Verbindung wirklich erloschen ist und ich die Kamera ausgeschaltet und die Privacy Einstellungen wieder gesichert habe, bevor ich mir so etwas wie Erleichterung zugestehe. Ob das geholfen hat? Kris und Perry trösten mich, dass ich großartig gewesen bin. Sie haben ja durch die Tür zugehört. Ungeduldig warte ich darauf, dass Mac sich meldet oder Tom, doch ich höre nichts, den ganzen Tag nicht, und auch am nächsten Tag schweigt das Handy.

Ich weiß nicht mehr, was ich davon halten soll. Meine Unruhe betäube ich mit Arbeit, ich schufte wie verrückt im Garten und lege die Wege frei, bis Perri mir die Schaufel aus der Hand reißt und mich quasi zurück ins Backhaus eskortiert und mir eine Pause verordnet. Versorgt mit einer Kanne Tee und belegten Broten lässt er mich allein, doch ich sitze nur kraftlos auf dem Sofa und kann nichts mehr denken und fühlen außer ein unbestimmtes Gefühl der Angst. Was geht da nur vor sich?

Nach drei Tagen bin ich so fertig, dass ich nicht einmal mehr Kraft zum Aufstehen finde. Keiner der Anrufe geht durch, ich erhalte kein Freizeichen, nur dass die Nummern nicht erreichbar wären. Auch meine Emails bleiben unbeantwortet. Himmels Willen, was passiert da nur?

Doch dann, am darauffolgenden Tag, summt auf einmal mein amerikanisches Handy. Eine unbekannte Nummer.

<*Ich bin's*>, steht da.

Tom, denke ich und will schon antworten, doch mein müder Verstand lässt mich Vorsicht walten. <*Schicke mir eine Verifikation, dass du es bist. Nicht, dass die anderen mir einen Streich spielen.*>

<*Was denn, immer noch?! Ich habe nicht viel Zeit!!*>

<*Bitte.*> Ich warte. Erstaunlich lange. Warum?, frage ich mich. Er kennt mich doch! Aber dann kommt ein Bild durch. Finster guckt er in die Kamera, er sitzt in einem schmucklosen Raum.

<*Was ist passiert?*>, schreibe ich beunruhigt.

<*Bei uns wurde eingebrochen. Alle haben sich neue Nummern zugelegt, nur zur Sicherheit, auch Emails und so. Aber für mich ist das nicht mehr von Belang. Wir haben verloren, Sanna. Ich muss ins Gefängnis, und zwar jetzt gleich. Das ist das letzte Mal, dass ich mich bei dir melden kann. Mac versucht eine Revision, aber er ist nicht sehr hoffnungsvoll. Ich glaube nicht,*

dass es für mich noch einen Ausweg gibt. Jetzt kann ich mir nur noch einen Strick nehmen. Leb wohl.>

Wumm! Ich bekomme keine Luft mehr, als ich das lese, es schnürt mir förmlich die Kehle zu. Ich schreibe noch:<*Was ist passiert?!*>, doch das liest er nicht mehr. Ich fange an zu zittern, es schüttelt mich am ganzen Leibe, und ich will schreien, doch es kommt kein Laut. Das Handy summt wieder, wieder eine unbekannte Nummer, doch das sehe ich gar nicht. Mein erster Gedanke ist, es an die Wand zu schmettern, es zu zerstören. Doch da entdecke ich auf einmal ein kleines Symbol am oberen Rand des Displays. Da läuft ein Download. So etwas schalte ich für gewöhnlich ab, ich mache sämtliche Updates manuell. Sicherheitsdenken, lange antrainiert. Was also…?

Ich gucke genauer hin. Sein Foto… ich zoome es größer. Dieser Ausdruck… Ich fotografiere nicht viele Gesichter, aber eines habe auch ich gelernt: Es gibt keine zwei Fotos, wo der Ausdruck eines Menschen absolut gleich ist. Winkel, Kopfhaltung, die Züge, und bei einem solchen Gesicht wie Toms, mit den vielen, vielen Linien schon gar nicht. Ich zoome es noch größer. Da! Ist der Rand um seinen Kopf nicht etwas heller als der Rest? Das ist das Bild aus Page, von seiner ersten Verifikation! Es wurde ausgeschnitten!

Auf einmal kommt mir ein Verdacht. Ich sehe den Download, immer noch lädt er und lädt… diese Stille vorher. »Oh Scheiße!«, entfährt es mir, und ich tue das einzig Richtige, was mir in dieser Situation bleibt. Ich kappe das WLAN und ebenso alle anderen Datenverbindungen meiner Rechner und Geräte. Dann renne ich rüber ins Haupthaus und mache dasselbe dort, denn es ist ja ein und derselbe Anschluss.

»Kris, Perri!!!«, brülle ich durch das Treppenhaus und schlage mit dem Schlegel gegen das Geländer.

Sie kommen sofort runter. »Was ist passiert?!«

»Wir haben ein Problem! Ich glaube, wir werden gerade gehackt. Ich habe uns totgelegt. Schaltet sofort sämtliche Handys und Rechner ab, damit es sich nicht weiterverbreitet und nichts nach außen gelangen kann. Es kam über mein amerikanisches Handy rein. Ich weiß nicht, wie weit es schon vorangedrungen ist. Seht mal, was hier passiert. Lauter unbekannte Handynummern, und sie schreiben mir jede Menge Mist.« Und zwar viel, wie ich sehe. Eine bitterböse WhatsApp nach der anderen ist eingetroffen in dem winzigen Zeitfenster, wo ich die Verbindung noch nicht gekappt hatte, und ich will gar nicht wissen, was bei *Sallyontour* abgeht. Von Jimmy: Ich wäre eine Schlampe und dass er mich hätte durchnehmen sollen, auf dass mir Hören und Sehen vergeht, und alle anderen auch. Lizzie schreibt, das wäre alles meine Schuld und sie würde mich hassen. Col nennt mich eine *Bitch*. Rob sagt mir, dass er mir das nie verzeihen würde. Und so geht es weiter, bis ich alle drauf habe, selbst Danny, selbst Sean, der mir noch nie geschrieben hat, und Vince auch.

»Das ist nicht echt. Das kann es nicht sein.« Getroffen lasse ich mich auf einen Stuhl am Küchentisch sinken. Kris' und Perris Handys, die wie so oft dort liegen, habe ich sofort ausgeschaltet. »Ich habe mich gewundert, warum ich in den letzten Tagen so wenig gehört habe. Warum Mac meine Fotos von Pam nicht einsetzt. Aber wenn die gehackt worden sind… dann macht das Sinn. So was dauert eine Zeitlang.«

»Bist du sicher?«, fragt Kris. »Oder wünschst du dir das nur? Weil du die Wahrheit nicht erträgst?«

Ich fauche regelrecht zurück: »Ja, Kris, das bin ich!! Oh Mannomann, ich muss telefonieren! Über Festnetz, und zwar nicht von hier. Wir brauchen Hilfe. Ich rufe PicX an. Wir müssen alle Geräte untersuchen und Haulensteen unter Quarantäne legen. Lass mich nur machen. Eure Handys bleiben aus, verstanden?«

So schnell ich kann, renne ich runter zu Georg und Helena ins ehemalige Gutsverwalterhaus. Zum Glück sind sie zuhause, sodass ich gleich darauf ein einsatzbereites Telefon habe. Georg will sofort auf Polizistenmodus schalten, doch das wehre ich ab. Das, was ich jetzt tue, ist nicht offiziell.

Ich rufe PicX an. Die Nummer steckt als Zettel in meinem deutschen Handycover. Keine elektronische Speicherung. »PicX, ich habe ein Problem. Ich glaube, wir wurden gerade gehackt, regelrecht übernommen, und meine Freunde in Amerika auch. Und das Ding ist schnell, verdammt schnell. Das ist kein Amateur!«

Sie hört mir zu, stellt ein paar Fragen, die ich jedoch nicht vollständig beantworten kann. »Klingt ganz danach, als bräuchtest du nicht nur mich, sondern die Kavallerie. Keine Sorge! Die Jedi-Ritter sind schon unterwegs. Euren alten Kasten wollte ich mir eh immer schon mal anschauen. Wir eilen!« Und damit legt sie auf.

»Du willst nicht meine Kollegen einschalten.« Das ist keine Frage, sondern eine Feststellung von Georg.

Ich schüttele den Kopf. »Nein. Das ist kein Fall für die normale Polizei. Damit wären die komplett überfordert. Es zählt jede Minute. Vertrau mir, ich weiß, was ich tue. Und das ist nichts Illegales. Hoffe ich zumindest.«

»Na gut«, seufzt er. »Du kennst dich mit dem Mist besser aus als ich, wahrscheinlich besser als jeder durchschnittliche elektronische Ermittler. Haltet uns auf dem Laufenden, ja?«

Ungeduldig warte ich, dass die Kavallerie eintrifft. Es dauert drei Stunden, bis ein klappriger Ford Transit unsere Einfahrt hochschaukelt, die Stoßdämpfer sichtlich im Eimer, und mit einer lauten Fehlzündung zum Stehen kommt. Als vier Gestalten aussteigen, denke ich nur, jetzt bin ich in der Nachtschleife von Bernd das Brot gelandet. Die hätten in der Nerd-Folge wirklich mitspielen können!

Ich umarme PicX, sie stellt die anderen unter ihren Alias vor. LoD, was Lord of Data heißt, Bite, also entweder die Dateneinheit oder Biss, und Sniper, also Scharfschütze. Wie nett.

»Was für eine coole Hütte!«, sagt LoD und schaut sich um.

»Die hättste mal vor drei Jahren sehen sollen! Da war das ne echte Bruchbude«, sagt PicX und legt mir den Arm um die Schultern. »Ihr habt ja ganz schön geschuftet.«

»Das kann ich dir sagen! Also, wo wollt ihr anfangen?«

»Da, wo es reingekommen ist«, sagt Sniper und zieht die Seitentür des Vans auf. Sie haben allerlei technisches Spielzeug mitgebracht und beladen sich jetzt mit Kisten und Taschen.

»Das wäre dann mein amerikanisches Handy. Aber der WLAN Anschluss ist derselbe wie im Haupthaus, also gehen wir am besten dorthin. Da ist auch mehr Platz für euren ganzen Kram.«

Also marschiert die Kavallerie auf Haulensteen ein. Kris und Perri wissen nicht so ganz, was sie davon halten sollen, aber als die vier Nerds sich als durchaus nett herausstellen, entspannen sie sich. Wir schlagen das Hauptquartier in der Küche auf, da liegt nebenan auch der WLAN Anschluss.

»Wir haben seit zwei Jahren DSL«, sagt Kris. »Naja, zumindest fast. So ganz astrein ist der Anschluss nicht. Zu weit ab vom Schuss.«

»Huh«, meint Sniper und checkt die Rate mit einem Gerät. »Das könnte euer Glück gewesen sein, dadurch war das Ganze nicht so schnell. Na, dann gib mal dein Schätzchen her, SIR.«

»Ich heiße Sanna«, sage ich und reiche ihm das Handy.

»Ach, was du nicht sagst«, erwidert er und grinst mich an. Sie packen das Handy in eine Box, die verschlossen wird, sodass keine Signale nach außen gelangen. Nur über ein Kabel ist es mit einem der Rechner verbunden, aber auch der hängt nicht am Netz, wie sie mir sagen, zur Sicherheit. Dasselbe machen sie mit dem WLAN Anschluss. Ich tigere währenddessen unruhig auf und ab. Oh Gott, was wohl da drüben abgeht? Was schreibt der

Unbekannte in meinem Namen an die anderen, an die Kids, an Tom? Ich merke, wie ich langsam in Panik gerate.

Das sieht auch Perri, und er legt mir den Arm um die Schultern. »He, ganz ruhig. Es wird schon alles gut gehen. Was ist, habt ihr Hunger nach der langen Fahrt?«

»Klar doch«, antworten alle und lachen, die Augen konzentriert auf ihren Bildschirmen.

»Irgendjemand Vegetarier oder Veganer?«

»Nee... geh weg damit. Echtes Fleisch ist allemal besser«, sagt Sniper.

»Na, dann habt ihr sicher nichts gegen Chili con Carne. Meine Spezialität. Komm, Sanna, du hilfst mir.« Und so fangen wir an zu kochen, während die anderen sich in ihrer Nerdsprache Befehle zurufen. Sie kreisen das Ding ein, so verstehe ich das. Offenbar hat es eine Alarmfunktion, welches einen Selbstzerstörungscode auslöst, sollte man es ungeschickt anpacken.

»Du hast recht, Sanna«, sagt PicX, »das war kein Amateur. Das ist High End, allererste Liga. Wenn wir den Source Code knacken können, dann können wir dir auch sagen, wer das Ding gebaut hat.«

Die Runde verfällt wieder in Schweigen, nur durchbrochen durch kurze Befehle. »Hab ich dich!«, ruft Bite nach einiger Zeit aus und grunzt zufrieden. »Zerstören kann er sich jetzt nicht mehr. Los Leute, nehmt ihn auseinander.«

Als Perri und ich das Chili fast fertig haben, ruft PicX plötzlich: »Ey, Alter, schaut euch diesen Loop hier an. Das kann doch nicht etwa...«

Die anderen drei scharen sich um sie. »Du hast recht. Er ist es! Aber... wow! Schaut euch das an! Das gibt's doch nicht. Das ist ja dafür gedacht, eine komplette Infra zu übernehmen. Hostile Takeover. Mensch Sanna, das ist richtig heißer Scheiß! Und das kam über deine Freunde da rein? Wie kann das sein?«

Ich habe längst mit dem Rühren aufgehört. »Was meinst du damit? PicX, was bedeutet das?«

Sie schaut auf, die Augen fiebrig glänzend. »Das ist Staatsfeind Nr.1. Kein Irrtum möglich.«

»Echt jetzt? Der Typ, der versucht hat, mit meinen Daten diese krummen Dinger zu drehen? Ihr habt doch nie herausbekommen, wer das ist!« Ich setze mich zu ihnen an den Tisch.

»Nein«, sagt LoD und guckt finster.

Sniper ergänzt: »Die halbe IT Welt will wissen, wer das ist, und die Cops natürlich auch. Dieser Typ hat ein paar ganz schwere Dinger auf dem Kerbholz. Hat die Börsen beeinflusst. Das Pentagon gehackt. Die Nordkoreaner und Russen auch, was mich beruhigt. Und noch etliches mehr. Der ist auch in der Community nicht beliebt, weil er etliche Hacker hat hochgehen lassen. Aber wie kommt der auf dein Handy? Wo ist die Verbindung? Das kann man nicht mal eben an jeder Ecke kaufen. So etwas ist zugeschnitten auf den Kunden. Also? Wir wissen nur, dass er Amerikaner ist, und zwar von der Ostküste. Das ist allgemein bekannt. Mehr aber nicht.«

»Von der…« Auf einmal kommt mir ein Verdacht. Dieser Typ… Ich nehme das Ultrabook. »Kann ich?« Auf ihr Nicken hin fahre ich es hoch. »Meine Freunde in New York sind gerade in einen Rechtsstreit verwickelt, eine üble Scheidungssache. Die Ex meines Freundes zieht wirklich alle Register. Ich habe sie heimlich beobachtet. Da war ein Typ bei ihr, der hat an einem Laptop gearbeitet. Der hatte einen Anschlag, der war einfach unglaublich, und das will schon etwas heißen, seit ich dich kenne, PicX.«

»Niemand ist schneller als… oh. Oooohhh! Sag, dass du ihn fotografiert hast!«, ruft Bite aus. »Bitte, bitte…«

Mehr zähnefletschend als grinsend drehe ich das Book um. »Ich habe ihn fotografiert. Das ist er.«

»Das gibt's doch nicht!« Sie geraten völlig aus dem Häuschen.

»Ihr solltet mal in der Verwandtschaft oder Bekanntschaft einer gewissen Pamela Flynnt, mit Ypsilon und doppeltem N, geborene Montgomery schauen. Irgendwie steht der Typ mit ihr in Verbindung.«

Perri umarmt mich und stellt mir einen Teller Chili hin. Auch die anderen werden bedacht, doch das bemerken sie nur beiläufig, sie sind mit Feuereifer bei der Arbeit und schaufeln das Chili nebenbei rein.

»Gotcha!«, ruft PicX schließlich aus. »Tobias Henry Norman Bates. Ernsthaft jetzt? Wie der Typ aus Psycho?« Sie schnaubt. »Die Familie hat ein Ferienhaus in den Hamptons, direkt neben dem der Montgomerys. Das ist die Verbindung. Sandkastenfreundschaft, was? Die beiden sind gleich alt. Wow! Sanna, das ist…«

»Dann ist er also ein Verbrecher?«, fragt Kris, die zwischendrin draußen war und nicht alles mitbekommen hat.

»Schätzchen«, sagt LoD gedehnt und erntet dafür ein Stirnrunzeln von Perri, »das sind wir doch wohl alle in den Augen des Gesetzes. Aber er ist der dunkle Lord der Hackerszene. Alias IThron. Die meisten von uns würden es am liebsten sehen, dass er in einem dunklen Loch verschwindet, auf Nimmerwiedersehen.«

»Nur können wir das nicht machen«, seufzt Bite und tipp weiter. »Sobald einer von uns das im Netz publik macht, taucht der ab, und es gibt einen Hackerkrieg. Das wäre übel, richtig übel. Als wenn jemand beschließt, die Atombomben los zu jagen.«

»Nein. Das geht nicht«, sage auch ich und überlege. »Aber ich muss meinen Freunden helfen. Und ich will, dass dieser Typ und dieses Miststück für das bezahlen, was sie uns antun. Wer weiß, was für Botschaften er den anderen in meinem Namen schickt.«

»Ich könnte sie löschen«, bietet LoD an.

Ich schüttele den Kopf. »Dann merkt er etwas. Nein, ich… Moment mal.« Mir fällt etwas ein. Ich nehme die Hülle vom Book und fühle in der Innentasche nach einem bestimmten Kärtchen. Gleich darauf ziehe ich es hervor. »Ich habe eine Idee. Nicht ihr werdet es sein, die den Typen hochgehen lasst, sondern ich. Ich habe einen Kontakt zur NSB, das ist die Terrorismusbekämpfungseinheit des FBI in Washington. So etwas in der Art ist er doch auch, oder? Ein Terrorist?«

»Auf jeden Fall«, nickt PicX. »Aber Sanna, du kannst das nicht mailen. Das bekommt er mit, und wir stehen dann auch im Verdacht.«

»Nein, das ist mir klar. Das darf nicht im Netz erscheinen. Nein, wir nutzen die gute alte Post. Könnt ihr den Code drucken? Geht das? Mit den entsprechenden Hinweisen, wo was zu finden ist und was der Typ alles angestellt hat? Und dann schicken wir alles ganz analog nach Amerika. Ich muss meine Freunde irgendwie über den Angriff informieren, ohne dass er etwas mitbekommt. Hat er die Telefone auch übernommen? Festnetz?«

Bite kneift die Augen zusammen. »Davon ist auszugehen, er hört zumindest mit. Hier war das Ding auf dem besten Wege dorthin. Ich neutralisiere das jetzt. Du willst das allen Ernstes drucken? Das wird aber ein schöner Packen.«

»Es muss sein, denn wenn wir das auf eine Speicherkarte tun, dann liest die irgendein Idiot ein und das war's dann. Das schicken wir per Express. Doch nur an wen? Es darf nicht an ihre privaten Adressen gehen.«

Ich überlege. Da fällt mir eigentlich nur ein Weg ein. Derjenige, der den meisten Verstand in dem Laden hat. »PicX, kannst du mal bei der New Yorker Feuerwehr gucken, nach einem Lieutenant mit dem Vornamen Daniel? Jüdisch deutscher Nachname vermutlich. Ich weiß seine Einheit leider nicht, aber wenn du die Bilder dazu hast, dann finden wir die heraus. Geht das?«

»Nichts leichter als das. Moment.« Sie beginnt zu suchen. »Hier. Daniel Loewenbaum. Hier ist die Einheit. Ist er das?« Sie dreht ihren Schirm, sodass ich ihn sehen kann.

»Ja, das ist er. Wir schicken das Ding an seine Wache, so schnell es geht. Am besten nehmt ihr den Packen mit und gebt ihn direkt in Hamburg auf. Von hier dauert das zu lange.«

Die Vier schauen sich an und fangen unisono an zu grinsen. »Echt cool, Sanna. Wirklich. Es hat sich gelohnt, hierher zu fahren«, sagt PicX.

»So«, sagt Bite, »euer Netzwerk ist jetzt sauber. Ich installiere nun ein Programm auf jedem Gerät und eurem Rooter, welches den Code erkennt und unschädlich macht, ohne dass IThron etwas davon merkt. Und ein weiteres auf deinem Ultrabook, mit dem kannst du gefahrlos die Nachrichten auf deinem Handy lesen. Er hatte deine Kontakte noch nicht angezapft, was ein Glück ist. Die habe ich neutralisiert, bis auf diejenigen, die er bereits nutzt und daher kennt. Du solltest auf diese Hassbotschaften reagieren, Sanna. Sei angepisst, schlage zurück. Das erwartet er, und so merkt er nichts. Genauso wie in deinem Email Account, das du dann wutentbrannt nach einer Ankündigung löschst.«

»Ist gut. Na, dann schreibe ich mal einen richtigen Brief. Ist verdammt lange her.«

»Wem sagst du das?«, grinst PicX und gibt mir ein High Five.

<*Lieber Danny,*

wenn du das hier liest, ist mein Paket sicher bei dir angekommen. Ich bete darum, dass es so ist!

Ich vermute, ihr bekommt seit einiger Zeit ganz schlimme WhatsApp von meinem Handy zugesandt, genauso wie ich von euren und E-Mails zudem. Das hat mir furchtbar wehgetan und euch auch, was mir noch mehr wehtut zu wissen. Aber es gibt dafür einen Grund: Ihr wurdet gehackt...>

In einem langen Brief, auf Deutsch, nur zur Sicherheit, erkläre ich ihm, was sich zugetragen hat und was er mit dem Paket zu tun hat. Der Brief wird so lang, dass ich fast einen Krampf im

Handgelenk bekomme, denn ich bin es nicht mehr gewohnt, so lange per Hand zu schreiben. Am Ende schreibe ich:

<*Wenn du es gelesen hast, übersetze es den anderen, ohne irgendwelche digitalen Medien in der Nähe, und dann verbrenne jedweden Hinweis darauf, dass dies von mir kommt. Adressen, den Karton selber, diesen Brief. Das FBI darf nicht erfahren, dass ich da mit drinhänge, sonst wären auch die Freunde in Gefahr, die uns geholfen haben. Behandelt es als anonymen Hinweis.*>

Den Umschlag klebe ich außen auf einen mit Paketpapier umhüllten Stapel Papier mit den Informationen zu Psycho, wie wir ihn jetzt nennen. Die Karte von Scully hefte ich daran.

Das Ganze wird von einem Karton umschlossen, auf den ich von allen Seiten schreibe: <*Wichtig: Erst öffnen, wenn dein Handy ausgeschaltet ist! Dienst- und Privathandy! Und außerhalb von Überwachungskameras!*> Dann erst kommt das Paket in einen stabilen FedEx Karton, per Eilzustellung.

Die vier Freunde machen sich noch am selben Abend auf den Rückweg nach Hamburg, schwer beladen mit dem Paket und einer gehörigen Portion Chili, die sie sich für unterwegs erbeten haben.

»Oh Gott«, sage ich leise, während sie knatternd davonfahren. »Bitte lass das gutgehen. Bitte mach, dass ihre Schrottkarre nicht liegenbleibt oder sie von der Polizei kontrolliert werden. Bitte mach, dass das Paket schnell nach New York kommt… Und bitte mach, dass Tom nicht…« Meine Stimme erstickt in den nun aufsteigenden Tränen. Was muss er denken! Sitzt er jetzt wirklich im Gefängnis und denkt daran, sich umzubringen, oder war das auch ein Fake? Fragen über Fragen.

»Hey, ganz ruhig«, sagt Perri und drückt mich. »Es wird schon gutgehen, du wirst sehen. Mach das Arschloch fertig, dann geht es dir besser, hm?«

Ich hole schluchzend Luft und zücke das Handy. Schließlich machen wir es zusammen. Wir köpfen nicht nur eine Flasche Wein in dieser Nacht und verarschen Psycho so richtig nach Strich und Faden, und dann beerdigen wir *Sallyontour* und die amerikanische Handynummer auf Nimmerwiedersehen.

Nach einem tüchtigen Kater schufte ich nicht gleich wieder im Garten los. Der mögliche drohende Verlust meiner Freunde und all meiner Daten hat mir zu denken gegeben. So ziehe ich mich diesen Vormittag in Kris' Fotolabor zurück und drucke die für mich bedeutungsvollsten Fotos der Reise aus. Die Serie von Tom und mir am letzten Abend. Das Sternenbild, welches der Copyshop in Page verhunzt hatte. Die Jungs im Canyon. Und noch viele andere. Einige stelle ich ganz bewusst im Backhaus auf, vor allem die von Tom und mir auf der Fensterbank an der Schlafplattform, sodass ich morgens mit seinem Anblick aufwachen kann und abends zu Bett gehen. Den Sternenstein lege ich dazu.

Georg und Helena drucke ich das Regenbogenbild aus dem Valley aus, als Dank für ihre Hilfe, worüber sie sich sehr freuen. Es beruhigt Georg zu wissen, dass wir uns in dieser Sache an die amerikanischen Behörden wenden wollen. So kann er seinen Polizistenhut wieder absetzen und in Ruhe sein Rentnerdasein genießen.

Als das erledigt ist, widme ich mich wieder dem Garten, aber diesmal mache ich es anders. Ich zwinge mich bewusst, ganz langsam zu arbeiten, regelmäßig Pausen zu machen, und vor allem, endlich wieder richtig zu essen, denn mein Gewicht, das lässt immer noch zu wünschen übrig, und ich merke, es fehlt mir an Kraft. Mit Erfolg. Nachts schlafe ich wie ein Stein, was ich wohl auch bitter nötig hatte.

Kris organisiert über ihre Kontakte einen Artikel in einer Gartenzeitschrift, in dem auch zu Spenden für die Restaurierung dieses Kleinodes aufgerufen wird. Dieser Artikel, bestückt mit ausschließlich meinen Bildern, erscheint nicht nur in der deutschen Zeitschrift, sondern wird auch in einer englischen veröffentlicht. Kris ist einfach irre gut, was solche Dinge angeht. Von überall her treffen nun Gelder und Pflanzen ein, historische Rosensorten, Kräuter, Blumen und Ziergehölzer. Es wird so viel, dass es nicht nur für den Garten, sondern auch für die Umpflanzung des Haupthauses reichen wird.

Nach und nach lege ich nun die Struktur der oberen Wege frei, spreche mit einem örtlichen Gartenbauunternehmer, denn einige Sachen kann ich nicht alleine. Die beiden Geisterkinder sind entzückt über diesen Schatz, den wir entdeckt haben. Immer wieder mal sehe ich sie sich über die verschlungenen Wege verfolgen oder das Mädchen darüber tanzen, vor allem in der Morgen- und Abenddämmerung. Es gibt mir Hoffnung

Es wird nun Juni, Mittsommer, die Abende sind lang. Als die Ferien anfangen, kommt Tamara und bleibt, diesmal wieder im Backhaus, denn ich habe ja nichts zu telefonieren. Sie wundert sich zwar, fragt aber nicht. Mit Feuereifer stürzt sie sich auf das Projekt, es hat ja auch ein wenig von einer Schatzsuche, das muss ich mir eingestehen. Es macht einfach irre Spaß.

Dann, nach fast vier endlosen Wochen, findet Kris auf einmal einen Brief in der Post, einen richtigen, mit amerikanischen Marken abgestempelten Brief. Wir gucken darauf wie auf die Botschaft eines Aliens.

»Oh, mach auf, schnell!«, sagt Tamara, doch ich nehme den Brief nur an mich und gehe damit rüber ins Backhaus und schließe die Tür fest hinter mir. Putin blinzelt mich gähnend vom Sofa aus an und reckt sich. Ich setze mich zu ihm und streiche ihm einmal über die ganze beachtliche Katzenlänge. Dann springt er auf einmal auf und faucht. Als ich mich umdrehe, spähen die beiden Kinder herein, beunruhigt über meine aufgewühlten Gefühle. Ich beruhige sie und schicke sie weg.

Lange gucke ich auf den Brief und weiß nicht, was ich empfinden soll. Er duftet sogar leicht, nach Parfüm, als ich daran schnuppere. Wie von einer alten Frau. Als ich ihn umdrehe, finde ich auf der Rückseite ganz altmodisch und in akkurater deutscher Schrift einen Absender: Esther Löwenbaum, mit ö, und eine Adresse in New York. Das ist Dannys Großmutter, sie muss es sein!

Vorsichtig, als handele es sich um eine unbekannte Substanz, öffne ich ihn. Heraus kommen zwei eng beschriebene Seiten und eine Blume, gepresst und getrocknet. Eine Lilie, meine Namensgeberin, denn Susanna bedeutet Lilie in den alten Sprachen. Dass sie das weiß!

<*Liebe Sanna,*

gerade haben sich sieben junge und nicht mehr ganz so junge Männer und eine junge Dame von mir verabschiedet, allesamt mit Tränen in den Augen. Sie dürfen Dir nicht schreiben, das FBI hat es ihnen verboten. Aber zu meinem Geburtstag, da durften sie kommen, bewaffnet mit Blumen und Pralinen und ohne diese Dinger, die beständig summen und piepsen. Meine Wohnung ist eine technikfreie Zone, das wissen alle, selbst diese Frau, die sich bis vor kurzem noch Mrs. Flynnt genannt hat und welche die Mutter dieser beiden entzückenden Kinder ist. Deshalb hat das FBI ihnen erlaubt, zu mir zu kommen, denn seit Deinem Brief und dem Paket steht ihre Welt Kopf und sie sind de facto Gefangene in ihrem eigenen Heim.

Zunächst aber einmal das Wichtigste: Sie lieben Dich, allesamt, und wünschten sich nichts mehr auf der Welt, als Dir das persönlich sagen zu können, ganz besonders aber einer, Du weißt, wen ich meine. Nun müssen sie es auf diesem Wege tun, ich bin ihr Sprachrohr, und ich tue es gern.

Das Zweiwichtigste ist indes dies: Sie haben den Prozess gewonnen.>

Als ich das lese, verschwimmt mein Blick, und ich schluchze auf. Eine Welle der Erleichterung überflutet mich, so groß, dass ich geraume Zeit zitternd dasitze und nichts mehr erkennen kann. Putin stupst mich an und maunzt leise, und ich nehme ihn auf den Arm und verberge mein Gesicht in seinem Fell. Aus den Augenwinkeln sehe ich eine verschwommene kleine Gestalt, wie sie wieder besorgt zu mir durchs Fenster hereinschaut. Ich schicke sie in Gedanken weg.

Erst nach langer Zeit kann ich weiterlesen.

<Diese Frau – ich mag mit ihrem Namen nicht dieses Papier beschmutzen – hat dem Gericht allerlei Lügen aufgetischt und den armen Jungen und seine Familie derart in Bedrängnis gebracht, dass sie weder ein noch aus wussten. Es waren dann vor allem zwei Dinge, die das Ruder herumgerissen haben: Das eine war Deine Aussage, und das andere die von Vincenzo. Die gute Maria hat ihrem Sohn gehörig den Hintern versohlt, das kann ich Dir sagen! Sie hat mir berichtet, dass Du diejenige warst, welche diese Sache vorangetrieben hat. Gut so! Männer, meine Liebe, werden nie klüger werden, das war schon in meiner Jugend so und bestätigt sich immer wieder und wird sich auch nie ändern! Diese Frau ist, nachdem er die Aussage gemacht hat, kreischend aus dem Gerichtssaal gerannt, wie man mir berichtete.

Nach dem Richterspruch waren sie alle außer sich vor Freude, doch dann hast Du angefangen, ihnen über die tragbaren Telefone ganz fürchterliche Nachrichten zu schreiben, solche Dinge, die sie gar nicht fassen konnten, und dann hast Du den Kontakt komplett abgebrochen. Sie waren sehr, sehr verzweifelt darüber, genauso verzweifelt, wie Du es gewesen sein musstest! Erst Dein Brief an meinen Daniel hat das Ganze aufgeklärt. Er sagt, er hat geweint, als er das gelesen hat, und er musste seinen

Verstand gehörig anstrengen, wie er das den anderen mitteilen konnte, ohne dass man sie belauscht.

Oh, die Bösartigkeit hinter diesem Plan macht mich völlig fassungslos. Bei dem Gedanken daran fangen die Nummern auf meinem Arm wieder an zu stechen, das ist immer so, wenn ich etwas Schlimmes erfahre. Daniel hat mir erzählt, dass Du auch Nummern auf der Haut trägst, als Erinnerung an eine ähnlich schlimme Sache.

Ihr Heim gleicht seitdem einer Festung. Es wird komplett überwacht, jedes Wort, jeder Strom dieser elektrischen Sachen wird verfolgt und aufgezeichnet. Sie sind Gefangene, da gibt es nichts zu beschönigen. Obschon sie scheinbar normal leben, zur Arbeit gehen und in die Schule, ist es eine sehr schwere Zeit für sie, besonders aber für die Kinder. Die liebe Elisabeth wirkt viel älter als ihre vierzehn Jahre, und Colin, der ist schon ganz erwachsen und hart wie ein richtiger Mann. Das macht mich unfassbar traurig. Was für eine Frau ist das, die ihren Kindern so etwas antut? Das ist eine Frage, die werden wir beide, meine Liebe, nicht beantworten können.

Ich werde diesen Brief jetzt versiegeln und höchst persönlich zur Post tragen, begleitet von zweien meiner kräftigsten Urenkel, denn eine alte Dame wie ich bewältigt diesen Weg nicht mehr allein. So kommt hoffentlich keiner an ihn heran, der nicht an ihn herankommen soll! Wie mich das an eine andere Zeit in einem anderen Land erinnert, einem Land, welches Deine Heimat ist und meine einst war!

Ich grüße Dich ganz herzlich
Essie Löwenbaum
(geb. Schreiber aus Rostock)>

Ich lese diesen Brief bestimmt fünfmal und kann immer noch nicht begreifen, was dort steht. Schließlich steige ich nach oben, lege mich aufs Bett, den Brief an mich gepresst und nur an zwei Dinge denkend: Tom liebt mich, und er ist frei. Er hat gewonnen. Alles andere ist unwichtig. Ich bade in diesem Gefühl, alle Last fällt von mir ab, und ich schlafe prompt ein, denn jetzt schlägt die Erschöpfung vollends zu mir durch.

Zum Abendessen komme ich wieder aus dem Bett gekrochen. Ich fühle mich, als wäre ich hundert Jahre alt. Als ich zum Haupthaus hinübergehe, kommen die beiden Kinder zu mir, sie begleiten mich ein Stück, nehmen sogar meine Hand. Diesmal schicke ich sie nicht weg, ich danke ihnen für ihre Freundlichkeit.

Die Besorgnis meiner Freunde baut mich noch ein Stückchen weiter auf. Ich gebe ihnen den Brief zu lesen, und ich spüre, wie die Erleichterung sich breit macht, nicht wegen der Familie drüben, sondern wegen mir, weil mich diese Sache so sehr mitnimmt.

Am selben Abend noch schreibe ich einen Brief an Essie, und Tamara sitzt dabei und liest mit.

<*Liebe Essie,*

vielen, vielen Dank für Deinen wunderbaren Brief! Er hat uns einen Stein vom Herzen fallen lassen, so groß, das kannst Du gar nicht ermessen.

Ich wusste zwischendrin weder ein noch aus, besonders, als dieser Unbekannte mir schrieb, dass mein Tom im Gefängnis sitzen würde. Da brach für mich eine Welt zusammen. Doch wir haben sehr schnell herausbekommen, was die eigentliche Ursache für diese Botschaften war. Wie gut, dass es noch so etwas wie Briefe gibt, solchen, wie ich ihn Dir jetzt schreiben kann!

Dass der Prozess gewonnen ist, erleichtert mich, aber auch meine Freunde hier sehr, denn sie haben gemerkt, wie sehr mich der Gedanke daran belastet hat. Hoffentlich mussten die Kinder nicht miterleben, wie ihre Mutter sich aus dem Gerichtssaal verabschiedet hat! Das muss alles sehr schwer für sie gewesen sein, besonders, als dieser Unbekannte sich dann auch noch als ich ausgab und sie vermeintlich die einzige Unterstützerin verloren haben, die sie noch besaßen. Oh, ich hätte vor Wut die Wände hochgehen können, als ich das gelesen habe! Da bleibt mir nur, Dich zu bitten, ihnen auszurichten, dass ich sie sehr, sehr liebhabe.

Liebe Essie, es wundert mich nicht, dass die Zahlen auf Deinem Arm brennen, wenn Du etwas derartig Bösartiges erlebst. Meine Großmutter väterlicherseits hatte auch solche Zahlen auf dem Arm, und sie sagte dasselbe. Meine Nichte Tamara sitzt jetzt neben mir und liest mit, wie ich das schreibe, denn es ist auch ihre Familiengeschichte, und sie soll nun erfahren, warum ihre Urgroßmutter und ihre Tante Nummern auf dem Arm tragen, sie ist alt genug dafür.

Meine Großmutter war keine Jüdin, ihre Eltern waren Zeugen Jehovas, und als solche wurden sie auch interniert. Als meine Großmutter aus dem KZ kam, war sie gerade mal sechzehn und schwanger, mit meinem Onkel. Wir können mit ziemlicher Sicherheit davon ausgehen, dass ein SS Mann der Vater war, denn die Zeugen Jehovas wurden bevorzugt als Hausangestellte missbraucht. Meine Großmutter hat nie darüber geredet, sie hat dann in eine örtliche Bauernfamilie eingeheiratet, streng Lutherisch, doch diese Nummern machten sie automatisch – und meinen Großvater dazu – zur Außenseitern. Besonders bei jenen, die damals stramm nach Linie marschiert sind. Das ist alles lange her, nur sind die Rechten in Deutschland jetzt wieder auf dem Vormarsch, besonders im Osten, wo wir leben. Das ist übrigens in der Nähe von Rostock, stell Dir vor! Vielleicht gibst Du uns mal Deine alte Adresse, und wir fahren hin und gucken, ob das Haus noch steht, wo Du aufgewachsen bist, wenn Du das magst.

Liebe Essie, ich möchte diesen Brief nicht mit trüben Gedanken beenden, denn es gibt so viel Böses auf dieser Welt, dass wir alle an dem Guten festhalten müssen, das wir besitzen. Deshalb, richte meinen lieben Gefangenen aus, ich halte sie allesamt in meinem Herzen und kann es kaum erwarten, bis diese Sache durchgestanden ist und ich sie endlich wieder hören und sehen kann.

Alles Gute Dir und den Deinen
Sanna
(und herzliche Grüße von Tamara, die jetzt anfängt, mir Löcher in den Bauch zu fragen!) >

»Wow, du kannst echt gut Briefe schreiben«, sagt Tamara beeindruckt.

»Tja, ich habe das noch gelernt. Aber meine Hand will nicht mehr so mitmachen, sie ist aus der Übung. Vielleicht schreibst du nächstes Mal?«

»Ach nee, lass mal! So, und jetzt erzähl, was sind das für Nummern? Mama wollte mir das nicht sagen. Sie sagte, das sollst du mir erzählen.«

»Also gut. Aber beschwere dich hinterher nicht, wenn du Albträume hast.«

Wir reden noch lange an diesem Abend, und natürlich bekommt Tamara Albträume von dem, was ich ihr erzähle. Nicht so schlimm wie manch anderer, aber sie schläft unruhig und ist in den nächsten Tagen, während wir an dem Garten arbeiten, merklich stiller.

Es macht unsere Arbeit geruhsamer, von der Hektik im Haupthaus bekommen wir hier draußen kaum etwas mit. Kris schaufelt uns von den anderen Pflichten frei, damit wir uns ganz dieser Sache widmen können. Helfer hat sie ja genug, Haulensteen gleicht dem üblichen Heerlager, und der Artikel in der Gartenzeitung beschert uns eine Fülle von Schaulistigen und Touristen, die alle neugierig sind, was wir da treiben. Andere Zeitungen kommen, schreiben Artikel, nehmen dafür Fotos aus dem Stock, die ich massenhaft schieße. Wir erlauben nicht, dass sie eigene Bilder machen. Camper übernachten auf dem Hof, fassen freiwillig mit an. Es ist eine schöne, erfüllte Zeit, nur mein Herz, meine Gefühle, die hängen nach wie vor bei den Ereignissen drüben auf der anderen Seite des großen Meeres. Voller Ungeduld warte ich auf einen Brief von Essie.

Ich gewöhne mir an, die Ereignisse des Tages abends in dem Reisenotizbuch festzuhalten, in der Form eines kleinen Briefes an Tom. Das kann er hinterher lesen oder auch gar nicht, ganz wie er möchte. Mir jedenfalls hilft es, die Gedanken zu sortieren und mich mental auf die wichtigen Dinge zu fokussieren, und das sind nun mal wir beide.

Der Juli wird heiß, durchbrochen von heftigen Gewittern, sodass wir aufpassen müssen, dass unser kostbares freigelegtes Gartenland nicht gleich wieder weggespült wird. Hastig bedecken wir das Gelände mit Planen und beschweren diese mit Feldsteinen von den umliegenden Äckern, bevor die Unwetter anrücken.

Es wird Zeit, die Gartenbaufirma richtig mit einzubinden, was wir auch tun können, Kris' Spendenaufruf sei Dank. Nun entstehen die ersten Beete, werden bepflanzt. Die Pflastersteine werden behutsam geborgen und neu gesetzt, wo es nötig ist, Wegeumrandungen kommen hinzu. Dieser Garten wird ein Kleinod, das ist jetzt schon zu sehen. Während die Gärtner und die freiwilligen Helfer weiter oben am Pflanzen sind, arbeiten Tamara und ich uns immer weiter die Auffahrt hinunter. Wir finden Bänke, Reste von Statuen, den Brunnen. Eine Granate aus dem zweiten Weltkrieg leider auch, da muss ein Sprengstoffkommando kommen und das Gelände einmal mit Sonden absuchen. Zum Glück bleibt es der einzige Fund dieser Art. Ich schieße weitere Fotos für den historischen Stock, und der Zugriff ist gut, besonders die

Gartenzeitschriften lassen sich nicht lumpen, wie ich aus den Downloadinformationen sehen kann.

Unser Arbeitsplatz hat den Vorteil, dass ich das Postauto schon von weitem kommen sehe und abfangen kann, doch eines Tages, da ist es Mitte August und Tamaras Ferien sind fast zu Ende, da kommt unser Postbote von sich aus auf mich zu. »Hier, ein Päckchen für dich«, sagt er und reicht es mir. »Aus Amerika.« Er zwinkert mir zu und steigt wieder in sein gelbes Auto, um den Rest zum Haupthaus zu bringen.

»Willst du es denn gar nicht aufmachen?«, fragt Tamara, denn ich stehe nur stumm da und schaue auf das Päckchen in meinen Händen herab. Schließlich nimmt sie es mir ab. Ich halte es nicht aus, gehe ein paar Schritte in den Schatten und setze mich unter einen der großen Alleebäume. Tamara kommt hinterher. »Es ist ein Bild«, sagt sie, nachdem sie das Päckchen geöffnet und es aus seiner der Hülle befreit hat. »Oh, guck mal! Ist sie das?« Sie hält ein gerahmtes Bild hoch. Darauf ist eine alte Dame mit schneeweißen Haaren zu sehen. Neben ihr lächelt Danny breit in die Kamera.

Ich räuspere mich. »Sie muss es sein. Das da ist Danny neben ihr. Oh, wie schön, das zu sehen! Magst du mir vorlesen, was sie schreibt? Ich glaube, ich brauche eine Pause.«

Tamara guckt mich zwar etwas merkwürdig an, aber sie tut mir den Gefallen, reicht mir aber vorher das Bild, das ich fest an mich drücke und die Augen schließe.

<*Meine liebe Sanna,*

ich kann Dir gar nicht sagen, wie sehr Dein Brief mich alte Frau berührt hat. Dass Du bei dem dramatischen Ende des Prozesses zu allererst an das Wohl der Kinder denkst und nicht schadenfroh über diese Frau herziehst wie manch anderer, das sagt so viel über Dich aus! Mir wird ganz warm ums Herz, wenn ich das lese, und es hilft mir, wieder ein wenig Mut zu fassen, denn leider steht es in letzter Zeit mit meiner Gesundheit nicht zum Besten. Ich...> Tamara verstummt, liest. »Oh nein, sie liegt im Krankenhaus!«

Erschrocken reiße ich die Augen wieder auf. »Was? Lies weiter! Was steht da?«

»Sie schreibt: <*Nun, ich bin 95 und kann auf ein erfülltes Leben zurückblicken, von daher, sei nicht traurig, wenn Du dies liest. Ich hoffe nur, dass ich meine letzten Tage im Kreis meiner Familie und nicht in diesem schrecklichen Kasten verbringen kann, der sich Krankenhaus nennt. Wenn Du mir einen letzten Wunsch erfüllen willst, dann fahre für mich nach Rostock und schau nach dem Haus meiner Familie und schreibe mir, was Du dort findest. Wir haben damals in der Lessingstraße gewohnt, die gibt es noch, sagen meine Urenkel, allerdings ohne dieses neumodische Zeug, wo die Kamera durch die Straßen fährt. Die Adresse findest Du untenstehend.>* Ha, damit meint sie Street View, nicht?«

»Bestimmt. Sonst hätten sie das längst nachgeguckt. Was schreibt sie noch? Lies weiter!«

»Jaja, ich mach ja schon! Sie schreibt: <*Ich kann leider nicht mehr viel schreiben, ich werde so schnell müde. Damals mussten wir etliche verborgene Wege einhalten, um mit unseren Lieben in Kontakt zu bleiben, und ich denke, Deine Lieben werden das auch tun. Sie lassen Dich ganz herzlich grüßen und Deine Nichte auch, die ja jetzt in unsere großen Geheimnisse eingeweiht ist. Herzliche Grüße, Essie.>* Hmm..., aber warum schreibt sie über die verborgenen Wege? Die anderen versuchen ja gar nicht, dich auf anderem Wege zu kontaktieren. Das ist merkwürdig.«

»Jaah...« Ich schaue auf das Bild in meinen Händen herab. Für ein simples Foto kommt mir die Papierschicht reichlich dick vor… »Oh! Warte mal!« Ich drehe das Bild um und löse die rückwärtigen Klammern.

»Was… oh man!« Tamara reißt die Augen auf. »Was ist das?«

»Ein weiteres Bild und eine Nachricht.« Ich muss schlucken, als ich die Handschrift erkenne.

<*Ich weiß, dass es riskant ist, aber ich halte diese Isolation nicht mehr aus, ohne dir selber eine Nachricht zu schicken. Ich liebe dich mehr denn je und denke jede Minute an dich. Hoffentlich hat es bald ein Ende.*> Keine Anrede, kein Name, keine Unterschrift. Aber es genügt, es wärmt mich bis in die letzte Faser.

Tamara will mir den Zettel abnehmen, aber ich drücke ihn an mich und schüttele den Kopf. Das soll sie nicht sehen. Stattdessen reiche ich ihr das zweite Bild, das hinter dem von Essie und Danny zum Vorschein gekommen ist. Es ist ein Familienfoto, von Tom, Rob und den Kindern. Kein altes, sondern ein ganz neues, und ich sehe sofort die Unterschiede. Wie grau er geworden ist, beinahe schon weiß! Und Rob erst, er ist merklich gealtert, richtig eingefallen im Gesicht. Am meisten aber haben sich die Kinder verändert. Keine Spur mehr des kindlichen Teenagers, den ich noch in Page erlebt habe. Essie hat recht, Lizzie sieht um Jahre älter aus, und Col auch. Dieser Prozess hat sie allesamt wertvolle Lebensjahre gekostet in diesen wenigen Monaten. Oh, ich könnte Pam erwürgen!

»Sind sie das?«, fragt Tamara und dreht das Foto interessiert in den Händen, um die Spiegelung von Sonne und Schatten durch das Blätterdach des Baumes zu umgehen.

»Ja, das sind sie.« Ich schließe hastig die Augen, denn mir laufen die Tränen herunter. Ich kann es nicht verhindern. »Ich finde«, sage ich nach ein paar Mal tief durchatmen, »wir beide sollten eine Pause machen und morgen nach Rostock fahren, nicht?«

Erfreut schaut Tamara auf. »Au ja! Dann schauen wir auch gleich in Essies Lessingstraße vorbei. Außerdem brauche ich neue

Klamotten. Die alten sind mir zu eng und zu kurz.« Und ihr ist natürlich absolut klar, wer die bezahlen wird. Wozu bin ich schließlich Tante?

»Diese Belohnung hast du dir redlich verdient nach dieser ganzen Schufterei, und ich auch, und so erfüllen wir Essie ihren letzten Wunsch«, sage ich und stehe auf. Dabei nehme ich ihr das Foto wieder ab. »Ich brauche einen Moment für mich. Räumst du hier zusammen? Dann lass uns einfach Schluss machen für heute.«

Im Backhaus angekommen, schlage ich das zerfledderte Notizbuch auf und hefte Toms Nachricht an eine neue Seite. Auf einmal kommt mir dies nicht mehr passend vor für die Gedanken, die ich mit ihm teilen möchte. Ich beschließe, morgen ein richtiges Buch mit Einband zu kaufen, eines, das einen Magnetverschluss hat und jedes Bücherregal verschönert. Das werde ich ihm schenken, wenn die ganze Sache durchgestanden ist.

Kris und Perri sagen nichts, als wir ihnen von unserem spontanen Ausflug erzählen, und wir bekommen auch keine Einkaufsliste in die Hand gedrückt wie sonst üblich, wenn wir mal losfahren wollen. Sie müssen wohl spüren, dass der Hintergrund ein besonderer ist.

Wir genießen den Tag aus vollen Zügen, gehen zwischendrin richtig gut essen, und auch ein zünftiger Eisbecher darf bei dem warmen Wetter nicht fehlen. Nicht nur Tamara ersteht eine komplett neue Garderobe, denn sie hat recht, sie ist schon wieder gewachsen, auch ich leiste mir das eine oder andere Teil und auch ein warmes, langärmeliges Wollkleid und hohe Stiefel für den Winter, denn die neue Mode ist gerade in die Läden gekommen. Das habe ich schon ewig nicht mehr gemacht, es ist eine Erinnerung an Vergangenes und Hoffnung für die Zukunft. Das Notizbuch suchen wir gemeinsam aus und auch einen passenden Stift dazu, ein schönes Geschenk, wie ich finde.

Beladen mit unseren Einkäufen kehren wir am frühen Nachmittag zu Landi zurück und fahren mit ihm in die Lessingstraße. Das Haus finden wir auf Anhieb und auch gleich einen Parkplatz, bei Landi sonst immer ein Problem. Die Straße liegt in der Nähe der Bahnstrecke. Alles mehrgeschossige Häuser mit Durchgängen nach hinten. Man sieht das Grün von Gärten in den Innenhöfen. Ab und an hört man mal einen Zug fahren, aber ansonsten liegt die Straße beinahe still in der Hitze des Nachmittags da.

»Hier muss es sein«, sagt Tamara und vergleicht die Adresse mit der Karte auf ihrem Handy. »Oh, guck mal, da sind Stolpersteine. Ob die von ihrer Familie sind?«

»Das sind ganz schön viele. Such mal nach Schreiber. Ja, da sind welche. Die fotografiere ich, auch wenn das für sie bestimmt schlimm ist, die Namen zu lesen. Aber sie soll wissen, dass man ihrer Familie ein Denkmal gesetzt hat.«

Wie wir da so hocken, ziehen wir offenbar die Neugier der Nachbarn auf uns. Freundlich, aber bestimmt werden wir über einen Gartenzaun hinweg angesprochen, was wir da denn tun. Nach ein paar Erklärungen werden wir ins Haus geladen, und dort wartet eine echte Überraschung auf uns. In der Erdgeschosswohnung wohnt eine alte Frau, die Mutter derjenigen, die uns angesprochen hat.

»Ihr müsst schon verzeihen, wir hatten in letzter Zeit viel Ärger mit Vandalen, welche die Steine rausreißen wollten«, erzählen sie uns. Als wir der alten Frau berichten, weswegen wir hergekommen ist, werden ihre Augen groß. »Ich kannte Essie Schreiber, sehr gut sogar! Wir haben als Kinder zusammen gespielt.«

Stunden bleiben wir dort und kehren viel, viel später nach Haulensteen zurück als ursprünglich geplant. Bei einem verspäteten Abendessen erzählen wir Kris und Perri von unserem Fund, und wir schreiben auch gleich gemeinsam einen Brief an Essie.

<*Liebe Essie,*

viele, vielen Dank für Dein Päckchen und das schöne Bild von Dir und Danny. Du hast das Geheimnis gut bewahrt, und es ist sicher hier angekommen. Wir hoffen, es geht Dir wieder etwas besser und dass Du nach Hause gehen konntest und in der Lage bist, diesen Brief selber zu lesen und darauf zu antworten.

Tamara und ich sind in Rostock gewesen und haben das Haus Deiner Familie gefunden. Du ahnst ja gar nicht, wen wir da noch getroffen haben! Es ist Deine alte Freundin aus Kindertagen, Anita, die uns auch gleich in ihre Wohnung eingeladen hat. Sie hat uns Bilder von früher gezeigt, auf einigen sind Deine Eltern mit Dir drauf und viele andere von Deiner Familie auch. Wir haben die Bilder abfotografiert und schicken sie Dir, denn wir können uns denken, dass Du aus der damaligen Zeit nicht sehr viele hast retten können. Anita lässt Dir ganz herzliche Grüße ausrichten. Sie und ihre Familie haben vor Eurem alten Haus sogenannte Stolpersteine in den Gehweg einbringen lassen. Dies sind Erinnerungssteine an jedes Holocaust Opfer, das dort gelebt hat. Auch diese Bilder findest Du in dem beigefügten Päckchen. Wir legen Dir auch Anitas Adresse und Telefonnummer sowie die E-Mail-Adresse ihrer Tochter bei, falls Ihr Euch einmal anderweitig sprechen wollt. Sie war ganz aus dem Häuschen zu hören, dass Du noch lebst.

Das zeigt mir, dass man die Hoffnung nicht verlieren soll, und deshalb schicken wir Dir auch ein Bild von uns, wie wir diesen verwunschenen Garten freilegen, der seit über einhundert Jahren im Dornröschenschlaf vor sich hingedämmert hat. Du weißt, was Du damit tun musst, und mit dem zweiten Brief in diesem Umschlag auch.

Alles Gute, Sanna und Tamara.>

In dieser warmen Sommernacht, Tamara schläft völlig erledigt auf der Empore, setze ich mich auf die Terrasse und fange das neue Notizbuch an.

<Lieber Tom>, schreibe ich, <dieses Buch ist ein sehr viel würdigerer Rahmen für meine Gedanken an dich als das von der Reise im Navajo Land ganz zerfledderte Ding, das ich bisher dafür benutzt habe. Eines Tages, wenn wir uns wiedersehen, werde ich dir dies schenken, als Erinnerung an eine Zeit, wo wir uns nicht haben sehen, nicht einmal sprechen können. Ich schreibe dies im Licht einer Petroleumlampe in Gedenken daran, wie wir die Abende und Nächte verbracht haben. Neben mir liegt deine Botschaft, die du mir über Essie heimlich hast zukommen lassen. Sie baut mich auf, du ahnst gar nicht, wie sehr. Oder vermutlich doch, sonst hättest du sie mir nicht geschickt. Meine Antwort an dich bewirkt hoffentlich genau dasselbe bei dir. Ich kann es kaum erwarten, bis wir uns wiedersehen. Deine Sanna.>

Nach diesen einleitenden Worten fange ich an, die Notizen in das Buch zu übertragen. Immer schön langsam und sorgfältig, damit auch ja nichts verschmiert. Allmählich bekomme ich wieder Übung im Schreiben, es werden sorgfältige Eintragungen in meiner besten Schrift. Als der Morgen graut, bin ich fertig. Bleiben nur noch die mit Pflanzensaft eingeklebten, zerfetzten Bilder von Toms Familie und die Reisenotizen aus dem Navajo Land übrig. Letztere will ich unbedingt behalten, aber die Bilder, besonders das von Pam, die nicht. Mit einem Ruck reiße ich sie heraus und verbrenne sie im Ofen, nicht ohne Pam eine saftige Verwünschung über den großen Teich zu schicken.

Kapitel 6

Tamara bringe ich selber nach Hause, es wird höchste Zeit, wieder einmal den Rest der Familie zu besuchen. Meine Schwester und ich haben uns nicht viel zu sagen, aber die Verbindung mit den übrigen Nichten und Neffen ist herzlich. Tamaras jüngere Geschwister fragen, wann sie denn auch mal die Ferien bei mir verbringen dürfen. Die Antwort lautet immer gleich: Sobald ihr tüchtig mit anfassen könnt und nicht nur Blödsinn macht und uns aufhaltet. Das sollen sie sich hinter die Ohren schreiben. Tamara grinst nur triumphierend, als sie das hört, denn sie war sogar noch jünger gewesen, als sie das erste Mal längere Zeit bei mir bleiben durfte.

Nach langem Zögern fahre ich auch in das alte Dorf und besuche unseren ehemaligen Wald und jenen Baum, an dem mein Mann damals verunglückt ist. Seltsam, geht mir auf, es kommt mir viel länger zurückliegend und weiter weg vor als noch vor einem halben Jahr. Die aufregenden Ereignisse haben eine Distanz dazu geschaffen, die mich einerseits froh, andererseits auch traurig macht. Ich lege Essies gepresste Blume auf die Stelle, wo ich ihn damals gefunden habe, sitze noch eine Weile da und verabschiede mich dann. Ich werde wohl nie wieder dorthin zurückkehren.

Die nun folgenden Wochen bin ich allein, aber ich verbringe die Zeit immer noch abseits des Trubels auf Haulensteen. Noch sind die Ferien im Süden nicht vorbei, weshalb wir immer noch eine Fülle von Helfern haben. Im September dann reisen auch diese ab, und es wird etwas ruhiger. Wir finden wieder Zeit, in aller Ruhe in der Küche zu quatschen, mit den Nachbarn zu grillen, Freunde zu sehen. Kris fährt nach Berlin, um ihre Galerie zu besuchen, ich treffe mich mit dem Verleger aus dem Rückflug von New York und verhandele über die Überlassung einiger

Bilder. Alles in allem, so resümieren wir, war die Reise ins Navajo Land, zumindest was das Künstlerische und Finanzielle angeht, sowohl für Kris als auch für mich ein voller Erfolg, und der Sommer, der war einfach phänomenal, was die Fortschritte im und am Gutshaus angeht.

Nur aus New York höre ich nichts, es herrscht absolute Funkstille. Essie schreibt nicht, und auch von anderer Seite immer noch kein Ton. Je länger diese Stille andauert, desto gedrückter werde ich. Die Einträge in mein – Toms – Tagebuch fallen mir von Mal zu Mal schwerer. Ich merke, ich fange wieder an, mich mit Arbeit zu betäuben, verliere wieder an Gewicht. Nein, das geht so nicht weiter, denke ich nicht nur einmal. Daher bitte ich Kris, mir einen Fotoauftrag zu geben, einen, für den ich mit Landi umherfahren kann. Sie versteht meine Beweggründe und überlegt nicht lange.

»Strand und Wald, Dünen und Holz und Salz«, sagt sie, das soll das Thema sein. Ich soll an die Ostsee fahren, nach Dänemark, Schweden oder Finnland, vielleicht auch Estland, und dort nach Motiven suchen. Im Herbst leuchten die Farben dort besonders schön. An den Darß, der ja praktisch vor unserer Haustür liegt, denken wir beide dagegen nicht. Zu voll, selbst um diese Jahreszeit. Das hassen wir beide, und bei den vielen Menschen finde ich auch kaum Motive.

Also sattele ich wieder die 110 Pferde und mache mich auf nach Skandinavien. Allein unterwegs, nur mit der Kamera und meinen Gedanken. Es wird eine geruhsame Reise, oft bleibe ich tagelang an einem Ort und erkunde zu Fuß oder mit dem Fahrrad die Gegend. Diese von vielen oft als unspektakulär verunglimpfte Ostseelandschaft hat ihren ganz eigenen Reiz, einen mit einer stillen Schönheit, den man erst auf den zweiten Blick entdeckt. Es entstehen tolle Motive und zahlreiche Serien für Kris. Ich merke, auch Toms Tagebuch erhält jetzt wieder mehr Einträge, und wundere mich ein wenig, woran das liegt. Gefangene des Alltags auf Haulensteen? Oder gefangen in etwas anderem? So ganz werde ich nicht schlau daraus, mag mich aber nicht allzu intensiv damit beschäftigen.

Ende Oktober bin ich wieder zurück, und noch immer kein Zeichen aus New York. Mittlerweile bin ich ernsthaft beunruhigt. Was geht da vor sich? Ich bin kurz davor, ein Visum zu beantragen und ein Flugticket zu buchen, doch das reden mir Kris und Perri und auch PicX aus, das könnte die Operation dort drüben empfindlich stören. Denn Psycho, wie wir ihn mittlerweile alle nennen, treibt immer noch sein Unwesen, er wurde nicht hochgenommen. PicX und ihre Kumpel beobachten das mit Sorge, wie auch etliche andere Mitglieder ihres Nerd Universums.

Also schlucke ich und schlucke und schlucke, bis ich vor lauter Unruhe nicht mehr schlafen kann. Da hilft nur Arbeit, und die gibt es viel. Die Gartensaison ist fast vorbei, der Rest des Projektes wird nächstes Frühjahr fortgesetzt werden. Mit Einsetzen der Herbsttürme beginnt die Holzsaison auf Haulensteen, was vor allem mich und Perri fordert, denn dieser Kasten verschlingt mit seinen vielen, vielen Kaminöfen Unmengen an Brennholz, und man muss ihn einfach von Zeit zu Zeit durchheizen, damit die frisch renovierten Räume nicht wieder modrig werden.

Durch die Gerätschaften, die ich von Zuhause mitgebracht habe, den Unimog, den großen Holzspalter mit eingebauter Winde und vieles mehr, sind wir zwar in der Lage, auch große Bäume zu verarbeiten, aber dennoch, es ist und bleibt Knochenarbeit. Kris und Perri planen den Aufbau von regenerativen Energien auf den Nebengebäuden, damit sie Warmwasser und Heizung mit Hilfe von elektrischem Strom erzeugen können, mit Solar und Windkraft. Aber bis dahin müssen wir leider auf die antike Heizmethode zurückgreifen. Die Gaskosten würden uns sonst das Genick brechen.

Es wird mir also nicht langweilig, und ich schlafe auch wieder besser. An diversen verregneten Vormittagen kümmere ich mich um die Bilder und die Stocks, die jetzt von mir eine Runderneuerung erhalten und um etliche Themenbereiche erweitert werden. Außerdem muss ich mich der lange überfälligen Steuererklärung aus dem letzten Jahr widmen, ein Thema, das Kris und ich gleichermaßen hassen, weshalb wir das meistens zusammen und mit Hilfe von Unmengen von Kaffee und Frustschokolade erledigen. Perri bleibt bei dieser Gelegenheit lieber in Deckung, denn unsere Laune ist dabei nie die beste.

Als wir fertig sind und der Steuerberater zufrieden mit unseren Unterlagen von dannen gezogen ist, köpfen wir eine Flasche Crémant aus dem Weinkeller und fangen an, die Weihnachtsfeiertage zu planen. Kris und Perri wollen zahlreiche Freunde und Bekannte einladen, jetzt, da bereits etliche Räume im Obergeschoss mit Bädern ausgestattet und somit fast bezugsfertig sind. Es fehlen nur noch die richtigen Möbel, doch für diese Gelegenheit tun es auch Feldbetten und andere Notschlafstätten, die wir uns von den Nachbarn und Bekannten ausleihen. Ich selber lade Tamara und Alex ein, die beide zusagen zu kommen.

Am vorletzten Novemberwochenende fahre ich nach Rostock, um mich mit Alex zu treffen, wo wir in aller Ruhe unsere Weihnachtseinkäufe erledigen. Wir besuchen ein Konzert, gehen schick essen und lassen es uns so richtig gutgehen. Hinterher fahre ich noch in der Lessingstraße vorbei und klingele bei Anita, nur dass dort niemand aufmacht. Aber ihre Tochter Doris ist zuhause, und sie erzählt mir, dass die alte Dame aus New York gestorben sei, schon vor vielen Wochen. Ob ich das denn nicht wüsste? Ihre Familie hatte mir das schreiben wollen. Da werde ich das erste Mal richtig stutzig. Was geht hier vor sich? Wieso meldet sich niemand bei mir? Mich beschleicht ein ziemlich ungutes Gefühl. Die Freude über das schöne Wochenende ist schlagartig erloschen.

In den folgenden Tagen beobachte ich Kris und Perri heimlich, vor allem aber Kris. Das tut mir in der Seele weh, dieser Verdacht, der mich beschlichen hat. Fängt sie etwa meine Post ab? Oder ist der Brief nur verschütt gegangen? Diese langanhaltende Stille macht mich ganz unruhig und sehr, sehr traurig. In einem unbeobachteten Moment durchsuche ich sogar ihr Büro, ob sich nicht etwas von meiner Post in die diversen Stapel dort verirrt hat. Doch ich finde nichts.

Ich klemme mich ans Internet, suche auf den Seiten der New York Times nach Todesanzeigen, und tatsächlich, da steht Essie Loewenbaum mit einer langen Reihe von Familienmitgliedern. Gestorben im Oktober. Also hat mein Brief sie vermutlich noch erreicht. Aber warum melden sie sich nicht bei mir? So langsam schlägt meine Gedrücktheit in Furcht um. Was ist da los?

Bald geht auch Kris und Perri auf, dass etwas ganz und gar nicht mit mir stimmt. »Hey, was ist denn mit dir, hmm?«, fragt er in seiner unvergleichlichen Perri Art.

Ich mag darauf nichts sagen, denn ich spüre die lauernden Tränen nur allzu gut. Die folgenden Tage ziehe ich mich merklich vor ihnen zurück, sitze oft stundenlang einfach nur da und starre aus dem Fenster. Meine beiden Schatten treiben sich besorgt in der Nähe des Backhauses herum, sie spüren, dass es mir nicht gutgeht. Toms Tagebuch rühre ich nun gar nicht mehr an, ich weiß nicht, was ich schreiben soll.

Das guckt Perri sich nur ein paar Tage mit an, dann zerrt er mich nach draußen an die frische Luft. Wir treffen uns mit den Nachbarn zum Holzspalten, tagelang geht das so, mit gemeinsamen Essen und viel Gelächter und Spaß. Es soll mich ablenken, so lese ich das, doch so fertig ich abends bin, ich finde kaum Schlaf, liege immer nur da und gucke die Bilder von uns an. Warum melden sie sich nicht?

Anfang Dezember gibt es einen überraschend frühen Wintereinbruch. Haulensteen verschwindet unter einer weißen Decke. Es schneit aus allen Rohren, dicke, große Flocken, die das Gut in eine Winterzauberlandschaft verwandeln, als wollten sie meine verwundete Seele damit trösten. Stundenlang sitze ich am Fenster und schaue den Flocken zu, Putin auf dem Schoß und ein Buch in der Hand, auf das ich mich doch nicht konzentrieren kann. Das Ganze geht über Tage. Anschließend wird es klirrend kalt und klar, eine richtige Russenpeitsche aus dem Osten. Wir müssen das Gutshaus tüchtig einheizen, damit die neu verlegten Leitungen in den Bädern nicht einfrieren. Die Leitungen rüber ins Backhaus schaffen es aber leider nicht. Bereits am zweiten Tag bekomme ich, trotzdem ich das Wasser über Nacht leicht habe laufen lassen, keinen Tropfen aus den Anschlüssen. Also kehre ich zurück zu Eimer und Schneeschmelzen. Das hatte ich im letzten Winter ja schon zur Genüge, denke ich und zucke zusammen, denn jetzt kommen die Erinnerungen an Tom mit einem Mal mit voller Wucht hoch. Die ganze Zeit habe ich sie irgendwie unterdrückt, um die Fassung zu wahren, doch nun kann ich nicht mehr. Weinend breche ich zusammen und komme erst wieder zu mir, als Perri da ist, mich tröstend in die Arme nimmt und geraume Zeit wiegt wie ein kleines Kind.

»Komm, bleib nicht hier drin. Lass uns rausgehen, in den Wald. Ein wenig frische Luft schnappen. Ein paar Bäume kleinholzen. Irgendetwas.«

»Ach Perri, ich mag nicht. Geh doch alleine«, wehre ich ab.

»Nein, nein, die frische Luft wird dir guttun. Los, rein in die Klamotten, nun mach schon. Ich kann deine Hilfe gut gebrauchen.« Unter viel gutem Zureden nötigt er mich, in die Arbeitsklamotten zu steigen. Da er sägen will, ziehe auch ich über die Wärmewäsche die dicke Sägehose und Schnittschutzstiefel an. Immer noch schniefend trotte ich hinter ihm her in die Remise, wo der Unimog samt an der Hydraulik angebautem Holzspalter auf seinen nächsten Einsatz wartet.

Wir fahren das kurze Stück runter in den Wald. Dort hat einer der Stürme an der Grenze zu Georgs Land eine große Buche umgelegt, zum Glück weit genug weg von der Straße und den Gebäuden, sodass kein Schaden entstanden ist. Die Männer hatten sie die ganze Zeit schon aufarbeiten wollen, sind aber nicht dazu gekommen. Georg winkt jetzt aus seinem Küchenfenster und ruft rüber, dass er sich später zu uns gesellen will.

Perri sägt und ich bediene den Unimog. Er sägt stets Meterlängen, die ich dann mit Hilfe einer Winde in den Spalter ziehe und aufspalte. Anschließend werden die Stücke zu Poldern gestapelt und trocknen draußen an der frischen Luft, nur oben abgedeckt von einer Plane.

Schon bald merke ich, mir wird warm, und die Müdigkeit fällt von mir ab. Perri hat recht, die klare Winterluft tut wirklich gut. Irgendwann machen wir Pause und teilen uns Tee und Kekse, die wir vom Haupthaus mitgebracht haben.

»Willst du mir nicht sagen, was los ist, hm?«, fragt er schließlich leise.

»Ich muss nach New York. Ich muss einfach wissen, was dort drüben vor sich geht, und wenn ich inkognito einreise. Ich halte es einfach nicht mehr aus, Perri.«

»Aber hast du nicht gesagt, dass dies die Operation gefährdet? Was, wenn es schief geht? Sanna, das kannst du nicht riskieren!«

»Das weiß ich, Perri, und ich werde auch vorsichtig sein. Nur kann ich nicht einfach nur hier sitzen und nichts tun. Es geht nicht mehr.« Um jede Diskussion zu beenden, springe ich auf und schnappe mir meinen Helm und die kleine Säge. Zeit, auch mal die Späne fliegen zu lassen, und vor allem, es ist so laut, dass man sich nicht dabei unterhalten kann.

Als ich die Säge gerade anwerfen will, sehe ich, wie unten auf der Straße vor Georgs Einfahrt ein Wagen hält. Nanu, das ist doch Kurt? Das Großraumtaxi erkenne ich schon von Weitem. Wen bringt der denn zu Georg? Es steigt jemand aus, aber viel kann ich durch die Bäume nicht erkennen. Dann fährt Kurt weiter, langsam und vorsichtig anfahrend, denn die Straßen sind spiegelglatt.

»He, Perri, bekommen Georg und Helena Besuch über die Feiertage?«, frage ich über die Schulter.

»Nein«, sagt er, tritt von hinten an mich heran und umfasst mich fest. Was zum…? Ich will mich gerade fragend zu ihm umwenden, da setzt sich unten der Unbekannte in Bewegung. Doch er geht nicht zu Georgs Haus, sondern hält mit langen Schritten über die Einfahrt auf uns zu. Meine Augen folgend diesen Bewegungen wie gebannt. Er trägt Jeans und eine kurze Jacke, Leder, sehe ich jetzt. Keine Mütze. Diese langen Schritte… so vertraut. Wochenlang habe ich sie gesehen, vor mir, neben mir. *Du brauchst wärmere Klamotten*, durchzuckt es mich gleich darauf, und ich schnappe nach Luft. Die Säge landet im Schnee, und hinter mir spüre ich Perris unterdrücktes Gelächter.

»Frohe Weihnachten, Sanna«, raunt er mir ins Ohr und gibt mir einen Kuss auf die Wange.

Ich winde mich aus seinen Armen, laufe los. Der Helm fliegt fort, als ich über die erste Baumwurzel springe, doch meine Bewegungen werden gehemmt, die Hose und Stiefel sind einfach zu schwer. Ich bleibe hängen, stolpere und lande auf allen Vieren im Schnee, die Augen jetzt tränenblind. Mühsam rappele ich mich hoch, dann kommt auch schon ein Schatten heran, ich werde gepackt und in eine knochenbrechende Umarmung gezogen. Es ist still bis auf unser keuchender Atem. Mit geschlossenen Augen und allen Sinnen nehme ich ihn in mich auf, halte ihn fest umklammert. Wärme, Geruch und der tiefe Atem, alles, wie es sein soll. Dabei flüstert er meinen Namen, immer und immer wieder. Ich fange an zu schluchzen, und wir sinken in den Schnee, wo er mich festhält und wiegt, bis ich mich irgendwann wieder soweit beruhigt habe, dass ich ihn endlich erkennen kann. Wir halten unsere Gesichter mit beiden Händen umfasst, hocken Stirn an Stirn voreinander.

»Wie kommst du nur hierher? Tom… wie?«, flüstere ich, und dann küsst er mich wie ein Ertrinkender oder ich ihn, das spielt keine Rolle.

»Sanna, lass uns… rein. Ins Warme…«, stöhnt er unterdrückt.

»Ja. Komm mit mir.« Ich fasse seine Hand, ziehe ihn hoch. Hand in Hand laufen wir durch den Wald. Hinten herum über Schleichpfade führe ich ihn zu den Wirtschaftsgebäuden und von da zum Backhaus. Ich will nicht Kris oder Perri begegnen, nicht jetzt. Wir schlüpfen hinein, und ich tue etwas, das ich sonst noch nie getan habe: Ich schließe die Tür ab.

Als ich mich umwende, steht er da und verschlingt mich geradezu mit seinem Blick. Er geht mir durch und durch. Die kleine Flamme in meinem Innern, schon fast erloschen, lodert wieder auf, und das stärker denn je. Ich muss schlucken, und auf einmal werde ich auch verlegen darüber, wie ich aussehe, verschwitzt und verdreckt. »Lass mich… ich bin ganz schmutzig…«, bringe ich mühsam hervor.

Er schüttelt nur knapp den Kopf. »Halt den Mund. Komm her«, sagt er und greift nach mir.

Die schmutzigen Arbeitsklamotten fallen noch im Eingang. Wir schaffen es nicht einmal die schmale Treppe auf die Empore hinauf, da nehmen wir einander schon und lassen die ganze aufgestaute Sehnsucht des letzten halben Jahres aneinander aus. Die restlichen Klamotten fallen auf dem Weg nach oben, und dort überkommt es uns schon wieder, es ist wie ein Rausch, endlich, endlich wieder die Berührungen des anderen spüren zu können. Nichts hat dazwischen Platz, keine Worte, keine Blicke. Mit geschlossenen Augen erkunden wir einander und lernen uns wieder kennen, bis wir schließlich völlig erledigt nebeneinander auf der Schlafstätte liegen und versuchen, zu Atem zu kommen.

»Es ist noch da. Gott sei Dank«, flüstert er an meinem Ohr und drückt mir einen langen Kuss auf die Schläfe.

»Hast du daran gezweifelt? Ich nicht.« Ich drehe mich auf die Seite und schaue ihn an, das erste Mal richtig, seit wir uns wiedergesehen haben. Was ich auf dem Foto schon erahnt habe, bestätigt sich. Er sieht um Jahre gealtert aus.

Prompt verzieht er unter meinem Blick das Gesicht. »Ich weiß, ich sehe alt aus. Müde. Und so fühle ich mich auch. Es war eine schlimme Zeit.«

»Ja, für mich auch. Aber nun bist du hier, und nur das zählt. Schscht, nicht. Ich liebe dich, Tom. Egal, wie du aussiehst.« Und das beweise ich ihm auch gleich, setze mich auf ihn. Einen Moment lang betrachte ich ihn in aller Ruhe. »Du hast trainiert«, fällt mir auf, und das nicht wenig. Nicht so künstlich aufgepumpt wie manch anderer, aber schöne, feste Muskeln hat er bekommen.

»Hm… ich habe mir manches Mal den Frust abtrainieren müssen, sonst wäre ich irgendwann die Wände hochgegangen. Du hingegen…«, jetzt mustert er mich genauso geruhsam, legt seine Hände um meine Hüften und dirigiert mich auf sich, »du hast ein paar Rundungen bekommen. An genau den richtigen Stellen. Und Muskeln. Auch an den richtigen Stellen.«

»Hartes Jahr, viel Arbeit«, erwidere ich und kneife die Augen zusammen, weil er sich in mir bewegt. Er richtet sich auf, umfasst mich.

»Wie war das noch? Ein echter Mann…«, flüstert er und küsst mich auf die Schulter. Ich muss lachen, so sehr, dass uns die Vibrationen in Windeseile wieder zum Höhepunkt bringen.

»Gott, was habe ich dich vermisst!«, sagt er schließlich, mich fest im Arm haltend.

»Geht mir genauso, und ich…«

Unten wird auf einmal an der Tür gerüttelt. »Dad? Bist du da?«, hören wir eine gedämpfte Mädchenstimme. »He, was… lass mich los, du Idiot! Au!«

»Lass sie, die sind beschäftigt«, sagt eine zweite, ziemlich tiefe Stimme. »Los, wir gehen!«

»Mann, Col, was ist denn…« Ihre Stimmen entfernen sich.

»Was zum… du hast die Kids mitgebracht?!« Ich setze mich auf.

Er streicht mir über das Gesicht. »Nicht nur die. Ich habe sie *alle* mitgebracht.« Jetzt lächelt er, und die Müdigkeit fällt von ihm ab. »Sie wollten dich sehen, unbedingt.«

Mich durchfährt Schreck, Freude, Furcht, Sehnsucht, alles auf einmal. »Waas?! Sie sind *alle* hier?! Und das sagst du mir erst jetzt? Oh Mann, Tom!« Ich will aufspringen, doch er hält mich fest.

»Ich denke, wir hatten Besseres zu tun, nicht?«, erwidert er und gibt mir einen langen, geruhsamen Kuss. Doch dann steht auch er auf, vorsichtig, denn die Decke ist niedrig, und er kann nur gebückt stehen. »Deine Hütte ist wirklich winzig«, sagt er mit einem Blick um sich auf die halb hohen Schränke und Fächer, den kleinen Arbeitsbereich, gequetscht in den Erker auf der Giebelseite. »Ich dachte, du übertreibst, als du mir das erzählt hast. Aber dem ist nicht so.«

»Nein. Für mich allein reicht es vollkommen aus. Aber Kris und Perri hier drin? Das hätte Mord und Todschlag gegeben.« Wir sammeln unsere Kleidung ein, und ich streife rasch ein Schlafshirt über und schleiche nach unten. »Die Luft ist rein. Nicht, dass noch jemand vor dem Fenster steht und reinschaut.« Rasch lege ich ein paar Stücke Holz nach und auch ein Brikett, damit die Glut schön lange hält.

»Ich könnte eine Dusche gebrauchen, du nicht?«, sagt Tom und zieht sich ebenfalls etwas über.

»Oh ja, nur können wir das nicht hier tun. Die Leitungen sind eingefroren. Dafür müssten wir rüber ins Haupthaus. Aber für eine Katzenwäsche, da habe ich genug Wasser. Komm mit.« Ich nehme den großen Wassertopf vom Ofen und zeige ihm das Bad. Eine hohe Duschwanne, Toilette, Waschbecken. Das war's. Es ist winzig, und wir stehen uns sofort im Weg. Rasch kippe ich das heiße Wasser mit dem Rest kalten Wassers aus dem Eimer in die Wanne. »So, das muss reichen. Rein mit dir, Fidnie.«

»Kommst du mit mir?« Er wartet keine Antwort ab, sondern hebt mich hoch und steigt mit mir zusammen hinein.

Draußen dunkelt es bereits, als wir uns angezogen haben und auf den Weg ins Haupthaus machen. Ganz bewusst führe ich Tom außen herum, zur Auffahrt hin, und nicht durch den Kücheneingang, denn ich möchte ihm zeigen, was wir über den Sommer getan haben.

Als Tom Haulensteen das erste Mal so richtig sieht, bleibt er wie angewurzelt stehen. »Heilige Scheiße, Sanna, das ist ja ein Schloss!«, stößt er aus. Er sagt *Castle*, das einzige Wort in seiner Sprache, was es auch nur annähernd trifft.

Ich weiß, was er meint. Im Halbdunkel leuchten sämtliche Fenster warm, auch die beiden Türme sind hell erleuchtet. Die Freitreppe, geräumt vom Schnee, lädt Besucher ein, ins Warme zu kommen. Perri hat sogar zwei Feuerschalen auf jeder Seite entzündet, ein Test für die Weihnachtsparty, das möchte ich wetten.

»Naja, nicht so ganz. Aber es wird langsam, wir sind weit gekommen diesen Sommer. Deine Leute haben jedenfalls fließend Wasser und müssen nicht frieren.« Ich will weiter die Auffahrt hinauf gehen, aber er hält mich fest.

Fassungslos schaut er mich an. »Du hast gesagt, ihr lebt auf einer Art Farm. Aber das hier… das haut mich um, wirklich. Und du, du lebst stattdessen in dieser Hütte, wo es nicht mal fließend Wasser geschweige denn eine Heizung gibt…«

Ich werde ganz verlegen. »Es ist noch im Bau, und ja, es ist keine Farm. Mir fällt kein Wort in deiner Sprache ein für so ein Haus. In England würde man dazu Haulensteen *House* oder *Manor* sagen. Aber im Amerikanischen… hm… *Estate*. Vielleicht. Es ist ein ehemaliger Adelssitz, des niederen Adels, wohlgemerkt.

Kein Fürst oder so. Wir haben es vor dem Verfall gerettet, aber es ist noch nicht fertig. Noch lange nicht. Diese Hütte war der einzige Teil, der am Anfang bewohnbar war. Genau richtig für mich. Komm, lass uns reingehen. Es ist kalt.«

»Ja, mir wird gerade richtig kalt«, murmelt er mehr zu sich, schüttelt aber auf meinen fragenden Blick den Kopf.

»Hast du keine warmen Klamotten mit? Wir können dir gerne etwas leihen. Perris Sachen passen dir bestimmt.«

»Doch, habe ich. Die waren mir nur zu warm für den Flieger. Ganz schön frostig bei euch«, sagt er und reibt sich die Hände.

Ich nehme sie in meine, denn diese sind ganz und gar nicht kalt, im Gegenteil. So warm war mir schon lange nicht mehr. »So kalt ist es selten«, erkläre ich ihm, während wir langsam auf das Haus zugehen. »Erst recht nicht im Dezember und schon gar nicht mit so viel Schnee. Meistens regnet es nur, durch die Nähe zur See. Wenn wir Glück haben, gibt es sogar weiße Weihnachten. Das wäre das erste Mal seit 30 Jahren oder so. Komm, lass uns reingehen, sonst wirst du wirklich noch zum Eiszapfen. Ich möchte die anderen sehen.«

»Ja… Sanna, warte. Ich muss dir etwas sagen.« Als ich zu ihm aufsehe, merke ich, wie er sich wappnet.

»Himmel, was ist?«, frage ich erschrocken.

»Es geht um Jimmy. Er… er wollte um jeden Preis mitkommen, er hat sich nicht zurückhalten lassen. Die Ärzte haben es ihm verboten, aber er hat nicht darauf gehört. Versuch bitte, nicht allzu erschrocken zu sein, wenn du ihn siehst, ja? Er wollte dich unbedingt noch einmal sehen, bevor… ich glaube nicht, dass er es noch nach Hause schaffen wird.« Er kneift die Augen zusammen und legt den Kopf in den Nacken, ringt um Beherrschung.

»So schlimm?« Ich muss schlucken.

»Ja. Zum Schluss ging es rasend schnell. Er wird schon beatmet.« Toms Stimme bricht.

»Oh nein.« Ich umarme ihn, tröste ihn und gebe mir Kraft dadurch. »Ist das durch sie gekommen? Durch die Sache mit Pam?«

Tom atmet tief durch und rückt mich ein Stück von sich ab. »Ja… nein… vielleicht. Er war eh schon ziemlich krank, wie krank, das habe ich erst gemerkt, als wir wieder zuhause waren. Natürlich hat ihn das alles mitgenommen. Wir durften dir nichts sagen. Er hat es verboten.«

Jetzt kommen mir doch die Tränen. »Stattdessen schäkert er mit mir über WhatsApp herum…«

»Ich habe das toleriert, weil es ihm geholfen hat«, gibt Tom zu. »Aber als dann diese anderen Nachrichten kamen, das hat ihn regelrecht fertig gemacht. Und mich auch, das kann ich dir sagen. Was hat der Typ dir geschrieben? Sag es mir!« Jetzt umfasst er mein Gesicht, er will keine Ausflüchte zulassen.

Das wollte ich ihm eigentlich nie berichten müssen. Ich schlucke. »Er hat mir geschrieben, dass du im Gefängnis sitzt und dich umbringen willst. Ich habe es geglaubt. Ungefähr zwei Minuten lang oder so. Das waren die zwei furchtbarsten Minuten in meinem Leben.«

»Himmel, Sanna!« Sprachlos hält er mich fest. Dafür gibt es keinen Trost, nicht einmal Worte. Er weiß das und ich auch, weshalb ich mich schnell wieder losmache.

»Komm, es ist vorbei. Lass uns nach drinnen gehen, die Jungs begrüßen, und dann erzählen wir alle zusammen, ja?«

Es gelingt mir, ihn mit mir zu ziehen, hin zur Treppe, durch die Eingangstür. Dahinter begrüßt uns auf einem Tisch ein Chaos aus Jacken, Mützen, Schals, Handschuhen und darunter zahlreiche Winterschuhe. Eine Garderobe haben Kris und Perri noch nicht, aber dennoch gibt es eine eiserne Regel in Haulensteen: keine Dreckschuhe auf den frisch restaurieren Böden. Koffer und Taschen sehe ich indes nicht, was mir sagt, dass alle bereits ihr

Quartier bezogen haben. Nur Toms Rucksack lehnt an der Wand. Ihnen muss ja klar sein, wo er übernachtet.

»Hast du Ersatzschuhe mit? Sonst gebe ich dir welche«, sage ich und schlüpfe aus den Stiefeln.

»Ja, habe ich. Wie kommt es…« Rennende Schritte auf der Treppe unterbrechen ihn.

»Dad!« Aufgeregt stürmt Lizzie die Treppe hinunter, ihre Kamera schwenkend. »Das musst du dir ansehen, das ist total… oh, Sanna!!« Sie rennt zu mir, fällt mir derart schwungvoll um den Hals, dass sie mich fast von den Füßen reißt.

»Lizzie!« Ich halte sie ganz fest an mich gedrückt und wiege sie, weil sie prompt in Tränen ausbricht. Über ihren Rücken hinweg schaue ich Tom an, der das Ganze mit feuchten Augen beobachtet. »Schscht, nicht. Es ist alles gut.«

»Ich dachte, du hasst mich. Dieser Mann, der hat das geschrieben, ich weiß, aber ich dachte…«

»Schscht, ist ja gut. Mir hat er auch ganz furchtbare Dinge geschrieben. Aber dem haben wir es gezeigt, nicht?« Ich rücke sie ein Stückchen von mir ab, und sie nickt und wischt sich verlegen die Tränen von der Wange. Kein Kajal verschmiert, ihr Gesicht wirkt frisch und unschuldig. Auf sie herabschauen muss ich auch nicht mehr, sie ist bereits größer als ich. »Tapferes Mädchen, das warst du, möchte ich wetten. Stimmt's?«

»Hmm…« Sie schnieft noch einmal und lächelt mich an, ihre Hand immer noch in meiner. »Wir wollten alle unbedingt herkommen und dich sehen. Das Haus, das ist voll cool. Riesig und uralt. Wir durften uns ein Zimmer aussuchen, hat Perri gesagt, und ich darf überall Fotos machen. Dad, das musst du dir unbedingt ansehen! Es gibt sogar Geheimgänge!«

Tom brummt amüsiert. »Das werde ich schon noch, Lizzie. Aber nun lass Sanna erstmal die anderen begrüßen.« Er zieht sich die Stiefel aus und holt seine Ersatzschuhe aus dem Gepäck. »Wo sind sie überhaupt alle?«

»Unten, in der Küche. Kris und Perri kochen mit Vince zusammen, irgendwas Italienisches. Die beiden sind echt nett, Sanna. Kris war erst ein bisschen sauer, das hat man gesehen, aber jetzt hat sie sich wieder beruhigt.«

»Sauer?« Ich runzele die Stirn. »Aber warum?«

Lizzie hebt die Schultern. »Ich hab's nicht wirklich verstanden, aber Onkel Danny sagt, sie wusste anscheinend nicht, dass wir kommen. Wir haben sie regelrecht überfallen.«

»Oh je.« Ich seufze. Das wird noch ein Nachspiel haben. Mit Lizzie im Arm und Toms beruhigender Gegenwart hinter mir steige ich in den Keller hinunter. Ein wenig nervös bin ich schon. Was soll ich ihnen sagen?

Doch meine Sorge ist unbegründet. Den Anfang macht Danny, er begegnet mir schon am Fuße der Treppe, als er beladen mit Weinflaschen aus dem Weinkeller kommt. Irgendwie schaffen wir es, uns zu umarmen, ohne dass sie zu Bruch gehen, eine ziemlich akrobatische Übung, die uns in Gelächter ausbrechen lässt. Tom nimmt sie ihm schließlich ab, und Danny umarmt mich noch einmal richtig. »Du hast meine Großmutter richtig glücklich gemacht, weißt du das?«, flüstert er mir ins Ohr.

»Ich hatte es gehofft. Ist sie zuhause gestorben, wie sie es sich gewünscht hat?«

Er rückt mich ein Stückchen von sich ab. »Das hat sie dir doch geschrieben. Nicht?«, fragt er erstaunt, als ich den Kopf schüttele. Neben ihm sehe ich, wie Tom zusammenzuckt.

»Ich habe keine weiteren Briefe von ihr erhalten. Der letzte war der mit dem Bild von Tom und seiner Familie.«

»Oh man!« Danny wechselt einen Blick mit ihm. »Wir haben dir alle geschrieben, nachdem das mit dem Bild und deiner Nachricht an Tom funktioniert hat. Wo ist der Brief abgeblieben?«

»Ich habe keine Ahnung. Aber das ist jetzt auch nicht mehr von Belang. Ihr seid hier, nur das zählt. Oh, ich freue mich so!« Wir umarmen uns erneut, und er gibt mir einen sanften Kuss auf die Wange.

Angelockt von den Stimmen, kommen jetzt auch alle anderen aus der Küche, und es gibt ein Riesenhallo. Sean hebt mich hoch und küsst mich ganz ungeniert auf den Mund, Rob kommt zu mir mit Tränen in den Augen und mag mich gar nicht mehr loslassen. Vince, angetan mit einer von Perris Kochschürzen, beschränkt sich auf Küsschen links und rechts und verschwindet dann wieder verdächtig schnell in die Küche. Als letztes steht ein junger Mann vor mir, den ich beinahe nicht erkannt hätte.

»Meine Güte, Col! Wie siehst du denn aus?!«

»Hallo Sanna.« Er umarmt mich sichtlich verlegen. Die Haare militärisch kurz geschoren, noch ein Stück gewachsen und ähnlich durchtrainiert wie sein Vater hat er sich vollkommen verändert.

»Col wird an die Feuerwehrakademie gehen«, sagt Rob hörbar stolz. »Er hat die Aufnahmeprüfung auf Anhieb bestanden. Wie sein Vater und die Jungs damals auch.«

Ich muss lachen. »Ein richtiges Bootcamp, was? Glückwunsch, Col. Und, hast du auch Jungs, die mit dir dorthin gehen?«

Alle grinsen und klopfen ihm auf die Schulter. »Na sicher«, sagt Sean und verpasst ihm einen Nackenschlag.

Sie nehmen mich in die Mitte und wollen mich in die Küche dirigieren, aber ich halte sie zurück. »Gebt mir einen Moment allein mit ihm, wollt ihr das tun?« Ganz bewusst schaue ich jetzt Tom an.

»Na schön. Dann zeig doch mal, was für Schätzchen da im Weinkeller lagern, Danny«, sagt er, und sie lassen mich allein.

Vor der Küchentür atme ich ein paarmal tief durch und wappne mich. Leise schlüpfe ich in die Küche hinein. Kris und Perri schauen auf, als sie mich sehen. Ich lege die Finger an die Lippen, denn ich habe ihn schon entdeckt. Sie haben ihn auf die Ofenbank gebettet. Das ist der wärmste Platz im ganzen Haus, und ich ahne, dies wird auch sein Sterbelager werden. Hinter mir höre ich, wie Kris und Perri den Raum verlassen. Nur Vince bleibt am Herd, aber er wendet uns taktvoll den Rücken zu.

Von Jimmy sehe ich zunächst nur die gefalteten, knochendürren Hände. Doch als ich an ihn herantrete, muss ich mich dennoch mit aller Macht zusammennehmen, um nicht laut aufzuschluchzen. Er ist nur noch ein Schatten seiner selbst. Abgemagert, das Gesicht einer jener Totenschädelgestalten aus Essies Vergangenheit ähnlich, wie man sie damals aus den Lagern befreit hat. Dieser Vergleich drängt sich mir unwillkürlich auf. Er wird durch die Nase beatmet, das Sauerstoffgerät macht leise, regelmäßige Geräusche. An der Seite hängen zwei Beutel mit Flüssigkeiten. Tom hat recht, er hätte nicht herkommen sollen.

Lautlos lasse ich mich auf die Knie nieder und schaue ihn an. Er schläft, jeder Atemzug gut hörbar ein mühsames, brodelndes Luftholen. Plötzlich ist es egal, was in der Vergangenheit zwischen uns gestanden hat. Angesichts dessen wird es belanglos. Ich umfasse sanft seine Hände, lehne den Kopf an seine Schulter und schließe die Augen. Er riecht nach Tod, derselbe Geruch, den ich schon damals wahrgenommen habe, nur maskiert den jetzt nichts mehr, kein Deo, kein Aftershave. Dennoch ist mir dies viel lieber als diese Maske aus künstlichen Düften, denn irgendwo darunter liegt noch ein anderer Geruch, der von dem Mann von einst, natürlich und gut.

Meine Berührung weckt ihn langsam auf. Ich spüre, wie er kurz zusammenzuckt, und dann erkennt er mich und seufzt leise. Seine Hand umfasst mich, zieht mich näher. »Ich hatte drei Wünsche, bevor ich sterbe. Gerade ist der zweite in Erfüllung gegangen«, flüstert er mir ins Ohr und gibt mir einen sanften Kuss auf die Wange.

»Ach ja? Und welche sind das? Lass mich teilhaben an deiner Weisheit.« Ich muss lächeln und rücke ein Stück von ihm ab, damit ich ihn ansehen kann. Sofort muss ich meinen Eindruck revidieren. Ja, er ist so dürr wie die Gestalten von damals, aber der Rest gleicht in keiner Weise der dumpfen Hoffnungslosigkeit in jenen Gesichtern. Seine Augen leuchten blau mit unverminderter Kraft, und als er mich anlächelt, erscheinen auch die Grübchen, und er sieht wieder ein wenig aus wie der Jimmy, den ich einst kennengelernt habe.

»Dein freches Mundwerk habe ich wirklich vermisst«, sagt er und legt mir die Hand an die Wange. Sanft streichen seine Finger über meine Haut. Ich lege meine Hand auf seine, halte sie fest, drücke einen Kuss darauf. Er seufzt. »Nun, der erste Wunsch war, ich wollte nicht allein, sondern im Kreis meiner Freunde sterben. Diesen Wunsch haben sie mir erfüllt. Der zweite war, dass ich dich noch einmal wiedersehen und im Arm halten kann. Oh, Sanna!« Jetzt zerbricht etwas in ihm.

Ich kann gar nicht anders, muss ihn einfach wieder umarmen. »Schscht, nicht...«

»Als diese Nachrichten kamen, da wusste ich weder ein noch aus, und Tom, der ist völlig verzweifelt...«

»Ich weiß.« Jetzt fange ich doch an zu heulen, es hilft nichts. Er drückt mich so fest an sich, wie er es gerade noch eben kann. »Auch ich habe von euch ein paar ganz schlimme Botschaften erhalten. Aber damit hat er mich nicht reingelegt. Ich habe schnell gemerkt, was da los war.«

»Gott sei Dank hast du das«, sagt Vince da hinter mir und tätschelt mir tröstend die Schulter.

Ich mache mich von Jimmy los, nehme stattdessen Vinces Hand und drücke sie. »Ich hoffe nur, er hat deine Ma in Ruhe gelassen, Vince. Die ist ein echter Schatz.«

»Oh ja, das hat er, er hat gar nicht mitbekommen, dass sie es war... ich meine, du... ach, verdammt. Danke, Sanna. Danke wirklich, für alles.« Errötend wendet er sich wieder dem Herd zu.

»He, fangt ihr etwa ohne uns an zu erzählen?«, ruft da Sean vor der Tür und reißt sie auf. Jetzt kommen sie alle rein, beladen mit

Flaschen, Geschirr und anderen Dingen. Der Tisch wird gedeckt, Vince macht das Essen fertig. Pasta nach einem Rezept von seiner Ma, kräftig unterstützt von Perri. Ich beteilige mich nicht daran, lasse sie einfach machen, und halte stattdessen Jimmys Hand, der mich unverwandt mit schimmernden Augen anschaut.

»So, genug geflirtet, Alter«, sagt Sean und drückt mir ein Sektglas in die Hand. »Hier, etwas Anständiges zu trinken. Ihr habt da einen netten Weinkeller, das muss ich schon sagen.«

Das weiß ich, bin ich versucht zu sagen. Denn die Hälfte darin stammt von mir, mindestens. Aber das sage ich nicht laut, als wir alle mit dem Crémant anstoßen, den Sean herausgesucht hat. Auch einer von meinen.

»Was soll ich sagen? Schön, dass ihr da seid!« Wir umarmen uns noch einmal, dann nehmen alle Platz. Ich setze mich ganz bewusst so, dass ich Jimmy anschauen kann und er mich. Er lächelt, als er das bemerkt. Lizzie schlüpft sofort neben mich, und Tom setzt sich an meine andere Seite. Derart umfangen, spüre ich, wie ich richtig froh werde und alle Anspannung von mir abfällt.

»Danke, dass wir hier sein dürfen«, sagt Rob zu Kris und Perri.

»Ja, vielen Dank«, kommt es auch von den anderen. Perri grinst wie ein Honigkuchenpferd, aber Kris' Lächeln wirkt etwas angestrengt. Oh ja, die ist sauer, und wie! Und nicht wenig von ihrem Zorn betrifft mich, das spüre ich.

»Da habt ihr ja schön etwas ausgeheckt«, sage ich und schaue Kris kurz an. »Hättet ihr mich nicht vorwarnen können? Ich war schon drauf und dran, heimlich nach New York zu fliegen!« Jetzt reißt Kris die Augen auf. Offenbar hat sie gedacht, ich hätte mir das mit Perri gemeinsam ausgedacht.

»Quid pro Quo, Sanna.« Tom bedenkt mich mit einem liebevollen Lächeln. Ich ziehe die Augenbrauen hoch. »Nein, nein«, winkt er schnell ab, »das war ein Scherz. Es war verdammt schwierig, dies alles an der Nase vom FBI und diesem Typen vorbei zu organisieren.«

»Psycho«, sage ich, was alle fragend schauen lässt. »So nennen wir ihn. Wegen seines Namens. Norman Bates. Wie aus dem Hitchcock Klassiker. Er ist es, nicht wahr? Haben sie ihn endlich hochgenommen?« PicX war sich da bis zuletzt nicht ganz schlüssig gewesen. Es war nur plötzlich so ruhig. Er hätte auch abgetaucht sein können.

»Oh ja«, sagt Sean, und seine Miene verdüstert sich. »Der wird bis an sein Lebensende ins Gefängnis wandern. Dieser Virus hat sich rasend schnell verbreitet, er hat sogar unsere Meldestrukturen lahmgelegt, und nicht nur bei uns. Die Cops, die Krankenhäuser, alles war betroffen. Es sind Menschen deswegen gestorben, Sanna, weil wir nicht rechtzeitig zum Einsatz kommen konnten. Deshalb wird er auch wegen Mordes angeklagt. Da kommt er nicht mehr raus.«

»Und Pam? Die hat das doch in Auftrag gegeben, oder?« Ich drücke Lizzie bei diesen Worten an mich.

»Die ist auch dran«, spuckt Vince aus und schwenkt drohend seinen Rührlöffel. »Ihre Leute haben sich von ihr losgesagt. Sie hat jetzt einen Pflichtverteidiger. Mac sagt, sie wandert in die Klapse. Da gehört sie meiner Meinung nach auch hin. Sorry, Kids.«

»Ist schon gut«, sagt Lizzie, und Col winkt ab, aber ich sehe, wie sie traurig den Kopf senkt.

»Wie hast du es gemerkt?«, fragt Danny. »Dazu hast du nichts geschrieben. Wir waren alle vollkommen überrascht. Das FBI hat uns gelöchert, das kann ich dir sagen! Aber du hast dich und deine Quellen gut geschützt.«

Es interessiert sie brennend, das merke ich. »Nun«, sage ich und trinke noch einen Schluck, »ihr habt euch ja alle mehr oder weniger über meine Internetphobie lustig gemacht, aber in diesem Fall hat uns das gerettet. Psycho hat mir Messages mit unbekannten Handynummern geschickt. Bei dir, Tom, habe ich als erstes geantwortet und ihn um eine Verifikation gebeten. Die hat er mir auch geliefert, nur hat er da einen Fehler gemacht: Als Fotografin erkennt man ein gefälschtes Bild, wenn man es vor sich hat. Er hat dein Bild genommen, das du mir damals in Page geschickt hast, und nur den Hintergrund verändert. Am Bild dran hing dann der Virus. Da ging plötzlich ein Download vonstatten, etwas, das ich sonst nie automatisch zulasse. Da habe ich gemerkt, dass etwas nicht stimmt. Und die Kavallerie angerufen.«

»Und die sind wer?«, fragt Sean und zieht eine Augenbraue hoch.

Ich lächele spöttisch. »Wir kennen uns nur unter ihrem Alias. Keine echten Namen, keine Kontaktdaten, nichts. Sollen die vom FBI doch suchen, bis sie schwarz werden. Ich hoffe, ihr habt ihnen nichts gesagt, oder?«

»Oh nein.« Jetzt seufzen sie alle, und Sean ergänzt: »Die haben nur darauf gelauert, dass wir mit irgendwem Kontakt aufnehmen. Deinen Brief hat Danny verbrannt, als er ihn gelesen hatte, ganz wie du es geschrieben hast.«

»Uns ist ein Stein vom Herzen gefallen, das kannst du dir gar nicht vorstellen«, ergänzt Danny.

»Das hat deine Großmutter geschrieben, ja.«

»Wusstest du, dass es in New York nur noch eine einzige Telefonzelle gibt, die nicht von einer Videokamera oder sonst irgendwie überwacht ist?«, sagt Tom zur mir und legt mir den Arm um die Schultern. »Sie befindet sich in einem Keller. Von da aus habe ich versucht, hier anzurufen. Aber ich habe nie jemanden erreicht.«

»Oh je.« Jetzt schaue ich Perri an, und wir müssen lachen. »Das wundert mich nicht. Hier herrschen für gewöhnlich solch ein Lärm und ein solches Chaos, da hört keiner das Telefon. Wie hast du es dann geschafft?«, frage ich Tom.

Jetzt lacht auch er. »Ganz einfach: Ich habe über Umwege die Nummer von Georg herausgefunden, oder besser, Col hat das geschafft. Der hat mich vielleicht gelöchert, das kann ich dir sagen! Ich musste mich ganz schön anstrengen, ihm zu beweisen, dass ich wirklich ich bin und nicht dieser Freak.«

»Georg hat dann mich geholt«, ergänzt Perri, »aber wir haben beschlossen, euch nichts zu sagen, wegen des FBIs und der laufenden Ermittlung. Weil es zu gefährlich war. Das sagt Georg übrigens immer noch, er meint, das war verdammt riskant. Wenn die auf Sanna gekommen wären, dann hätten die sie mit hochgenommen und uns auch, oder noch Schlimmer, der Psycho wäre auf uns losgegangen. Ich hoffe, ihr habt euch an seine Ratschläge gehalten.« Er lächelt Kris um Verzeihung bittend an, was sie mit einem Augenrollen quittiert. Sie kann es genauso wenig leiden, beschützt zu werden, wie ich.

»Oh ja«, sagen alle wie aus einem Mund. »Fällt dir was auf?«, fragt Danny mich.

Ich bin erst ein wenig ratlos, doch dann: »Moment mal, wo sind eure Handys? Habt ihr sie zuhause gelassen?«

»Nein«, sagt Tom, »aber im Koffer, fest eingewickelt in eine dicke Lage Metallfolie, damit sie nicht trackbar sind. Der Virus wurde zwar entfernt, aber die Software vom FBI ist noch drauf, sie würden alles mitschneiden. Wir hatten gehofft…«

»Dass meine Kavallerie sich dessen annehmen könnte?« Ich muss grinsen. »Haben wir noch vier Übernachtungsplätze für weitere Gäste, Kris? Ich wette, die würden gerne mal mit so was spielen, so einer echten Spionagesoftware.«

Jetzt lacht auch sie. Es erleichtert mich. »Wird schon passen. Die sind ja nicht anspruchsvoll.«

»Oh man, Sanna, das hatten wir gehofft«, sagt Col. »Wir haben unsere Karten alle gekündigt und uns neue besorgt, aber solange die Software noch in unserem Netzwerk ist… Das war echt mies, man durfte nie sagen, was man denkt. Wir hoffen, dass sie uns ein paar Tipps geben können, wie wir nicht mehr belauscht und getrackt werden können.«

»Ich kann mir vorstellen, dass das schwer war«, seufze ich und zeige dann um uns herum. »Nun, hier dürft ihr jedenfalls sagen, was ihr denkt, frei heraus. Entspannt euch, und genießt die Zeit, bis wir euch aus dem digitalen Koma befreien können. In ein paar Tagen steigt hier ne Party, da kommen zahlreiche Leute von überall her, Künstler meistens, aber auch andere. Ein paar Freunde, Nachbarn. Genießt es einfach.« Ich gebe Tom einen Kuss, drücke Lizzie noch einmal an mich, und wir stoßen erneut an.

Dann tischen Vince und Perri das Essen auf. »Mit vielen Grüßen von meiner Ma«, sagt er zu mir und tut mir persönlich auf. Wir schwelgen in Pasta, so gut, wie ich sie noch nie gegessen habe.

»Hm, Vince, die ist phantastisch!«, stöhnt Perri und tut sich noch eine Portion auf.

»Seine Mama hat mit ihm geübt, mit der Peitsche in der Hand«, spottet Sean und fängt sich dafür einen bösen Ellenbogenstoß von Vince ein.

»Jaa, *das* kann ich mir vorstellen«, murmele ich mehr zu mir selber, aber es hören trotzdem alle, und ich muss grinsen. Vince wird ein wenig rot hinter den Ohren, das ist mir vorhin schon aufgefallen, aber ich glaube nicht, dass er darüber in der großen Runde sprechen möchte, und das verstehen auch die anderen. So kommen während des Essens nur unverfängliche Themen auf den Tisch, damit es uns nicht die Freude verdirbt.

»Sie haben uns sogar eine Belohnung oder besser Entschädigung angeboten, stellt euch das vor«, erzählt Vince mit vollem Mund. Er und Perri sind immer noch am Essen, während alle anderen bereits die Segel gestrichen haben.

»Aber wir haben stattdessen gesagt, sie sollen uns den Flug hierher organisieren, das wäre das Mindeste, was sie für uns tun könnten«, ergänzt Sean und schenkt sich nochmal Wein nach. So langsam kommen sie alle richtig in Schwung, und dabei ist es noch früh, gerade mal sieben Uhr. »Also sind wir mit einer

Diplomatenmaschine angereist, nach Berlin. Junge, Junge, war das ein Luxus!«

»Bestimmt noch besser als die First-Class, bezahlt vom FBI«, pruste ich los und stoße mit ihm an. Ich bleibe lieber bei dem Crémant, da bin ich vorsichtig, ich trinke nie durcheinander. Kris hält es genauso, wir teilen uns den Rest der Flasche.

»Aber mal im Ernst, wären sie da nicht gleich auf Sanna gekommen?«, fragt Perri besorgt.

»Nein. Wir haben ihnen erzählt, wir wollen die Asche meiner Großmutter nach Hause bringen. Holocaust Überlebende, das hat Eindruck gemacht«, sagt Danny, ernst auf einmal. »Vielleicht… können wir wirklich mal hinfahren, Sanna, was denkst du? Es ist doch nicht weit, oder?«

»Nach Rostock? Klar, wenn das Wetter mitspielt. Dann können wir auch gleich den Weihnachtsmarkt besuchen, der ist echt schön. Nicht wahr, Lizzie?« Sie lehnt schon wieder an mir, die Augen müde. »He, ich glaube, du musst mal schlafen, was? Wie lange wart ihr denn unterwegs?«

»Alles in allem…«, Tom schaut auf seine Uhr, »etwa vierundzwanzig Stunden mit Wartezeiten. Wir sind über Washington geflogen. Diplomatenmaschine halt. Los, Liz, ab ins Bett mit dir. Zeig mir mal, wo du untergekommen bist, ja?«

Lizzie hat keine Einwände, was mir sagt, wie fertig sie ist, aber sie besteht darauf, dass auch ich mitkomme. Wir steigen ins zweite Obergeschoss, wo sie sich mit Col eine Kammer teilt. Es ist ein Zimmer mit Ausblick auf die Auffahrt, schön weit kann man da gucken.

Ich setze mich zu ihr aufs Feldbett. »Spuck's aus, was bedrückt dich?«

»Sanna, ich…« Sie beißt sich auf die Lippen, schaut kurz zu ihrem Vater. Ich sehe ihn an und mache eine unmerkliche Bewegung mit dem Kopf, und Tom versteht. »Schlaf gut, Kleines«, sagt er, gibt ihr einen Kuss und lässt uns allein.

»Was wolltest du mich fragen?«

»Meinst du, deine Freunde können mir ein paar Dinge zeigen? Wie ich meine Konten besser schützen kann und so? In der Schule redet niemand mehr mit mir, wegen der Sachen, die der Typ geschrieben hat. Das ist nicht mehr schlimm«, ergänzt sie schnell, »denn ich gehe bald in eine neue Schule, aber das möchte ich nicht nochmal erleben. Meinst du, die machen das?«

»Bestimmt. Wir fragen einfach PicX. Sie ist eine Frau, sie hilft dir. Aber Lizzie, du weißt bestimmt, dass der beste Schutz ist, gar nicht bei Social Media unterwegs zu sein. Ich weiß, das ist schwer«, ich tätschle ihr den Arm, »du willst nicht außen vor stehen. Sie hat bestimmt ein paar Tipps für dich. Ich rede mit ihr, okay?«

»Okay.« Lizzie lächelt mich müde an und gähnt jetzt ungeniert. »Kommen eigentlich noch andere Kids, solche in meinem Alter, zu der Party?«

Nanu, woher diese Frage? »Ja, meine Nichte Tamara kommt, und vielleicht auch noch ein paar andere. Wieso?«

»Ach, nur so. Es wäre toll, wenn noch ein paar da wären. Gute Nacht, Sanna. Es ist schön, bei euch zu sein.« Ihr fallen schon die Augen zu, da bin ich noch nicht einmal aufgestanden. Arme Kleine, seufze ich, als ich leise die Tür schließe und wieder in Richtung Treppe gehe. Eben wirkte sie immer noch so verletzlich und kindlich, trotz ihrer vierzehn Jahre. Weil eine gewisse Person sie nie unterstützt und gefördert hat. Ihr Vater konnte das nicht wirklich ersetzen und die anderen auch nur bedingt. Also muss ich diesen Platz wohl einnehmen, wenigstens für die paar Tage, die sie hier ist.

Auf der unteren Treppe kommen mir Kris und Perri entgegen. »Wir lassen euch allein«, sagt Perri, »ihr habt bestimmt viel zu erzählen.«

»Rob ist auch schon ins Bett gegangen, er war echt fertig. Muss ein ganz schöner Ritt gewesen sein. Aber wem sag ich das.« Kris hakt sich bei Perri ein, und sie wollen weiter die Treppe hoch, aber so leicht kommen sie mir nicht davon.

»Wo ist er? Ihr wisst es doch, oder?« Fordernd schaue ich von ihr zu ihm.

Kris runzelt die Stirn. »Was meinst du…?« Aber sie verstummt, denn Perri zieht sofort schuldbewusst die Schultern ein.

Ich stemme die Arme in die Hüften. »Was soll das? Bist du jetzt bei der Stasi oder was?«

»Perri?« Kris mach sich von ihm los.

»Ich… ähm… ich dachte, dass du vielleicht… der lag in der Post, nachdem Tom angerufen hat. Als wir beschlossen hatten, dir nichts zu sagen. Euch. Ich dachte, den verstecke ich lieber, sonst machst du noch irgendwelche Dummheiten. Tut mir leid, Sanna. Ich wollte dir nicht wehtun.«

Ich schüttele nur den Kopf, zu getroffen, um wütend oder traurig zu sein. »Manchmal glaube ich, ihr haltet mich für dumm oder ohne Verstand. Macht das nie wieder, verstanden? Das ist mein Leben, meins allein. Die eine blockiert meine Anrufe, und der andere kontrolliert meine Post! Ich fasse es nicht! Morgen früh will ich ihn haben, hörst du? Aber nicht jetzt.« Ich lasse sie einfach stehen. Nun merke ich, wie doch der Zorn in mir brodelt, über diese endlosen Wochen, Monate ohne eine Nachricht von meinem Liebsten. Was hätte das alles geändert! Aber so haben sie mich beschäftigt gehalten, nicht ganz uneigennützig, das möchte ich wetten. Verraten und verkauft, so fühle ich mich. Schutz, von wegen!

Ich muss mich doch sehr zusammennehmen, dass die anderen nichts merken, als ich in die Küche zurückkehre. Der Tisch ist abgeräumt, sie sind um Jimmys Lager herum zusammengerückt, bewaffnet mit einer neuen Flasche Wein. Nur mein Sektglas, das ist fort. Mir soll's recht sein, ich habe eh genug. Ich hole mir eine Flasche Wasser und ein neues Glas und setze mich jetzt ganz bewusst zwischen Vince und Tom. »Ist Col auch ins Bett gegangen?«

»Hmpf! Nein, dem ist nur langweilig«, brummt Tom und winkt ab. »Perri hat ihm seine DVD Sammlung gezeigt.«

»Jaja, so ein digitales Koma kann ganz schön ätzend sein für jemanden wie ihn«, spottet Sean. »Soll er sich ruhig daran gewöhnen. In der Akademie kassieren sie die Dinger eh ein. Das hat derart überhandgenommen in den letzten Jahren, dass sie das einführen mussten.«

»He, was ist los?«, fragt Tom, als ich so gar nicht auf ihre Scherze eingehen will, sondern nur stumm dasitze.

Ich seufze. »Ich weiß jetzt, wo der Brief abgeblieben ist. Wie ich das hasse, wenn man mich bevormunden will! Ihr habt es auch getan, auf gewisse Weise.«

»Wir wollten dich schützen«, erwidert Tom knapp, und die anderen nicken düster dazu.

»Du glaubst gar nicht, wie Pam aufgedreht hat«, kommt es schwach von Jimmy. »Das solltest weder du noch die Kids erleben. Es war schon für uns schlimm genug.«

»Hätte die gewusst, wer du bist und was du für Tom getan hast, dann hätte sie sich auf dich eingeschossen. Schlimm genug, dass der Psycho hinterher all unsere privaten Mails und Chats gelesen hat und damit sie auch.« Danny trinkt einen Schluck Wein.

»Es läuft mir kalt den Rücken herunter, wenn ich daran denke«, sage ich leise. »Man kommt sich richtig entblößt vor, nicht?«

»Oh ja«, erwidern alle grimmig.

»Jedenfalls, beim Prozess hat Mac wegen Pams Offensive beantragt, dass du unter Ausschluss der Öffentlichkeit befragt wirst, als Zeugin«, fährt Danny fort. »Er sagt, du warst gut. Beeindruckend, das war seine Wortwahl. Wir durften das nicht sehen, und die Gegenseite auch nicht.«

»Oh man, da bin ich erleichtert«, stoße ich aus und drücke Toms Hand. »Kris und ich, wir haben ein Theaterstück aufgeführt. Sie muss oft mit Behörden, Kulturträgern und anderen Institutionen verhandeln. So haben wir es dann auch aufgezogen. Scheint funktioniert zu haben. Aber du, Vince, du hast in der Öffentlichkeit ausgesagt?«

»Oh ja.« Er atmet tief durch und schaut mich dann warm an. »Auch wenn mir das verdammt schwergefallen ist. Das war meine Rache.«

»Hat sie dich erpresst?«

Er zuckt zusammen. »Mensch, Sanna, das ist echt...«

»Unheimlich? Nicht doch. So schwer war das nicht zu erraten«, schüttele ich den Kopf. »Womit?«

Vince verstummt. Es will ihm nicht über die Lippen. Er wirft Tom einen beinahe hilflosen Blick zu. »Sie hat ihn in einer Bar abgeschleppt«, grollt dieser.

»Hat mir was in den Drink gekippt«, kommt es jetzt leise von Vince. »Dann hat sie mich in ein Hotelzimmer verfrachtet und uns gefilmt. Hinterher sagte sie, wenn ich rede, zeigt sie mich wegen Vergewaltigung an. Ich hab's geglaubt. Bis... ja bis...«

»Maria kam und das Zepter geschwungen hat?«

Er nickt leicht. »Puh!« Jetzt muss er kurz den Kopf abwenden, ein ungewohntes Bild bei dem sonst so fröhlichen, gutmütigen Vince. Hastig nimmt er noch einen Schluck Wein, dann spricht er weiter: »Nachdem meine Ma mit dir telefoniert hat, ist sie losgezogen durch unser Viertel, hat mit allen gesprochen. Ich wäre gar nicht auf die Idee gekommen! Aber sie, sie hat die Bar ausfindig gemacht und den Besitzer, auch einen Italiener, und stell dir vor, der hat's gesehen an jenem Abend. Ich wusste das gar nicht mehr, es war einfach alles weg.«

»Das ist wirklich unglaublich«, ergänzt Danny und stößt Vince an. »Mehr als sechs Jahre später weiß er das noch ganz genau, und er hat eine Regel: Wenn er so etwas sieht, hebt er das Überwachungsvideo davon auf. Er hatte es noch. Er meinte, ihm wäre so was auch mal passiert, deshalb macht er es.«

»Und so hattet ihr sie im Sack, nicht?« Jetzt stoßen wir alle an, und ich drücke Vince kurz, was der sich verlegen gefallen lässt. »Ihr denkt immer, ihr könnt das allein ausfechten, dabei habt ihr Familie, Freunde, die euch alle helfen können. Ihr müsst nur mit ihnen reden.« Das kann ich mir nicht verkneifen zu sagen.

»Das haben wir verstanden, Sanna«, sagt Danny leise. »Was ihr Frauen alles an unserer Nase und der vom FBI vorbei organisiert habt, das war phänomenal. Mac hat fast einen Kniefall gemacht, als Vince mit dem Video ankam. Er sah schon alle Felle davonschwimmen.«

»Es war knapp. Verdammt knapp«, sagt Tom neben mir und zieht mich an sich. »Du hättest den alten Montgomery sehen sollen. Als hätte ihn der Schlag getroffen. Und Styles, der hat sich vielleicht ins Fäustchen gelacht. Der kann Pam nicht ausstehen, konnte er noch nie. Die Kids hatten wirklich einen guten Riecher. Dank dir.« Jetzt nimmt er mich fest in den Arm und küsst mich ungeniert auf den Mund. »Ich glaube, wir gehen ins Bett. Wer fängt an?« Er schaut in die Runde.

»Ich«, sagt Danny. »Wir bleiben bei Jimmy und wechseln uns alle zwei Stunden ab«, erklärt er mir.

»Ich habe hier ein schönes Lager«, kommt es von Jimmy, und er greift nach meiner Hand. »Kris und Perri sind wirklich toll. Er hat gleich gesagt, bei uns kommen die Kranken nicht in eine abgelegene Kammer, wo sie einsam sind. Sie bleiben mitten in der Familie, bis es zu Ende geht. Ich wollte erst nicht, wegen der Gäste und so. Aber er hat das nicht gelten lassen.«

Tränen steigen mir in die Augen, ich kann es nicht verhindern. »Perri ist echt ein Schatz. Dies ist der beste Raum überhaupt. Er ist das Herz des Hauses, hier ist immer etwas los. Doch, sie haben recht. Also mach dir keinen Kopf. Wem es nicht passt, dass du hier liegst, der kann gleich wieder gehen. Unser Haus, unsere Regeln. Ganz einfach. Gute Nacht.« Ich drücke seine Hand. »Wenn Tom dran ist, komme ich mit.« Mein Lächeln ist ihm Versprechen genug. Er schließt erschöpft die Augen und schläft fast augenblicklich ein. Dieser Abend und die Reise müssen ihn angestrengt haben, und wie!

Drüben angekommen, bin ich einen Moment allein, denn Tom holt noch seinen Rucksack und die übrigen Klamotten. Ich sitze auf dem Sofa und merke, wie mir die Tränen zu laufen beginnen, es hört gar nicht mehr auf. Trauer, Erleichterung, Wut, alles schlägt über mir zusammen. So fröhlich der Abend war, er war mal wieder eine Achterbahnfahrt der Gefühle. Wann das wohl endlich aufhört und wir einfach nur normal leben können?, frage ich mich.

Als ich Tom kommen höre, wische ich mir hastig die Tränen ab. Durch die Scheibe des Wohnzimmerfensters sehe ich draußen einen Schatten. Es ist das Mädchen, es schaut mich erschrocken an. Doch ich beruhige es sofort. Als Tom zu mir kommt und mich in die Arme nimmt, reißt es die Augen auf und schlägt die Hände vor den Mund. Ich lächele an Toms Schulter und schaue zu, wie es herumwirbelt und davonrennt.

Unsere Nacht ist kurz, unterbrochen von zwei Stunden Wache an Jimmys Lager, die der jedoch schlafend verbringt. Wir sprechen nicht in dieser Zeit, sitzen nur stumm da, während die Uhr an der Küchenwand leise tickt und uns schmerzhaft daran erinnert, wie seine Zeit auf dieser Welt verrinnt.

Hinterher, als Rob uns abgelöst hat und wir wieder im Backhaus auf der Schlafstätte liegen, bricht Tom zusammen. Ich bin ehrlich erschrocken. Er weint nicht laut, es passiert stumm, und dennoch, es klingt fast wieder so wie in jener Zeit im Navajo Land. Ich kann ihn nur festhalten und ihm so Trost geben, denn er sagt keinen Ton, und ich dränge ihn auch nicht. Mag er darüber reden oder auch nicht. Ich kann mir ja denken, was ihn so fertig macht.

Kapitel 7

Als wir wieder aufwachen, geht gerade die Sonne auf und scheint in das Giebelfenster herein. Es ist kalt im Backhaus, das Feuer ist aus.

»Hm, ich mag gar nicht aufstehen«, brummt Tom und dreht mich herum, sodass ich vor ihm zum Liegen komme. »Deine Decken, die sind wirklich schön. Ganz kuschelig.« Kein Wort über die Nacht verliert er. Mir solls recht sein.

»Das sind Daunendecken. Ich mag dieses englisch-amerikanische Wolldecken-und-Laken-ineinander-Gestecke nicht, das klemmt einen so ein. So schläft es sich besser.«

»Oh ja«, brummt er in mein Ohr, »besonders zu zweit.« Seine Hände fangen an zu wandern, und die trüben Gedanken verschwinden im Nu.

Doch irgendwann nützt es nichts, ich muss raus aus der Wärme und Feuer machen. Tom schaut mir stumm zu, wie ich mir rasch etwas Warmes überziehe und dann fröstelnd nach unten steige, um den Ofen in Gang zu bringen. »Weißt du, ich habe mich letzten Winter nicht nur einmal gefragt, wie du das aushältst, immer diese Kälte, immer im Zelt. Aber wenn ich das hier so sehe… nun wundert mich nichts mehr«, kommt seine Stimme hinter mir her.

»Jein«, sage ich, fege das Ofenrost leer und stapele neues Holz darauf. In der Nacht habe ich das Feuer bewusst ausgehen lassen, denn ich muss mal wieder Rost und Ascheschublade reinigen, was ich jetzt auch tue. Es geht ja schnell. Außerdem stelle ich fest, das Kleinholz ist fast alle, ich muss neues machen. »Ich habe schon immer in Altbauten gelebt, nie in einem modernen Haus. Man lernt, damit umzugehen. Es macht mir nichts aus.« Ich reiße ein Streichholz an und halte es an ein Stück Ofenanzünder, schiebe beides in den Stapel. Noch rasch die Züge geöffnet, dann schließe ich die Klappe wieder. Der nächste Griff erfolgt automatisch: Prüfen, ob noch genügend Wasser im Kessel ist. Ist es nicht, also fülle ich ihn mit Schnee von draußen und auch gleich den großen Topf. »Willst du Tee oder Kaffee?«, frage ich nach oben.

»Lieber Kaffee«, gibt er zur Antwort. »Soll ich dir was helfen?«

»Nein, brauchst du nicht.« Jetzt komme ich wieder zu ihm herauf. »Außer… mich wärmen.« Grinsend klettere ich zu ihm ins Bett.

»Na, das bekomme ich doch hin«, erwidert er und nimmt mich fest in die Arme.

Eine halbe Stunde später kocht das Wasser, und wir machen es uns mit einer Tasse Kaffee am Tresen gemütlich. Tom schaut sich immer noch sprichwörtlich augenreibend um. »Wie winzig das hier ist.« Er quetscht sich auf einen der Barhocker am Küchentresen, während ich auf der anderen Seite am Küchenblock lehne.

»Tja«, sage ich und hebe die Schultern. »Die meisten meiner Sachen sind eingelagert, und ich habe festgestellt, ich brauche sie auch gar nicht. Ab und an mal ein Stück, ein Buch. Ich denke, das meiste werde ich den Kids vermachen, wenn die ausziehen und ihren eigenen Hausstand gründen. Bisher wohnen die alle noch im Hotel Mama.« Bei dem Wort muss er lachen. »Nur das Werkzeug und die Maschinen, die sind hierher gekommen, aber das lagert alles drüben in den Wirtschaftsgebäuden.«

»Du hast auf jeden Fall wesentlich mehr Arbeitsklamotten als normale«, amüsiert er sich mit Blick in den kleinen Flur. Dort hängen die Sägeklamotten neben Arbeitshosen und diversen anderen alten Jacken.

»Das bringt das Leben hier mit sich. Im Sommer, wenn die Helfer da sind, trage ich kaum etwas anderes, und im Winter nur, wenn ich mal weg muss. Du hast mich doch gestern gesehen, mit Perri. Dieser Hof macht einfach unendlich viel Arbeit. Das ist der Alltag hier, Tom.« Ich lehne mich an den Tresen und genehmige mir einen Schluck Kaffee.

Er dagegen starrt mit einem Mal düster auf seine Tasse herab, ohne etwas zu trinken. »He, was ist denn?«, frage ich behutsam.

Er zuckt mit den Schultern. »Ich hatte noch nicht wirklich eine Chance, wieder so etwas wie einen Alltag zu entwickeln.«

»Oh Tom, das war doch kein Vorwurf«, erwidere ich und streiche ihm über die Hand.

Er nimmt sie in seine, drückt einen Kuss darauf. »Das habe ich auch nicht so aufgefasst. Aber ich werde vielleicht bald wieder so etwas wie einen Alltag haben. Ich habe nach Ende der ganzen Sache mit Jeff Hensson gesprochen. Sie haben die Mittel bewilligt bekommen und…«

»Nein! Sag nicht, die geben dir eine Stelle? In Page?«

»Naja, nicht direkt in Page… und nicht nur irgendeine.« Jetzt lächelt er mich an. »Ich soll das Ding leiten, zusammen mit einem anderen Captain. Ich werde Chief, Sanna.«

»Du… du… wow!« Ich umrunde den Tresen, umarme ihn. »Das ist ja toll! Gratuliere! Wissen die anderen das schon? Wann geht es los? Kommt Lizzie mit dir? Sie hat mir etwas von einer neuen Schule erzählt gestern Abend. Oh, ich freue mich für dich!«

»Puh«, macht er mit einem halben Lachen und Seufzer. Er zieht mich auf seinen Schoß oder besser zwischen seine Beine, ein wenig umständlich wegen der Enge. »Ja, am ersten Februar. Dann fangen wir mit der Planung an. Und ja, Lizzie kommt mit mir. Dieser Neuanfang ist genau das Richtige für sie, sie hat sich in der anderen Schule nie wohl gefühlt.«

»Und was sagen die Jungs dazu?« Ich schaue ihn an, und richtig, ein ganz klein wenig schlechtes Gewissen zeigt sich in seinem Gesicht.

»Sie haben geschluckt, aber sie akzeptieren es. Das ist eine großartige Chance für mich, Sanna. Ich brauche einen Job, ich bin vollkommen pleite nach dieser Geschichte. Der Erlös aus dem Verkauf unseres Hauses ist komplett für die Anwalts- und Prozesskosten und die Restschulden draufgegangen. Was Pam wohl auch beabsichtigt hat. Im Moment lebe ich auf Kosten von Dad und den anderen im PFZ. Das kann doch nicht ewig so weitergehen. Der Name ist übrigens klasse«, grinst er und gibt mir einen Kuss auf die Wange. »Sean will ihn über die Eingangstür hängen. Als Erinnerung und Mahnung zugleich. Dass wir vorsichtiger sein müssen.«

Ich merke auf. »Ist denn der Virus auch nach Page gelangt? Über WhatsApp?«

»Oh ja.« Er nimmt noch einen Schluck Kaffee und schaut einen Moment sinnierend ins Leere. Dann sieht er wieder mich an. »Es war zwar nicht ganz so schlimm und das FBI hat das auch schnell wieder aufgeräumt, aber an Sean und Mo hat sich Psycho richtig ausgelassen. Sie hat den Kontakt abgebrochen. Im Sommer, vor dem Prozess, da war sie einmal kurz bei uns, da hat es zwischen ihnen gefunkt, das kann ich dir sagen. Aber dann, nach diesen WhatsApp, da gab es richtig Zoff. Wir konnten ihr ja nicht wirklich erklären, was abgegangen ist. Vor zwei Monaten war sie dann nochmal da, und da hat es endgültig gekracht. Sie glaubt uns nicht. Wie kann sie auch? Das ist zu abgefahren, zu irre.«

»Oh je.« Ich seufze. »Sie verbindet auch nicht das mit euch, was uns verbindet. Wir merken einfach, wenn etwas nicht stimmt. Soll ich sie mal anrufen? Nicht jetzt…«, ich rechne schnell nach. Nein, mitten in der Nacht dort. »Aber heute im Laufe des Tages? Ich finde, das sollte nicht so stehen bleiben. Ich habe mich ja auch nicht mehr bei ihr melden können.«

»Wenn du das tun könntest, wäre Sean dir gewiss sehr dankbar. Seine Liste ist zu Ende seitdem. Ich würde es dir gerne zeigen, hab's fotografiert. Am Ende steht ein blaues M. Blau steht für die Frau, die das Vagabundenleben beendet.«

»Ach was! Und wofür stehen Rot und Grün?« Ich muss grinsen, und auch er kann sich das nicht verkneifen.

»Rot steht dafür, wenn sie mehr als einmal etwas mit ihr gehabt haben. Und Grün steht für eine feste Freundin. Mindestens eine

Woche oder so. Waren wahrlich nicht viele. Auf Jimmys Tafel steht jetzt auch ein blauer Buchstabe. Rate, welcher.« Er umfasst mein Gesicht mit beiden Händen, streicht mir mit den Daumen über die Wangen.

»Nein…«, flüstere ich und muss die Augen schließen. Ich schlucke. »Das kann er doch nicht machen.«

»Es ist seine Tafel, Sanna. Also kann er. Passen tut mir das auch nicht, aber immerhin, er hängt es nicht öffentlich auf. Sie steht in seinem Schrank. Gesehen habe ich sie trotzdem, als ich mal Klamotten für ihn rausgesucht habe. Aber ich will es lieber so verstehen, dass mit dir sein bisheriges Leben endet. Denn das tut es ja.«

»Oh Gott. Ich hätte ihn nie so dicht an mich heranlassen dürfen«, stöhne ich leise und lehne den Kopf an seine Schulter.

»Schscht, nicht. Du bist, wie du bist, und herangelassen hast du ihn gar nicht, denke das nicht. Ich weiß das. Er ist es, der sich da in etwas reinsteigert. Das hält ihn noch aufrecht und hilft ihm, und von daher ist es okay für mich. Wir werden ihn schnell genug loslassen müssen. Ach, verdammt!« Jetzt kommen ihm wieder die Tränen und mir auch.

»Nein, nein«, ich mache mich los, »wir werden diesen schönen Tag nicht heulend hier drin verbringen! Los komm, lass uns frühstücken gehen. Wie ich Perri kenne, macht der uns etwas Leckeres.«

Und damit habe ich recht. In der Waschküche weht uns schon ein köstlicher Duft entgegen, und wir hören die Stimmen von Perri, Rob und den Kindern. Perri versucht gerade, ihnen ein paar Grundbegriffe in Deutsch beizubringen, was echt komisch klingt, er mit seinem dänischen Akzent und sie mit ihrem amerikanischen. Jimmy ist wach und amüsiert sich darüber. Als er mich kommen sieht, leuchten seine Augen auf. »Warst du heute Nacht bei mir?«

»Aber ja. Du hast es nur nicht gemerkt, so fest hast du geschlafen.« Ich gebe ihm einen Kuss auf die Wange zur Begrüßung, ich kann einfach nicht anders. Lass ihn doch Striche machen, wie er will. Tom sieht das und zwinkert mir unmerklich zu. Er weiß genau, was ich denke.

Nach und nach kommen auch die anderen aus den Federn gekrochen, und wir verbringen den Vormittag mit einem ausgedehnten Frühstück, das Kris und Perri mit viel Liebe für alle zubereitet haben.

»Das müsst ihr nicht tun«, sagt Tom irgendwann zu ihnen, »wir wissen, ihr habt viel zu tun. Also spannt uns ruhig mit ein.«

»Oh oh«, mache ich, und Perri lacht, »sag das niemals zu Kris, dann hast du keine ruhige Minute mehr.«

Sie kichert. »Das könnte tatsächlich passieren. Bevor die Party steigen kann, müssen wir noch wirklich viel erledigen. Daher ist es gut, dass ihr hier seid und mit anfassen könnt.«

»Zu Befehl, Ma'am«, machen die Männer, salutieren allesamt und brechen in Gelächter aus.

»Aber ich denke, heute steht erst einmal ein Besichtigungsprogramm an, und wenn ihr noch nach Rostock wollt, dann sollten wir das morgen tun, denn dann ist das Wetter gut, und es ist dort auch nicht so voll. Das wird kurz vor Weihnachten anders«, schlage ich vor. So vereinbaren wir es, und die Runde heben wir schnell auf, denn jetzt sind sie alle wirklich neugierig.

Als erstes steht das Haupthaus an, vom Dachboden bis zum Keller. Perri erklärt, wie wir die Restaurierung des Gebälks angefangen haben, und ich lerne einmal mehr eine ganze Reihe englischer Fachbegriffe, die ich so noch nie gehört habe, er aber schon, da er so viel im Ausland gearbeitet hat. Aber auch die Amerikaner müssen das eine oder andere Mal nachfragen, denn es sind viele britische Begriffe dabei, die sie so nicht kennen.

Col und Lizzie haben es besonders die Geheimgänge angetan, wie sie diese nennen. »Das war früher für die Dienstboten, damit diese die Herrschaft nicht stören. Schaut mal hier, die Öfen in den einzelnen Räumen werden alle von diesem Gang aus befeuert und nicht von innen. Das macht drinnen keinen Dreck, und die Herrschaft war ungestört. Genauso im Speisezimmer. Da gibt es sogar einen Aufzug runter in die Küche. Der funktioniert aber im Moment nicht«, erkläre ich ihnen.

»Den sollten wir aber wieder in Gang bringen, sonst könnte es sein, dass Jimmy ziemlich viel Besuch bekommt«, sagt Perri. »Ich glaube nicht, dass er das möchte. Hmm…« Wir wechseln einen Blick.

Ich zucke mit den Schultern. »Versuchen können wir es ja. Mal sehen. Los kommt, jetzt geht es runter in das Gruselkabinett. Das Verlies mit dem Opferstein.«

Da folgen uns natürlich alle gespannt nach unten. Ein wenig gruselt es mich tatsächlich hier, die Stimmung ist einfach gedrückt in diesen Räumen. Ich weiß ja, warum. Deshalb überlasse ich Kris und Perri die Erklärungen und halte mich ein wenig zurück.

Zu meiner Überraschung bleibt Lizzie dicht bei mir, und ihre Kamera, die sie sonst fleißig in Betrieb hatte, ist aus. »Können wir wieder hochgehen, Sanna? Mir ist irgendwie kalt«, wispert sie mir zu.

»Nanu… ja, klar. Komm, es ist wirklich feucht hier unten. Lass uns nach Jimmy schauen, sonst denkt der noch, wir haben ihn vergessen. Und ein Tee wäre nach der Tour auch nicht schlecht, was?«

Wir schleichen uns davon und kehren zu Jimmy in die Küche zurück. Er wird wieder wach, als wir kommen, und hört Lizzies begeisterten Erzählungen aufmerksam zu. »Das hätte ich auch gerne gesehen«, sagt er, aber sein Lächeln wirkt angestrengt. Laufen kann er nicht mehr, das ist ihm klar.

»Pass mal auf, gleich gehen wir nach draußen«, sage ich zu ihm. »Mein Backhaus, das zeige ich dir auf jeden Fall, und auch die

Galerie, die solltest du sehen. Irgendwie bekommen wir dich da schon rüber, und wenn wir dich in einer Schubkarre schieben.«

Erst erklären mich die Männer für verrückt, Jimmy in die Kälte zu zerren, doch als sie sehen, wie sehr ihm diese Idee gefällt, denken sie sich etwas aus. Ein dicker Schlafsack von Perri wird organisiert und etliche Jacken, Mützen und Schals, und sie binden einen Stuhl auf eine Sackkarre, damit Jimmy aufrecht sitzend den Weg zurücklegen kann. Unter viel Gelächter bugsieren sie ihn über den eisglatten Hof, landen sogar im Schnee dabei. Es macht allen einen Heidenspaß, selbst Jimmy lacht lauthals und feuert sie an. So lebendig habe ich ihn den letzten Tag nicht gesehen.

Im Backhaus staunen sie. Sie können nur nacheinander rein, denn mit Tom, Jimmy und mir ist der Raum voll. »Klein wie ein Tiny House«, meint Sean und schaut nach oben. »Alter, kannst du da oben überhaupt aufrecht stehen?«, fragt er Tom.

Der grinst nur: »Da oben braucht nur eines aufrecht zu stehen, du Blödmann.« Jimmy lacht, als er das hört, und funkelt mich spöttisch an.

»Darf ich?«, fragt Sean, und ich nicke.

»Nur zu. Da gibt es keine Geheimnisse. Jedenfalls fast keine«, zwinkere ich Tom zu.

Nach dem Backhaus ist die Galerie dran. Diese befindet sich noch im Bau, bisher ist nur das Dach neu gekommen. Aber Kris hat sich in einem Verschlag ihr Fotolabor eingerichtet, jenes, welches auch ich nutze, wenn ich mal etwas drucken will, und einen anderen Teil als Werkstatt abgetrennt. Der Rest des großen, offenen Raumes steht fast leer, nur unterbrochen vom Ständerwerk der Scheune.

»Kris und Perri haben sich etwas ausgedacht für die Feier«, erkläre ich und schalte das Licht ein. Holzplatten lehnen an den Wänden und Balken, sie wurden bereits mit Fotos bestückt. »Die meisten Gäste, die kommen, sind Freunde und Unterstützer des Projekts. Daher hat Kris hier eine kleine Ausstellung mit Fotos aus den letzten drei Jahren vorbereitet. Ist noch nicht ganz fertig, wir brauchen noch mehr Licht. Aber ihr könnt ja schon mal schauen.«

»Oh, guckt euch das an!«, sagt Vince und zeigt auf eines der ersten Bilder. »Das war ja ne richtige Bruchbude.«

»Oh ja. Wir haben es gerade noch rechtzeitig gerettet. Es sollte schon abgerissen werden. Aber ich finde, es hat sich gelohnt.« Ich gehe die Galerie gemeinsam mit Tom und Jimmy ab. Viele Bilder habe ich gemacht, aber auf ein ganz paar bin auch ich mit drauf. Vor einem bleibt Tom besonders lange stehen. Es ist ein Gruppenbild, entstanden auf dem Dach. Die Zimmerleute und Dachdecker, alle in traditioneller Kleidung, haben mich auf die Arme genommen. Quer vor ihnen liege ich, mit Klettergurt, Helm und allem. Breit grinsend schauen wir in die Kamera.

»Du hast mit ihnen da oben gearbeitet?« Er klingt fassungslos.

»Hm, eher kontrolliert, was sie da machen. Ich wollte einfach lernen, wie so etwas geht, um im Notfall selber Hand anlegen zu können. Erst mochten sie das gar nicht, aber irgendwann haben sie's geschluckt. He, was ist denn?« Er guckt sich das Bild geradezu finster an.

»Ach nichts«, meint er, zuckt mit den Schultern und geht weiter. Jimmy zieht nur die Augenbraue hoch und sagt nichts.

Am Ende gibt es eine weitere Tür. »Dies ist die Werkstatt. Die wird für die Besucher verschlossen, denn die Bilder dahinter soll niemand sehen, bevor sie nicht in die Ausstellung gehen. Sonst macht noch jemand Fotos davon oder so. Aber euch darf ich sie zeigen, denn ihr seid ja im digitalen Koma, bis auf du, Lizzie. Deine Kamera bleibt hier drin aus, klar? Kommt rein, aber fasst bitte nichts an.«

Jetzt staunen sie wirklich, ihnen fällt sprichwörtlich die Kinnlade herunter. Die Bilder sind riesig, manche über zwei Meter hoch. Umrahmt von Perris hölzernen, teilweise auch metallenen Konstruktionen, werden die Bilder zu irren Kollagen arrangiert.

Sie fließen geradezu ineinander. Wie gebannt bleibt Tom vor einem stehen, einem, das wir beide zusammen aufgenommen haben. Die Blitze zucken ineinander, verlaufen. Der Rahmen besteht aus geschwärztem, geschmiedetem Eisen. Es sieht aus wie das Tor zur Hölle.

Ich lege den Arm um ihn. »Das ist an dem Abend entstanden, an dem du wieder das Sprechen angefangen hast, erinnerst du dich?«

»Oh ja.« Er atmet tief durch. »Oh ja. Wow, Sanna. Das ist…«

Sean gesellt sich zu uns, die Hände in den Hosentaschen. »Was nimmt Kris für ein solches Bild? Das ist bestimmt nicht billig.«

»Für dies hier?« Ich überlege. »Keine Ahnung, aber auf jeden Fall fünfstellig. In Euro und in Dollar.« Tom zuckt gut spürbar zusammen, und Sean pfeift unfein durch die Zähne.

Ich fühle mich genötigt, das zu verteidigen: »Kris ist in ihren Kreisen mittlerweile bekannt und berühmt, und es steckt eine Menge Arbeit drin. Allein die Fotos so zu drucken, dass sie über die Zeit nicht die Leuchtkraft verlieren, das erfordert besonderes Material und Techniken. Das kostet. Von den Rahmen ganz zu schweigen. Also denkt nicht, das ist alles Gewinn, das ist es nicht. Ganz im Gegenteil. Beide müssen davon leben, und ich bekomme auch einen Anteil. Einen winzig kleinen zumindest.« Tom schaut mich fragend an, und ich schüttele den Kopf. Das geht niemanden etwas an.

»Hey, Sanna, das bist ja du hier auf dem Bild!«, ruft Col von weiter hinten. Alle schließen zu ihm auf. Er hat eine Plane angehoben, die da bestimmt nicht umsonst hing, wie ich gleich darauf feststelle.

»He! Wie war das mit nicht anfassen… oh.« Mich durchfährt ein leiser Schrecken. Das sind die Tunnelbilder aus dem Canyon de Chelly. Das Bild an sich ist relativ klein, aber Kris hat die gesamte Abfolge zusammengefügt. Es sieht aus, als würde ich jeden Moment aus dem Bild herausspringen. Die Schneeflocken tanzen förmlich darüber und bilden einen schönen Kontrast zu dem dunklen Rahmen. Ich bin mehr indigniert als erschrocken. Die Bilder hatte ich ihr nicht überlassen. Sie muss sie heimlich kopiert haben.

»Cool«, sagt Lizzie, und die anderen brummen anerkennend.

Ich reiße Col fast die Plane aus der Hand und decke sie wieder darüber. »Ich glaube nicht, dass wir das sehen sollten.«

»Och, warum denn nicht?«, spottet Sean und will wieder darunter spähen, aber ich halte ihn mit einem bösen Blick zurück.

»Guckt euch was anderes an. Das hier will Kris bestimmt nicht. Los, weg mit euch! Gehen wir nach draußen, bevor ihr noch etwas kaputt macht. Na los doch.« Aus den Augenwinkeln sehe ich, wie Tom seinen Junior spielerisch am Ohr zieht und ihn mit einem Nackenschlag nach draußen schickt. Die anderen bugsiere ich knapp, aber bestimmt hinaus. Dann doch lieber die Remise, da stehen ja nur meine Sachen.

»Hey, das sind ja zwei richtige Schätzchen!« Rob streicht anerkennend über die Rundhaube des alten Unimog. »Welches Baujahr?«

»1967. Den hat mein Mann restauriert. Er tut bis heute treu seinen Dienst hier. Was ist, Tom, willst du mal fahren? Er hat auch nur 64 Gänge.« Ich lache auf, als er die Augen aufreißt.

»Du willst mich verarschen.« Er schüttelt grinsend den Kopf.

»Nein, die hat er wirklich. Guck mal.« Ich zeige ihnen den Innenraum und die zahlreichen Hebel.

»Wow, das sind ja mehr als bei meinem Truck«, meint Vince. »Darf ich?«

»Nur zu. Nur zwölf oder so sind zum Fahren, die anderen für die Geräte, Hydraulik und anderes. Wir nutzen ihn hauptsächlich dazu, um Brennholz zu machen. Dieses andere Schätzchen hier ist aber wesentlich jünger.« Ich zeige ihnen den Landrover. Zum Winter hin hatte ich ihn wieder abgerüstet, weshalb das meiste Zeug auf dem Dachboden lagert. »Mit dem fahren wir morgen nach Rostock, besser ist das, sonst bleiben wir noch stecken. Was ist, wollt ihr mal fahren? Dann hole ich die Schlüssel. Und dich, dich bringen wir jetzt wieder ins Warme«, sage ich zu Jimmy, denn der sieht sichtlich geschafft aus.

»Ja, bitte«, meint er nur schwach. Das gemahnt die anderen, etwas mehr Rücksicht zu nehmen. Wir bringen Jimmy hinein und betten ihn wieder auf sein Lager. »Das war genug, hm?« Ich decke ihn vorsichtig zu, denn er zittert jetzt merkbar. »Versuch ein wenig zu schlafen, ja?«

»Bleibst du bei mir?«, fragt er leise. »Mir ist so kalt.«

»Ist gut. Ich bleibe bei dir, keine Angst.« Die anderen schicke ich mit einem Kopfschütteln weg. Ich höre, wie sie nebenan in der Waschküche mit Perri beratschlagen, und sie beschließen, die Ausfahrt dafür zu nutzen, gleich ein paar Tannenbäume für die Deko aus dem Wald zu holen. Jacken und Arbeitskleidung werden verteilt und unter viel Gelächter anprobiert, Türen schlagen, dann ist es ruhig.

»Danke, Sanna«, flüstert Jimmy.

»Das war ein wenig viel, nicht? Tut mir leid.« Ich setze mich bequemer hin, aber er zieht mich näher.

»Halte mich einen Moment fest, ja? Nur ganz kurz, bis ich schlafe. Ich traue mich fast nicht mehr zu schlafen. Ich habe Angst, dass ich nicht mehr aufwache. Mir ist so kalt.«

»Davor brauchst du keine Angst haben«, höre ich mich sagen, als ich ihn fest in die Arme schließe. Mist, das wollte ich nicht, aber jetzt ist es passiert. »Es ist nur ein Übergang zu etwas anderem. Du wirst sehen.«

»Was...« Jetzt wird er wieder etwas wacher, will mich ansehen, aber das lasse ich nicht zu.

»Schscht, nicht. Glaub's mir einfach.« Ich sehe mit einem Mal Kris in der Küchentür stehen. Sie hat Tränen in den Augen und wendet sich rasch ab. »Schlaf jetzt. Ich erkläre es dir ein andermal.« Da seufzt er leise und schließt die Augen. Ich spüre, wann er endlich dem Schlaf nachgibt und ich ihn loslassen kann.

Als ich mich aufrichte, kommt Kris wieder herein, hebt den Deckel von der Teekanne. Fragend guckt sie mich an, und ich nicke. Sie schenkt mir eine Tasse Tee ein und reicht mir diese zusammen mit einem braunen Umschlag. »Hier«, sagt sie leise. »Den wolltest du haben.«

Der Brief von Essie! Den hatte ich völlig vergessen. Weil ich Jimmy nicht allein lassen will, öffne ich das Kuvert gleich an Ort und Stelle. Es fallen zwei Briefe heraus, einer dicker mit Essies akkurater Handschrift, der andere sehr dünn und in einer fremden, ohne alle deutschen Sonderzeichen in der Adresse. Das muss die Nachricht von ihrem Tod sein.

Da lese ich doch lieber erst einmal den anderen Brief. Essie bedankt sich überschwänglich bei mir für die Bilder. Ich sehe, die Tinte ist an der einen oder anderen Stelle etwas verschmiert. Sie hat geweint beim Schreiben, das ahne ich. Sie schreibt mir auch, dass sie nicht mehr lange zu leben hat, aber zuhause ist, und sagt mir Lebewohl.

<Ich wünsche Dir, dass du das Glück mit beiden Händen greifen und festhalten kannst. Tu es, bevor die Gelegenheit verstreicht!> schreibt sie zum Schluss.

Ja, Essie, das tue ich gerade, denke ich und lege den Brief mit Tränen in den Augen fort. Dahinter finde ich sieben einzelne Briefe, die meisten nur kurz, kleine Botschaften von den Jungs und Rob, ein Dank, ein Gruß. Lizzie und Col schreiben mir zusammen, was ich echt süß finde. Zum Schluss kommt Toms Brief, und bei dem muss ich mich doch sehr zusammenreißen, um nicht gleichzeitig in Tränen auszubrechen und vor Wut meine Tasse an die Wand zu schmettern. Hätte ich diesen Brief gehabt, wie anders wäre alles geworden! Das hätte mir so viel Verzweiflung erspart, einen ganzen dunklen Herbst lang. Eine eindeutigere Liebeserklärung gibt es ja wohl nicht.

»Verdammt«, flüstere ich und winke ab, als Kris fragend aufschaut. Sie schreibt Listen, morgen werden wir bestimmt eine davon mitbekommen. Mindestens. »Kannst du eine Weile auf ihn aufpassen? Ich bin gleich wieder da«, flüstere ich und stehe auf.

»Ist gut, mach ich. Alles in Ordnung?«

»Nein. Aber ich komme klar. Bis gleich. Ich brauche nicht lange.« Ich gehe hinüber ins Backhaus, schüre das Feuer und setze mich zusammen mit Toms Tagebuch an den Küchentresen.

<*Lieber Tom,*> schreibe ich, <*nun, da du hier bist und ich endlich deine Nachricht aus dem Herbst gelesen habe, will ich dieses Buch mit diesem Eintrag enden lassen. Ich will von jetzt an diese Dinge immer dir persönlich sagen, ob nun von Angesicht zu Angesicht oder auf anderem Wege, ganz egal. Wie, das entscheide du. Ich werde warten. Deine Sanna.*>

Denn das hat er mir geschrieben. Dass er es nicht mehr erträgt, mich nicht bei sich zu haben. Dass er mich festhalten will, für immer. Oh Mann, Perri, denke ich, was hast du nur angerichtet! Aber in gewissem Maße muss ich ihm auch recht geben. Hätte ich das zu dem Zeitpunkt gelesen, ich wäre wohl auf schnellstem Wege nach New York geeilt. Verdammt! Den Brief noch einmal an meine Lippen drückend, lege ich ihn in das Buch und verschließe es. Zu Weihnachten werde ich es einpacken und ihm schenken.

Ich verstaue es wieder in der Kiste, wo bereits die anderen Geschenke lagern – oh, ich muss welche für die Jungs und die Kids kaufen! – und überlege. Ein Blick aufs Handy, und ich sehe, es ist kurz nach Zwei. Also frühmorgens in Page in Arizona, vor Dienstbeginn. Ich beschließe, die Ruhe zu nutzen und einen Anruf zu machen.

Ich muss tatsächlich mehrmals anrufen, bis Mo endlich rangeht. Sie klingt verschlafen, doch als sie mich erkennt, schreit sie erfreut auf und bestürmt mich gleich mit Fragen, wie es mir geht, wo ich gerade bin.

»Jetzt geht es mir gut, Mo, aber ich hatte ein ganz, ganz furchtbares Jahr. Wie du auch.« Leise fange ich an zu erzählen, und ich lasse auch nicht zu, dass sie mich unterbricht. Ich höre, wie sie von Zeit zu Zeit keucht, auch mal aufschluchzt, und dann bricht sie in Tränen aus.

»Ich habe ihm nicht geglaubt. Das war so abgefahren, ich dachte, der verarscht mich doch, der will mich nur loswerden. Weil es ihm zu eng wird und er anders aus der Nummer nicht rauskann. Oh Sanna!« Sie stammelt, und schließlich bricht die ganze Geschichte aus ihr hervor.

Genauso hat Pam sich das vorgestellt, das möchte ich wetten. Drama und Zerwürfnis, wenn man sich noch nicht gut genug kennt und sich nicht vollkommen vertraut. Nur, bei Tom und mir, da hat sie das nicht geschafft. Oder vielleicht doch? Denn die Jungs, die sind ja erst aufgewacht, als sie meine Nachricht bekommen hatten.

Schließlich ist Mo ruhiger geworden, und ich wage es, ihr die entscheidenden Fragen zu stellen: »Magst du ihn denn immer noch? Würdest du ihn gerne wiedersehen?«

»Ich… ich weiß nicht. Ein Teil in mir will sofort Oh ja! rufen, aber der andere…«

»Das kleine Teufelchen der Vernunft, möchte ich wetten«, sage ich darauf und lache leise. »Jaja, das kenne ich. Nun, was hast du denn zu verlieren?«

»Nichts. Oder zumindest fast nichts«, ergänzt sie schnell.

»Nein, nur deine Selbstachtung. Wie schnell kannst du frei machen, Mo?«

»Du meinst, ich soll nach New York…«

»Oh nein, nicht nach New York. Sie sind alle hier. Die Jungs, Rob, die Kinder. Auf Haulensteen, bis nach Neujahr. Komm uns besuchen, mich und meine Freunde. Hier steigt ne Riesenparty vor Weihnachten. Auf einen mehr oder weniger kommt es da auch nicht an. Ich buche dir die Flüge.«

»Du willst... waas?!« Für einen Moment ist sie sprachlos.

»Tu es einfach, Mo. Wann kannst du frei machen?«

»Ich... ich... sofort! Ich bin krankgeschrieben, darf nicht arbeiten...«

»Krankgeschrieben? Was ist passiert? Hast du dich verletzt?«, frage ich erschrocken.

»Hm... ja. Erzähle ich dir, wenn ich da bin.« Sie seufzt. »Aber Sanna, du kannst doch nicht die Flüge für mich...«

»Doch, ich kann, und ich werde, denn ich kenne die beste Verbindung. Mach dir keinen Kopf. Alles andere, da einigen wir uns schon. Also, was ist? Wie schnell kannst du packen?«

»Ich fange schon an!« Sie stößt einen lauten Jubelschrei aus. »Oh Sanna, du bist einfach... danke! Ruf mich wieder an, wenn du die Flüge hast, ja?«

»Ja. Fotografiere mir mal deinen Pass bitte, und schick ihn rüber. Ich hoffe, der ist noch lange genug gültig, sonst wird es schwierig. Wie sind die Straßenverhältnisse? Kannst du innerhalb der normalen Zeit in Vegas oder Phoenix sein?«

»Wird schon klappen, und wenn ich Ned besteche, dass er mich rüber fliegt. Bis gleich.« Sie legt schon auf.

Die Flüge habe ich im Handumdrehen für sie organisiert. Es gibt sogar ein günstiges Upgrade für die Business-Class, was ich gleich mit buche. Es ist nur etwas komplizierter, die Kreditkarten für jemand Fremden zu belasten, ich muss das anders verifizieren, und das dauert. Aber schließlich habe ich ihr eine der schnellsten Verbindungen gebucht, die ich finden konnte. Ich gucke auf die Uhr. Wenn alles klappt, ist sie morgen am späten Nachmittag in Rostock. Na, das passt doch!

Da ich schon mal dabei bin, rufe ich auch gleich bei PicX an und lade sie und ihre Nerd Combo zur Party ein. Sie ist total von den Socken und sagt sofort zu. Na, wenn das kein Ereignis wird! Um die Runde voll zu machen, gilt der letzte Anruf Anita in

Rostock, mit der ich vereinbare, dass wir morgen Nachmittag vorbeikommen.

Mit einem Lächeln im Gesicht laufe ich wieder rüber in die Küche. Kris schaut auf. »Na, du hast ja auf einmal gute Laune. Ich dachte vorhin, du erwürgst gleich jemanden. Perri, um genau zu sein. Ich könnt' ihn echt.«

»Tu's nicht, Kris. Im Grunde hatte er vermutlich recht, ich hätte etwas Dummes angestellt. Vielleicht war es besser so. Genug davon, lassen wir uns die Stimmung nicht verderben. Ich habe noch jemanden eingeladen, der wird bereits morgen kommen.«

»Ach, und wo wollen wir denjenigen noch unterbringen? Wir sind voll bis unter's Dach. Da kommen ein paar mehr, als ich dachte. Die sind alle neugierig.« Sie zeigt auf ihre Listen.

»Oh je. Aber keine Sorge, für unseren Gast morgen brauchst du kein extra Bett. Die schläft in einem ganz Bestimmten.« Ich grinse, und sie zieht die Augenbrauen hoch. Ich winke ab. »Frag doch einfach Georg und Helena, ob sie noch jemanden von den anderen aufnehmen können. Also, was sollen wir mitbringen? Wenn alle mitfahren, kann ich keine Getränke holen, dafür reicht der Platz nicht aus.«

»Nee, das machen wir später. Aber hier, guck mal, an diesen Läden kommt ihr doch eh vorbei.« Und sie gibt mir Aufträge, dafür bräuchte ich alleine bestimmt einen Tag. Aber mit den Jungs, da wird es gehen.

»Im Grunde«, sagt sie und gibt mir eine weitere Liste, damit ich sie durchchecke, »bin ich ganz dankbar, dass die Jungs da sind. Damit bekommen wir die viele Arbeit im Handumdrehen erledigt. Ich mag sie.« Kris legt den Stift hin und faltet die Hände übereinander. Ich schaue sie stumm an. »Das hätte ich nicht gedacht. Die sind allesamt total nett. Sie haben uns einfach so in ihren Freundeskreis mit aufgenommen. Das konnte ich erstmal nicht glauben, nicht nachdem, was du am Anfang erzählt hast. Wie sie dich angegangen haben.«

»Ja, sie wollten mit aller Macht hinter mein Geheimnis kommen. Haben sie aber nicht geschafft.« Ich strecke die Hand aus, betrachte das Tattoo. »Und dann war es plötzlich belanglos. Weil es Wichtigeres gab. Nun ja. Ich mag sie jedenfalls alle sehr, und ich bin froh, so froh, dass du nicht sauer bist, dass sie hier eingefallen sind.«

»Ach was.« Sie winkt ab. »Je mehr Leben, desto besser. Sanna, wenn du morgen mit ihnen nach Rostock fährst, solltest du Sean ein wenig vorbereiten, und Danny auch, meinst du nicht?« Sie wirft mir einen sehr ernsten Blick zu.

Ich zucke zusammen, aber was nützt es? Sie hat ja recht. »Also schön. Aber das sollten alle wissen. Es betrifft auch Tom, Rob und Vince und die Kids.«

»Wenn ich nur wüsste, was ihr da redet«, sagt Jimmy da. Er ist wieder wach und betrachtet uns.

»Frauengeheimnisse, Jimmy«, erwidere ich auf Englisch, »und natürlich reden wir über euch, was denkst du denn?« Ich drehe mich lächelnd um, und Kris lacht: »Na klar. Brauchst du etwas? Ist dir warm genug?«

»Alles, was ich brauche, ist hier«, sagt er und lächelt mich an.

Ich rolle mit den Augen. »Siehst du, wie er mit mir flirtet?«, sage ich zu Kris und deute über die Schulter. »Das wird immer schlimmer. Na warte, wenn das Tom erfährt!« Ich ziehe ihn so richtig schön auf, bis er vor lauter Lachen keine Luft mehr bekommt und zu husten anfängt.

Das hört sich so furchtbar an, dass ich richtig erschrecke. »Vorsicht. Setze dich auf. Ja, so ist gut.« Ich helfe ihm, und nehme von Kris ein Tuch entgegen, denn jetzt hustet er auch Blut. Erst langsam beruhigt sich sein Atem wieder. »Tut mir leid, tut mir leid«, flüstere ich und halte ihn fest.

»Muss es nicht«, keucht er und lässt sich wieder zurücksinken. Ich helfe ihm, sich anders hinzulegen. »Da ist nichts mehr zu machen. Sei nicht traurig, Sanna.« Er streicht mir sanft über die Wange.

»Bin ich aber.« Ich drücke seine Hand an mich. »Lass mich einfach. Du hast gesagt, du hattest drei Wünsche, bevor es soweit ist. Zwei kenne ich nun, aber was ist dein dritter Wunsch?«

Er lächelt schwach. »Das werde ich dir nicht sagen. Ein Mann muss seine Geheimnisse haben, genauso wie du auch.« Er streicht mit dem Daumen über mein Tattoo.

»Ha!« Jetzt muss ich wieder lachen. »Ich habe eins, aber du, du hast schon zwei, denn deinen Spitznamen, den kenne ich immer noch nicht.«

Er grinst. »Nein. Niemals. Den nehme ich mit ins Grab.«

»So?« Jetzt treibt mich der Schabernack. »Um was wollen wir wetten, dass ich ihn vorher herausbekomme? Sagen wir, bis zur Party?«

Jetzt grinst er richtig breit, und seine Schwäche ist wie fortgeblasen. Ein Anflug des alten Jimmys. »Um einen Kuss. Und zwar einen richtigen.«

»Hm. Dann bekommst du den ja auf jeden Fall. Keine sehr faire Wette.« Kris lacht, als sie das hört.

»Kannst du das einem sterbenden Mann verwehren?« Jetzt schaut er mich so intensiv an, dass ich seine Hand langsam loslasse.

»Das ist Erpressung«, erwidere ich matt, aber ich habe es ja so gewollt. »Also gut. Die Wette gilt.« Ich knuffe ihn leicht, was er sich grinsend gefallen lässt.

Im selben Moment hören wir draußen die unverwechselbaren Geräusche von Dieselmotoren. Dankbar um die Ablenkung, stehe ich auf. »Die anderen sind zurück. Schauen wir mal, was sie mitgebracht haben.« Kris zieht nur die Augenbrauen hoch, sagt aber nichts.

Draußen sind beide Fahrzeuge vor den Eingang gefahren. Kris und ich staunen nicht schlecht. Der Anhänger ist randvoll, und zwar mit einem Riesenexemplar von Tanne, und die Ladefläche des Unimog mit einer weiteren. »Du meine Güte, wo soll die denn hin? Perri! Was hast du dir dabei gedacht?!«, ruft Kris aus.

Er klettert vom Unimog herunter. »In die Eingangshalle. Wir haben gedacht, die Große binden wir am Treppengeländer fest. Die andere ist für den Ballsaal.«

»Ah ja«, mache ich nur und ziehe die Augenbrauen hoch. Dann erst geht mir auf, wer da am Steuer vom Landrover sitzt. »He! Ihr seid hoffentlich keine Landstraße gefahren? Du hast doch gar keinen Führerschein für hier, Col!«

Dieser steigt jetzt grinsend aus und mit ihm alle anderen. »Nein. Aber ich muss üben, sagen alle. Vor allem mit dem Truck.«

»Dein Diesel fährt sich viel besser als der Landi von Hank«, sagt Tom und gibt mir einen Kuss.

»Soso, du also auch!« Ich muss lachen. »Na, hoffentlich habt ihr ihn nicht so versenkt wie den anderen.«

»Nicht doch« raunt er mir ins Ohr. »Ich fahre viel besser als Chip.«

Kris schimpft derweil mit Perri. »So kommen die mir aber nicht ins Haus, da muss erstmal der Schnee runter, sonst tropft alles voll. Und wie wollt ihr die durch die Türen bekommen? Die müssen wir ja ausbauen dafür.«

»Ach Kris«, beruhige ich sie, »das bekommen wir schon hin. Wir brauchen… hm. Zwei große Planen. Besen. Und die Kletterseile. Na los, runter mit ihnen, und dann fahrt nach hinten und holt das Zeug her. Ich weiß, wie wir das machen.«

»Hört auf Sanna«, droht Kris mit dem Finger und stapft zurück ins Haus.

Unter meiner Anleitung werden die beiden Tannen gründlich abgeklopft und anschließend auf zwei große Planen gelegt. Dann wickeln wir sie stramm von unten nach oben mit den Seilen ein, und siehe da, auf einmal sind sie ganz schmal und lassen sich wunderbar ins Haus transportieren. Kris hat unterdessen die kostbaren Holzböden mit einer dicken Lage Malerfliess belegt, damit etwaige Schneereste keine Wasserflecken hinterlassen. Mit vereinten Kräften stellen wir die erste Tanne auf und binden sie oben am Treppengeländer fest.

»Steht wie eine Eins. Sag ich doch«, nickt Perri zufrieden.

»Aber wie willst du die zweite im Ballsaal befestigen? Wir haben keinen Haken in der Decke.« Ich schaue ihn fragend an.

»Ganz einfach, ich baue eben einen Ständer, einen mächtig großen. Los, Jungs, kommt mit.«

Sie sind so beschäftigt, dass Kris und ich beschließen, Essen zu kochen, denn die Meute wird mit Sicherheit hungrig sein nach getaner Arbeit. Nur Rob schleicht sich hinter uns in die Küche, nimmt sich einen Tee und gibt uns zu verstehen, er hat genug.

»Er gefällt mir gar nicht«, sage ich zu Kris. »Ich hoffe, er wird nicht krank.«

»Mir kommt er müde vor. Aber nicht krank.« Sie zuckt mit den Schultern.

Der Gedanke lässt mich nicht los. Als das Essen im Ofen ist, gehe ich nach oben und klopfe bei Rob an. »Hey«, sage ich, nachdem er mich hereingerufen hat. Er liegt auf einem Feldbett, ein großes Kissen im Nacken, sodass er halb aufrecht sitzt. »Geht es dir gut? Du bist ganz blass.«

»Aber ja, Liebes, es geht mir gut. Ich werde nur alt. Mit den Jungen kann ich nicht mehr mithalten, ich brauche öfter mal ne Pause. Morgen werde ich, glaube ich, nicht mitkommen können, so schade das ist.« Rob nimmt einen Schluck von seinem Tee und bedenkt mich mit einem liebevollen Blick. »Du dagegen, du strahlst richtig.«

Ich werde ein wenig rot. »Warum sollte ich auch nicht? Mein größter Wunsch ist in Erfüllung gegangen. Ich habe euch alle wieder. Tom. Vor allem ihn.« Ich setze mich zu ihm, und er nimmt meine Hand.

»Das war *mein* größter Wunsch, ihn nach dieser Geschichte wieder glücklich zu sehen. Er hat dir gesagt, wo er hingehen wird?« Jetzt schaut er mich forschend an.

»Oh ja. Ich freue mich für ihn. Das ist eine großartige Chance.« Ich lächele, aber irgendwie scheint Rob enttäuscht von meiner Antwort zu sein.

»Ja, das ist sie.« Er seufzt. »Lass mich ein wenig schlafen, ja? Dann komme ich zum Essen runter.« Merkwürdig. Was hat er nur?

Doch als wir alle beim Essen zusammensitzen, ist nichts mehr davon zu merken. Die Runde ist so fröhlich wie nur irgendwas, und auch ich mische begeistert mit, denn die richtige Überraschung, die wird ja morgen kommen, und deswegen ziehe ich Sean auch ganz besonders auf.

Nach dem Essen packt Kris ihre Listen aus. »Oh je«, meint Col mit großen Augen.

»Das kannst du laut sagen«, sage ich und deute auf die Längste. »Das ist die, die wir morgen abarbeiten müssen, alles Dinge aus der großen Stadt. Wir brauchen Weihnachtsschmuck für die Tannen, hast du den mit drauf?«

»Oh ja, Grün, Rot und Silber. Kein Gold, das beißt sich mit den Stuckdecken. Und noch ein paar andere Dinge.«

Ich überfliege sie rasch, habe dabei den Stadtplan im Kopf. »Tja, Jungs, das wird ne Stadtbesichtigung, das kann ich euch sagen! Aber es lohnt sich. Die Altstadt ist schön, besonders jetzt mit der Weihnachtsbeleuchtung. Nicht ganz so eine Puppenstube, wie du es aus Süddeutschland gewohnt bist, Rob, dafür ist im Krieg zu viel zerbombt worden, aber trotzdem schön. Tja, da müssen wir aber zeitig los, wenn wir das alles besorgen und noch zu Essies Freundin wollen.« Und zum Bahnhof. Aber das sage ich nicht laut.

So tagen wir an diesem Abend nicht allzu lange, sondern gehen zeitig zu Bett, was mir ganz recht ist und Tom auch. In Windeseile landen wir wieder in den Federn und können nicht die Finger voneinander lassen.

»Ob das jemals aufhört?«, flüstert er mir später ins Ohr.

»Das hoffe ich doch inständig nicht.« Ich muss ein Gähnen unterdrücken, schaffe es aber nicht ganz.

»Müde, was?« Tom zieht mich fester an sich. »Ich kann noch nicht wirklich schlafen. Liegt wohl am Jetlag. Und an Jimmy.«

»Das hat bei mir auch ein paar Tage gedauert, bis ich wieder im Rhythmus drin war. Aber Jimmy, der wird gut schlafen, hoffe ich. Er hat Angst, Tom, das war gut zu merken heute. Ich musste ihn richtig beruhigen. Und ihm ein wenig mehr preisgeben, als ich eigentlich wollte.« Ich hebe kurz die linke Hand, und er versteht. »Ich musste eine ziemlich schräge Wette mit ihm eingehen, damit er abgelenkt ist.«

»Ach ja? Was für eine?« Er prustet los, als ich es ihm erzähle. »Klingt, als sei er wieder in Bestform. Du tust ihm gut, seinem Gemüt, meine ich. Mach nur. Es stört mich nicht, jedenfalls nicht allzu sehr.«

»Gut. Ich hatte schon ein schlechtes Gewissen deswegen, aber irgendwie schaffe ich es nicht, ihm etwas abzuschlagen. Jetzt nicht mehr. Verrätst du ihn mir? Seinen Spitznamen?«

Jetzt lacht er. »Oh nein, das werde ich nicht! Wir haben einen Schwur getan, dass wir den niemals einem der Mädchen verraten werden. Den musst du schon selber rausfinden. Keine Chance, Sanna.«

»Na gut, wir werden ja sehen, wer am Ende gewinnt. Dein Vater allerdings, der macht mir viel mehr Sorgen als Jimmy. Der war richtig fertig heute.«

Tom seufzt. »Er wird alt, Sanna, und baut zunehmend ab. Seine Lungen sind nicht mehr so gut, sagen die Ärzte, ihre Kapazität ist stark reduziert. Das ist etwas, das wir alle mehr oder weniger haben seit jenen Tagen. Im Alter schlägt es dann immer stärker zu, und bei Jimmy, da kam dann der Krebs dazu. Ich habe wirklich mit mir gerungen, ob ich ihn und Jimmy allein lassen soll, aber sie haben mich beide gedrängt, den Job anzunehmen, diese Chance zu nutzen, und für Jimmy, da ist es eh zu spät jetzt. Die Jungs werden auf Dad aufpassen, Sean und Danny, und Col, natürlich.«

Darauf sage ich nichts mehr und denke nach. Warum hat Rob dann so merkwürdig reagiert? Das will mir nicht aus dem Kopf und spukt irgendwie die ganze Nacht herum, sodass ich nicht wirklich gut schlafe und bei Jimmy wahre Gähnkrämpfe unterdrücken muss. Tom schickt mich dann auch gleich wieder zu Bett, denn Jimmy, der wacht nicht einmal auf, selbst als wir uns zum Frühstück niederlassen und voller Vorfreude den Tag planen.

Meine Müdigkeit jedenfalls, die ist wie weggeblasen. Als ich wieder zu Bett gegangen bin, hatte ich von Mo eine Nachricht auf dem Handy, dass sie jetzt im Flieger nach Europa sitzt. Sehr schön! Also können wir sie heute Nachmittag wirklich einsammeln.

Bevor es allerdings losgehen kann, werden unsere Heerscharen organisiert. Jeder wird gebeten, einen Rucksack mitzunehmen für den Transport. Ich selber packe einen gehörigen Vorrat an Taschen und Tüten ein. »Müllvermeidung«, sage ich nur auf die fragenden Blicke der anderen.

Bevor sich jedoch alle in ihre Winterkleidung hüllen, rufe ich sie nochmal in die Küche. »Okay, hört mal her. Ich muss euch noch ein paar Hinweise geben, besonders dir, Sean.«

»Oh ja.« Kris schaut ernst in die Runde. »Als wir dieses Projekt angefangen haben, haben wir lange darüber nachgedacht, ob wir wirklich hierherziehen sollten. Berlin ist ja sehr weltoffen, große Kunstszene und das alles. Hier ist das ganz anders. Es gibt hier vor Ort, und auch in Rostock, eine ziemlich aktive rechte Szene. Also passt auf, besonders du, Sean, mit deiner dunkleren Haut. Es ist traurig, dass wir euch das sagen müssen, aber es ist leider so.«

Sofort ist die fröhliche Stimmung merklich gedämpft. Ich merke, das muss ich mehr erklären. »Es ist eine Schande für unser Land, dass dies so ist, aber es ist so. Bei euch in den Staaten würde man sie Rassisten nennen. Hier nennen wir sie Neonazis. Aber, beunruhigt euch nicht, sie sind nur eine kleine Minderheit, aber extrem aggressiv. Also, bleibt zusammen und lasst euch nicht dumm anmachen. Obwohl...«, ich schenke Col ein kleines Lächeln, »so geschoren, wie du bist, nimmst du ihnen vermutlich gleich den Wind aus den Segeln. Darfst halt keine Mütze aufsetzen und musst dir die Ohren abfrieren.«

»Na super.« Col verdreht die Augen, und die Runde bricht in erleichtertes Gelächter aus.

»Ist es wirklich so schlimm?«, fragt Danny mich leise, als wir zur Remise gehen.

»Kommt darauf an. Wir hatten hier schon ausländische Reisende, die sind fast zu uns auf den Hof geflüchtet, völlig verzweifelt, weil sie in den Orten vielfach schief angeschaut und auch verbal angemacht worden sind. Nicht unsere unmittelbaren Nachbarn, die sind alle okay, aber etwas weiter weg gibt es genügend solche Spinner.«

Ich schließe den Landi auf und bedeute allen einzusteigen. Da ich merke, dass ich das besser erklären muss, hole ich etwas weiter aus: »Ihr befindet euch hier in der ehemaligen sowjetisch besetzten Zone. Bei den Kommunisten wurde das Thema Nationalsozialismus jahrzehntelang totgeschwiegen. Hier gibt es viele Arbeitslose, gleichzeitig etliche Migranten, die auf Kosten des Staates untergebracht sind, weil anderswo der Platz fehlt, während gleichzeitig die Wirtschaft immer noch kränkelt, ganz anders als im Westen. Das schafft Neid und den Nährboden für solcherart Ansichten. Anita kann euch da sicherlich mehr zu sagen, denn sie stammt von hier. Ich ja nicht, wie ihr wisst.« Ich starte den Landi, und wir fahren los. »Ich denke aber, das Thema wird für euch auch kein Unbekanntes sein, oder? Oder wollt ihr mir erzählen, es gibt in den Staaten keine Rassisten? Selbst in Page, da habe ich es unterschwellig bemerkt.«

»Oh doch.« Jetzt schauen alle grimmig, und Vince sagt von hinten: »Viel zu viele. New York ist da eher eine Ausnahme. Sehr liberal, aber es kommt auch auf das Viertel, manchmal sogar auf die Nachbarschaft an. Dann aber in alle Richtungen. Aber der Rest…«

»Die richtigen *Fucker* erkenne ich auf drei Meilen Entfernung«, grollt Sean.

»Schscht, nicht. Lassen wir uns davon nicht den Tag verderben, okay? Und Lizzie, hör auf, so ängstlich zu schauen, es wird nichts passieren. Wir bleiben alle zusammen und suchen die Läden heim, und das viele.«

»Ja, deine Kris, die ist eine echte Diktatorin. Was die alles aufschreibt!«, sagt Danny, und ich bin dankbar über die Ablenkung. Was er wohl auch beabsichtigt hat, denn er zwinkert mir im Rückspiegel zu.

Ich muss lachen. »Oh nein, da liegst du falsch. Kris, die ist Künstlerin und eigentlich eine absolute Vollchaotin. Aber für dieses Projekt musste sie lernen, sich zu organisieren. Ich war es, die ihr das beigebracht hat. Mit den Listen kommt sie am besten klar, also machen wir es seitdem so.«

»Was, du?! Du hast sie trainiert?« Tom neben mir wendet überrascht den Kopf.

Ich lächele in mich hinein und werfe einen Blick in den Rückspiegel und sehe die anderen erstaunt den Kopf schütteln. »Ich habe so was im Kopf, aber sie, mit ihren vielen Ideen, sie bringt alles durcheinander. So gelingt es ihr, das zu ordnen. Das gab am Anfang ein ziemliches Chaos und etliche Auseinandersetzungen. Aber mittlerweile beherrscht sie es. So kann ich auch einmal ein paar Monate weg, ohne dass das Haus im Chaos versinkt oder abbrennt.« Ich will Tom anlächeln, aber er hat plötzlich den Kopf abgewandt und schaut hinaus auf die Schneelandschaft. Ein wenig wundere ich mich schon, aber ich muss mich aufs Fahren konzentrieren und überlasse die Konversation den anderen.

Was auch immer sie befürchtet haben, nichts davon bewahrheitet sich. Wir verbringen einen fröhlichen Shoppingtag in der Altstadt. Durch Kris' Liste, die so ziemlich jeden alternativen Laden umfasst, den die Innenstadt zu bieten hat, bekommen unsere Gäste einen ungewöhnlichen Einblick in die Einkaufswelt einer deutschen Universitätsstadt Abseiten aller Kaufhausketten & Co., die es ja überall gibt, und sie lernen jeden Winkel der Altstadt kennen. Schnell füllen sich unsere Taschen, und wir trennen uns auch mal, weil der eine oder andere selber etwas besorgen will. Durch meine und Lizzies Kameras werden wir schnell als Touristen erkannt, von denen sich erstaunlich viele in der Stadt herumtreiben. So bleiben uns etwaige Zwischenfälle erspart, und alle zeigen sich offen und freundlich gegenüber den amerikanischen Gästen. Lizzie hält sich dabei stets an mich, weshalb ich sie nutze, um die eine oder andere Kleinigkeit für die Jungs zu erstehen, denn so gut kenne ich alle nun doch noch nicht.

»Aber für Dad willst du nichts kaufen?«, fragt sie mich verwundert.

»Nein. Für den habe ich schon etwas«, antworte ich mit einem kleinen Lächeln. Wir haben gerade die Tannenbaumdeko in einem Künstlershop ausgesucht, die ich nun zur Kasse schleppe. Ist ein ganz schöner Haufen geworden und ziemlich teuer, aber wozu habe ich schließlich die Kreditkarte vom Gutshof mit? »Oh, sieh mal, da drüben, wäre das nicht ein Kleid für dich? Für die Party? Hast du denn etwas dabei?«

»Nicht wirklich.« Sie rümpft die Nase. »Das letzte Kleid ist in Page geblieben, die Schuhe auch, und mit mir Shoppen war seitdem keiner. Dafür war keine Zeit. Mir werden meine Sachen alle zu kurz. Aber das interessiert niemanden.«

Wohl eher fehlt das Geld. »Los, komm, probiere es mal an.« Im Handumdrehen haben wir für sie die richtige Größe und auch passende Schuhe gefunden. Wir suchen sogar Modeschmuck aus. Lizzie strahlt, sie hört gar nicht mehr auf. Verschwunden alle Ängstlichkeit, und das bemerkt auch Tom später und drückt mir zum Dank einen Kuss auf die Stirn. War er etwa sauer, dass wir das Thema mit den Nazis in ihrer Gegenwart angesprochen haben? Vielleicht war es das gewesen. Aber da muss Lizzie durch, und später wird sie noch mehr zu diesem Thema hören, so viel ist sicher.

Am frühen Nachmittag gehen wir auf den Weihnachtsmarkt, eine Kleinigkeit essen, aber wir beschließen schon jetzt, noch einmal nach Anbruch der Dunkelheit wiederzukommen, wenn die Lichter richtig leuchten. Die Jungs schwelgen in Bratwurst, und ich teile mir mit Lizzie eine Portion Krapfen, dann drehen wir eine gemütliche Runde durch die – teilweise ziemlich kitschigen – Buden. Die Männer beschließen, jedem von uns ein Lebkuchenherz zu kaufen, einschließlich für die Daheimgebliebenen, mit Namen, versteht sich. Ich bin gerührt.

Dann machen wir uns erst einmal auf den Weg zu Anita. Jetzt wird Danny doch ein wenig nervös, doch ich beruhige ihn, und der nette Empfang von Mutter und Tochter bricht die Verlegenheit schnell. Dannys Freunde werden von ihnen schnell ins Herz geschlossen, besonders aber Lizzie, die sie regelrecht bemuttern.

Ich schieße eine Bilderserie mit Danny und Anita vor den Stolpersteinen, anschließend bitten sie uns zum Kaffeetrinken ins Haus. Anita hat gebacken, gute, traditionelle deutsche Torte, die Danny auch von seiner Großmutter kennt, wie er fröhlich erzählt. Dabei sitzen die beiden zusammen und tauschen allerlei Fotos und Geschichten aus, während ich und Doris versuchen, die Übersetzerinnen für den Rest zu spielen, denn Anita versteht kein Englisch.

Bis plötzlich mein Handy summt und ich mich kurz entschuldige, um die reingekommene WhatsApp zu beantworten. Mo ist angekommen, endlich! Ich schicke ihr die Route und bitte sie, mir entgegenzukommen, denn die Lessingstraße liegt ja ganz in Bahnhofsnähe, und ich kann sie zu Fuß abholen.

»Doris«, ich winke sie aus dem Raum, »ich müsste mal kurz weg. Kommst du mit dem Übersetzen klar? Dauert auch nicht lange. Ich muss nur was vom Bahnhof abholen. Soll eine Überraschung sein.«

»Oh? Nun ja, wenn es denn sein muss…«

»Ja, muss es«, erwidere ich und flüstere ihr etwas ins Ohr.

Sie reißt die Augen auf, dann lacht sie. »Na gut, geh nur. Nimm den gelangweilten jungen Mann mit, dann ist er abgelenkt. Und ihren Schatz auch.«

»Col, Sean, könnt ihr mal mitkommen? Ich brauche eure Hilfe.« Ich zwinkere Tom unmerklich zu, und er fängt an zu schmunzeln, ganz leicht nur, um dann gleich darauf wieder eine ernste Miene aufzusetzen.

Ich laufe raus auf den Bürgersteig. Die beiden folgen mir verwundert, sich hastig die Jacken überziehend. »Wir bekommen noch eine Lieferung, aber wie ich die noch in Landi unterbringen soll… Kris ist echt unerbittlich.« Wir biegen um die Ecke, wo ich den Landi geparkt habe, und da sehe ich sie auch schon, ganz hinten in der Straße kommt sie. Noch ist sie kaum zu erkennen, zu weit weg.

Ich schließe in aller Ruhe das Auto auf, räume unsere Einkäufe zusammen und stopfe sie unter die Sitze. »Guck doch mal, ob du den Lieferwagen schon siehst, Sean«, sage ich über die Schulter.

Er antwortet nicht.

»He, Sanna, wo soll denn…«, fragt Col von der anderen Seite, da stößt Sean einen fassungslosen Laut aus, reißt mich herum und packt mich so hart bei den Schultern, dass mir unwillkürlich ein kleiner Schrei entfährt.

»Musst du dich denn überall einmischen?!«, zischt er mich an und schüttelt mich, dass mir die Zähne klappern.

»Hey, lass sie los, sofort!«, geht Col dazwischen, doch Sean stößt mich schon wieder von sich und stürmt die Straße hinunter, hin zu der ahnungslosen Mo.

»Verdammt... au!« Ich bin von dem Stoß mit Schwung gegen die Tür geprallt.

»Was zum Teufel ist hier los?«, verlangt Col zu wissen und will mir helfen, doch ich packe ihn nur und ziehe ihn hinter den nächsten Baum, um zu schauen, was jetzt geschieht. Viel zu sehen außer ihrem Koffer ist nicht, denn sein breiter Rücken verdeckt uns die Sicht. »Sanna, wer ist das?«

»Das ist Mo. Ich habe sie angerufen, ihr die Sache erklärt und sie eingeladen.«

»Au weia!« Col prustet los. »Na, das kann ja heiter werden! Letztes Mal sind richtig die Fetzen geflogen. Nachdem sie miteinander in der Kiste waren und davor auch.«

»Tja«, mache ich nur und spähe weiter um den Baum herum. Immerhin sind sie leise, sie schreien sich nicht an oder so. Ich sehe nur an Seans durchgedrücktem Rücken, dass sein Zorn noch nicht verraucht ist. Doch dann fällt auf einmal ihr Koffer um und landet im Schnee. Keiner der beiden achtet darauf, ich sehe, wie sich zwei Arme um ihn schlingen und er sie hochhebt. »Na bitte, geht doch. Komm, Col, lassen wir sie allein. Die werden sich schon wieder beruhigen.« Ich reibe mir die Schulter, die jetzt doch ein wenig schmerzt.

»Geht es? Du bist ganz schön hart aufgeprallt. Er hat dich ziemlich heftig gestoßen«, meint Col besorgt.

»Erzähl das bloß nicht deinem Vater! Ich habe mich gestoßen, klar?« Ihm einen mahnenden Blick zuwerfend, schließe ich den Landi wieder ab. Wir wollen uns gerade davonschleichen, da ruft uns Mo an.

»Sanna!« Sie sieht aus wie eine Winterprinzessin in ihrem langen hellen Wildledermandel mit weißem Pelzkragen, die roten Haare unter der wollenen Mütze hervorquellend. Arm in Arm kommt sie mit Sean auf uns zu, ein wenig verweint, aber ganz offensichtlich glücklich, und auch er hat seine finstere Miene abgelegt.

Ich bedenke ihn nur mit einem Augenrollen und umarme sie fest. »Schön, dich zu sehen, Mo! Wie war dein Flug?«

»Schnell und echt schön. Business-Class, Sanna! Das hätte nicht nötig getan. Aber ich habe gut geschlafen. Was für ein Ritt!« Sie lacht, dann fällt ihr Blick auf Col. »Hey, wie schaust du denn aus?«

»Hallo Mo.« Verlegen lässt auch er sich ihre Umarmung gefallen.

»Komm, stell deinen Koffer ins Auto, dann gehen wir rein. Die anderen werden sich freuen, dich zu sehen.« Gemeinsam kehren wir zu Anitas Haus zurück, doch die übrigen kommen uns schon im Eingang entgegen. »Schaut mal, wer hier ist«, rufe ich. Das gibt ein Hallo, das Anita sogar noch in ihrer Wohnung hört, denn sie guckt aus dem Fenster und winkt uns zum Abschied zu.

»Hey, Sanna.« Sean schleicht sich an mich heran. »Sorry.«

»Ist schon gut«, sage ich und lasse zu, dass er mich kurz drückt. Aber meine Schulter, die hat wirklich etwas abbekommen, es tut ganz schön weh, weshalb ich mich gleich wieder losmache. »Also, Leute, wie sieht es aus: Weihnachtsmarkt oder nach Hause und feiern?«

»Feiern«, sagen alle wie aus einem Mund, und unter lautem Gelächter steigen wir in den Landi ein.

Tom setzt sich wieder nach vorne neben mich und gibt mir einen Nasenstüber. »Bring uns nach Hause, Champ.«

Als wir auf Haulensteen ankommen, ist es bereits stockdunkel. Doch die Fenster leuchten warm im Schnee, und Mo staunt genauso wie alle anderen, als sie das Haus zum ersten Mal sieht. Ich lasse die anderen mit ihren Einkäufen vorne aussteigen und fahre mit Tom nach hinten in die Remise. »Puh, was für ein Tag!« Einen Moment lang bleibe ich mit geschlossenen Augen hinterm Steuer sitzen, dann massiere ich mir seufzend die Schulter. Au, die tut weh. »Ich könnte eine heiße Badewanne gebrauchen.«

»Ach ja? Darf ich mitkommen?« Tom steigt aus, kommt um den Wagen herum und öffnet mir die Tür. Ich schaue zu ihm auf, muss lächeln. »Gar keine schlechte Idee, nicht wahr? Die anderen sind erstmal beschäftigt. Komm mit.«

Der Vorteil von Dienstbotengängen ist, dass man unbeobachtet in Regionen des Hauses vordringen kann, wo sich der Rest der Bande normalerweise nicht herumtreibt. So denn auch in einen noch unrenovierten Teil ganz hinten im Kellergeschoss mit Zugang von außen, wo es ein uraltes Bad mit gluckernden Rohren und einer Wanne auf Klauenfüßen gibt. Ich habe unterwegs ein paar Kerzen und Handtücher aus einem Schrank gemopst und ziehe Tom mit mir bis in den hintersten Winkel des Hauses. Fest schließe ich eine Zwischentür hinter uns, lege sogar den Riegel von innen vor, dann führe ich ihn weiter in das Badezimmer. »Das war früher für die Dienstboten. Ein Bad für alle. Und jetzt ist es für uns.«

Rasch verteile ich die Kerzen, zünde sie an. Der Raum ist nicht wirklich geheizt, aber da die Warmwasserrohre hindurchlaufen, doch spürbar wärmer als die Flure. »Soll ich uns Wasser einlassen?« Ich schaue auf, aber er schüttelt den Kopf.

»Komm her. Mach die Augen zu.«

»Was hast du vor?« Aber ich tue wie geheißen.

»Dich ausziehen. Schscht, sag nichts.« Er stellt sich hinter mich und tut es ganz langsam, erst die Mütze, dann die Jacke, dann folgen die darunter liegenden Schichten, und er widmet sich jedem freigelegten Stück Haut mit gebührender Gründlichkeit. »Das habe ich damals schon machen wollen, als du in diesem Kleid hereinkamst. Es von deinen Schultern streifen... erst die eine Seite«, er drückt mir einen Kuss auf das Schulterblatt, »und dann die andere…« Doch statt des nächsten Kusses zieht er plötzlich scharf die Luft ein. »Du hast eine Prellung.«

»Ja, hab mich gestoßen. Mach weiter!«

Aber die zärtliche Stimmung ist verflogen. Er dreht mich herum. »Wie ist das passiert?«

»Tom, es ist nur ein blauer Fleck. Heißes Wasser und Massage, das ist es, was ich jetzt brauche«, sage ich anstatt einer Antwort und will ihm die Arme um den Nacken legen, doch er hält sie fest. Ich seufze. »Ich bin gegen die Tür vom Landi geprallt.«

»Wie das?«

»Mann, Tom!« Jetzt mache ich mich los und wende ihm den Rücken zu. Da ich nicht wirklich weiß, was ich sagen soll, bücke ich mich und drehe den Wasserhahn auf. Erst kommt nur braune Brühe, doch dann ist das Wasser klar und wird warm. Ich tue den Stöpsel hinein, reguliere die Temperatur.

»Antworte mir.«

Ich will ihn nicht anlügen. Aber die Wahrheit, das würde nur Scherereien bedeuten, und ich will keinen Streit, nicht in diesen kostbaren Tagen. »Ich bin gegen die Tür vom Landi geprallt. Und ich gehe jetzt in diese Wanne«, erwidere ich. Gleich darauf wird die Tür hinter mir aufgerissen und mit einem hörbaren Ruck zugeworfen. Verdammt!

Das Bad kann ich nun nicht mehr genießen. Ich halte es kaum fünf Minuten aus, dann lasse ich das Wasser raus, wasche mir nur noch schnell die Haare und blase zuletzt die Kerzen wieder aus.

Da ich den anderen im Moment nicht begegnen will, schleiche ich mich auf demselben Weg hinaus, wie wir hereingekommen sind. Meine Einkäufe sind noch im Landi, ich trage sie ins Backhaus, sortiere aus, was ich verschenken will, der Rest gehört nach drüben. Beladen mit den restlichen Tüten betrete ich die Waschküche und lege die Sachen dorthin. In der Küche ist niemand außer Jimmy, der jedoch tief und fest schläft und nicht einmal aufwacht, als ich ihm über die eingefallene Wange streiche. Sie haben ihm sein Lebkuchenherz ans Lager gestellt. Ich muss schlucken, als ich das sehe. Verdammt! Jetzt kommen mir doch glatt die Tränen.

Da ich den anderen lieber noch eine Weile nicht begegnen möchte, gehe ich wieder hinüber ins Backhaus. Jemand hat mir den Ofen über Tag warmgehalten und auch das Holz nachgefüllt. Perri vermutlich. Ich beschließe, mir erstmal einen Tee zu kochen und dann die neu erstandenen Geschenke einzuwickeln. Lizzie hat gut gewählt, für jeden eine schöne Kleinigkeit. Rasch steige ich nach oben, suche aus den diversen Kisten Geschenkpapier, Schere und Tesafilm heraus. Als ich gerade wieder runter steigen will, geht unten die Tür. Tom steht im Flur, das Gesicht klitschnass.

»Jemand hat mich mit einem Schneeball beworfen«, grollt er und schaut finster zu mir auf.

»Ich war's nicht. Aber ich kann mir schon denken, wer es gewesen ist.«

»Ach ja?« Er zieht seine Jacke und Schuhe aus und kommt zu mir die Treppe hoch. »Wer denn?«

»Die Kinder, Tom.«

»Wie, Lizzie und Col? Na warte, die…«

»Nein, nicht die beiden. Die beiden anderen. Sie merken, wenn ich unglücklich bin, und sie merken auch, wer dafür verantwortlich ist.«

Er reißt die Augen auf, hält inne. Und dann setzt er sich auf die Stufen. »Was?!«

»Tja, es ist so. Als mir einer von den Dachdeckern an die Wäsche wollte und sich so gar nicht abhalten ließ, ist er am nächsten Tag so böse gestürzt, dass er sich den Arm gebrochen hat. Keiner konnte es sich erklären. Ich schon. Das war eine Warnung. Pass also auf.«

Er schluckt. »Jetzt gruselt es mich wirklich. Du willst mir allen Ernstes sagen…«

»Dreh dich mal um.« Ich zeige an ihm vorbei aufs Fenster. Da stehen sie beide und beobachten uns. Aufmerksam, wachsam. Ich lächele spöttisch, und sie fangen an zu grinsen, aber Tom sieht natürlich nichts. Gleich darauf sind sie wieder verschwunden. »Sie kommen nie hier herein, ich habe es ihnen verboten, und auch nicht mehr ins Haupthaus. Sie halten sich daran. Aber sie passen auf. Und gerade eben, da haben sie genau gemerkt, was mit mir war.«

Er schüttelt sich, dreht sich wieder zu mir um und schaut hoch. »Ich will dich nicht unglücklich machen. Aber ich ertrage es nicht, dich verletzt zu sehen. Das weißt du doch.«

»Ach Tom.« Irgendwie kann ich ihm nicht mehr böse sein. Ich setze mich nun auf die oberste Stufe, lege ihm die Hand an die Wange. »So was passiert nun mal. Was glaubst du, wie oft ich diesen Sommer irgendwelche Schrammen und blaue Flecke bekommen habe, bei der Schufterei? Wie oft habe ich mich auf dem Hof schon hingelegt bei Eis und Schnee? Das bringt das Leben hier nun mal mit sich. Ich bin keine von diesen Stadttussis, die den ganzen Tag nur in irgendwelchen schicken Büros sitzen und ihre lackierten Nägel begutachten.«

»Gott sei Dank bist du das nicht. Sonst wäre ich jetzt nicht mehr am Leben«, flüstert er und zieht mich zu sich herunter. »Lass mich es noch einmal ansehen. Vielleicht habe ich ja eine gute Medizin dagegen.«

Derart versöhnt, kann ich den Abend mit dem schönen Essen, das Perri uns auftischt, vollauf genießen. Es ist eine feucht-fröhliche Runde wie schon am Abend zuvor, sie genießen die Zeit zusammen, die ihnen gegeben ist, das ist gut zu spüren. Mo mischt da munter mit, aber mir fällt auf, sie trinkt fast nichts und isst auch nicht wirklich viel. Nicht nach ihrem Geschmack? Merkwürdig. Vielleicht ist sie einfach auch nur müde. Fest steht, wir brauchen kein eigenes Bett für sie, das ist deutlich zu sehen, denn Sean trägt sie beinahe auf Händen.

Kapitel 8

Am Morgen ist Mo dann etwas bleich im Gesicht, doch das legt sich schnell wieder, und beim Frühstück ist sie munter wie eh und je. Ein voller Tag mit Planungen, Einkäufen und anderweitigen Besorgungen steht an, und Kris und ich schlagen in der Küche unsere Kommandozentrale auf, vor allem auch, damit Jimmy dort nicht zu einsam ist. Was es nicht alles zu organisieren gibt! Die Übernachtungsplätze, die Lebensmittel – wir wollen das meiste selber machen – die Getränke. Musikanlage, Deko, die Liste ist endlos.

Es macht Kris und mir einen Heidenspaß und in unserem Schlepptau Lizzie auch, die Fäden in der Hand zu halten und die Heerscharen herum zu scheuchen, doch je mehr wir aufdrehen, desto stiller wird Tom und zieht sich merklich vor mir zurück. Nachts dagegen liebt er mich mit einer Intensität, die mir manchmal schon bedenklich vorkommt, es wirkt beinahe verzweifelt. Was hat er nur? Was passt ihm nicht? Äußerlich ist er fröhlich, scherzt mit den anderen herum, macht mit seinen Kindern Ausflüge im Landi, betreut Jimmy fürsorglich. Doch zu mir wahrt er eine gewisse Distanz, die mich sehr beunruhigt. Das Ganze geht über Tage, und je näher das Fest rückt, desto schlimmer wird es. Ich kann mir einfach nicht helfen, und ich spüre, dass die anderen uns beobachten. Was geht da vor sich? Ich verdränge es mit Arbeit, aber die Unruhe bleibt.

Mo bereitet mir auch Sorgen, denn sie will sich nicht wirklich wieder erholen. Als sie dann eines Morgens gar nicht herunterkommen mag, sondern Sean allein zum Frühstück erscheint, gehe ich nach oben und klopfe bei ihr an.

»Mo? Kann ich reinkommen?« Ich höre einen dumpfen Laut, deswegen trete ich einfach ein. Sie spuckt, das ist nun durch die geschlossene Badtür zu hören. Ich setze mich auf das ungemachte Feldbett und warte. Bald darauf kommt sie wieder hervor, kreidebleich im Gesicht. Sie wirft mir einen unsicheren Blick zu und greift sich eine Jeans, um sie anzuziehen.

»Komm mal her, Mo«, sage ich und klopfe neben mir aufs Bett. Sie tut es, beinahe ängstlich. »Sieh mich einmal an. Wie lange bist du schon drüber?« Sie schlägt die Hände vors Gesicht und bricht in Tränen aus. »Bist du deswegen krankgeschrieben?«

Ein leichtes Nicken. »Ich bin umgekippt«, kommt es leise zwischen ihren Händen hervor. Ich nehme sie fest in die Arme, und sie lehnt sich Trost suchend an mich. »Einfach wumm! Die Jungs sind fast ausgerastet, als es passiert ist. Ich habe mir dabei den Schädel angeschlagen und bin seitdem krankgeschrieben. Der Doc hat mich untersucht, aber nichts gefunden. Nun ja, in diese Richtung hat er nicht geschaut, warum auch? Ich bin seit Ende Oktober drüber. Also etwas mehr als sechs Wochen. Oh Himmel, Sanna, was mache ich nur?«

Ich kann gar nicht anders, ich muss lächeln. »Nun, du musst es ihm sagen. Er ist doch der Vater, oder?«

Sie nickt, es wirkt ein wenig geschlagen. »Als ich das letzte Mal bei ihm war, da war ich so sauer, dass ich nicht wirklich aufgepasst habe und die Pille vergessen, und dann waren wir so wütend, dass wir einfach so...« Sie verstummt.

»Du musst es ihm sagen, Mo. Aber erstmal fahren wir nachher in die Stadt zu meiner Ärztin, hm? Und wir nehmen Lizzie mit, sie braucht neue Klamotten. Ihre sind alle zu kurz.«

Mo schnieft schon wieder los. »Aber du hast doch so viel zu tun...«

»Schscht, nicht. Dafür ist immer Zeit, und die anderen, die kommen ohne mich klar. Lass uns einfach fahren. Auf dem Rückweg nehmen wir die nächsten Besorgungen mit, dann ist Kris auch zufrieden, okay?«

Gesagt, getan. Wir fahren los und machen ein Riesengeheimnis daraus. Nur Kris ist eingeweiht, eine Sache der Frauen, und sie hält uns den Rücken frei. Mo kommt gleich in der Sprechstunde dran und ist bereits nach einer halben Stunde wieder draußen. Sie hat sogar ein Ultraschallbild dabei. »Es ist noch winzig. Aber man sieht es schon.« So ganz kann sie sich noch nicht zur Freude durchringen, als sie es uns zeigt, aber das wird schon werden, ich weiß es einfach.

Lizzie ist völlig von den Socken, aber sie freut sich riesig und kann sich gar nicht mehr einkriegen. Der anschließende Klamottenrausch baut dann auch Mo sichtlich wieder auf. Sie versorgt Lizzie mit allerlei Tipps, was die Teens in ihrer Gegend derzeit tragen und was absolut out ist, und wie sie auch eigene Akzente setzen kann. Dafür sind die relativ fremden Klamotten genau richtig. Wir finden ein paar schöne Stücke, und ich spendiere diese ohne zu zögern. Derart gelöst, hat dann auch Mo wieder Hunger, und wir schließen den Tag mit einem verspäteten Mittagessen ab.

Schwer beladen und aufgekratzt kehren wir nach Haulensteen zurück. Mo bleibt einen Moment bei mir im Landi sitzen. »Was sage ich ihm nur? Und was wird er sagen?«, flüstert sie.

»Nun, entweder ja oder nein. Dazwischen gibt es nichts. Aber es ist dein Kind, Mo. Du entscheidest, was mit ihm wird. Ihm muss aber klar sein, euch gibt es nur im Doppelpack. Du willst es doch behalten, oder?«

Sie holt tief Luft. »Oh ja. Das will ich. Ob nun mit oder ohne Vater. Ohne Mann.« Jetzt schaut sie auf, und ihre Augen schimmern.

»Gut so. Dann sag es ihm. Vielleicht nicht gerade jetzt, wo sie so in Gang sind, aber heute Abend, wenn es etwas ruhiger ist.«

In der Waschküche fängt mich Tom ab. »Was ist denn los? Ihr habt doch etwas?«

Ich lächele nur. »Das erzählen wir euch später. Wir waren shoppen.«

»Oh ja.« Er seufzt und reibt sich über das Gesicht. »Musste das sein? So viel, meine ich? Ich wollte das eigentlich machen, wenn ich den neuen Job… ich kann dir das Geld…«

»Mensch Tom!« Ich schüttele den Kopf. »Was für einen Einstand in der neuen Schule stellst du dir denn für deine Tochter vor, in Klamotten, die alle nicht mehr passen? Nein, nein, lass mich sie einfach verwöhnen, ja? Sie hat ein wenig Aufmunterung bitter nötig.«

»Na schön«, gibt er klein bei, aber ich merke, es passt ihm nicht. Kratzt vermutlich an seinem Stolz.

»Hey, was ist denn los? Du bist irgendwie merkwürdig in letzter Zeit. Spuck's aus, was bedrückt dich?« Ich will seine Hände nehmen, aber er schüttelt nur den Kopf.

»Es ist nichts, mach dir keine Sorgen.« Doch als er zurück in die Küche geht, trifft mich ein Blick, ganz kurz nur, aber so schmerzhaft, dass ich mir jetzt doch ernsthaft Sorgen mache. Was hat er nur?

Es lässt mich nicht mehr los. Jetzt bin ich es, die ihn beobachtet, und das merken auch die anderen irgendwie. Rob seufzt nur, und Danny schüttelt den Kopf. Ich versuche, sie auszuquetschen, aber sie blocken mich ab. Wieder einmal! Wie ich das hasse!

Zum Abendessen dann beschließe ich, dass es so nicht weiter geht und ich ihn mir später wirklich vorknöpfen muss. Das aber gelingt mir nicht, denn Mo und Sean erscheinen gar nicht, doch als wir fertig sind, steht Sean plötzlich in der Küche. Mit finsterster Miene knallt er eine Flasche Whiskey auf den Tisch und dazu fünf Gläser.

Die Botschaft ist mehr als eindeutig. Kris zieht nur die Augenbrauen hoch, und wir stehen alle auf und verlassen den Raum. Sollen die Freunde erstmal unter sich tagen. Perri verschwindet in Richtung Galerie für die letzten Installationen, wir selber ziehen ins Büro um und nehmen uns die Gästelisten nochmal vor. Lizzie und Col begeben sich mit ihrem Großvater ins Fernsehzimmer. So sind die Jungs unten ungestört.

»Oh man«, stöhnt Kris nach einiger Zeit, »ich könnte was zu trinken gebrauchen. Warum haben wir uns nichts mitgenommen?«

»Weil wir rausgeworfen wurden. Irgendetwas haben die doch, allesamt. Das geht nicht nur um Mo und Sean. Sondern auch um Tom und mich.« Seufzend stehe ich auf. »Ich hole uns was. Worauf hättest du Lust?«

»Im Getränkekühlschrank ist noch ein offener Sekt. Nimm den.«

Ich schleiche mich die Treppe hinunter in den Keller. Die Kühlschränke stehen nicht in der Küche selber, sondern in einer Abstellkammer. Dort ist es kühler, und die Aggregate müssen nicht gegen die Wärme des Ofens anarbeiten. So brauchte ich nicht zu den Jungs hinein, sondern kann mich unbemerkt wieder davonschleichen. Doch dann, da bin ich schon halb wieder die Treppe hinauf, höre ich, dass die Küchentür nicht ganz zu ist, und kann nicht widerstehen.

Au weia, die bechern ja richtig, denke ich innerlich grinsend, als ich durch den Spalt spähe. Da steht schon eine zweite Flasche Whiskey auf dem Tisch, noch nicht offen, aber die erste ist fast leer. Von ihren Worten kann ich kaum etwas verstehen. Amerikaner nuscheln eh schon, was das Zeug hält, aber wenn sie betrunken sind, verschwimmen die Laute zu einem einzigen Brei, und so ist es auch jetzt. Einzig Jimmy, der ist stocknüchtern, er kann ja nicht mehr trinken.

»Du wirst es aber tun müssen«, krächzt er jetzt leise. Sein Glas steht neben ihm auf dem Lager, und ab und an tippt er den Finger rein und reibt sich etwas von dem Zeug auf die Lippen. Um den Geruch und Geschmack zu spüren, um nicht außen vor zu stehen. »Entweder - oder. Dazwischen gibt es nichts. Nun hab dich doch nicht so! Deine Liste ist doch eh zu Ende.«

»Halt die Klappe, *Quickdick*!«, faucht Sean laut und knallt sein Glas auf den Tisch, dass es nach allen Seiten schwappt.

Ich schlage mir gerade noch rechtzeitig die Hand vor den Mund, bevor mir ein Laut entfährt. Habe ich da eben richtig gehört? Leise und mit einem breiten Grinsen kehre ich samt Sektflasche zu Kris zurück, lasse mich auf einen Stuhl fallen und pruste los.

»Na, was ist denn so komisch?«, fragt Kris und schenkt uns ein.

»Ich habe gewonnen«, japse ich und muss mir die Seiten halten. »*Quickdick*. Oh mein Gott!«

»Waas?! *Schneller Schwanz*?« Kris reißt die Augen auf, dann kreischt sie los. Wir können bald nicht mehr vor Lachen und ziehen derart über die Männer her, dass irgendwann Rob in der Tür steht und meint, man höre uns ja durchs ganze Haus. Wir reißen uns zusammen und gesellen zu den anderen ins Fernsehzimmer, denn in die Küche, da wollen wir alle nicht hin. Jetzt kommt auch Perri wieder herein, und Mo schleicht sich, ziemlich verweint noch, die Treppe hinunter zu uns. Wir beschließen, etwas zu spielen und nicht vor der Glotze zu hängen. So haben wir auch noch unseren Spaß und heitern Mo etwas auf, und es wird derart spät, dass Lizzie beinahe auf ihrem Sessel einschläft.

Erst mitten in der Nacht kehre ich ins Backhaus zurück. Von oben empfängt mich lautes Schnarchen. Ach herrje! Tom liegt auf der Plattform, voll bekleidet und quer darüber. So kann ich auf keinen Fall schlafen, nicht mit der Geräuschkulisse. Ich ziehe ihn behutsam aus, decke ihn zu, küsse ihn sanft auf den Mund. Puh, dieser Geruch! Das gibt Kopfschmerzen morgen, das möchte ich wetten! Rasch suche ich einige Schlafsachen zusammen und ziehe rüber ins Haupthaus in eines der zahlreichen Zimmer, wo die Betten schon für die Gäste vorbereitet sind.

Die Nacht ist kurz, doch das macht mir nichts, ich schlafe gut. Das Frühstück findet in kleiner Runde statt, die Männer liegen allesamt in Sauer. So haben wir einen geruhsamen Vormittag vor uns, und wir beschließen, mit dem Dekorieren anzufangen. Es sind nur noch wenige Tage bis zur Party. Morgen wollen wir mit den Vorbereitungen für das Essen beginnen, am nächsten Tag werden die ersten Gäste eintreffen. Col, Lizzie und Rob bekommen die Tannenbäume in Auftrag, Kris und ich machen uns an die Räume, den Ballsaal, das Speise- und Fernsehzimmer und die Gästezimmer. Jedes soll ein weihnachtliches Gesteck erhalten, einen kleinen Tannenzweig, so etwas in der Art. Der Küchentisch wird unser Arbeitstisch, sodass wir Jimmy im Blick behalten können, doch der schläft ungewöhnlich lang. Wahrscheinlich betäubt allein von den Dämpfen aus der Flasche.

Doch irgendwann wacht er auf, und er freut sich, mich beim Aufwachen zu sehen. Wir sind gerade allein in der Küche, Kris ist hoch gegangen, um nach den anderen zu schauen.

»Hey, gut geschlafen?«, frage ich.

»Könnte ich diesen Anblick doch immer haben«, flüstert er, bar jeder Stimme. Seine Augen schimmern, sie umfangen mich regelrecht. »Du hast so geschickte Hände.«

»Was, diese Stummel hier?« Ich betrachte meine abgearbeiteten, etwas roten und rissigen Hände mit einem Kopfschütteln. »Nicht doch. Aber…«, jetzt stehe ich auf und hocke mich zu ihm, »die werden gleich etwas zu tun bekommen.« Ich schaue ihm mit einem triumphierenden Lächeln ins Gesicht. Ich sage es nicht laut, forme nur das Wort mit den Lippen. Es reicht dennoch.

Er reißt die Augen auf. »Was! Wer hat dir…?!«

Ich muss lachen. »Oh, niemand. Es waren die kleinen tanzenden Prozente aus der Flasche, die es mir verraten haben. Man sollte halt nicht allzu laut sein und die Tür offenstehen lassen, wenn man nicht gehört werden will. Also? Was ist jetzt mit der Wette?« Lächelnd deute ich auf meinen Mund.

»Oh verdammt!«, sagt er, und ein mattes Grinsen erscheint auf seinem mageren Gesicht. Er will mich umfassen, mich zu sich ziehen, aber er schafft es nicht mehr. Ich muss ihm helfen und erschrecke nun wirklich, wie schwach er schon ist. Sanft legen sich seine Lippen auf meine. Er kostet, forscht, und ich lasse ihn einfach machen, das schulde ich ihm, obschon es nicht angenehm ist mit dieser Mischung aus Krankheit und Tod und einem leichten Geruch nach dem Whiskey von gestern Abend. Doch er hört schnell wieder auf, so geschwächt ist er. Stattdessen zieht er mich an sich. »Ich kann nicht mehr, Sanna. Es wird bald Zeit...«, flüstert er schwach.

»Schscht, ich weiß. Ich spüre es auch, und die anderen auch. Hab keine Angst. Wir lassen dich nicht allein, keine Minute.«

Ich bleibe bei ihm, hoffe, dass er wieder schläft, doch irgendwann flüstert er: »Gestern Nacht, da hatte ich einen irren Traum. Da waren plötzlich zwei Kinder hier bei uns, da hinten in der Tür.«

Ich zucke zusammen, hebe den Kopf und schaue ihn an, doch er hat die Augen geschlossen. »Ich weiß. Schlaf jetzt. Ich bleibe bei dir.« Kurze Zeit später ist er eingeschlafen.

Es geht zu Ende, und zwar bald. Mir laufen die Tränen herunter, und so merke ich erst, dass Tom bei mir ist, als er mich in die Arme nimmt und festhält. Auch er riecht noch nach der Zeche von gestern Nacht, aber halt auch nach sich selber, und so flüchte ich mich in diese Umarmung und suche Trost und Geborgenheit in ihr.

»Kopfschmerzen, hm?«, flüstere ich nach einiger Zeit. Er brummt nur ungehalten an meiner Schulter. »Warte, ich hole dir etwas. Willst du ′nen Kaffee oder etwas anderes?« Frühstück wohl eher nicht, denke ich beim Anblick seiner bleichen Miene. Er winkt ab und setzt sich zu Jimmy, nimmt die mageren Hände in seine. Ich bringe ihm ein Glas Wasser und zwei Tabletten.

»Er hat die Kinder gesehen, Tom. Es dauert jetzt nicht mehr lange.« Tröstend lege ich ihm die Hand auf die Schulter, denn seine Miene hat sich schmerzhaft verzerrt.

»Ich weiß. Oh verdammt, Jimmy.« Seine Schultern fangen an zu zucken, und er klammert sich Trost suchend an mich.

Es macht sie gedrückt, allesamt, wie sie nun nach und nach aus ihren Löchern gekrochen kommen. Jetzt wacht ständig einer an Jimmys Lager, hält seine Hand, auch wenn in der Küche Hochbetrieb herrscht. Damit er spürt, dass er nicht alleine ist, dass wir da sind. Er wacht immer seltener auf, und wenn, dann nur kurz und voller Dankbarkeit. Der bevorstehende Tod legt sich wie eine dunkle Decke auf die bisher so fröhliche Stimmung, die Vorfreude auf das Fest. Das offensichtliche Zerwürfnis zwischen Sean und Mo ist da nur das Tüpfelchen auf dem I. Auffallend gehen sich die beiden aus dem Weg.

Am späten Nachmittag hallen dann aber plötzlich laute metallene Schläge durchs Haus. »Sanna! Kris! Perri! Ich bin da!«, ruft eine helle Stimme.

Ich springe auf. »Oh! Das ist doch nicht etwa Tamara? Was macht sie denn schon hier?« Rasch laufe ich nach oben. Tatsächlich, da steht sie an der Treppe. In Wanderstiefeln, Toolworker Hose, Island Pullover und dem alten, warmen Bundeswehrparka von ihrem Vater sieht sie so ganz anders aus als der stylische Teen aus New York. Ihre Wollmütze ist voller Eiszapfen, und der lange blonde Zopf hat sich darunter hervorgestohlen und hängt ihr vorne über die Schulter.

Sie schaut nicht zu mir, sondern mit in die Hüften gestemmten Armen die Treppe hoch. »He, wer bist du denn?«, fragt sie jemanden, den ich erst sehe, als ich unter dem Treppenabsatz hervorkomme. Col steht da, wie angenagelt, und bringt keinen Ton hervor.

»Du musst Englisch mit ihm reden, er versteht kein Deutsch«, sage ich.

Sie guck zu mir und fängt an zu grinsen. »Uih, Aliens in unserer Hütte? Wie kommt's?« Lachend umarmen wir uns.

»Schön, dass du da bist, Große. Hast du denn schon frei?«

Sie macht sich wieder los. »Oh ja. Bei uns in der Schule ist die Seuche wieder ausgebrochen, da wurden wir alle nach Hause geschickt. Kein Homeschooling, wir haben vorzeitig Ferien, yeah!«

Col ist jetzt die Treppe heruntergekommen. »Hat sie mich gerade ein Alien genannt, Sanna?«

»*Sie* versteht dich durchaus, ganz im Gegensatz zu dir«, erwidert Tamara spitz, und Col läuft rot an. »Kannst also wirklich kein Deutsch?«

»Ein Bisschen«, radebrecht er verlegen und verschwindet dann eilends im Kellerabgang.

Tamara prustet los, und ich drücke sie wieder an mich. »Komm, sag den anderen hallo.«

Tamara kann wirklich gut Englisch, das weiß ich schon lange, als ich beobachte, wie sie die anderen begrüßt. Wir haben im Sommer ja so viele Studenten hier, und einige davon sind auch aus dem Ausland. Sie wird von allen mit offenen Armen empfangen, und die Gedrücktheit verschwindet etwas, besonders, als die Männer sehen, wie Col jedes Mal rot anläuft, wenn sie das Wort an ihn richtet, und keinen Ton herausbringt. Aus dem coolen, erwachsenen jungen Mann wird plötzlich wieder ein stotternder Teenager, und wir amüsieren uns köstlich darüber, ganz besonders aber Lizzie, die ihren Bruder von vorne bis hinten verspottet, bis der beleidigt von dannen zieht und sich bei Perri anderweitig etwas zu tun sucht.

Gemeinsam mit den Mädchen, Kris und Mo sitze ich schließlich in der Küche und arbeite weiter an der Deko. Bald sind wir fertig, es fehlt nicht mehr viel. Jimmy wacht auf, und er schaut uns mit leuchtenden Augen an. »Was für ein Anblick, fünf schöne

Frauen rings um mich herum. Hallo, hübsches Kind«, sagt er leise. »Du bist Tamara, nicht wahr?«

»Ganz genau.« Sie legt ihr Gesteck weg und hockt sich zu ihm. »Und du bist Jimmy. Ich erkenne dich wieder, von dem Foto, das bei Sanna am Bett steht.«

»Ha!« Er keucht leise, der Versuch eines Lachens. »Viel ist nicht mehr von mir übrig. Du hast die Augen deiner Tante.«

»Und deine sehen noch genauso aus wie auf dem Foto. Du hast es gut hier. Meine Oma, die ist im Krankenhaus gestorben, die durfte nicht mehr nach Hause, und dabei wollte sie bis zuletzt bei uns sein. Obwohl... deine Familie ist in Amerika, nicht?« Völlig unbefangen plaudert sie mit ihm los. Ich hätte sie umarmen mögen dafür.

»Ach nein«, sagt Jimmy. »Meine wahre Familie, die sind allesamt hier. Die anderen, die haben sich nicht um mich geschert, bis klar war, dass es bald etwas bei dem guten alten Onkel Jimmy zu holen geben könnte. Aber da haben sie sich geschnitten.«

Tamara lacht. »Gut so! Geier können in der Wüste bleiben!« Sie unterhält ihn noch eine Weile, bis er wieder wegdämmert, während wir anderen die Reste der Bastelarbeiten zusammenräumen und den Tisch für das Abendessen vorbereiten. Als ich mich irgendwann umdrehe, sehe ich Col und Tom in der Tür stehen, die Blicke beider auf Tamara geheftet. Schmerzhaft der von Tom, aber Col, der reibt sich immer noch im wahrsten Sinne des Wortes die Augen, wer da so unvermittelt reingeschneit ist.

Die Stimmung bleibt gelöster, als sie es am Tag war, Tamara verschafft die nötige Ablenkung, wofür alle sehr dankbar sind. »Sie ist großartig«, flüstert mir Tom nachts in Ohr, nachdem er sich gebührend an mir verausgabt und die fehlende Zeit der letzten Nacht nachgeholt hat, zärtlicher diesmal und selber Trost suchend, mit gut zu spürender Trauer.

»Oh ja, das ist sie. So ganz anders als ihre Geschwister, sie hatte schon immer ihren eigenen Kopf. Als Kind war sie eher schwierig, doch das hat sich in den letzten Jahren gegeben. Sie will Tierärztin werden, studieren. Das werden wir ihr irgendwie ermöglichen.«

Er brummt. »Da ist sie echt schon weit.«

»Hmm... deinen Sohnemann, den hat sie jedenfalls umgehauen.«

Tom gluckst auf meine Worte. »Oh ja. Und wie! Schadet ihm gar nicht. Er ist ja echt noch grün hinter den Ohren!«

»Soso!« Ich richte mich auf und schaue auf ihn herab. »Wart ihr mit Siebzehn, ach nein, Achtzehn ist er ja, denn schon weiter? Los, erzähl mal!«

Er grinst. »Jimmy und Sean auf jeden Fall, aber ich war da auch eher ein Spätzünder. Und du? Wann war dein erstes Mal?«

Ich lasse mich schmunzelnd wieder an seine Schulter sinken. »Mit Fünfzehn. Auf der Rückbank eines alten VW, bei minus zehn Grad im Winter. Gibt Angenehmeres.« Jetzt treibt mich wieder der Schabernack. »Hat Jimmy da seinen Spitznamen erhalten oder erst später?«

»Du kleines Biest!« Er packt mich leicht am Nacken und schüttelt mich. »Vergiss es! Ich werde ihn nicht verraten.«

Jetzt lache ich schallend los. »Ich weiß ihn doch schon längst, Tom! *Quickdick*, also wirklich. Was denkt ihr euch denn nur bei sowas?«

Er richtet sich auf und schaut fassungslos auf mich herab. »Woher...?« Ich imitiere grinsend die Trinkbewegung. »Oh verdammt! Den Pokal hat dann wohl Sean gewonnen. Und, hat Jimmy seine Wette eingelöst?«

»Hm... so halb. Er war schon zu schwach, ich musste ihm helfen.« Das Thema ist schmerzhaft für uns, das spüre ich, deshalb stoße ich ihn an. »Also, nun sag schon, wie ist er dazu gekommen?«

Er schnaubt, verlegen auf einmal. »Das war an jenem legendären Springbreak Wochenende. Oh Mann, waren wir besoffen!

Jimmy und Sean haben eine Wette abgeschlossen, wer die meisten Mädchen in einer Nacht flachlegt. Wir anderen mussten zählen. Eigentlich eine ziemlich widerliche Sache, aber da alle total blau waren, hat's niemanden gestört. Die Mädels auch nicht. Sie haben sie und sich selber sogar angefeuert.«

»Aber du, du hast nicht…?«

Statt einer Antwort nimmt Tom meine Hände, zieht sie nach oben. »Lass sie da«, sagt er und beugt sich über mich. »Mach die Augen zu.« Langsam, ganz geruhsam beginnt er mich mit kleinen, kaum spürbaren Küssen zu bedecken, wandert immer weiter runter. Er quält mich regelrecht, bis ich mich irgendwann so winde, dass er schwer atmend wieder hochkommt. »Ich mag es eher intensiv«, keucht er, doch da befreie ich mich und werfe ihn herum.

»Na warte, das wirst du mir büßen. Hände nach oben, Fidnie! Mach schon!« Und ich zahle es ihm mit gleicher Münze heim.

Irgendwie fühle ich mich wie in einem kleinen Sturm hin und hergeworfen. Einerseits die Freude, alle meine Lieben hier zu haben, besonders, als Alex am nächsten Tag eintrifft und uns tatkräftig bei den Vorbereitungen unterstützt. Andererseits die Trauer um Jimmy, dessen wache Phasen immer seltener werden und dann auch nur kurz sind. Und dann die unterschwelligen Spannungen zwischen Tom und mir und Sean und Mo, die bedrückt umeinander herumschleichen und sichtlich nicht wissen, wie sie miteinander umgehen sollen. Dazwischen diese Phasen intensiven Glücks, wenn Tom und ich das Bett miteinander teilen oder uns auch mal davonschleichen, mitten am Tag, in irgendein Zimmer des großen Hauses.

Darüber hinaus gibt es so viel zu tun mit den Vorbereitungen für die Feier, dass es genügend Ablenkung gibt. So bin ich denn in Gedanken mit etwas ganz anderem beschäftigt als mit der Sache und völlig überrascht, als ich in einem etwas stilleren Winkel des Hauses ein Gespräch zwischen Tom und Alex mitbekomme, leise und eindringlich.

»Sanna ist ein ganz besonderer Schatz«, sagt Alex in ihrem wohlakzentuierten Oxford-Englisch. »Nicht leicht zu finden und noch schwerer zu heben, aber wer es erstmal geschafft hat, der will sie auf jeden Fall festhalten, denn sie hat ein großes Herz und gibt viel, viel mehr, als manchmal gut für sie ist.«

»Aber wie schafft sie das nur? Ich habe doch gesehen, wie sehr sie das anstrengt, auf unserer Reise…«

»Sie definiert halt sich ausschließlich über das, was sie für andere leistet. Nie für sich selbst. Ich glaube, hätte sie keine Aufgabe, eine, wo sie etwas für andere tun kann, wo sie wertgeschätzt wird, sie würde kaputt gehen. Ihre Selbstachtung verlieren. Es ist halt nicht ihre Art, die Hände in den Schoß zu legen. Und weil sie das weiß, lässt sie auch so schwer Menschen in ihr Leben, denn die würden sie allesamt ausnutzen…«

Himmel, denke ich und ziehe mich schleunigst zurück. Mit ihr redet er, aber mit mir nicht? Er kennt sie doch kaum, gerade mal einen halben Tag, wenn überhaupt. Ein wenig verletzt mich das schon, muss ich gestehen. Die Worte von Alex dagegen nicht, denn das hat sie mir schon mehr als einmal an den Kopf geworfen. Also hat er wirklich etwas, und ich frage mich zunehmend verzweifelt, was das ist.

Es fällt niemandem auf, dass ich schweigsam und vor mich hin grübelnd mal hierhin, mal dorthin eile, um die vielen, vielen Dinge zu erledigen, die noch auf meiner internen oder Kris' papierner Liste stehen. Am Nachmittag dann gelange ich schließlich an einen Punkt, da kann ich nicht mehr, ich merke, ich brauche eine Pause. Leise schleiche ich mich aus dem Haus, hinten um die Scheune herum ins Backhaus, damit mich ja keiner sieht, und lege mich dort aufs Sofa, um ein paar kostbare Momente der Stille zu genießen.

Doch die ist nicht von langer Dauer. Ich bin gerade weggedämmert, da reißt jemand die Tür auf. »Sanna? Bist du da?«

»Ja, ich bin hier«, antworte ich und hebe den Kopf, um Lizzie anzuschauen.

»Oh je, tut mir leid. Hast du geschlafen? Ich wollte dich fragen, ob du vielleicht eine alte Jacke hast, eine, die du nicht mehr brauchst. Kris meinte, ich soll dich fragen.«

Ich richte mich auf. »Ja, klar, sie hängt da hinten, die schwarze mit der Kapuze. Aber warum…?«

»Ach, nur so.« Lizzie schnappt sich die Jacke und ist schon verschwunden. Das kam verdächtig schnell, so etwas kenne ich doch genau von meinen Nichten und Neffen.

Da bin ich sofort auf den Beinen und folge ihren Spuren durch den Schnee, denn so schmale Füße hat sonst keiner von uns. Sie ist um das Gutshaus herum gelaufen nach vorne, wo der wiederentdeckte Garten unter einer dicken Schneedecke schlummert. Dort steht sie weiter hinten, die Jacke einladend aufhaltend. Sie redet mit jemandem, aber ich kann von meinem Standort aus nicht sehen, mit wem. Ist da jemand gekommen? Ein Obdachloser? Aber bei diesem Wetter? Ich gehe los, verändere meinen Blickwinkel. Oben auf der Freitreppe geht die Eingangstür auf, Tom steht plötzlich da und kommt zu uns herunter. Ich schaue weiter zu Lizzie, die jetzt die Hand ausstreckt und die Jacke weiterreichen will. Doch ich sehe niemanden, nur einen leichten…

Die Jacke fliegt zu Boden. Lizzie stößt einen schrillen Schrei aus, dann fällt sie einfach um und versinkt als lebloses Häuflein im Schnee. »Nein!« Ich laufe los, doch Tom ist viel schneller, mit langen Schritten sprintet er durch den Schnee und hat sie binnen kürzester Zeit erreicht.

»Lizzie? Lizzie!! Was ist mit dir?« Er nimmt sie vorsichtig hoch, schüttelt sie leicht, klopft ihr auf die Wange, doch sie bleibt bewusstlos.

Ich bin nun auch heran, und jetzt sehe ich das Mädchen, wie es mit erschrocken vor den Mund geschlagenen Händen dasteht. Wegen des Sonnenlichts und der Entfernung habe ich es nicht gleich erkannt. »Was hast du gemacht?«, rufe ich, doch es hebt nur die Schultern und schüttelt den Kopf. Gleich darauf ist es verschwunden.

»Was… Sanna?!« Fassungslos folgt er meinem Blick in die leere Landschaft.

»Oh Gott, Tom! Bring sie rein, schnell! Sie muss ins Warme.« Ich selber bin es ja auch. Fassungslos. Wie ein Feuerwerk prasseln die Erkenntnisse auf mich ein. Warum ich mich der Kleinen stets so verbunden gefühlt habe. Ihre Frage nach den anderen Kindern. Dass sie der Stein unten im Keller gruselt.

»Aber Sanna…« So schnell er kann, hebt er sie hoch und trägt sie zum Haus. »Wir müssen einen Arzt holen…«

»Nein, nicht. Sie hat sich nur erschrocken, vertrau mir! Bring sie auf ihr Zimmer, schnell. Mach schon, bevor die anderen etwas mitbekommen.« Hastig halte ich ihm die Eingangstür auf, und wir haben Glück, in der Halle ist niemand. Ungesehen gelangen wir nach oben und in ihr und Cols Zimmer.

Vorsichtig legt Tom sie auf das Bett, dann untersucht er sie rasch, prüft Atmung, Puls und will ihr gerade die Augenlider anheben, da fährt sie mit einem Keuchen auf. »Dad!« Erleichtert fällt sie wieder zurück, doch dann kommen die Erinnerungen, und sie bricht in Tränen aus. Sie schlägt die Hände vor ihr Gesicht.

»Hey Liz, schscht, nicht. Was ist denn mit dir?« Tröstend nimmt er sie in die Arme. »Was ist passiert, hmm?« Doch sie schüttelt den Kopf und weint nur noch mehr.

»Lizzie, nicht.« Ich streiche ihr über die Schulter. »Du hast dich erschrocken. Das kann ich gut verstehen. Du hast sie gesehen, nicht?«

Jetzt zuckt Lizzie gut sichtbar zusammen, und Tom, er runzelt die Stirn und schaut mich an. »Sanna, was...?«

Ich hocke mich vor sie. »Sind sie die einzigen? Erst, seit du hier bist?« Jetzt fängt sie an zu keuchen, sie kneift die Augen zusammen.

»Mein Gott, Sanna, was tust du?!«, fährt Tom auf. Er drängt mich zurück, will seine Tochter schützen, aber es nützt doch nichts.

Ich setze mich zurück auf die Fersen, lehne mich mit dem Rücken an die Wand. »Sag es mir«, befehle ich leise.

»Sanna!«, zischt Tom, jetzt ernsthaft böse mit mir.

Doch ich schaue unverwandt Lizzie an, die mir unter seinen Händen hindurch, die sanft ihren Kopf umfasst halten, einen furchtsamen Blick zuwirft. Erst zögert sie. Doch dann schüttelt sie den Kopf.

»Mein Gott.« Jetzt bin ich wirklich fassungslos.

»Was zum Teufel... du kannst doch nicht allen Ernstes... Sanna!«, grollt er, doch er wird von der verweinten Stimme seiner Tochter unterbrochen.

»Ich dachte, ich bin verrückt.«

»Lizzie?!« Tom rückt sie von sich ab, hält aber weiterhin ihren Kopf umfasst, sodass sie ihn anschauen muss. »Wovon redest du? Antworte mir!«

Sie presst die Lippen zusammen, fängt gut sichtbar an zu zittern. »Von den anderen«, flüstert sie. »Mum sagt, ich bin es. Verrückt. Weil ich so viel Angst hatte. Sie hat versucht... sie wollte es mir austreiben. Sie hat mich immer wieder mitgenommen, dorthin, an Orte, wo ich es nicht aushalte. Dabei ist sie es doch selber, und ich dachte... ich dachte... dass sie mir das vererbt hat. Oh Dad!« Sie klammert sich an ihn, doch es kommen keine Tränen mehr, sie leidet stumm, erstickt fast daran.

Ich kann das nicht mehr mit ansehen. »Komm mal her.« Jetzt bin ich es, die sie fest in die Arme schließt und sie damit auch ein wenig vor dem unkontrollierbaren Zorn ihres Vaters in Sicherheit bringt, denn ich sehe, Tom steht kurz davor, die Fassung zu verlieren. Er verkrampft sich geradezu, und dann springt er auf und steht vor uns, die Fäuste geballt.

»Wie *kannst* du nur!«, zischt er mich an, doch ich konzentriere mich ganz auf die Kleine.

»Du bist nicht verrückt, Lizzie, denke das nicht. Du hast eine Gabe«, flüstere ich und halte sie ganz fest, ihn dabei unverwandt anschauend.

Tom atmet schwer, »Nein! Nein… nein!!«, keucht er, dreht sich um und drischt die Faust an die Wand.

Lizzie zuckt zusammen. »Du… du glaubst mir?«, stammelt sie, und ihre Augen füllen sich wieder mit Tränen.

»Natürlich glaube ich dir. Denn ich sehe sie ja auch.«

»Hör auf!«, schreit Tom mich an. Wir beide, Lizzie und ich, fahren zurück vor seinem Zorn, und das treibt ihn fort, er dreht sich um, reißt die Tür auf und stürmt hinaus. Die Tür fliegt mit einem lauten Knall hinter ihm zu.

Jetzt bricht Lizzie zusammen. Sie weint und weint und weint, mag sich gar nicht mehr beruhigen. Ich finde kaum Worte, um sie zu trösten. Was muss sie alles durchgemacht haben! »Hab keine Angst. Er beruhigt sich wieder, du wirst sehen. Er ist zornig, weil er weiß, dass es die Wahrheit ist.«

»Aber… aber wie… woher…«, stammelt sie, und ich merke, das war ihre größte Angst. Nach der Mutter, die ja keine war, auch noch ihren Vater zu verlieren.

Leise erzähle ich ihr davon, von meiner Gabe, und wie Tom sie miterlebt hat. »Er hat Angst um dich, um uns. Damit kann er nicht umgehen. Deshalb ist er so zornig. Wenn er um jemanden Angst hat, den er liebt, dann ist er zum Fürchten. Ich habe es selber erlebt, und du eben auch. Aber er wird sich wieder beruhigen, du wirst sehen. Komm, ruhe dich ein wenig aus, und wenn du magst, gehen wir nachher einmal gemeinsam raus und suchen sie. Sie sind zu zweit. Und eigentlich sehr, sehr lieb.«

»Ich weiß.« Lizzie löst sich von mir, lässt sich erschöpft in die Kissen sinken. »Ich sehe sie schon, seit wir hier angekommen sind. Aber ich dachte… dass sie hier leben. Ich spreche ihre Sprache nicht. Sie sehen so *normal* aus.«

Ich muss lächeln. »Ja, ich bin auch schon einigen begegnet, die ich nicht gleich als Geister erkannt habe. Ich glaube, das liegt daran, wie sie sich uns gegenüber zeigen wollen. Sie wollen deine Freunde sein. Sie sind einsam. Sie sind schon so lange hier. Mehrere Tausend Jahre, vermute ich.«

»Und ich dachte, sie frieren… diese dünnen Kleider… oh Sanna.« Sie schließt erschöpft die Augen und schläft beinahe sofort ein, völlig fertig. Eine ganze Weile lausche ich noch ihren ruhigen Atemzügen, dann stehe ich auf.

Ein Geräusch an der Tür lässt mich aufblicken. Rob steht da, er hat Tränen in den Augen. »Sie ist nicht krank?«, flüstert er leise.

»Nein.« Ich decke Lizzie fest zu, gebe ihr einen Kuss auf die Stirn und lasse sie dann allein. In der Tür lege ich Rob die Hand auf die Schulter. »Weder auf die eine noch die andere Weise. Bleib bei ihr, ja? Und bring sie zu mir, wenn sie wieder aufwacht. Ich muss jetzt nach Tom sehen.«

»Sei vorsichtig, Sanna. Er ist sehr wütend«, erwidert Rob.

»Ich weiß. Keine Sorge, ich kann damit umgehen.«

Auf dem Weg nach unten laufe ich Kris über den Weg. »Kannst du mir mal sagen, was hier los ist?«, zischt sie mir zu und zerrt mich in ihr Büro.

Leise erkläre ich ihr, was vorgefallen ist. Ihre Augen werden immer größer. »Die Kleine hat waas?!«, entfährt es ihr.

»Oh ja. Kris, ich muss Tom finden, bevor er noch etwas anstellt, was ihm hinterher entsetzlich leidtun wird.«

Sie schnaubt. »Geh nach draußen, dann hörst du es schon. Perri passt auf ihn auf. Wie gut, dass wir fast noch keine anderen Gäste hierhaben! Das wäre was geworden.«

So schnell ich kann, eile ich nach unten und durch eine Seitentür nach draußen. Die Küche meide ich, aus gutem Grund. Den anderen will ich jetzt nicht begegnen. Kris hat recht, ich höre ihn schon von weitem. Laute, gleichmäßige Schläge aus der Remise, einige begleitet von einem zornigen Aufschrei. Perri sitzt davor in der Abendsonne und hat sich in aller Seelenruhe eine Pfeife angesteckt, etwas, das er im Haus nie tut und sonst auch nur selten. Er kneift die Augen gegen die tief stehende Sonne zusammen und deutet hinter sich, als er mich erkennt.

»Sei vorsichtig, wenn du da reingehst. Was ist passiert?«

»Kris kann es dir erklären. Lass uns allein, ja? Und danke, Perri.« Ich gebe ihm einen Kuss auf die Wange, den er mit einer Umarmung erwidert. Dann schlüpfe ich hinein.

Im Halbdunkel des Winternachmittages sehe ich seine Gestalt nur schemenhaft am anderen Ende des großen Gebäudes. Er hat eine Axt in der Hand, zerteilt Holzstücke, und das keine kleinen. Nein, er hat sich die größten und schwersten ausgesucht, die er finden konnte. Gerade hat er die Axt wieder in einem versenkt und bekommt sie nicht mehr heraus, so sehr er auch daran zerrt.

»Dreh die Axt um«, sage ich. Er hält inne. Mich trifft ein geradezu mörderischer Blick. »Los, mach schon. Hoch damit, und dann schlag sie umgedreht auf den Hackklotz.« In sicherer Entfernung bleibe ich stehen. Er tut, was ich sage, will wieder Schwung holen, doch er merkt gleich, durch das schwere Holzstück braucht er fast all seine Kraft, die Axt überhaupt soweit hochzuheben. Er lässt sie heruntersausen, und verstärkt durch sein Eigengewicht fliegt das Stück beim Auftreffen auseinander.

Keuchend hält Tom inne. Er hat sein Fleece ausgezogen, sein T-Shirt ist schweißnass. Lange kann er da so nicht stehenbleiben, sonst holt er sich den Tod. »Hör jetzt auf«, sage ich und verschränke die Arme. »Du kannst auf noch so viel einschlagen, das ändert an den Tatsachen nichts. Deine Tochter sieht Geister. Genauso wie ich.«

»Aargh!« Die Axt fliegt im hohen Bogen auf den Holzstapel. Er steht da wie erstarrt, er kämpft, weil er sich zurückhalten will, mich schützen vor diesem ohnmächtigen Zorn.

Ich bleibe ganz ruhig. »Hast du mir nicht erzählt, dass ihr Lizzie nie irgendwo mit hinnehmen konntet, als sie klein war, weil sie da immer geschrien hat? Wo konntet ihr denn anderswo hingegangen sein in eurer konstruierten Ehe als zu Hochzeiten, zu Beerdigungen, auf Friedhöfe, in Kirchen? Kein Wunder, dass sie geschrien hat. Das hat deiner Frau bestimmt nicht gepasst, dass sie wegen ihr nicht teilnehmen konnte, immer wieder raus musste. Nicht ihre lieben, wohlerzogenen Kinder herzeigen zu können, ihren Status.«

»Hör auf!« Es klingt erstickt. Schweiß tropft ihm auf die Stirn. Die tiefstehende Sonne schickt jetzt ihre letzten Strahlen durch die Ritzen im Gebälk. Ich sehe, wie er dampft, es sieht aus wie Feuer. Seine blaugrünen Augen blitzen mich geradezu unheimlich an.

»Habt ihr auch versucht, sie zum 9/11 Memorial Day mitzunehmen?« Ich sehe, wie er schluckt, und mir wird ganz kalt. »Oh Tom! Das muss furchtbar für sie gewesen sein.«

Etwas zerbricht in seinem Blick. »Wir mussten umdrehen, schon weit vorher. Danach hat sie Lizzie eine ganze Woche lang nicht angeschaut, nicht auf den Arm genommen, nichts. Oh Gott, meine arme Kleine!« Er dreht sich von mir weg, presst sich die Faust auf die Lippen. »Woher hätten wir das wissen sollen? Woher?! Sag es mir!«

»Ihr konntet es nicht wissen. Aber deine Frau, die hätte es herausfinden können. Mit viel Liebe und Geduld hätte sie es gewusst und Lizzie helfen können. Zumindest hätte sie Lizzie nicht quälen dürfen, hätte solche Orte meiden müssen. Doch das hat sie nicht getan. Sie hat deine beiden Kinder nie geliebt. Sie war dazu nicht fähig. Und du, du warst zu wenig zuhause, um das mitzubekommen. Lizzie hat bestimmt ganz früh gelernt zu schauspielern, ihre wahren Gedanken und Gefühle zu verbergen. Das musste sie auch, denn sonst hätte sie das nicht überlebt.«

»Wirst du ihr helfen?« Die Frage hallt nur ganz leise zu mir herüber. »Bitte hilf ihr, Sanna.«

»Das habe ich doch schon längst. Im Moment schläft sie. Warten wir, bis sie aufwacht, dann sehen wir weiter.«

Er steht jetzt stumm da, sagt nichts mehr. Bald kann ich seinen Atem kaum noch hören. »Gott, mir ist so kalt«, flüstert er.

»Das glaube ich. Komm mit. Nun komm schon.« Ich nehme ihn bei der Hand – jetzt kann ich es gefahrlos tun – und ziehe ihn über den Hof zu dem Dienstboteneingang, wo das alte Badezimmer liegt.

Irgendwie, mit viel Geduld, bekomme ich ihn wieder beruhigt. Er steht unter Schock, das ist mir klar, und so bleibe ich angezogen, während er mit angewinkelten Knien im warmen Wasser der Wanne hockt und ich ihn wasche, langsam und liebevoll, ein Trost. Dabei starrt er die ganze Zeit vor sich hin, sieht mich nicht einmal an, und berühren tut er mich schon gar nicht.

Später ist Lizzie wieder unten, etwas blass noch, aber mit einem leichten Lächeln im Gesicht. Sie weiß ihren Vater zu nehmen, ganz sicher, denn sie besteht darauf, allein mit mir und Kris hinaus in die Dunkelheit zu gehen. Dafür wollen wir keine Zeugen haben. Wir packen uns warm ein und gehen nach draußen in den versunkenen Garten, denn den lieben beide Kinder.

Kris und ich nehmen Lizzie in die Mitte. Sie ist nicht wirklich nervös, aber angespannt. Schließlich hat sie die beiden schon gesehen. Als wir weit weg genug sind vom Haus, schließe ich die Augen und konzentriere mich, den Arm fest um sie gelegt und die Hand mit Kris' verbunden. Ich rufe sie, bitte sie zu kommen.

Das mache ich nur sehr, sehr selten. Eigentlich nie. So sind sie denn auch ziemlich verwundert, aber sie kommen.

»Hier ist jemand, der euch richtig kennenlernen möchte«, sage und denke ich, denn ich weiß ja, meine Sprache ist nicht die ihre. Doch sie verstehen mich auch so. Lächelnd stehen sie mit einem Mal vor uns, dann streckt das Mädchen die Hand aus.

Jetzt zögert Lizzie doch etwas, aber ich bestärke sie. »Nur Mut. Sie werden dir nichts tun.« Sie atmet tief durch, dann tritt sie vor und nimmt die Hand des Mädchens. Natürlich ist da nichts, das sie greifen kann, es ist die mentale Verbindung und vor allem die Geste, die zählt. Beide Kinder ziehen Lizzie ein Stück fort, hinein in die Dunkelheit. Da lacht Lizzie auf, sie streckt die Arme aus, wird eingehüllt in eine Wolke stiebenden Schnees. Sie machen das für sie, es ist ein Geschenk. Ich kann fast nichts erkennen, der Schnee ist so dicht. Schwebt sie sogar ein bisschen? Wenn, dann ist es schnell wieder vorbei.

Hinterher kommt Lizzie zu mir, fällt mir um den Hals und hält mich ganz fest. »Gut so?«, flüstere ich und drücke sie an mich.

»Jaa, es war toll. Oh, wo ist denn Kris hin?«

Verwundert drehe ich mich um, und tatsächlich, sie ist fort, schon fast wieder an der Treppe angekommen. Stattdessen sehe ich jetzt Toms lange Gestalt auf uns zukommen, ohne Jacke natürlich, wie wollte es auch anders sein. »Komm, gehen wir zu deinem Vater, damit er sich wieder vollends beruhigt, hm?«

Was sie auch gleich tut, sie rennt los, durch den Schnee, und fällt ihm um den Hals und lacht dabei. Es ist dieses Lachen, das seinen Zorn besänftigt, sie sieht richtig glücklich aus. Mich trifft ein sehr, sehr schmerzhafter, aber auch dankbarer Blick, während sie Arm in Arm wieder auf das Haus zu laufen.

Im Eingang sehen uns Rob, Col und Tamara entgegen. Letztere hat die Arme verschränkt. Als die anderen beiden Lizzie besorgt nach drinnen ziehen, zischt sie mir zu: »Was hat das zu bedeuten?« Ein ganz klein wenig eifersüchtig klingt sie, das ist gut zu merken.

»Sie hat die Kinder gesehen, Tamara.« Mehr brauche ich ihr nicht zu erklären, sie weiß bescheid, und das schon lange.

Aus großen Augen schaut sie mich an. »Weiß Kris das? Sie ist eben kreidebleich hereingekommen und hat sich in ihr Büro verkrümelt.«

Sofort bin ich beunruhigt, doch als ich bei Kris klopfe, höre ich sofort ein »Herein!« Sie steht am Zeichenbrett, hat einen größeren Block vor sich liegen. Mit dem Kohlestift in der Hand vollendet sie gerade ein paar letzte Striche.

Tamara folgt mir auf dem Fuße hinein. »Was machst du da?«

Kris antwortet nicht sofort. Sie arbeitet konzentriert weiter, ergänzt hier und dort ein paar Striche. Dann legt sie den Kohlestift fort. Mit dem Block in der Hand dreht sie sich um. Ihre Augen sind geweitet, richtig groß. So sieht sie normalerweise nur aus, wenn sie was geraucht hat, und kein harmloses Zeug.

Doch diesmal ist es anders, das spüre ich sofort. »Was ist passiert?«

»Da draußen, mit euch beiden verbunden, da hatte ich plötzlich ein Bild im Kopf. Sind sie das?« Sie dreht den Zeichenblock um. Ich schnappe nach Luft, und Tamara entfährt ein ächzender Laut. Das sind die beiden Kinder, keine Frage, rasch auf Papier gebannt in Kris' unvergleichlichem Stil, doch sie sind es.

»Oh Kris! Du hast sie gesehen? Ja, das sind sie.« Ich nehme ihr die Zeichnung ab.

Sie presst sich nun die Hände an die Schläfen, reibt sie. »Oh man, das ist anstrengend, richtig anstrengend. Ihr beide, ihr seid echt stark zusammen, das war gut zu merken. So konnte ich sie das erste Mal richtig sehen.«

»Sie heißen Merte und Tjark«, sagt Lizzie da von der Tür und schlüpft zu uns herein, die Tür hinter sich zuziehend. Ich strecke die Hand aus, umarme sie, stumm beobachtet von Tamara, die sichtlich nicht weiß, was sie davon halten soll.

»Da hast du viel, viel mehr erfahren als wir in den ganzen letzten Jahren«, sage ich und drücke sie fest an mich.

»Ich weiß nicht, was ich machen soll«, flüstert Lizzie und sieht auf einmal wieder sehr, sehr ängstlich aus. »Was sollen sie alle von mir denken?«

»Gar nichts«, sage ich. »Lebe einfach ganz normal weiter und zeige nicht, wie es um dich steht. Sie verstehen es nicht, können sie auch gar nicht. Du würdest ihnen nur Angst machen. Je weniger sie wissen, desto besser.«

Doch das ist gar nicht so einfach, denn jeder von ihnen merkt, dass mit Lizzie etwas passiert ist. Sie wirkt wie gelöst. Verschwunden alle Kindlichkeit. So langsam begreife ich, dass dies ihr Schutz gewesen war. Wer wie ein Kind wirkt, der kann sich viel besser dahinter verstecken als hinter einem auffälligen Teenagergebaren.

Natürlich wollen alle wissen, was geschehen ist. Doch wir schweigen, wenn uns jemand fragt, sagen nur, dass das Frauengeheimnisse sind. Das lässt insbesondere Col nicht auf sich sitzen, und als er bei uns nicht weiterkommt, schnappt er sich Tamara und verschwindet mit ihr, ein richtiges Verhör wird es, das flüstert sie mir hinterher beim Abendessen zu. Aber sie hält dicht, das hat sie mir versprochen. Sogar Jimmy bekommt in einem wachen Moment mit, dass etwas passiert ist, doch ich wehre seine Fragen ab.

In dieser Nacht rührt Tom mich nicht an. Ich spüre, er möchte es, sehnt sich sogar verzweifelt danach, doch er versagt es sich. Nachdem wir geraume Zeit schlaflos nebeneinander gelegen haben, wir es mir zu bunt. Noch sind die meisten Zimmer im Haupthaus unbelegt. Ich setze mich auf. »Entweder – oder, Tom«, sage ich nur, raffe meine Decke an mich und schicke mich an, aufzustehen.

Doch ich komme nicht einmal einen Schritt weit, da reißt er mich schon zurück, wirft mich auf die Matratze und nagelt mich förmlich mit seinem Körper fest. »Was hast du nur?«, flüstere ich. Etwas zerbricht in ihm, und er beginnt mich geradezu verzweifelt zu lieben, stumm und mir nicht in die Augen schauend. Es wird ein richtiger Rausch, hinterher schläft er ein wie ein Toter.

In dieser Nacht gehe ich allein zu Jimmy, ich mag Tom nicht wecken. Mit Tränen in den Augen lausche ich seinen mühsamen Atemzügen. Wäre das Gerät aus, er wäre wohl längst nicht mehr bei uns, erkenne ich. Wir erhalten ihn künstlich am Leben. Weil es sein Wunsch ist, denn er hat noch etwas, das ihn hier hält, das war deutlich zu merken in den letzten Tagen.

Als Rob mich ablösen kommt, es ist gerade mal fünf Uhr morgens. »Danke, Sanna«, sagt er leise und setzt sich an Jimmys Lager. »Was auch immer du mit Lizzie gemacht hast, es war gut so. Ich weiß, dass ihr uns nicht alles erzählt. Das müsst ihr auch nicht. Aber es ist ein Segen, dass sie dich getroffen hat. Und mein Tom auch.« Er schaut mich nicht an bei diesen Worten, sondern geradezu schmerzhaft auf Jimmy herab. Wie sehr muss ihn dieser Anblick an einen anderen, sehr viel furchtbareren erinnern!

Ich lege Rob die Hand auf die Schulter und drücke sie. »Sei unbesorgt. Er wird nicht allein sein, wenn er geht.«

Kapitel 9

Ich kehre nicht wieder ins Bett zurück, denn es ist nicht einmal eine Stunde, bis ich eh aufstehen wollte. Um mich abzulenken, gehe ich noch einmal alles für diesen Tag durch. Das Essen ist fast fertig, es lagert abgedeckt und gekühlt im Keller. Das Buffet ist aufgebaut, die Musikanlage auch. Die Räume sind dekoriert, die Gästezimmer fertig. Die Galerie auch. In den Räumen im Erdgeschoss sind überall Sitzgelegenheiten verteilt, außer im Saal natürlich. Am Vormittag kommt ein Partyservice und bringt Geschirr und Gläser. Ein Teil der Gäste sind Mitglieder einer Band, sie werden für die Musik sorgen, und es gibt auch eine Anlage, falls sie mal Pause machen wollen. Alle haben einen Schlafplatz, sogar die Nerd-Combo. In den Dienstbotengängen lagern Berge von Feuerholz, wir werden die Öfen bald anzünden, damit sie bis heute Abend gut warm sind. Wir haben an alles gedacht. Jetzt müssen wir nur noch uns selber irgendwie zur Party bewegen, trotz oder gerade wegen dessen, was im Keller geschieht.

Als Kris schlaftrunken die Treppe herunterkommt, es ist noch keine sechs Uhr, stehe ich gerade vor der Kellertreppe. »Hey. Schlaflos?«

»Hm… ja, ich war gerade bei Jimmy. Rob hat mich abgelöst. Wir sollten den Keller sperren, Kris. Es dauert nicht mehr lange, und ich könnte mir denken, die Jungs möchten da unten keine Fremden bei sich haben. Nicht jetzt.«

»Ja, das sollten wir tun. Dann brauchen wir aber Leute, welche die Versorgung von unten übernehmen. Ach, am besten verdonnern wir das Jungvolk dazu. Den Dreien wird es eh zu langweilig werden. Und Lizzie soll ihre Kamera fleißig einsetzen, das macht sie bestimmt.«

»*Das* halte ich für eine ausgezeichnete Idee! Sonst kommen die nur auf dumme Gedanken!«, sage ich, und sie zwinkert mir zu.

In unserem Baustellenfundus finden wir ein Baustellenschild *Betreten für Unbefugte verboten* und einige Absperrketten, die wir vor dem Kellerabgang und am Eingang zur Waschküche anbringen. Die Dienstbotengänge schließen wir ab, sodass auch von der Seite keine Überraschungen zu erwarten sind. Das sollte genügen, aber wir nehmen uns auch vor, jeden Gast eindringlich zu ermahnen, sich auch daran zu halten.

»Danke, Kris«, sage ich, »wirklich. Das ist nicht selbstverständlich, dass ihr das tut.«

»Haulensteen ist genauso dein Zuhause wie unseres. Also mach dir keinen Kopf. Los, komm, lass uns das Frühstück vorbereiten.«

Der Trubel beginnt früh genug. Den Anfang macht der Partyservice, dann treffen die ersten Helfer ein. Helena kommt, beladen mit Platten voller Essen, und auch einige andere Nachbarinnen. Dann geht es Schlag auf Schlag, die ersten Gäste treffen ein. Viele kenne ich, einige aber auch nicht. Ein bunt gemischtes Völkchen, Künstler, Handwerker, Intellektuelle. Kris und Perri konzentrieren sich jetzt auf die Gastgeberrolle und überlassen mir den ganzen Rest. Ich organisiere die Helfer, insbesondere die Kids, die sich bereitwillig von mir herumscheuchen lassen, und auch Mo und Alex stehen mir tatkräftig zur Seite. Nur von den Männern, da sehe ich auffallend wenig, und ich ahne, sie schließen ihre Reihen, bewachen den Keller regelrecht. Doch die Gäste halten sich an unsere Direktive, auch wenn sich insbesondere Kris' Freundinnen enttäuscht zeigen, dass sie diesen nicht besichtigen können, besonders den Opferstein ganz unten im Verlies. Doch da bleiben wir hart. Als die Nerd Combo eintrifft, werden sie natürlich sofort von Col und Lizzie belagert, doch ich mache eine Ansage: keine IT vor dem Fest. Heute haben sie arbeitsfrei und lassen sogar ihre Handys auf dem Zimmer, was sie regelrecht vergnügt akzeptieren und sich sogleich ins Getümmel stürzen.

Am späten Nachmittag kommen dann Kris und Alex nach einer kurzen Abwesenheit wieder zu uns. »Umziehzeit, Mädels!«, rufen sie uns zu.

Wir überlassen Perri die Angelegenheiten am Empfang und ziehen uns in Kris' Schlafzimmer zurück. Dort haben sie eine Flasche Sekt kaltgestellt, mit einem Glas für jede von uns. Wir stoßen an, selbst Lizzie darf mitmachen, wenn auch nur einen winzig kleinen Schluck, den sie sich mit Mo teilt. »Auf diesen Abend!«, prosten wir uns zu.

Ich brauche auf jeden Fall eine Dusche, und auch die anderen nehmen die Gelegenheit wahr, denn wir sind alle verschwitzt von der vielen Rennerei. Alex hat meine Sachen aus dem Backhaus mitgebracht. Mo gibt die Friseuse und Kosmetikerin, sie hat einfach das beste Händchen dafür.

Als ich mich in mein neues Kleid gezwängt habe – verdammt, habe ich etwa zugenommen in den letzten Wochen? – kommt Mo mit einem kleinen, in Geschenkpapier eingewickelten Päckchen zu mir. »Hier, für dich. Ein vorzeitiges Weihnachtsgeschenk. Mit vielen Grüßen auch von Sylvie.«

Ich bin bass erstaunt und wickele es gleich aus. Hervor kommt ein hübsches Set von Navajo Schmuck, eine Kette mit schwerem Anhänger, Armband und Ohrringen. »Oh Mo, das ist wunderschön! Vielen, vielen Dank.« Ich umarme sie.

»Wir haben uns gedacht, es würde dir vielleicht gefallen. Die Steine passen zu deinen Augen.«

»Tja, Tamara, dann wirst du heute das erste Mal die Perlen von deiner Urgroßmutter tragen. Ich finde, das passt«, sage ich und lächele ihr im Spiegel zu. Wie anders sie aussieht! Groß und schlank in einem langen, rauchblauen ärmellosen Kleid, das denselben Ton hat wie ihre Augen, und mit einer französischen Hochsteckfrisur, sieht sie ausnehmend elegant aus und sehr, sehr weiblich und erwachsen. Diese Rundungen weiß sie sonst gut unter der unförmigen Kleidung zu verbergen. Ich finde, die Perlen passen hervorragend zu ihr, und habe vor, sie ihr irgendwann zu schenken. Nicht irgendwann, verbessere ich, als ich ihr helfe, sie umzulegen. Sondern bald. Weihnachten. Dann steht Mo mit einem Schminkset vor mir, und ich muss die Augen schließen. Hinter mir geht das muntere Geplauder weiter, Lizzie wird gerade eingekleidet, und schließlich sind wir alle fertig und bereit für den Abend.

»Aber zuerst mal ein Foto, und dann gehen wir in den Keller und besuchen die Männer. Nicht, dass sie sich dort den ganzen Abend verkriechen«, bestimmt Kris. Ich habe wohlweislich meine Kamera mitgebracht. Mit Zeitauslöser schießen wir eine schöne Bilderserie von uns, fröhlich und aufgedreht durch den ersten Sekt. Guck sie dir an! Kris in elegantem Schwarz, Mo in Silber, sexy und rückenfrei. Alex knallrotes, kurzes Kleid passt hervorragend zu ihrem dunklen Bob, und Lizzie sieht mal wieder viel älter und sehr schön in ihrem neuen Kleid aus. Aber Tamara schlägt uns alle um Längen, das ist uns klar.

Da Kris und Perri das Herrenschlafzimmer bewohnen, hat es auch einen eigenen Zugang zum Keller, den wir nicht verschlossen haben. So gelangen wir ungesehen nach unten. Wie wir es schon erwartet haben, hocken sie alle in der Küche, stumm und grimmig. Doch das ändert sich, als wir hereinkommen.

Jimmy ist gerade wach, und er schaut erfreut auf, als er unser ansichtig wird. »Na, das ist ja ein Anblick!«, krächzt er.

Jetzt kommt Bewegung in die Runde, es gibt ein großes Hallo. Komplimente werden gemacht, Küsschen getauscht. Sean steht sichtlich sprachlos vor Mo und weiß nicht, was tun, aber noch mehr haut es Col um, er reißt die Augen auf, starrt erst seine Schwester, dann Tamara an, wird knallrot und bringt keinen Ton heraus.

»So, genug hier herumgesessen. Ihr werdet jetzt feiern gehen, und zwar für mich mit«, krächzt Jimmy. Zuerst wollen die Männer nicht, aber Jimmy hat, so schwach er ist, seine ganz eigenen Methoden, sie zu überzeugen. Nur Tom bleibt, er macht eine Miene, da wissen alle, es gibt keine Diskussionen. Ich verstehe das und bereite mich auf einen recht einsamen Abend vor.

»Hole uns, sobald sich etwas ändert«, bittet Danny Tom leise, und er nickt gedrückt.

Ich hocke mich zu ihm und Jimmy, der mich mit schimmerndem Blick ansieht. »Wunderschön sieht sie aus, nicht, Tommy?«, flüstert er und schließt die Augen. Gleich darauf ist er wieder eingeschlafen.

»Da hat er recht«, kommt es erstickt von Tom. Ich werde hochgezogen und fest umarmt. Eine ganze Zeitlang stehen wir eng umschlungen da und geben uns Trost, dann setzt oben die Musik ein. »Lass uns tanzen«, flüstert er mir ins Ohr und beginnt sich mit mir zu bewegen, ganz leicht und fast auf der Stelle, denn viel Platz ist hier nicht. Es reicht auch so. Ich lasse mich forttragen, vergesse einen Augenblick lang alle Sorgen, Pflichten und die Trauer, und er auch. Es gibt nur noch uns, diese Berührungen, bis oben die Musik eine Pause macht und wir uns wieder an Jimmys Lager niederlassen.

Den ganzen Abend bewege ich mich zwischen zwei Welten. Oben das pralle Leben. Nach dem Rechten sehen, das eine oder andere organisieren, doch im Großen und Ganzen klappt alles wie am Schnürchen, die Kids helfen mir. Ein paar Pflichttänze absolviere ich auch, mit Perri, mit Georg und den anderen Nachbarn, aber vor allem mit den Jungs, wo ich aber nicht wirklich bei der Sache bin und sie auch nicht, sodass sie mich schnell aus dieser Pflicht entlassen. Dann erneut hinab in den Keller, hin zum Tod, der bereits vor der Tür steht und wartet. Doch noch kommt er nicht herein, Jimmy stemmt sich mit aller Macht dagegen an, ist immer wieder mal wach, und das wesentlich öfter als in den letzten Tagen. Er ist so unruhig! Es macht mich selber nervös und besorgt.

Als ich am späteren Abend nach einer Runde in den Keller zurückkehre, steht die Küchentür leicht offen. Jimmy ist wach, ich höre seine leise, krächzende Stimme und Toms barsche Antworten. Sie streiten, das ist gut zu merken.

»Tu es endlich, Tommy! Ich habe nicht mehr viel Zeit!«

Tom knurrt, richtig wütend klingt er. »Ich kann nicht!«

»Wenn du es nicht tust, dann tue ich es.« Himmel, wie er diese Worte aus sich herausquält!

»Mach dich nicht lächerlich!«

Nein, so geht das nicht weiter! Ich betrete den Raum mit festem Schritt und schließe mit Nachdruck die Tür hinter mir.

»Hört auf!«, sage ich laut. Beide zucken zusammen, Jimmy auf seinem Lager und Tom am Fenster stehend. Er schaut nach draußen und hat die Faust vor den Mund gepresst, wendet sich nicht um zu mir. »Ihr habt doch schon die ganze Zeit etwas, und ihr werdet mir jetzt sagen, was es ist! Vor allem du, Tom! Siehst du nicht, wie er sich quält?« Ich gehe zu Jimmy, hocke mich zu ihm und nehme seine Hand. Seine Augen schimmern, und haben sich nicht auch seine Mundwinkel eine Winzigkeit verzogen, als würde er sich amüsieren? Was geht hier vor sich?

»Nun mach schon, Tommy!«, kommt es mit letzter Kraft von ihm, und das hört Tom auch. Nach einem zornigen Faustschlag gegen das Fenster stürmt er plötzlich hinaus in die Waschküche und von dort nach draußen, die Außentür laut hinter sich zuschmetternd. Jimmy fällt sofort in sich zusammen. »Sanna, ich… ich…« Er fängt an zu keuchen, kann nicht mehr, oder hat er Angst?

»Schscht, nicht. Ganz ruhig. Er wird gleich wieder da sein, du wirst sehen. Keine Angst. Er lässt dich nicht alleine, nicht jetzt. Das tut er nicht.« Ganz fest nehme ich ihn in die Arme und wiege ihn, und er klammert sich geradezu an mich, obschon er nicht die Kraft dafür hat. Es hilft nicht viel, aber er braucht sich nicht lange zu quälen, denn Tom ist schnell wieder da. Wie das drohende Unheil steht er plötzlich in der Tür. In hohem Bogen wirft er einen Gegenstand auf den Tisch, er feuert ihn geradezu darauf. Es ist ein einfacher Stoffbeutel, etwa faustgroß. Es klongt gut hörbar, ein dumpfes, metallenes Geräusch, der Gegenstand darin ist schwer. Ich lasse Jimmy los, schaue zu Tom, der jetzt erneut mit dem Rücken zu uns am Fenster lehnt, die Fäuste geballt. Seine Anspannung kann ich bis zu mir herüber spüren, wie unsichtbare Fäden zieht sie sich zu mir. Ich wende meinen Blick Jimmy zu. Dessen Augen schimmern jetzt, und er ruckt leicht mit dem Kopf zum Tisch, eine Aufforderung.

Ich strecke die Hand aus und ziehe den Beutel zu mir heran. Für mich?, forme ich lautlos die Worte mit den Lippen, und Jimmy nickt unmerklich. Er spannt sich an, das spüre ich, und daher will ich ihn nicht lange quälen, öffne den Beutel und leere den Inhalt auf meine offene Hand.

Es ist eine Kette. Schlichtes Band mit einem schweren, in gebürstetem Silber eingefassten Anhänger, dessen schwarzer geschliffener Stein ganz merkwürdig in dem schwachen Licht der Lampe an Jimmys Lager glitzert. Das ist der Meteorit, den ich Tom an unserem letzten Abend in Page geschenkt habe, da bin ich sicher, doch das ist es nicht, was mich nach Luft schnappen lässt. Ich reiße die Augen auf und begegne Jimmys Blick. Ängstlich, erwartungs- und liebevoll zugleich. An dem Anhänger ist ein Band befestigt, und daran baumelt ein kleiner Gegenstand. Ein Ring. Dasselbe Material wie der Anhänger, Silber und darin in einem verschlungenen Muster eingebettet das Metall des Steins, schwarz und doch bunt schimmernd. Es sieht wunderschön aus. Ich lege den Kopf in den Nacken, muss die Augen zusammenkneifen, als mir ein ganzer Zentner Last vom Herzen fällt. Versteh einer diesen Mann!

Ich spüre Jimmys Finger auf meine Hand klopfen, eine Frage. Keuchend stoße ich die unwillkürlich angehaltene Luft aus und schaue ihn an, nicke mit einem zittrigen Lächeln, und er schließt vor Erleichterung die Augen, aber ganz kurz nur, macht sie gleich wieder auf. Ich schaue auf Tom, der immer noch am Fenster lehnt, die Schultern gut sichtbar angespannt. In Jimmys Richtung schüttele ich den Kopf und rolle mit den Augen. Dann löse ich das Band, lege den Ring in Jimmys Hand und strecke ihm die Linke hin. Er zieht die Augenbraue hoch. Das ist die falsche Hand, soll das heißen, doch ich schüttele den Kopf. Die Rechte ist bereits besetzt, und das wird sie auch bleiben. Ich drücke einen Kuss auf Thores Ring. Da versteht er und schiebt mir den Ring behutsam auf den Ringfinger der linken Hand. Er passt, sitzt wie angegossen. Ich umarme Jimmy zum Dank, und er flüstert mir etwas zu, das nicht für Toms Ohren bestimmt ist.

»Ich weiß«, flüstere ich zurück, aber dann lasse ich ihn los und stehe auf.

Leise nähere ich mich Tom am Fenster. Er rührt sich nicht, aber er muss mich gehört haben, anders kann es gar nicht sein, denn jetzt spannt er sich so sehr an, dass sein Atem schwer wird und er beinahe keucht. Doch ich sage nichts, sondern trete nur an ihn heran, lege von hinten die Arme um ihn und schmiege meine Wange an seinen steinhart angespannten Rücken. Vorne habe ich die linke Hand über die rechte getan, sodass er sie sehen kann. Er guckt nach unten, zuckt zusammen. Einen Moment steht er ganz starr. Dann fängt er an zu zittern, stärker und immer stärker wird es, bis er schließlich auf die Knie bricht, mich zu sich herumzerrt und die Arme um mich schlingt. Tröstend halte ich ihn fest und muss gleichzeitig selber mit den Tränen kämpfen. Warum nur, warum? Warum hat er nicht viel eher gefragt? Alles wäre gut gewesen, und jetzt wird es das auch.

Irgendwie bin ich auch auf den Knien gelandet, denn als wir beide wieder zu uns kommen, halten wir uns eng umschlungen, und ich habe den Kopf an seiner Schulter vergraben. Er sagt nichts, keinen Ton, und das muss er auch nicht. Mein Blick fällt auf Jimmy. Mit Tränen in den Augen liegt er da, uns nicht einen Moment loslassend, und hat ein leichtes, friedliches Lächeln auf den Lippen. So sieht jemand aus, dessen letzter Wunsch in Erfüllung gegangen ist, geht mir auf. Das war es also gewesen. Als er meinen Blick bemerkt, wendet er sich ab, stemmt sich mit einer letzten Kraftanstrengung herum und will nach dem Sauerstoffgerät greifen, es ganz offenbar abschalten.

»Jimmy, nein!« Ich sage es nur leise, aber Tom fährt herum, sieht, was ich sehe, und ist sofort bei ihm.

»Nein. Das tust du nicht!«, ruft er und hält Jimmys Hände fest.

Der bricht sofort wieder zusammen. »Lass mich, Tommy. Ich kann nicht mehr, und ich will auch nicht mehr. Jetzt kann ich endlich gehen.« Er schließt erschöpft die Augen.

»Wenn das dein Wunsch ist, dann soll es so sein«, sage ich, auch wenn Tom heftig den Kopf schüttelt. Ich trete an die beiden heran, streiche Jimmy über die Wange. »Aber nicht du wirst es sein, der das abschaltet, sondern wir, und zwar alle zusammen. Willst du das? Jimmy?« Sachte rüttele ich ihn an der Schulter, und er schlägt wieder die Augen auf.

»Oh ja«, flüstert er schwach.

»Dann hole ich jetzt die anderen her, damit sie sich von dir verabschieden können.« Tom noch einen traurigen Blick zuwerfend, den er hilflos erwidert, gehe ich hinaus.

Oben an der Treppe muss ich mir die unwillkürlich laufenden Tränen abwischen, doch ich kann nichts machen, sie laufen einfach weiter. So muss ich denn auch nur kurz in den Ballsaal schauen und den Blick des ersten suchen, den ich finde. Es ist Danny, und als er mich sieht, holt er sofort die anderen zusammen. »Es ist Zeit«, sage ich und schaue mich suchend um, denn die Kids kann ich nirgends entdecken.

»Rob und Lizzie sind oben, ich gehe sie holen«, sagt Mo.

»Und Col?«

»Keine Ahnung. Schau mal im Keller, ich glaube, da wollte er hin«, erwidert sie und trennt sich an der Treppe von mir.

Der Keller liegt still und verlassen. Hier ist doch niemand? Doch da höre ich von weiter hinten ein leises Geräusch. Ich laufe hin und verorte es hinter einer Tür, die zu einem der größeren Lagerräume führt. Vorsichtig spähe ich hinein, und tatsächlich, ich sehe eine Bewegung im Halbdunkeln. Es ist Col, doch er ist nicht allein und schwer beschäftigt.

»Col«, sage ich leise und klopfe mit dem Fingerknöchel an den Türrahmen. Er fährt hoch, und Tamara geht sofort hinter seinem breiten Rücken in Deckung. »Es tut mir leid«, sage ich, »du musst jetzt mit mir kommen. Es ist Zeit.« Ich drehe mich um und lasse die beiden allein.

In der Küche haben sich alle um Jimmys Lager versammelt. Tränen in den Augen allenthalben. Als letztes tritt Col heran und umarmt ihn, und auch Tamara sagt ihm Lebewohl.

Doch als es ans Abschalten geht, da wagt sich keiner von den Männern an Jimmys letzten Wunsch heran, so sehr dieser auch mit den Augen fleht. »So geht das doch nicht«, flüstert Tamara mir zu.

»Wenn ihr es nicht tun wollt, dann tun wir es«, sage ich laut, und Tamara nickt dazu. Wir drängen uns durch und knien uns vor Jimmy hin.

Er lächelt uns dankbar an, will mir noch etwas sagen, aber es kommt kein Ton mehr über seine Lippen. Er ist jenseits aller Erschöpfung, das erkenne ich jetzt. Ich nicke Tamara zu, und wir legen unsere Hände auf den Schalter. »Legt eure Hände auf unsere. Nun macht schon«, sage ich, und nach kurzem Zögern tun sie es, Tom zu allererst, dann die anderen. Es ist nur ein kurzer Druck, dann ist die Maschine aus.

Jimmy guck darauf, wartet. Aber es passiert nichts, er atmet einfach weiter. Er schaut fragend zu Tom. »Du wirst jetzt immer weniger Sauerstoff im Blut haben und irgendwann müde werden und einschlafen und nicht mehr aufwachen«, sagt der mit Tränen in den Augen.

»Gut«, flüstert Jimmy. Er drückt meine Hand, streicht mit dem Daumen über den Ring, eine Aufforderung. Das will er noch miterleben. Ich schaue auf, begegne Toms Blick, und da geht den anderen auf, dass etwas geschehen ist.

»Ist das etwa…«

»Ja, ist es. Sanna hat eingewilligt, meine Frau zu werden«, sagt Tom, nimmt mich fest in die Arme und gibt mir einen langen Kuss auf den Mund.

Die Runde bricht in teils erleichterte, teils freudige Rufe aus. Also haben sie uns doch beobachtet und gewartet! Wir werden umarmt, beglückwünscht. Rob weint ganz ungeniert, genauso wie Lizzie. Danny hält Sean einmal mehr die offene Hand hin, breit lächelnd, und auch Vince ist diesmal dran, die Federn zu lassen.

Als sich alle wieder ein wenig beruhigt haben und zu Jimmy schauen, liegt der ganz still, die Augen geschlossen und ein leichtes Lächeln auf den Lippen. Sein Atem ist immer noch da, aber mühsam und schwach, doch jetzt sind alle froh darum. Er hat die letzten wachen Minuten in seinem Leben mit Freude verbracht und nicht mit Trauer.

Wir beschließen, es bei der Freude zu belassen. Sean geht in den Keller und kommt mit einer Flasche vom besten Crémant zurück. Wir köpfen sie und stoßen an, auf Jimmy, und auf uns. Noch kann ich gar nicht fassen, was eigentlich geschehen ist, ich kann mich nur an Tom festhalten und seine Nähe genießen.

Jimmys Kampf dauert an. Seine Atemzüge werden schwächer, die Abstände dazwischen immer länger. Wir kehren nicht nach oben zurück, sondern wachen bei ihm. Irgendwann geht oben die Musik aus, die Leute verabschieden sich ins Bett, es wird ruhiger. Ein paar späte Nachzügler noch, ab und an Gelächter, ein Klirren. Am Ende der Nacht steht Kris plötzlich in der Küchentür, und sie erschrickt, als das sonst so allgegenwärtige Zischen des Sauerstoffgerätes nicht mehr zu hören ist. Doch ich beruhige sie, noch ist es nicht soweit. Stumm steht sie an Jimmys Lager und verabschiedet sich. Dann geht sie in den Keller und ist nach kurzer Zeit wieder da mit einer Kerze in der Hand. Sie hat sie geweiht, sehe ich, sie ist mit Symbolen verziert. Kris stellt sie ins Küchenfenster, öffnet dieses einen Spalt weit und entzündet sie, Tradition in ihrer Welt, stumm beobachtet von den anderen.

Der Morgen dämmert heran, es ist der einundzwanzigste Dezember, Wintersonnenwende. Ein heiliger Tag in vielen, vielen

Religionen, und ganz sicher ein guter Tag, diese Welt zu verlassen. Ich spüre, wie sich langsam etwas verändert, und auch Kris und Lizzie spüren es. Kris läuft rasch hinaus, nur um gleich darauf mit ihrem Zeichenblock und Kohlestift wieder da zu sein.

Ich bin derweil ans Fenster getreten, Lizzie fest im Arm. Die anderen wundert das zwar, aber sie sagen nichts, sie haben sich um Jimmy geschart, der sich jetzt nur noch ganz selten rührt, ein leises, gequältes Anstemmen gegen den Tod.

Etwas ist da draußen. Jetzt spüre ich es immer deutlicher, es wartet, will zu uns, und ich bestärke es, ich bin die Brücke, schaffe die Verbindung. Es ist das erste Mal, dass ich es bewusst tue.

»Sanna, was ist das?«, wispert Lizzie.

»Wir bekommen Besuch«, sage ich genauso leise. Wir strecken die Hände aus, berühren Kris, damit sie die Verbindung zu uns hat.

Draußen hat es wieder angefangen zu schneien, aber diesmal dicke, matschige Flocken. Das Wetter schlägt um, es wird wärmer, feuchter, fast nebelig. Durch die Dämmerung hindurch ist ein Schatten zu sehen, eine Gestalt. Langsam und mit langen Schritten kommt sie auf unser Fenster zu. Noch können wir nichts erkennen, doch das ändert sich, als sie näher herankommt. Gesichtszüge formen sich heraus, die Augen, der Mund, Nase, kantiges Kinn, und dann die Kleidung, Helm und Schutzanzug. Ich erkenne ihn sofort. »Es ist CC.« Ich flüstere es ganz leise, für die anderen nicht hörbar.

Er lächelt mich an und nickt. Kris' Stift fängt an, über das Papier zu fliegen.

Hinter uns gibt Jimmy einen erstickten Laut von sich, ein letztes Aufbäumen. Er streckt die Hand aus, in Richtung Fenster, dann sackt er zusammen und rührt sich nicht mehr, doch das sehe ich nur aus den Augenwinkeln, denn jetzt schaue ich wieder nach draußen, gespannt darauf, was nun passiert.

Ich spüre, wie ein Schatten an uns vorbeistreift. Eine letzte Berührung, wie eine Liebkosung, auf meinem Gesicht. Dann entsteht da plötzlich eine zweite Gestalt im Nebel, eine, die Mühe hat, sich uns zu zeigen, doch irgendwann schafft er es, er wendet sich zu uns um und lächelt uns verschmitzt zu, mir vor allem. Jimmy, wie er einst war, gutaussehend und fröhlich. Auch er trägt nun seine Schutzkleidung, und er umarmt seinen Vater, sichtlich erleichtert darüber, dass er nicht allein gehen muss.

Arm in Arm stehen sie da, heben die Hand zum Abschied, doch da zeigt CC mit einem Mal auf etwas, das ich noch nicht sehen kann, aber dafür spüren. Die beiden Kinder sind da, sie spähen um die Hausecke herum, ängstlich und neugierig zugleich diese Fremden betrachtend. Denn das müssen sie ja sein in ihrer merkwürdigen Kleidung, Tausende von Jahren liegen zwischen ihnen.

»Nehmt sie mit«, flüstere ich, und auch Lizzie sagt: »Ja, nehmt sie mit. Sie warten schon so lange darauf.«

Ich konzentriere mich, rufe sie her. ‚*Habt keine Angst. Die beiden können euch helfen, euch befreien. Ihr müsst nur mit ihnen gehen.*' CC hockt sich hin, sagt etwas, streckt die Hand aus, und auch Jimmy tut es jetzt. Langsam kommen die Kinder näher, mir einen furchtsamen Blick zuwerfend. Doch ich lächele und nicke ihnen bestärkend zu. ‚*Die beiden sind meine Freunde. Sie retten Menschen. Sie können euch helfen,*' sende ich ihnen in Gedanken.

Da fassen sie sich ein Herz und kommen heran. CC und Jimmy richten sich wieder auf, nehmen die Kinder an der Hand. Sich noch einmal zu uns umwendend, stehen sie alle vier da und lächeln uns zum Abschied zu. Kris' Stift fliegt nur so über das Papier. Meine Sicht verschwimmt vor lauter Tränen, und ich lasse los, sende sie fort.

Als ich mir die Tränen abgewischt habe und mein Blick sich klärt, sind die Gestalten verschwunden. Neben mir schluchzt Lizzie auf, und auch ich muss mir auf die Lippen beißen, um es nicht zu tun. Sanft nehme ich Lizzie in die Arme und wiege sie tröstend, und dann ist Tom mit einem Mal da und tut es auch, er hält uns fest umfasst.

Kris wendet sich ab, sie läuft nach nebenan, um nicht die Konzentration zu verlieren und in aller Ruhe ihre Zeichnung zu vollenden.

»Jetzt hast du es geschafft, Kumpel«, schnieft Vince. Die anderen stöhnen leise auf, Mo schluchzt vor sich hin, und schließlich fasst sich Sean ein Herz und zieht sie an sich.

Ich finde, diese Trauer sollte nicht so sein. »Grämt euch nicht«, sage ich und löse mich aus Toms Umarmung. Sanft streiche ich ihm über die feuchte Wange und lächele. »Er ist so gegangen, wie er es sich gewünscht hat, und vor allem, er ist nicht allein gegangen.« Alle wenden sich zu mir um, mit Tränen in den Augen.

»Nein, das ist er nicht«, sagt nun auch Lizzie. Ich schaue sie kurz an. Willst du das wirklich?, frage ich wortlos, und sie nickt.

Kris kommt von nebenan wieder herein. Sie reicht mir den Block, drückt mich kurz und geht dann ohne ein Wort hinaus. Ich werfe einen Blick auf die Zeichnung. Nicht ihr wilder Stil, sondern sie hat versucht, die beiden so darzustellen, wie sie wirklich ausgesehen haben, und das ist ihr gelungen. Sie hat zwei Ansichten gezeichnet, einmal die vier, wie sie sich verabschiedet haben, und dann noch einmal Jimmy und CC aus der Nahansicht. Wie Brüder sehen sie aus, finde ich, denn sie waren ja etwa gleich alt, als sie gestorben sind. Alle Details sind da, sogar die Nummern ihrer Einheiten auf den Helmen hat sie nicht vergessen.

»Was hast du da?«, fragt Danny. Er lässt jetzt Jimmys Hand los und steht auf, sich die Augen mit den Daumen auswischend.

Tom schaut mir über die Schulter und fährt mit einem Ächzen zurück. »Mein Gott.« Er sieht mich fassungslos an, und ich nicke.

»Bitte, erschreckt euch nicht«, sage ich und lege den Block auf den Tisch, doch noch lasse ich ihn zugedeckt.

»Ganz besonders du nicht, Grandpa«, sagt Lizzie und umarmt ihn tröstend.

»Was meinst du damit, Kleines?«, fragt er mit rauer Stimme. Ich beschließe, es Rob als erstes zu zeigen und allein, aber natürlich erschrickt er sich fast zu Tode, und gleich darauf stehen auch alle anderen alarmiert hinter ihm, Sean, Danny, Vince und Col.

»Heilige Scheiße!«, entfährt es Sean, und er wird kreidebleich.

»Ich sag ja, erschreckt euch nicht. CC war hier, er hat ihn mitgenommen.«

»Waas?!« Es haut sie förmlich um.

»Was hat sie getan?!«, faucht Sean mich an.

»Sie? Du meinst Kris? Nichts.« Ich schüttele den Kopf, doch sofort merke ich, wie sich diese Gruppe wieder auf mich einschießt, auf die unbekannte Bedrohung. Doch da spüre ich, wie sich zwei Hände auf meine Schultern legen und sie beruhigend drücken.

Tom steht hinter mir. »Es ist nicht Kris, denkt das nicht. Sie hat damit nichts zu tun.«

»Nein, hat sie nicht«, sage ich leise. »Sie ist nur das Medium. Ich bin es. Ich habe ihnen geholfen, damit sie zueinander finden konnten. Bei den Navajo, da nennt man mich eine Brücke. Eine, die Leben und Tod miteinander verbindet. Ich kann ihnen helfen, den Weg zu finden. Und genau das habe ich für Jimmy getan.«

»Ihr... ihr seid ja völlig irre!«, keucht Sean, weicht zurück und stürmt dann hinaus.

»Sean!«, ruft Mo, doch sie ist nicht schnell genug, ihn aufzuhalten.

»Lass ihn, Mo, ich rede später mit ihm«, sage ich müde und schaue den Rest an. »Und, haltet ihr uns auch für irre? Dann könnt ihr Lizzie gleich mit in Topf tun, denn sie sieht dasselbe wie ich.«

»Was, du?!« Jetzt ist Col, der sich bisher wirklich zurückgehalten hat mit allem, geplättet.

»Ich habe ihn auch gesehen, ja. Grandpa… schau doch nicht so. Bitte…« Ihre Miene verzerrt sich schmerzhaft. Toms Hände auf meinen Schultern verkrampfen sich.

»Ach Kleines.« Rob seufzt und reibt sich über das vor Trauer zerfurchte Gesicht, doch dann zieht er sie an sich. »Ihr mutet einem alten Mann wie mir ganz schön was zu.« Aber er schaut auf das Bild, und seine Augen leuchten auf. »Sogar die Einheiten stimmen. Hast du jemals von Jimmy oder CC ein Bild in Schutzkleidung gesehen?«, fragt er mich. So ganz will er es immer noch nicht glauben, wie kann er auch?

Ich schüttele den Kopf. »Von Jimmy ja, aber da war er noch in einer anderen Einheit. Jedoch von CC? Nein. Noch nie.«

Auf meine Worte wechseln die Männer einen Blick. »Das bedeutet also das Zeichen auf deiner Hand?«, fragt Danny mich, und dann Tom: »Wusstest du das?«

»Oh ja.« Er legt mir den Arm um die Schultern.

»Habe ich dir doch gesagt«, ergänze ich leise, und Danny schaut verlegen zur Seite.

»Dann… dann tragen alle bei den Navajo dieses Zeichen, die Geister sehen?«, fragt Mo.

Ich seufze. »So ganz genau kann ich dir das nicht sagen, denn ihre Glaubenswelt ist ziemlich komplex. Aber es sind diejenigen, die mit den Geistern, also ihren Ahnen, kommunizieren können. Sehen können keine sie. Die Gabe scheint bei ihnen verloren zu sein. Aber ich habe sie. Warum auch immer. Ist jetzt auch nicht wichtig. Er ist wichtig, nur er allein.«

»Damit hast du recht«, sagt Tom und mahnt die anderen mit einem Blick, Frieden zuhalten.

»Und was tun wir jetzt?« Lizzie fängt wieder an zu schniefen.

Ich muss mich zwingen, mich zurückzuerinnern an eine Zeit vor fast vier Jahren. »Nun, ein Arzt muss bestellt werden, einer, der den Totenschein ausstellen kann. In diesem Fall ist es leicht. Er schläft oben mit seiner Frau in einem der Gästezimmer. Ihr solltet die Botschaft informieren und seine Familie, später, wenn es Morgen ist in New York. Und, ich glaube, wir sollten ihn irgendwie aufbahren, bis er abgeholt wird. Aber nicht hier. Zu viel los. Ich denke... am besten bringen wir ihn rüber zu mir. Da könnt ihr in Ruhe Lebewohl sagen, ohne dass euch jemand stört. Das Backhaus ist für Kris' und Perris Gäste tabu, das war es schon immer.«

»Dann machen wir es so«, sagt Tom und drückt mir einen Kuss auf die Schläfe.

Also räumen wir Jimmys Lager. Kurze Zeit später liegt die Küche wieder so da, als wäre nie etwas gewesen. Tom trägt ihn eigenhändig hinüber, ein letzter Freundschaftsdienst. Eine schöne Decke wird organisiert, wir klauen Blumen und Schmuck vom Fest und entzünden Kris' Kerze wieder. Lizzie legt Jimmy eine weiße Rose zwischen die gefalteten Hände, und wir stellen die Zeichnung von ihm und CC dazu. So erhält er ein würdiges Totenlager, und jeder, der möchte, kann seine Zeit mit ihm verbringen.

Tom bewegt mich dazu, mich etwas hinzulegen, und schlüpft selber kurze Zeit später ins Bett und fällt sofort um. Ich kann nicht wirklich schlafen, döse nur weg. Es ist irgendwie ein komisches Gefühl, mit Jimmy da unten, obschon er ja nicht mehr da ist. Doch das Haupthaus ist voll, wir können nirgends anders hin.

Die ersten Stunden sind wir noch alleine, denn auch alle anderen haben sich hingelegt, erschöpft von der Nacht und den Ereignissen. Doch dann kommen sie nach und nach herein, allein, zu zweit, mehr passen einfach nicht ins Haus. Ich koche Kaffee und Tee, organisiere Reste vom Buffet zu essen, denn wir wollen nicht in den Trubel des Haupthauses geraten. Perri kommt herein, seufzt nur, umarmt mich und lässt uns dann wieder allein. Ganz zum Schluss, da ist es bereits Mittag vorbei, schleicht Sean sich herein, allein, und bleibt bei mir. Seine Form der Entschuldigung, so verstehe ich das.

Da Tom drüben im Haupthaus ist und mit seinem Vater die diversen Anrufe erledigt, haben wir diese Momente für uns.

»Er wollte unbedingt mit uns kommen«, erzählt mir Sean mit Tränen in den Augen. »Ich habe euch gegoogelt. Das Haus und das Gut. Bin dafür an den Rechner meines Chefs gegangen, den hat das FBI nicht überwacht. Als ich Jimmy die Bilder gezeigt habe, besonders die neueren, da sagte er nur, oh Scheiße, Sean, wenn Tom das sieht, kriegt er sofort kalte Füße. Wie kann er jemals von ihr verlangen, dass sie das aufgibt? Deshalb wollte Jimmy auf jeden Fall mit uns kommen. Weil er verhindern wollte, dass Tom diese Chance vergibt, dass er sich nicht traut, dich zu fragen. Und, Jimmy hatte recht, oder? Tom hätte beinahe nichts gesagt?«

»Hat er auch nicht.« Sean reißt die Augen auf. Ich muss lächeln. »Das war der stummste Heiratsantrag aller Zeiten. Jimmy hat es für ihn getan, hat ihn praktisch gezwungen, mir den Ring zu geben, und er war es auch, der mich gefragt und ihn mir angesteckt hat.« Ich hebe die Schultern. »Wir haben noch nicht darüber sprechen können. Aber ich nehme an, du hast recht.«

Sean schüttelt fassungslos den Kopf. »Hat auf jeden Fall ganz schön lange gebraucht, bis er sich endlich dazu aufgerafft hat. Dabei hat er den Schmuck schon gleich nach dem Prozess bestellt, noch bevor diese ganze WhatsApp-Scheiße losging. Ich freue mich für euch. Wirklich. Das hat er verdient nach alldem.« Er stößt mit seinem Kaffeebecher an meinen.

»Danke, Sean. Und was ist mit dir und Mo?«

Sofort schaut er weg. »Was soll schon sein?«

»Sean… du weißt genau, was ich damit sagen will. Liebst du sie nun oder nicht?«

Er weicht meinem Blick aus. »Darum geht es nicht.«

»Ach? Und worum dann?«

Er setzt seinen Kaffeebecher mit einem hörbaren Knall auf den Tresen. »Sie hat ihr Leben und ich habe meins. Ich will nicht aus

New York weg, meine Karriere aufgeben, und sie nicht aus Page, ihre Familie verlassen. Dazwischen gibt es nichts. Es ist nicht wie bei euch. Obwohl, ich kann verstehen, dass Tom gezögert hat, dich hier rauszureißen.«

»Wie kommst du darauf, dass er mich hier herausreißen wird?«, frage ich ganz unschuldig und lache los, als Sean die Augen aufreißt.

»Du verarschst mich doch«, schüttelt er mit einem matten Grinsen den Kopf.

»Hm... nur ein Bisschen und das wie immer mit Vergnügen. Du wirst Vater, Sean. Da werdet ihr euch zwangläufig irgendwie zusammenraufen müssen, und ob nun an zwei Orten oder an einem, ob verheiratet oder nicht, das spielt eigentlich keine Rolle. Wir leben schließlich nicht mehr im Mittelalter! Du liebst sie doch, oder? Und sie dich auch, das sehe ich.« Ich lächele ihn an, und er, er hat dem nichts mehr entgegenzusetzen.

»Oh verdammt«, sagt er, doch jetzt erscheint ein breites Lächeln auf seinem müden Gesicht. »Na, dann will ich sie mal wecken.« Noch einmal hockt er sich vor Jimmy hin, betrachtet ihn mit schmerzhaftem Blick.

»Ich wünschte, ich hätte ihn noch einmal so gesehen wie du«, seufzt er. »Irgendwie fällt es mir schwer, dieses Bild«, er deutet auf Jimmy, »aus dem Kopf zu kriegen und stattdessen ihn so zu sehen, wie er einst gewesen war.«

»Hey, das wirst du aber, du wirst sehen. Ich reproduziere euch die Zeichnung, und ihr habt doch noch viele andere Bilder, das möchte ich wetten. Hängt sie auf in eurem Haus. Das hilft.«

»Danke, Sanna, dass du ihn hier bei dir sein lässt. Das hätte er gewollt, glaube ich. Er hatte dich sehr gern. Mehr als gern.« Er schaut mich nicht an dabei, als er das sagt.

»Ich weiß. Er hat es mir gesagt.« Jetzt hebt Sean den Kopf, doch dann seufzt er nur und lässt mich allein.

Als er fort ist, sitze ich einen Moment da in der Stille und schaue auf Jimmy herab. Der Nebel hat sich etwas verzogen, die Sonne kommt heraus und scheint durchs Wohnzimmerfenster herein. Er leuchtet fast ein wenig, die Mundwinkel immer noch mit diesem letzten Lächeln, und mir wird auf einmal froh um Herz. Diesen Moment will ich festhalten und den anderen schenken, denn er ist mit Sicherheit bald vorbei, wenn ich mir die nebeligen Wolken draußen so anschaue. Also baue ich die Kamera auf und mache ein Bild, nur ein einziges. Keine Serie, nicht für diesen Moment. Es ist ein Bild des Friedens.

Kurze Zeit später kommt Tom herein und hintendrein unser Amtsarzt, den alle nur Doc nennen. »Sanna«, begrüßt er mich und gibt mir die Hand.

»Gut geschlafen, Doc?«

»Ja, wenn auch nur zu kurz. Was für eine Nacht. Und was für eine schöne Art zu sterben«, seufzt er und hockt sich vor Jimmy hin. »Könnte mir das einst doch auch so gehen, inmitten all meiner Freunde und auf einer Riesenparty. Nun, dann hole ich mal meine Sachen und mache euch den Papierkram fertig. Ich muss euch ein paar Fragen stellen. *In English*«, fügt er an Tom gewandt hinzu, und der dankt ihm.

»Die Botschaft schickt uns einen Leichenwagen her. Dauert aber eine Weile, der muss aus Berlin hierherfahren«, sagt Tom zu mir, als Doc wieder gegangen ist. »Dad telefoniert gerade mit Jimmys Familie. Danach ruft er Jimmys Kollegen an, seine Einheit.«

»Wie sieht es drüben im Haus aus? Kommen sie klar?«, frage ich und seufze auf, als sich seine Hände auf meine müden Schultern legen und sie zu massieren beginnen.

»Die Nachbarinnen sind gekommen, sie helfen Kris. Sie sagen alle, du sollst dir Zeit lassen«, brummt er und macht weiter.

»Ich kann ihn irgendwie nicht alleine lassen, nicht jetzt«, flüstere ich und merke, mir kommen die Tränen. Das erste Mal so richtig, seit ich am Fenster der Küche gestanden und gesehen habe, wie er gegangen ist. Tom dreht mich zu sich herum, schließt mich fest in seine Arme. Das lässt alle Dämme brechen. Er lässt mich einfach weinen, und es dauert lange, sehr lange, bis ich mich wieder beruhigt habe. Dann kommt der Doc zurück, mit seiner Arzttasche und einem Stapel Formulare, und Tom schick mich nach oben, damit ich mich ein wenig hinlegen kann. Die leisen Stimmen der Männer begleiten mich die ersten Minuten, dann schlafe ich tief und fest ein und werde erst wieder wach, als Tom mich Stunden später weckt. Der Leichenwagen aus Berlin ist da.

Das ist ein Ereignis, da laufen alle zusammen, die Helfer aus dem Haus, die wenigen restlichen Gäste, die noch nicht gefahren sind, und wir vom Backhaus. Der Wagen ist eine stattliche Limousine und trägt sogar zwei kleine amerikanische Flaggen an der Seite. »Junge, Junge, wie bei einem Staatsbegräbnis!«, sagt Vince und reibt sich die müden Augen.

Limousine hin oder her, das Fahrzeug hat Mühe, überhaupt die Auffahrt hochzukommen bei dem Wetter. »Ach herrje, die wären besser mit einem Jeep gekommen! Wenn wir die nicht rausziehen müssen, dann weiß ich auch nicht«, murmele ich, und damit behalte ich recht.

Der Wagen schafft es gerade noch so bis zu uns. Es steigen zwei Männer in Uniform aus. Uih! Ich muss mir auf die Lippen beißen, um nicht ein unpassendes Grinsen zu zeigen, aber Kris und Perri sehen das, und ihre Augen funkeln spöttisch.

Tom und Rob gehen ihnen entgegen, sie schütteln sich die Hände. Die Männer arbeiten für die US Streitkräfte, so richtig offiziell. Unsere Gäste machen große Augen, besonders die Dorfbewohner und die Nerd-Combo, die noch nicht abgefahren ist, denn sie haben ja noch einen Auftrag. Kris und Perri als Gutsherren werden vorgestellt, die beiden Soldaten eingeladen, sich nach der langen Fahrt erstmal zu erfrischen, was sie gerne annehmen.

Doch nur allzu schnell ist jener schmerzliche Moment gekommen, den wir alle gefürchtet haben. Der Sarg, den die beiden mitgebracht haben, passt nicht ins Backhaus hinein, und so müssen wir die Flügeltüren des Wohnzimmerfensters öffnen und ihn davorstellen. Es ist Tom, der seinem Freund diesen allerletzten Dienst erweist und ihn hinein bettet, und die vier Freunde sind es auch, die den Sarg zum Wagen tragen. Wir anderen stehen Spalier, ich selber halte Lizzie und Tamara im Arm, die beide ihre Tränen nicht zurückhalten können, obschon Tamara ihn nur so wenig gekannt hat.

Doch Jimmys Heimfahrt währt nur kurz, dann steckt das Fahrzeug wirklich fest. »Was wiegt denn so ein Gefährt?«, frage ich die Jungs.

»Keine Ahnung. Ein paar Tonnen?« Sean hebt die Schultern. Sie versuchen, den Wagen anzuschieben, aber es hilft alles nichts.

Ich seufze. »Dann also der Unimog.« Da Perri sich mit den Untersetzungen nicht so gut auskennt wie ich, bin ich es, die sich in die Arbeitsklamotten wirft und das Bergeequipment holt. Die Soldaten schauen mit hochgezogenen Augenbrauen zu, die Jungs müssen sich doch sehr ein Grinsen verkneifen. Mit vereinten Kräften und den starken PS des Mercedes Trucks schaffen wir es dann, Jimmy auf seine letzte Reise zu bringen. Er wird in Berlin verwahrt werden, bis sie nach Hause fliegen und ihn seiner Familie übergeben können.

Kris kommt an meine Seite und legt den Arm um mich. »Na, wer kann schon von sich sagen, dass seine eigene Beerdigung mit einer Bergungsaktion gestartet ist?«

Die Jungs prusten los, und damit erreicht sie, was sie beabsichtigt hat: Die Schwermut hebt sich ein wenig und macht der Leichtigkeit Platz. »Mach's gut, Jimmy, alter Junge!«, ruft Sean dem Wagen hinterher, und alle brechen in Gelächter aus, sich den pappigen Schnee von den Klamotten klopfend.

»Ich finde«, sagt Kris, »jetzt können wir alle erstmal etwas Anständiges zu Essen und zu Trinken gebrauchen, und wir sollten auf ihn anstoßen!«

»Eine ausgezeichnete Idee«, sagt Rob. »Er hätte nicht gewollt, dass wir traurig sind. Kommt rein, Kinder. Es ist kalt.«

Und so halten wir Leichenschmaus mit den reichlich vorhandenen Resten des Buffets. Geschichten von Jimmy werden hervorgeholt und erzählt und auch die eine oder andere Flasche Sekt geleert, bis es längst dunkel ist und draußen ein ungemütlicher Eisregen einsetzt, der die wenigen restlichen auswärtigen Gäste für eine weitere Nacht zum Bleiben zwingt. Kris und Perri ist es egal, und ich selber bin längst weit über den Rand aller Erschöpfung hinaus. Irgendwann greift Tom dann meine Hand und zieht mich mit sich. Doch er geht nicht ins Backhaus hinüber, sondern am Haus entlang zum Dienstboteneingang.

Ich rieche es schon, kaum dass wir den Flur betreten haben: den Duft von Kerzen. »Was…?«

»Wir beide haben noch eine Verabredung nachzuholen«, sagt er leise und führt mich hinein in das alte Badezimmer. Ein Dutzend Kerzen brennen rings herum, es ist schon Wasser eingelassen, es duftet. Weiche Handtücher liegen bereit, und da steht sogar eine Flasche Sekt in einem Kühler.

»Tom! Wie hast du…?«

»Lizzie hat mir geholfen. Sieh mich einmal an.« Als ich es tue, umfasst er mein Gesicht, mustert mich mit einem geruhsamen und doch so intensiven Blick, dass ich ganz weiche Knie bekomme. »Willst du das wirklich? Meine Frau werden? Ich habe dir nichts zu bieten, kein Heim, nicht mal eine sichere Zukunft«, flüstert er rau. »Du müsstest so viel aufgeben dafür.«

»Da irrst du dich«, erwidere ich leise und lege die Hände auf seine. »Du bietest mir so viel, so unendlich viel. Dein Herz, deine Seele. Eine Familie, einen Sohn, eine Tochter. Aber vor allem dich. Nur dich. Mehr brauche ich nicht.«

»Aber Sanna...«

»Nicht«, flüstere ich und verschließe seinen Mund mit einem Kuss.

Irgendwann sehr viel später liegen wir beide völlig erschöpft im warmen Wasser. Tom hält mich fest in den Armen, ich liege vor ihm und lasse träge das Wasser durch die Finger rinnen. »Du hattest wirklich Angst davor, nicht wahr?«, frage ich nach einer Weile leise.

Er seufzt kaum hörbar. »Ich hatte eine gewisse Vorstellung von alldem hier, nur dass nichts davon sich bewahrheitet hat. Als ich das Haus das erste Mal gesehen habe, dachte ich nur, oh verdammt!« Er gibt mir einen sanften Kuss auf die Schläfe. »Aber noch mehr hat mich beunruhigt zu sehen, wie du die Dinge hier in die Hand nimmst. Wie du alles lenkst. Es ist fast so, als gehöre es dir. Ohne dich wären Kris und Perri gescheitert. Ich dachte, das kann ich dir nicht antun«, brummt er und zieht mich fester an sich. »Und als ich dann merkte, wie sehr Lizzie dich brauchte, hat es das nur schlimmer gemacht. Wie könnte ich jemals von dir verlangen... ich wusste weder ein noch aus.«

»Oh Tom, schscht, nicht!« Ich muss schlucken. »Nichts davon ist meins. Ich habe eine Zuflucht gebraucht und eine Aufgabe, eine, die mich ausfüllt, damit ich nicht in der Trauer versinke. Für eine Zeit lang war das gut so, aber die Wahrheit ist, dass ich meinen Abschied hier schon lange vorbereite. Zuerst unbewusst, doch in letzter Zeit mit immer mehr Absicht. Glaubst du, ich will hier immer das dritte Rad am Wagen sein? Sie sind meine Freunde, oh ja, aber sobald sie wirklich mit ihrem Kunstzentrum anfangen, werde ich hier mehr oder weniger eine Dienstmagd sein, das ist mir klar. Ich könnte mich da auch nicht rausziehen, einfach so nebenher hier leben. Nein, das geht nicht. Ich hatte nur noch keinen Plan, wie ich das anstellen und was ich dann machen sollte. Bis... ja bis...« Ich hebe die Linke und betrachte den Ring. »Er ist einfach wunderschön.«

»Ich habe ihn von einem Kunstschmied machen lassen, der bei uns um die Ecke sein Atelier hat. Er ist ganz begeistert von dem Stein und fragt, ob wir noch mehr davon haben.« Tom lacht leise. »Du trägst ihn an der falschen Hand. Das ist doch kein Ehering!«

»Oh doch, er ist genau dort, wo er hingehört. Eine Ehe für das eine Land«, ich hebe die Rechte und betrachte Thores Ring, »und die andere für das andere Land. Ich will keinen anderen Ring. Diesen hier haben wir gemeinsam gefunden, an unserem letzten Abend, bevor der Schrecken begann. Mehr Bedeutung hat kein Gold der Welt.« Ich drehe mich um und verschränke beide Hände auf seiner Brust. »Du sagst, du hast mir nichts zu bieten. Warum musst du mir etwas bieten? Wenn sich zwei Menschen zusammentun, dann müssen sie sich gemeinsam etwas schaffen. Oder bist du so ein konservativer katholischer Iren-Arsch, dass es unbedingt der Mann sein muss, der seinem Weib ein Heim bieten muss?«

Da lacht er auf und gibt mir einen langen Kuss. »Dein freches Mundwerk, das liebe ich!« Er drückt meinen Kopf an seine Schulter und wird wieder ernst. »Nur wovon sollen wir uns etwas schaffen, wenn da nichts ist? Ich bin pleite, Sanna, so pleite wie nur irgendetwas. Ich kann nicht mal die Flüge für Lizzie und mich nach Arizona bezahlen, ohne die anderen anpumpen zu müssen. Geschweige denn neue Klamotten für sie. Übrigens, vielen Dank dafür. Das war echt lieb von dir.«

»Ich finde, sie hat es verdient, ein wenig verwöhnt zu werden, und ich tue so etwas gerne. Wozu bin ich schließlich Tante? Was glaubst du, wer Tamaras Kleid bezahlt hat? Meine Schwester bestimmt nicht. Nein, es bereitet mir Freude, sie so aufgeregt und freudig zu sehen. Für so etwas gebe ich das Geld gerne. Ich brauche ja nicht viel für mich selber. Außer, um das eine oder andere

Leben zu retten«, ergänze ich mit einem feinen Lächeln, das er warm erwidert.

Doch er wird schnell wieder ernst. »Ich weiß das. Wir werden am Anfang bestimmt in einer echten Absteige hausen müssen.«

Ich muss grinsen. »Und das sagst du jemandem, der monatelang in einem einzigen Zelt mit dir gehaust hat? Och, Tom! Nicht dein Ernst!«

»Mmpf«, macht er, ein Laut zwischen Lachen und unwirschem Schnauben. Mit der Hand lässt er Wasser über meinen Rücken rinnen. Mich durchfährt ein Schauder, und ich hätte nicht übel Lust, noch einmal anzufangen, doch er spricht weiter: »Sicherlich, du verdienst etwas, und auch ich werde ein Gehalt bekommen, am Anfang nicht viel, aber für's Nötigste wird es reichen. Aber wenn wir uns wirklich ein Heim schaffen wollen, da wird es mehr brauchen, wesentlich mehr. Und die Banken geben jemandem wie mir wohl kaum Kredit. Das war einmal. Heute sind sie viel vorsichtiger.«

»Ja, das ist hier auch so.« Etwas in seiner Miene lässt es in mir kalt werden. Ich richte mich auf, drehe ihm den Rücken zu. Auf einmal habe ich Angst, wegen dem, was er über mich noch nicht weiß.

»He, was ist denn?«, fragt er leise, richtet sich ebenfalls auf und schlingt die Arme um mich. Sanft streich er mir die feuchten Haare aus dem Nacken. »Macht dir das Angst?«

»Nein.« Ich schlucke. »Ich habe ein paar Reserven, die könnten uns helfen.«

»Reserven? Du meinst deinen Hausstand?« Er schüttelt den Kopf. »Wolltest du den nicht vererben?«

Ich nicke, den Kopf auf den Knien. »Ja, und ich könnte es verstehen, wenn du das Zeug nicht willst. Das wäre, als würde man ständig in einem Paar gebrauchter Schuhe herumlaufen, von jemand anderem. Aber das meinte ich nicht.«

»Aber was…«

Es nützt ja nichts, sage ich mir. Also fasse ich mir ein Herz. »Ich habe dir doch erzählt, dass ich unser Haus und unser Land verkaufen musste, weil ich es nicht halten konnte.«

Langsam lässt er mich los und legt sich wieder zurück. »Ja, hast du. Warum?«

Ich presse kurz die Lippen zusammen. »Nun, ich habe es gut verkaufen können, sogar sehr gut. Allein das Haus reichte aus, um sämtliche Schulden zu bezahlen und noch einen guten Anteil übrig zu behalten. Aber der Wald, der hat das um Längen geschlagen. Es war ein alter Laubwald, Tom. Wir hatten hier vor einigen Jahren ein massives Waldsterben der Nadelwälder, und plötzlich sind die Preise für echten Laubwald um ein Vielfaches gestiegen. Ich habe ein Vermögen dafür bekommen. Nichts von diesem Geld habe ich jemals angerührt für mich selber. Weil ich es nicht als mein Geld empfinde. Das wäre, als würde ich aus seinem Tod Kapital schlagen. Ich lebe ausschließlich von Erspartem und dem, was ich durch die Fotografie verdiene. Und das ist halt nicht viel.«

Jetzt drehe ich mich wieder um, aber ich lege mich nicht zu ihm, sondern setze mich ans andere Ende der Wanne. Seine Miene ist zu Stein geworden. Genau das habe ich befürchtet. Ich seufze. »Jetzt fühlst du dich verraten. Noch immer war ich nicht vollkommen ehrlich zu dir. Das mag sein. Aber es ging dich auch nichts an, nicht solange...« Ich hebe kurz die Linke. »Dieses Geld setze ich nur für äußerste Notfälle ein, zum Beispiel, wenn meine Freunde in Not geraten. Als Kris und Perri einige große Rechnungen nicht bedienen konnten, weil die staatlichen Fördergelder nicht rechtzeitig eintrafen, habe ich ihnen ausgeholfen. Nicht nur einmal. Sie haben es mir immer sehr schnell zurückgezahlt. Und als... als...« Ich verstumme, mag ihn nicht mehr ansehen.

Er richtet sich auf, streckt die Hand aus, umfasst mein Kinn und zwingt mich, ihn anzusehen. »Als was?«, fragt er tonlos.

Meine Augen füllen sich mit Tränen. Auch gut, so muss ich ihn wenigstens nicht mehr ansehen. »Als sie dich ins Gefängnis gesteckt haben und die Kinder mir sagten, was deine Frau getan hatte, da hat mich das furchtbar wütend gemacht, und ich hatte Angst um dich, denn ich wusste, das würdest du nicht aushalten, so lange da drin. Und als sie mir dann sagten, dass sie das Geld nur aufbringen könnten, wenn die Jungs das PFZ verkaufen, da wusste ich, was ich tun musste. Styles hätte das Geld vielleicht nicht innerhalb der Frist besorgen können, und dann hättest du da über Wochen, vielleicht sogar Monate festgesessen. Es hätte dich zerstört, und genau das hat Pam beabsichtigt. Nein, das konnte ich nicht zulassen. Also habe ich Mac angerufen. Und das Geld bereitgestellt. Noch am Flughafen.« Ich schließe die Augen. Lange Zeit sagt er nichts, doch dann spüre ich, wie er mich langsam loslässt. Wird er jetzt gehen?

»Wissen die anderen das?« Es ist kaum zu hören, selbst in der Stille des Raumes.

Ich schüttele den Kopf. »Sie hatten mich ausgeschlossen, schon vergessen? Nein, der einzige, dem ich so vertrauen konnte, dass er mir geholfen hat, war dein Sohn. Er hat dichtgehalten, bis heute. Und Mac natürlich auch.« Jetzt bin ich es, die es nicht mehr aushält. Ich will mich hochstemmen, doch das lässt er nicht zu. Er packt mich, zieht mich auf sich und hält mich fest.

»Wann hattest du denn vor, mir das zu sagen?«

»Jetzt? Morgen? Oh Tom! Wann war denn die richtige Zeit dafür? Bei alldem, was wir die letzten Tage erlebt haben?«

Er atmet schwer und erwidert nichts darauf. Meine Hand fängt an zu wandern, streicht über seine Brust, wandert tiefer. Vielleicht gibt es ja doch eine Möglichkeit, ihn zu besänftigen…

Er hebt den Kopf, sieht mich an. »Hör auf…«

»Nein«, erwidere ich, mache weiter, und schließlich setze ich mich auf ihn. »Du willst mich, also wirst du mich bekommen, Tom Flynnt, mit allem Drum und Dran. Es gibt noch ganz vieles, was du von mir nicht weißt. Und ich auch nicht von dir. Kleine Marotten, Eigenarten und ein gehöriger Dickschädel, den haben wir beide, oh ja. Wir werden streiten, dass die Fetzen fliegen, und wir werden uns wieder versöhnen. Kompromisse finden. Wir werden uns aneinander gewöhnen und uns ein Leben aufbauen. Und wenn, ja, wenn dieses Geld dich stört, dann rühren wir es halt nicht an. Dann bleibt es, wo es ist, und setzt Schimmel an, und eines Tages wird Tamara oder einer der anderen aus allen Wolken fallen, was es da von der Tante aus Amerika zu erben gibt. Oder es wird uns einen kostenlosen Kredit beschaffen und wir zahlen ihn zurück wie einen echten. Mit oder ohne Zinsen. Ganz egal.«

Ich richte mich auf, nehme ihn in mich auf, denn er kann denken, was er will, sein Körper, der verrät ihn immer und hat seinen eigenen Willen. Langsam fange ich an, mich zu bewegen. Seine Miene verzerrt sich, sein Atem wird schwer, und schließlich packt er zu, dreht mich herum, und dann nimmt er mich, wie er mich noch nie genommen hat. Es treibt uns an die Grenzen dessen, was wir beide ertragen können, und weit darüber hinaus. Wie gut, dass uns hier unten keiner hören kann!

Eine gefühlte Ewigkeit später schaffen wir es irgendwie aus der Wanne heraus und mit Mühe über in spiegelglatten Hof ins eiskalte Backhaus und von da ins Bett. Sofort schlägt die Müdigkeit über mir zusammen, und ich schlafe fast ein, doch er will mich noch nicht entlassen. »Über wie viel reden wir eigentlich?«, verlangt er zu wissen.

Ich muss einen Seufzer unterdrücken. »So runde drei Millionen Euro. In Dollar… etwas mehr.«

Er stöhnt auf. »Heilige Scheiße, Sanna! Was sollen wir denn mit so viel Geld anfangen?!«

Ich muss wider Willen lachen. »Das ist eine Frage, die stelle ich mir seit über vier Jahren. Ich habe bis heute keine Antwort darauf gefunden. Es ist ein Notnagel. So soll es sein. Mach dir keinen

Kopf. Es ist nicht mein Geld, das war es noch nie. Und unser wird es auch nie sein.«

Da prustet er los, er kann gar nicht anders. »Oh Himmel, ist es ein Wunder, dass ich dich liebe? Du machst mich fertig, Sanna, ehrlich. Ich kann es nicht glauben.«

»Dann tue es nicht und liebe mich einfach nur. Das reicht mir. Denn ich liebe dich auch, so, wie du bist.«

Kapitel 10

Am Morgen ist es warm, als ich erwache. Das Feuer ist an, von unten weht Kaffeeduft heran. Müde reibe ich mir die Augen und versuche auch nur annähernd zu begreifen, was die letzten beiden Tage geschehen ist. Ich schaffe es nicht. Da hilft nur eines: Schlaftrunken ziehe ich mir etwas über und tapse die Treppe herunter auf den Kaffeeduft zu. Tom ist nicht da. Ein Blick auf das Sofa, und ich sehe, auch die Sachen von der Totenstatt sind fort. Am liebsten hätte ich, dass es ebenfalls verschwinden würde. Dieses Gefühl kommt spontan. Ganz sicher kann ich mich darauf nicht mehr so entspannen wie einst, nicht mit dem Gedanken daran, wer vor mir darauf gelegen hat.

Kaum habe ich mir einen Kaffee eingeschenkt und Milch hinterher und den ersten Schluck genommen, kommt Tom herein, zwei große Eimer Brennholz in den Händen. »Hey, gut geschlafen?« Er beugt sich vor und gibt mir einen Kuss.

»Hmm… zu kurz. Ich fühle mich ein wenig zerschlagen, dabei habe ich fast nichts gemacht gestern. Was für ein Tag!«

»Geht mir genauso.« Er stapelt das Holz in den dafür vorgesehenen Behälter. Da ich den Küchentresen besetze, will er sich aufs Sofa setzen, doch er zögert.

Das verstehe ich nur allzu gut. »Komm her«, sage ich und mache ihm Platz. Er setzt sich auf den Hocker und zieht mich zwischen seine Beine. »Das Sofa fliegt raus«, beschließe ich. »Ich will es nicht mehr hier drin haben. Sollen Kris' und Perris Gäste sich darauf vergnügen. Mir behagt es nicht mehr.«

»Gut, dass es nicht nur mir so geht«, brummt er mir ins Ohr und schenkt sich einen Kaffee ein. Er trinkt seinen schwarz, ganz im Gegensatz zu mir. »Kris fragt, ob wir frühstücken kommen. Die anderen sind alle drüben. Willst du?«

Ich zögere. »Also gut. Gehen wir rüber. Aber ich brauche irgendwie mal eine Pause. Ruhe. Und, ich muss Kris und Perri die Sache mit uns beichten. Wir. Sie wissen doch noch nichts, oder?«

»Keine Ahnung. Vielleicht hat jemand von den anderen geplaudert. Die Kids vielleicht?«

»Na, dann erledigen wir es besser gleich. Sonst werden sie noch ernsthaft sauer.«

Draußen hat nun wirklich das Tauwetter eingesetzt. Wie es scheint, wird es auch dieses Jahr keine weißen Weihnachten geben. Mir ist es egal, solange nur meine Lieben bei mir sind.

In der Küche ist es voll, so voll wie schon lange nicht mehr. Die übrigen Gäste, die gestern aufgrund des Eisregens bleiben mussten, und sogar die Nerd Combo sind da und lassen es sich schmecken, alle sitzen dicht gedrängt. Bevor wir uns dazu setzen, bitte ich Kris und Perri und auch Alex mit hinaus. Wir gehen nach oben ins Büro, denn das, was ich zu sagen habe, ist nicht für die Ohren der anderen Gäste bestimmt. Alex schmunzelt nur, also weiß sie es bereits oder ahnt zumindest etwas. Kris jedoch fällt aus allen Wolken, als ich ihr von Toms Antrag erzähle, guckt mich stumm und verletzt an und läuft dann hinaus.

Perri jedoch lächelt, er strahlt geradezu, und schüttelt nur den Kopf über seine Frau. »Als hätt' ich's nicht geahnt«, sagt er und umarmt erst mich und dann Tom, der auch noch einen knochenbrechenden Schlag auf die Schulter bekommt, Willkommen und Mahnung zugleich, mich ja gut zu behandeln.

Auch Alex freut sich aufrichtig für mich, vor allem, weil ich so wieder ein eigenes, selbstbestimmtes Leben führen kann, flüstert sie mir zu. Ich bin froh über ihre Reaktion, und Kris, die wird sich schon beruhigen, sage ich zu Tom, als wir runtergehen und den anderen beim Frühstück Gesellschaft leisten.

Sobald wir fertig sind, beginnt die Nerd-Zeit. »Wollten euch damit nicht nerven gestern«, sagt PicX, und ich danke ihr dafür. Sie kassieren die Handys aller Amerikaner einschließlich Jimmys ein – damit das nicht unbemerkt doch spioniert - und lassen es von ihren Spielzeugen durchchecken.

»Auf jeden Fall ist ein Tracking mit dabei, es umgeht die Settings in euren Telefonen, siehst du hier«, LoD zeigt Col die Sequenz. »Das schmeißen wir jetzt runter, und wir geben euch auch etwas mit, womit ihr alles zuhause säubern könnt, und damit meine ich wirklich alles. Eure Anschlüsse, Telefone, alles, was irgendwie eine Smart Software hat, einschließlich Kühlschrank, Herd, Fernseher und wer weiß was. Dann solltet ihr sauber sein.«

»Oh Mann, danke!« Col klopft ihm auf die Schulter, und sie tauschen ein Grinsen. Oha, da haben sich zwei gesucht und gefunden, denke ich und ziehe die Augenbrauen in Richtung Tom hoch. Hoffentlich stellt Col mit diesem Wissen nichts Schräges an und Lizzie und Tamara auch nicht, denn die sind augenscheinlich genauso heiß auf dieses Wissen wie er und belagern PicX regelrecht.

Da das Jungvolk erstmal beschäftigt ist, beschließen wir Übrigen, die Reste vom Fest aufzuräumen und es dann für heute gut sein zu lassen. Alles andere hat Zeit, denn wir sind allesamt geschafft, wie nicht nur einer verschämt eingesteht.

So geht der Tag eher geruhsam vorüber. Irgendwann verabschieden sich Alex und die übrigen Gäste, und auch die Nerd-Combo zieht von dannen. Tom und ich nutzen den ruhigen Nachmittag für einen langen Spaziergang durch die Wälder rings um Haulensteen, die zwar größtenteils nicht mehr zum Gut gehören, da längst Staatsforst, aber immer noch so heißen.

Auf dem Rückweg kommt uns dann eine einsame Gestalt entgegen. Es ist Kris, und sie umarmt uns beide. »Sorry. Das musste ich erst einmal verdauen«, entschuldigt sie sich. »Ich freue mich für euch, wirklich.« Aber es klingt traurig, das kann sie nicht verbergen, und das verstehe ich.

»Ist schon gut.« Ich hake mich bei ihr unter und nehme Toms Hand auf der anderen Seite in meine. Gemeinsam und ohne ein weiteres Wort kehren wir ins Haus zurück.

So ohne einen zentralen Mittelpunkt, der alle zusammenhält, gehen wir in den beiden nächsten Tagen mehr oder weniger getrennte Wege. Alle ziehen sich zurück, geben der Trauer Raum. Machen Spaziergänge, bleiben auf den Zimmern. Niemand nimmt krumm, wenn man einmal zu den Mahlzeiten oder zu gemeinsamen Abenden nicht erscheint. Kris und die Nachbarn räumen das Haus auf und putzen, sodass ich von der Pflicht ausgenommen werde. Es tut mir gut, einmal Ruhe zu haben. Meine Gedanken, Gefühle und die Trauer zu empfinden, ohne ständig drängende Pflichten im Hintergrund zu haben. Mit Tom zusammen zu sein, ohne irgendwo hin zu müssen. Aber auch er zieht sich zurück, will mal allein sein, das verstehe ich, und so bin ich am Vormittag des Heiligabends ganz allein mit mir und meinen Gedanken im Backhaus.

Ich beschließe, in aller Ruhe Geschenke einzupacken, doch wie ich da so sitze und die Mitbringsel aus Rostock anschaue, kommen sie mir mit einem Mal unzulänglich und nichtig vor, richtig unpersönlich. Nein, so möchte ich meine Freunde nicht beschenken. Kurzentschlossen nehme ich das Book, fahre es hoch, und scrolle durch die Bilder. Unser Mädels-Foto von der Party, das könnte eines sein für die Mädchen, aber ganz besonders bleibe ich an Jimmys letztem Foto hängen. Ja, das ist es. Also ziehe ich ins Fotolabor um.

Kris hat in ihrem Fundus eine ganze Reihe schöner Rahmen und Passepartouts. Ein Rahmen, das ist schwierig, wenn man den Hintergrund nicht hat, wo das Bild aufgestellt werden soll, aber ein Passepartout, das geht immer. Ich finde ein paar sehr schöne, wie cremefarbene Seide sehen sie aus, etwa A5 groß. Keine Ahnung, ob sie diese irgendwo für braucht, ich nehme sie mir einfach. Jimmys Foto bearbeite ich entgegen meiner sonstigen Neigung, mache die Farben ein wenig weicher, obschon das Sonnenlicht ihn bereits in ein schönes Licht taucht. Dieses Bild drucke ich für jeden meiner Freunde aus.

Dann fällt mir Kris' Zeichnung ein. Rasch hole ich sie, fotografiere sie ab und lade das Bild in eines von Kris' speziellen Programmen. Ich überlege. Noch ein Passepartout? Nein, das wirkt nicht. Es ist eine Zeichnung, Umrisse, klar und deutlich. Kanten und Linien. Glas? Eventuell grünes Milchglas? Nach kurzem Suchen stelle ich fest, so etwas haben wir nicht. Hmm… ich laufe nach nebenan, in Perris Werkstatt. Dort finde ich bald etwas, das sich eignet, eine dünne Platte aus mattiertem, gebürstetem Edelstahl.

Dann schalte ich ein Gerät ein, das eigentlich schon verpackt in einer Hülle im Atelier steht. Mein Weihnachtsgeschenk an Kris und Perri. Es ist ein Laser, mit dem man Reliefs fräsen kann, in unterschiedlichste Oberflächen. Mit diesem drucke ich das Bild aus, sodass nur die Züge und Umrisse zu erkennen sind. Als ich das fertige Metall in den Händen halte, bin ich selber überrascht, wie lebensecht es wirkt. Je nach Winkel verändern sich die Züge der beiden Männer ständig, es ist, als würden sie lebendig sein.

Ein Geräusch hinter mir lässt mich hochfahren. Perri kommt herein, neugierig, was ich da mache. Er guckt auf das Gerät, zieht die Augenbrauen hoch, worauf ich lächele, und nimmt dann das

Metall in seine großen Hände. Er brummt anerkennend. »Sanna, das ist... wie bist du auf diese Idee gekommen?«

»Das solltet ihr eigentlich zu Weihnachten bekommen«, sage ich, ein wenig verlegen. »Ich dachte, ich probiere es mal aus. Ich zahle euch auch die Materialkosten, Perri.«

Er legt es vorsichtig wieder auf den Arbeitstisch. »Das musst du doch nicht, das weißt du.« Er streicht mir über die Schulter. »Du hast so viel für uns getan und tust es gerade wieder. Was für eine Idee!« Er lacht.

»Hmm...«, mache ich und muss grinsen, »du hast keine Ahnung, was ich noch alles vorhabe. Hast du von dem Metall ein paar kleinere Stücke, sodass jeder eine kleinere Version dieses Bildes bekommen kann? Das Große, das gehört ins PFZ. Und ich möchte ihnen noch etwas schenken, einen Schriftzug für den Eingang. Es ist eine alte Lagerhalle aus Backstein, im Eingang Jugendstil. Also ein wenig so. Hast du eine Idee?«

Und schon sind wir in eine herrliche Bastelstunde vertieft, dass wir alles andere um uns herum vergessen. Perri wirft sogar das Schweißgerät an, um meine Vorstellung verwirklichen zu können. Heraus kommt wieder eine mattierte Edelstahlplatte, aber diesmal sind die Schriftzüge, in geschwungenem Stil, herausgefräst, und dahinter hat er Kupferblech geschweißt, das Rot hebt sich sehr schön von dem silbergrauen Metall ab. »So. Wenn das erstmal eine Weile bei Wind und Wetter hängt, wird es grün, und der Edelstahl wird auch Patina bekommen. Gefällt es dir?« Die Platte ist etwa einen halben Meter breit und ungefähr dreißig Zentimeter hoch. Die drei Buchstaben verteilen sich in schön geschwungenen Zeichen über die gesamte Breite.

»Ja, das sieht großartig aus. Wenn ihnen das nicht gefällt, dann weiß ich auch nicht. Lizzie hat mir erzählt, dass Sean bereits nach so etwas sucht. Jetzt bekommen sie ein Original von Perri.«

»Sehr gut! Dann musst du es jetzt nur noch verpacken, und zwar gleich, denn wir haben angeordnet, dass wir eine deutsche

Weihnacht feiern und keine amerikanische. Also ist heute Abend Bescherung«, gluckst Perri und zündet sich in aller Seelenruhe eine Pfeife an.

»Was, keine Strümpfe am nicht vorhandenen Kaminsims und so?« Ich lache los, und auch er amüsiert sich.

»Ney. Die Jungs revanchieren sich, indem sie für uns kochen, und zwar ein richtiges Menü. Kris und ich haben Küchenverbot, und du auch. Wir sollen uns heute verwöhnen lassen, sagen sie.«

»Na, wie gut, dass ich mir für die Geschenke noch was ausgedacht habe«, schnaube ich und bin wirklich froh darum. Nach kurzem Überlegen packen wir die Platten in schlichtes Sackleinen ein. Die Bilder jedoch erhalten eine Verpackung aus schönem Stoff. Als allerletztes ist Toms Geschenk dran, doch ich finde es eigentlich zu schade, dieses schöne Buch zu verpacken. Also binde ich nur eine Schleife darum und stecke es kurzerhand in den Sack von Tom's Metallplatte. Zum Schluss rahme ich die beiden Zeichnungen von Kris, damit sie nicht ewig in dem Zeichenblock stecken.

»So, fertig«, sage ich zufrieden und packe die Sachen zusammen. Perri hilft mir beim Hinübertragen, denn die Sachen sind schwer. Wir bringen sie gleich ins Haupthaus und legen sie unter einen kleinen Weihnachtsbaum im Fernsehraum, wo Kris und Perri alles für eine gemütliche Feier vorbereitet haben.

Ich kehre ins Backhaus zurück. Tom ist da, er hat sich auf einem neuen Möbelstück ausgestreckt, einer uralten Chaiselongue, die vorher in einem der Kellerräume gestanden hat. Sie riecht noch ein wenig muffig, aber das wird sich geben mit genügend Wärme. »Oh, sehr schön!«, sage ich. Sie passt hierher, finde ich. »Was liest du da?«

»Hm… keine Ahnung. Ich verstehe kein Wort. Aber die Bilder sind schön.« Es ist ein Bildband aus Dänemark, einer, in den einige meiner Bilder mit eingeflossen sind. »Wo hast du die ganze

Zeit gesteckt?«, fragt er jetzt, klappt das Buch zu und zieht mich zu sich herunter, mir einen langen, geruhsamen Kuss gebend.

»Das wird nicht verraten«, lächele ich und lege mich zu ihm. Praktisch, so ein Sofa mit einem offenen Ende. »Und du?«

»Oh, das wird auch nicht verraten«, erwidert er und zieht mich spielerisch an meinem Zopf. »Nein, nein, ich verrate es doch. Die Botschaft hat angerufen. Unser Flug geht am dritten Januar zurück, und da ich sie schon mal dran hatte, habe ich sie gefragt, wie man so etwas regelt mit einer Eheschließung zwischen zwei Staaten. Tja.«

»Und? Müssen wir einen Kredit aufnehmen, jemanden bestechen oder würfeln oder was?«

»Mmpf!« Er prustet los, doch dann wird er schnell wieder ernst. »Oh je, dass das so kompliziert ist, hätte ich nicht gedacht! Du könntest mit einem Verlobtenvisum einreisen, aber das dauert ungefähr anderthalb Jahre, bis es bewilligt wird…«

»Waas?!« Ich fahre hoch. »Willst du mich…?!«

»Nein. Das ist leider so. Offenbar haben das zu viele ausgenutzt. Oder du reist mit einem Touristenvisum ein, dann müsstest du mich innerhalb deiner Aufenthaltsfrist heiraten, wenn wir denn eine Heiratserlaubnis erhalten, und dann eine Aufenthaltsgenehmigung beantragen, die dann vielleicht genehmigt wird. Vielleicht aber auch nicht. Ich muss in der Lage sein, dich zu versorgen, und so weiter und so weiter… ein echter Spießrutenlauf.«

Ich setze mich auf. Mir ist ganz kalt geworden. »Das heißt, wir können gar nicht einfach so heiraten und dann zusammenleben?« Darüber habe ich mir noch keine Gedanken gemacht, wie denn auch?

Er setzt sich jetzt auch auf und nimmt mich fest in den Arm. »Glaube mir, ich war genauso entsetzt wie du. Aber die Leute von der Botschaft meinten, wenn wir es richtig machen wollten mit möglichst wenig Papierkram und so, dann sollten wir uns bei ihnen in der Botschaft trauen lassen. Sie haben dafür die

Befugnis, weißt du, sie haben angeboten, das für uns zu organisieren. Sie würden auch einen deutschen Beamten dazu holen. Dann könnten sie auch gleich das mit deiner permanenten Aufenthaltserlaubnis regeln. Oder vielmehr mit unserer. Ich habe sie vorgewarnt, dass sie vielleicht einen Eintrag bei dir finden werden, wegen der Sache in Page, aber sie meinten, sie würden sich darum kümmern. Also? Was sagst du?« Er umfasst sanft mein Kinn und schaut mich an.

»Am dritten Januar...« Ich muss schlucken.

»Hey.« Er klopft mir leicht mit dem Zeigefinger unters Kinn. »Was ist denn?«

»Ich... oh, Tom.« Ich merke, wie mir die Tränen kommen.

»Wir können ja später so richtig heiraten, mit weißem Kleid und...«

Mein heftiges Kopfschütteln unterbricht ihn. »Das will ich gar nicht, das war noch nie etwas für mich. Bloß keine große Zeremonie. Nur wir beide. Und unsere Freunde und Familie. Das reicht. Natürlich will ich. Ich war nur so überrascht. Oh Gott, dann habe ich aber noch viel zu regeln, sehr viel sogar.«

Sein Lächeln ist voller Erleichterung. »Du musst ja nicht mit uns zurückfliegen, wenn du es nicht schaffst. Ich könnte mir denken, dass das mit der Aufenthaltsgenehmigung auch ein wenig dauert. Aber zu Jimmys Beerdigung, da hätte ich dich gerne an meiner Seite. Die ist zwei Wochen später. Mit Parade und allem. Das hat Dad mir gesagt. Also?«

Statt einer Antwort richte ich mich auf, umfasse sein Gesicht und küsse ihn. Das ist Antwort genug.

Natürlich werde ich mitfliegen. Nicht einen Moment mehr will ich von ihm getrennt sein, und das sage ich ihm auch am Abend, als wir nach einem phänomenalen Abendessen im Kreis unserer Freunde zusammensitzen und auf unser Glück anstoßen. Froh lasse ich meinen Blick über die Runde schweifen. Sean und Mo haben sich zusammengerauft, sie sitzen Arm in Arm. Lizzie schmiegt sich an ihren Großvater, die Beine angezogen, und sieht richtig zufrieden aus. Tamara hat sich neben Col gesetzt, und nicht nur mir fällt auf, dass sie ziemlich eng beieinandersitzen. Kris zwinkert mir unmerklich zu.

Doch bevor es an die Bescherung geht, räuspert Rob sich und holt einen großen Umschlag aus einer Mappe, die er vor sich auf dem Tisch liegen hat. »Ich habe etwas für euch. Jimmy hat es mir gegeben, bevor wir hierher geflogen sind. Er wusste, dass er nicht mehr lebend nach Hause kommen würde, und hat es mir deswegen anvertraut.« Er öffnet den Umschlag und holt eine ganze Reihe einzelner Briefe heraus. Diese verteilt er, jeder erhält einen, selbst Lizzie und Col und ich auch.

»Lest sie später, wenn ihr allein seid. Keine Tränen heute Abend«, sagt Rob, straft seiner Ansage aber gleich Lügen, denn er hat bereits welche in den Augen. Er räuspert sich wieder ein paar Mal und holt dann etwas aus der Mappe, das wie ein offizielles Dokument aussieht.

»Was ist das, Grandpa?«, fragt Lizzie.

»Das, meine Lieben, ist die Kopie von Jimmys Testament. Mac hat das Original und wird seinen Nachlass verwalten. Ich möchte euch aber trotzdem schon den Inhalt sagen, denn das war sein Wunsch, dass dies in eurem Kreis geschieht und nicht im Beisein der restlichen Familie. Ich werde es euch nicht im Einzelnen vorlesen, das könnt ihr selber tun. Aber er schreibt, dass er es nicht ertragen könnte, wenn sein Anteil an eurem Zuhause an jemand Dritten ginge und ihr dann einen Fremden dort drin haben würdet. Deshalb«, jetzt holt er tief Luft und muss sich nochmal räuspern, »hat er seine Wohnung und seinen Anteil am Gebäude und alle Einrichtung dir vermacht, Tom, unter der Auflage, dass es nicht veräußert werden, sondern nur vererbt werden darf. Damit ihr immer eine Zuflucht habt, Kinder.«

»Was?!« Tom wird kreidebleich, und auch alle anderen schauen mehr als erstaunt. Nur Danny nicht. Er lächelt leicht, er hat es gewusst. Natürlich, das Gebäude gehört ja ihm, er hat vermutlich unterschreiben müssen.

»Das hat er bereits im Sommer geregelt, nach dem Prozess«, sagt Danny leise. »Er meinte, du würdest es brauchen. Ob nun mit Frau oder ohne.« Bei diesen Worten lächelt er mich warm an.

Ich habe Tom die Hand auf den Arm gelegt. Er sagt keinen Ton mehr, schluckt nur noch. Doch dann bricht Lizzie das Eis. »Dad!« Sie fällt ihm um den Hals.

»Ich weiß, ich weiß, Kleines. Das... das kommt ein wenig überraschend, nicht?« Er wirft mir einen fassungslosen Blick zu.

»Da wusste er natürlich noch nichts von dem neuen Job«, sagt Rob nach einem erneuten Räuspern. »Er hat auch einen gewissen Geldbetrag den Kindern vermacht, für ihre Ausbildung. Und einen weiteren für die Instandhaltung des Hauses. So hat er das geregelt.«

»Puh!«, macht Tom und reibt sich über das Gesicht. »Tja, damit könnte ich die Frage, ob ich meine ausländische Frau versorgen kann, getrost mit Ja beantworten.« Wir fangen alle an zu schmunzeln, und Lizzie fällt nun mir um den Hals.

»Musst du denn so viel für mich zahlen?«, frage ich schelmisch, und er zieht mich leicht an meinem Ohr.

»Tja«, sagt er nur und schaut Danny an.

Der zuckt mit den Schultern. »Alles in allem dürften wir so runde zwei Millionen schwer sein. Die Gegend hat sich sehr verändert, seit wir dorthin gezogen sind. Vor zwanzig Jahren wäre das nur ein Bruchteil gewesen.«

»Aber...« Mir wird schlagartig etwas klar. »Moment mal, *sie* hat euch schätzen lassen und anhand dessen die Kaution... oh, dieses...« Ich halte mich gerade noch rechtzeitig zurück, denn Lizzie fährt hoch. »Ist schon gut, Kleines. Aber jetzt habe ich etwas für euch. Lizzie, hol mir bitte mal das große Paket dahinten. Das braune, ja?« Sie tut mir den Gefallen und hat tüchtig daran zu schleppen, das sehe ich und nehme es ihr rasch ab. Mit einem feinen Lächeln gehe ich damit zu Danny. »Dir gehört das Gebäude. Also darfst du auspacken. Aber es ist für euch alle.«

Lizzie ist sofort bei ihm und setzt sich zu ihm auf die Lehne des Sessels, als er es entgegennimmt. »Oh, das ist schwer! Was ist das?«

»Mach es auf«, sage ich lächelnd, zwinkere Perri zu und setze mich wieder zu Tom.

»Mach du«, sagt Danny zu Lizzie, und sie knotet das schlichte Paketband auf. Kaum haben sie die Hülle abgestreift, ruft Danny: »Oh, seht euch das an!« Er dreht das Schild herum, sodass es alle sehen können.

»Dreimal dürft ihr raten, wo das hinkommt«, sage ich lächelnd. Es wird herumgereicht, von allen bestaunt. Danny kommt zu mir, fragt Tom: »Darf ich?«, was der grinsend bejaht, und umarmt mich fest.

Sean hat da nicht solche Hemmungen, er zieht mich einfach hoch und gibt mir einen dicken Kuss auf den Mund. »He, knutsch Perri ab, der hat es gebaut«, wehre ich lachend ab, und er guck Perri an und meint nur: »Nee. Lass mal«, worauf alle losprusten und die Schwermut vergessen ist.

Jetzt werden Geschenke ausgetauscht, große und kleine. Tamara freut sich sehr über die Perlen ihrer Urgroßmutter. Lizzie bekommt von mir auch eine Kette geschenkt, die sie in Rostock bewundert hatte, und ihr Bruder ein Schweizer Multitool, das wir gemeinsam ausgesucht haben. Ich bekomme von Kris und Perri die Collage mit den Schneebildern aus dem Canyon, die wir bei der Besichtigung der Galerie entdeckt hatten.

Irgendwann laufen die Jungs hinaus und kommen jeder mit einer Kiste im Arm zurück und überreichen sie Kris und Perri. »Wenn wir euch schon leer saufen, dann füllen wir das auch wieder auf«, sagt Vince, und Sean stellt ganz oben zwei einzelne

Whiskeyflaschen drauf. »Die hier aber, die sind von meiner Familie. Selbstgebrannt.«

Kris guckt Perri an, die beiden gucken mich an, und wir drei lachen schallend los. »He, was ist so komisch daran? So einen edlen Tropfen bekommst du sonst nirgends«, stößt Tom mich an.

Ich muss mir schon die Seiten halten, deshalb japst Kris: »Nicht wegen des Whiskeys. Nein, ihr irrt euch, ihr habt uns nicht leer gesoffen. Die vorderen Regale im Weinkeller gehören alle Sanna. Unsere habt ihr gar nicht angerührt!«

»Ganz genau«, kichere ich und halte Sean das Sektglas hin. »Los, mach nochmal voll, ja? Das ist nicht schlimm. Ich kann das ja eh nicht alles mitnehmen«, füge ich an Tom gewandt hinzu und lehne mich an ihn.

»Soso, du bist also weinreich«, brummt er mir über das schallende Gelächter der anderen hinweg ins Ohr.

»Tja, nun nicht mehr, dank euch«, erwidere ich schmunzelnd und stoße mit allen an. Dann stehe ich auf. »Okay, ich habe noch etwas für euch. Komm, Lizzie, hilf mir mal. Die kleinen Beutel da, die kannst du an alle verteilen. Aber macht sie bitte erst mit Jimmys Brief auf. Tränen und so, verstanden?« Die große Platte mit mir nehmend und Toms Beutel setze ich mich wieder zu ihm und schaue ihn an. »Ich habe lange überlegt, was ich dir schenken kann, und es fiel mir nur eines ein.« Ich ziehe das Buch hervor. »Das ist ein Tagebuch. Das habe ich den Sommer und den Herbst über geschrieben, als ich nicht mehr mit dir in Verbindung treten konnte. Ich dachte... nun...« Auf einmal werde ich verlegen, doch anstatt gerührt zu sein, fängt Tom an zu grinsen, greift hinter sich und holt nun selber hinter seinem Sessel ein Geschenk hervor.

»Hätte ich noch Zweifel gehabt, dass du die Richtige für mich bist, dann wären sie jetzt wohl ausgeräumt. Hier. Das ist für dich«, sagt er und umarmt mich fest. »Ich liebe dich, Sanna«, flüstert er unhörbar für die anderen.

Es ist ein Buch, anderer Stil, aber genauso ein Tagebuch wie meins. Gebunden und in Leder. Mir kommen unwillkürlich die Tränen, und jetzt sind auch die anderen gerührt, sodass ich es nur an mich drücken und mich in Toms Arme flüchten kann, sonst wäre es wohl vorbei gewesen mit meiner Fassung.

Dann reiche ich die große Platte an Rob, um mich abzulenken. »Hier. Dies ist auch für euch alle, aber ich finde, Rob, du solltest es öffnen. Das ist für das PFZ. Ihr bekommt auch jeder ein kleines davon, für euch selber.«

Jetzt sind sie wirklich sprachlos, als Rob das Gemälde mit Tränen in den Augen den anderen zeigt. Geradezu ehrfürchtig reichen sie die Platte herum, betrachten sie, drehen und wenden sie im Licht.

Kris steht eine ganze Weile mit ihr in der Hand da, während die anderen sich bei mir bedanken, und schaut darauf. »Ich kriege gerade eine ganze Reihe von Ideen«, sagt sie zu Perri. Ich hatte ihnen ihr Geschenk, den Laser, schon vorhin überreicht, in einem ruhigen Moment.

»Das Gerät ist wirklich toll. Damit kann man einiges anstellen«, sagt er und lächelt.

»Ich finde«, sagt Rob und räuspert sich wieder, »wir haben alle mehr als genug bekommen, aber du, liebe Sanna, hast noch gar nichts von uns bekommen. Die ganze Zeit nicht.«

»Ach Rob«, wehre ich ab, »das stimmt doch gar nicht, und das weißt du auch.« Denn ich habe so viel bekommen. Einen Mann, eine neue Familie.

»Nein, nein, er hat recht«, sagt Sean da und holt vom Baum ein kleines flaches Kästchen. Ich hatte mich schon gefragt, was da drin ist. »Wir finden, die hier hast du verdient. Na los, mach es auf.« Er überreicht es mir mit einer Verneigung.

Ich gucke Tom fragend an, und er nickt auffordernd. Vorsichtig, als wäre es zerbrechlich, wickele ich es aus. Es sieht aus wie eine Schatulle für Schmuck, doch als ich es aufmache, liegt darin ein winzig kleiner Pin, eine Medaille.

»Die bekommen normalerweise Personen, die ein Menschenleben gerettet haben, einen von uns«, sagt Danny leise. Ich muss schlucken. »Und das hast du ja. Du hast Tom gerettet. Er wird immer einer von uns sein, egal, welchen Job er macht. Das ist nun mal so.« Ich bin sprachlos. Mein Blick verschwimmt, ich kann das Kästchen nur an mich drücken wie einen kostbaren Schatz.

»Offiziell tragen darfst du das aber nicht«, sagt Sean und stößt mich leicht an. »Hat uns einige Verrenkungen gekostet, das zu organisieren.«

»Danke«, flüstere ich und lehne mich an Tom. »Das ist... ich weiß nicht, was ich sagen soll. Ich werde es in Ehren halten. Vielen, vielen Dank.«

»Tja«, sagt Kris da und durchbricht damit die Verlegenheit, »auch auf die Gefahr hin, dass du gleich völlig die Fassung verlierst, Sanna, wir haben auch noch etwas für dich.«

Hastig wische ich mir die Tränen ab. »Für mich?«

Perri ist aufgestanden und reicht mir eine Rolle. Es ist Pergament, so richtig schön auf alt getrimmt, sogar mit einem echten Wachssiegel. »Wir wollen nicht, dass du so einfach gehst. Wir wollen, dass du hier einen Ort hast, an den du immer zurückkehren kannst.«

»Eine Zuflucht«, ergänzt Kris, kommt jetzt zu mir, zieht mich hoch und umarmt mich. »Wir haben beschlossen, dir das Backhaus und das Land mit dem Garten zu überschreiben. Wir finden, das hast du verdient, nach alldem, was du für uns getan hast. Nein, keine Widerrede«, sagt sie, strenger jetzt, denn ich will protestieren. »Es ist alles bereits notariell beurkundet. Genauso unverkäuflich wie Toms Anteil da drüben, es sei denn, wir beschließen es gemeinsam. Das heißt, es wird immer zum Gut gehören.«

»Aber... aber...« Jetzt bin ich wirklich sprachlos und muss mich setzen, denn ich habe weiche Knie bekommen.

»Wir könnten das Backhaus an Touristen vermieten, damit du da drüben ein Einkommen hast. Aber, eigentlich brauchst du das ja gar nicht«, fügt Kris mit einem feinen Lächeln hinzu.

Das macht sie absichtlich, ich weiß es. Aber das geht gewisse Leute in diesem Raum nichts an. Ich schüttele den Kopf und wische mir die Tränen aus den Augen, die jetzt schon wieder gekommen sind. »Nein, das brauche ich nicht, Fotografie sei Dank. Nehmt das Geld und bezahlt davon einen Gärtner, der den schönen Garten weiter aufbaut und pflegt. Er soll ein Schmuckstück werden, wie das Haus auch, ein richtiger englischer Garten. So war er einst angelegt worden.« Bei diesen Worten guckt Col mich kurz an, aber schnell wieder zur Seite, und Tom drückt ganz sachte meine Hand. Er akzeptiert meine Entscheidung. Zum Glück sehen das die anderen nicht, alle, bis auf einer.

Und der fängt mich am Ende des Abends, als die anderen am Aufräumen sind oder sich schon für die Nacht verabschiedet haben, einfach ab, greift meine Hand und zieht mich in eine stille Kammer im Keller, macht das Licht an und die Tür hinter uns fest zu. Dann steht er nur da und schaut mich an. Und wartet. Danny, der Wächter.

»Also schön.« Ich verschränke die Arme. »Schuldig, im Sinne der Anklage. Bist du jetzt zufrieden?«

»Ich wusste es!« Er wendet sich ab, steht einen Moment stumm da und holt dann tief Luft und dreht sich wieder zu mir um. Er lächelt leicht. »Du warst das also. Jimmy und ich, wir haben uns die ganze Zeit gefragt, wie der alte Styles das hinbekommen hat. Der ist nämlich dafür bekannt, dass sein Geld nicht locker sitzt, sondern sehr tief vergraben ist. Aber du… diese einfaches-Mädchen-vom-Lande Nummer, die du Tom erzählt und uns hier vorgeführt hast, mit deiner winzigen Wohnung und so, habe ich dir nie abgekauft. Dafür hast du viel zu viel Stil und Geschmack. Einen eigenen, das ist wohl wahr. Aber du hast ihn.«

Ich habe mich an die Wand gelehnt, die Arme verschränkt. »Das geht nur Tom etwas an, jetzt, da wir heiraten. Also mach dir keine Sorgen, er weiß es und akzeptiert es. Und, Danny, ich *bin* ein einfaches Mädchen vom Lande, Kind eines Bauern. Alles, was ich besitze, haben wir uns, mein Mann und ich, hart erarbeitet. Da ist nichts geerbt, rein gar nichts. Und ich gehe damit nicht leichtfertig um und schon gar nicht hausieren, klar? Es geht niemanden etwas an, nicht eure Kumpels, nicht Tamara, und Mo erst recht nicht. Und der Rest, der Stil, wie du es nennst, ist Bildung, Lebenserfahrung und meine freie Entscheidung, wie ich leben möchte. Also akzeptiere mich endlich, wie ich bin, und hör auf, ständig in meinen Angelegenheiten herumzuwühlen! Klar?«

Er will etwas sagen, doch in dem Moment geht die Tür auf. »Was ist denn hier los?«, fragt Tom und schaut stirnrunzelnd von einem zum anderen.

Danny wirft ihm einen kurzen Blick zu, und einen winzigen Moment, kaum zu merken, ist da etwas, das mich auf einmal verstehen lässt. Oh ja, nun verstehe ich nur allzu gut. »Nichts, Tom. Ich glaube, wir haben gerade einen Pakt geschlossen. Nicht wahr? Und der heißt, wir akzeptieren uns so, wie wir sind.«

Danny stutzt einen Moment gut spürbar, dann lächelt er erleichtert. »Oh ja. Das wollte ich Sanna nur noch sagen. Gute Nacht.« Und er geht hinaus, mir noch einmal zuzwinkernd und ihm mit einem Schlag auf die Schulter dankend.

Tom zieht nur die Augenbrauen hoch. Ich verdrehe die Augen. »Dein Torwächter hat einfach immer den richtigen Riecher. Warum gehen Sean und Vince immer wieder Wetten mit ihm ein? Die haben doch keine Chance, wirklich keine. Und ich auch nicht. Er weiß jetzt bescheid. Und ich habe ihn dazu verdonnert, den Mund zu halten.«

»Na, das hat hoffentlich gesessen. Wenn es zu schlimm mit ihm wird, dann sag es mir, ja? Er kann schon ein arger Kontrolleur sein, das weiß ich nur allzu gut. Das werde ich ihm ausreden.«

»Das brauchst du nicht.« Ich schalte das Licht aus und schließe die Tür. »Mit deinen Freunden werde ich schon fertig, das wäre ja gelacht. Komm, lass uns rübergehen. Ich möchte mit dir eine private Weihnachtsfeier abhalten. Nur wir beide.« Ich lege ihm die Arme um den Hals, und er hebt mich hoch und küsst mich. »Da kann keiner mehr kontrollieren, was wir tun.«

Drei Tage später stehen wir nach einem ziemlich kurzen, nicht gerade fröhlichen Besuch bei meiner Schwester auf dem staubigen Dachboden der Scheune unseres Elternhauses, wo ich meine Sachen eingelagert habe, Inhalt eines vergangenen Lebens. Das Haus selber ist derzeit vermietet, solange, bis sich einer der Kids endlich entschließen kann, das Hotel Mama zu verlassen. Tom kratzt sich am Kopf und schaut sich zweifelnd die vielen, vielen Sachen an, die hier lagern.

»Das stammt zum größten Teil noch von meinen Eltern und Großeltern und gehört nicht mir«, erkläre ich ihm. »Meine Sachen sind da drüben. Immer noch erschreckend viel. Man sammelt halt jede Menge Zeug im Laufe eines Lebens an, und es ist hier, anders als bei euch, nicht üblich, möblierte Häuser zu kaufen, sondern man schafft sich alle Möbel selber an und zieht diese dann komplett zu jedem neuen Wohnsitz um.« Ich trete vor die Planen, welche Möbel und Kisten verdecken, und zögere.

»Ich mag gar nicht daran denken, wie es ist, wenn wir erst einmal in Jimmys Wohnung stehen. Das muss sehr schmerzhaft für dich sein.« Er tritt an mich heran und legt mir die Hände auf die Schultern. Also gut. Ich schlage die Planen zurück. Unten hören wir die Stimmen von Tamara, Col, Lizzie, die sich dort umschauen.

»Oh, sehr schön«, sagt Tom. »Die würden Danny gefallen. Er steht auf Holz, besonders auf diesen skandinavischen Stil. Das ist alles Vollholz, nicht?«

»Oh ja, teilweise sogar handgefertigt. Das passt zu ihm, zu Danny, meine ich«, sage ich und streife durch die Sachen. »Welchen Stil haben Sean und Jimmy? Sean, wette ich, Glas, Chrom und Stahl. Aber Jimmy? Da habe ich so gar keine Vorstellung.«

Tom lacht. »Chaos. Das beschreibt es am besten. Eine echte Junggesellenbude, teilweise sind da noch die Möbel aus dem Zimmer bei seinen Eltern drin. Echter Schrott. Zum Schluss wurde es immer schlimmer, er hat richtig gehortet. Aber eigentlich ging das schon nach dem Tod von CC los. Er hat nicht erlaubt, dass wir bei ihm aufräumen. Das grenzte schon hart ans Messietum. Wir haben ihn gelassen, weil er es brauchte.« Er seufzt und zuckt dann mit den Schultern. »Aber mit Sean hast du recht. Mr. Design.«

»Na, das wäre ja was geworden«, murmele ich zu mir selber, und er stupst mich leicht an. Denn das stand in Jimmys Abschiedsbrief. Hätte Tom mit nicht genommen, er wäre sofort derjenige welche gewesen. Nicht, dass ich das gewollt hätte. Er aber schon. Weil er mich von Herzen gern und geliebt hat. Tom weiß das, er hat den Brief gelesen wie ich seinen auch. Schmerzliche Momente sind das gewesen, aber auch schöne, denn Jimmy hat sich für uns gefreut, das hat man hinter jedem Wort gehört. Weil er, so glaube ich zu verstehen, Tom doch noch ein wenig mehr geliebt hat als mich. Seinen Bruder. So hat er ihn genannt.

Seufzend betrachte ich die Sachen. Die Kisten mit Geschirr, die Bücher. Küchensachen, die nicht ins Backhaus passten, also fast alles. Teilweise ziemlich hochwertiges Zeug von namhaften Herstellern, viel besser als alles, was ich dort drüben in den diversen Motels und Guesthouses gesehen habe. Was soll mit, was nicht? Ich beuge mich über einen Karton, wo *Fotos und Artikel* draufsteht. Den ziehe ich heraus, klappe ihn auf und finde zuoberst ein Bild von Thore und mir vor dem Landi, irgendwo in der Wüste. Still schaue ich es mir an, stumm beobachtet von Tom. Ich weiß nicht, was ich empfinden soll. Will ich ihn mitnehmen in mein neues Leben? Nein, entscheide ich. Diese Dinge bleiben, aber nicht hier bei meiner Schwester. Die ist imstande und verheizt alles in der Feuertonne vor lauter Wut. Ich werde sie zu Kris und Perri bringen lassen, da sind sie in Sicherheit, jetzt gleich. Ich klappe den Deckel wieder zu, stehe auf und schaue Tom an.

»Ganz ehrlich, ich glaube, es macht überhaupt keinen Sinn, das zu sortieren. So hast du es einmal alles gesehen, aber damit ist es auch gut. Lass uns erst einmal ein Haus finden. Und wenn wir dann entscheiden, dass wir etwas davon gebrauchen können, lassen wir es später von einer Spedition abholen und verschiffen.« Mit einem Ruck ziehe ich die Plane wieder runter.

»Wenn du das denkst, dann ist es gut so«, sagt er, nimmt meine Hände und drückt auf jede von ihnen einen Kuss drauf. »Lass uns nichts überstürzen.

»Welcher Stil ist denn deiner?«, frage ich und lächele ihn an, doch er zuckt wieder mit den Schultern.

Dann seufzt er. »Ganz ehrlich? Ich weiß es nicht. Bis zu Pam habe ich in einer Ein-Zimmer Bude gehaust. Lattenrost, eine Matratze, Fernseher. Das war's. Wir waren ja ständig unterwegs. Danach hat sie alles geregelt. Mach nur, habe ich gesagt. Ihr Stil war eher… opulent. Mehr Schein als Sein. Ich fand's irgendwie schräg. Tja. Ich weiß es nicht.« Er geht zur Treppe, steigt hinunter.

»Aber wenn du dir es aussuchen könntest?«

Er bleibt stehen und schaut lächelnd zu mir hoch. »Ein wenig wie das PFZ. Modern und alt zugleich. Mauerwerk, kein Plastik. Holz auch. Und Natur. Wie die Navajo. Irgendwie so.«

»Na, damit kann ich doch leben, und noch viel mehr, auch etwas damit anfangen«, sage ich, schalte das Licht aus und folge ihm die Treppe hinab.

Am dritten Januar stehen wir in einem kleinen Empfangszimmer der berliner Botschaft und werden inmitten unserer Freunde getraut. Kris und Perri sind mit uns gefahren, genauso wie Tamara. Sie hat immer noch Ferien und wird anschließend von ihnen nach Hause gebracht. Alex ist extra für dieses Ereignis aus Hamburg gekommen. Meine Schwester jedoch nicht, sie hat sich geweigert und es auch ihren übrigen Kindern verboten. Das bedaure ich sehr, kann es aber nicht ändern.

Ein wenig merkwürdig ist es schon, wieder diesen Bunker zu betreten, etwas über ein Jahr später, direkt vor dem Brandenburger Tor. Modern, aber auch geschichtsträchtig. Ich spüre die Geister der vielen, vielen Toten, die es hier im Laufe der Jahrhunderte gegeben hat, aber ignoriere sie, und sie lassen mich in Ruhe. Lizzie tut das auch, sie verhält sich ganz still, geradezu ängstlich an ihren Großvater gedrückt.

Die Zeremonie ist schlicht. Ich trage mein Wollkleid, Alex hat mir einen kleinen Blumenstrauß mitgebracht, und Tom ist in Jeans und Hemd. Es ist die Freude, die diesen Moment zu etwas Besonderem macht, und das merken auch die beiden Beamten, die uns zunächst mit ziemlicher Zurückhaltung begegnet sind. Sei es wegen der Eile, mit der unsere Dokumente erstellt werden mussten, oder weil wir so gar nicht dem normalen Brautpaar entsprechen.

Wir geben uns unser Ja-Wort, uns nicht einmal loslassend, nicht mit den Händen und auch nicht mit unseren Blicken. Dann leisten wir unsere Unterschriften, ich erhalte eine Green-Card und einen neuen deutschen Pass und Personalausweis. Einen Moment schaue ich darauf herab. Susanna Iris Reimann-Flynnt. Welch imposanter Name! Ich muss lächeln und begegne Toms funkelndem Blick. Er denkt dasselbe, das sehe ich. Dann werden wir auch schon beglückwünscht. Rob macht mir das schönste Geschenk von allen. »Heute habe ich eine Tochter bekommen«, sagt er, als er mich umarmt.

»Ich auch, Rob, ich auch, und einen Vater und einen Sohn dazu«, flüstere ich ihm ins Ohr und erwidere die Umarmung fest.

Wir köpfen eine Flasche Sekt, stoßen an, Lizzie macht Fotos von uns, allein und mit den anderen, dann ist der Termin auch schon vorbei. Wir müssen langsam los, zum Flughafen.

Als wir nach unten gehen zum Ausgang, steht die Tür zu einem größeren Saal offen, die vorhin noch verschlossen war. Ich schaue nur aus den Augenwinkeln hinein, doch dann wende ich richtig den Kopf, denn ich habe etwas entdeckt. »Kris! Sieh dir das an!«

Am Ende des Saales, zwischen zwei Eingangstüren, hängt ein großes Bild. Ich erkenne es sofort. Diese Bilder habe ich an dem Tag gemacht, als ich Tom gefunden hatte, als der Sturm über dem Canyon aufzog. Auf dem Foto sieht es schon beeindruckend aus, aber so riesig und in Kris' unvergleichlichem Stil, da wirft es einen einfach um. Die Jungs drängen sich hinter uns in den Saal, Sean pfeift unfein durch die Zähne.

Der Mitarbeiter der Botschaft gesellt sich zu uns. »Die Chefin fördert gerne lokale Künstler. Man sagte uns, dass dieses Bild in Arizona entstanden sei.«

»Ich weiß«, erwidere ich und greife Toms Hand. »Diese Fotos stammen von mir. An dem Tag haben mein Mann und ich uns kennengelernt. Meine Freunde hier sind die beiden Künstler, die den Rahmen und die Kollage gefertigt haben.«

»Tatsächlich?« Jetzt ist er beeindruckt. »Schade, dass die Chefin nicht da ist. Sie hätte Sie gewiss gerne kennengelernt. Darf ich vielleicht ein Bild von Ihnen allen davor machen? Das wird sie sicherlich freuen.«

Tom und ich schauen uns an. Psycho ist im Gefängnis. Ich bin nicht mehr in Gefahr. »Warum nicht?«, sagen wir beide gleichzeitig und lachen. Das Bild teilen wir miteinander und haben so noch eine schöne Erinnerung an den Tag.

Nur allzu schnell ist die Zeit des Abschieds gekommen. Ich drücke Kris und Perri eine ganze Weile, und sie mögen mich so gar nicht loslassen. Alex dagegen umarmt mich nur kurz. »Ich freue mich schon auf den nächsten Urlaub«, lacht sie und bedenkt Tom mit einem Zwinkern.

Mit Tamara stehe ich eine ganze Weile abseits, sie weint. »Mama sagt, jetzt bist du endgültig verrückt geworden. Sie will nicht, dass ich dich besuche, und sie will auch nicht mehr, dass ich zu Kris und Perri fahre. Und sie ist sauer, dass du die Sachen hast abholen lassen.«

»Schscht, ich weiß.« Tröstend halte ich sie fest. »Mir hat sie das auch gesagt und noch ein paar andere Dinge. Aber das wird uns nicht aufhalten, nicht wahr? Besonders dich und deinen Schatz nicht, oder?« Sie lächelt ein wenig verweint und schaut hinüber zu jemand ganz Bestimmten, jemand, der uns heimlich aus den Augenwinkeln beobachtet und sich den ganzen Tag auffallend von ihr ferngehalten hat. »Lass sie sich erst einmal beruhigen, und wenn das soweit ist, darfst du Kris und Perri sicherlich wieder besuchen und mich auch. Mit Zwischenstopp in New York, hm?«

Jetzt lacht sie schniefend. Dann macht sie sich los und geht schnurstracks auf Col zu, packt ihn und drückt ihm einen dicken Kuss auf den Mund.

Das gibt natürlich etliche Pfiffe und Rufe, was die beiden rot anlaufen lässt. Der Chauffeur der Großraumlimousine, die uns zum Flughafen bringen soll, grinst und schaut auf die Uhr. Ich sehe, wie Danny breit lächelt und Vince auffordernd anstößt, der die Augen rollt. Haben die schon wieder gewettet!

Tom dagegen fällt aus allen Wolken und Rob erst recht. »Hast du das gewusst?«, flüstert Tom mir zu, als wir im Wagen sitzen und losfahren.

»Klar«, sage ich, und von der anderen Seite sagt Lizzie: »Mein Zimmer hatte ich schon eine ganze Weile für mich allein.«

»Halt die Klappe, Liz!«, zischt Col und vergräbt sich hinter seinem Handy, die hochgezogenen Augenbrauen seines Vaters ignorierend. Unschwer zu erraten, wem er schreibt.

»Mach dir keine Sorgen«, flüstere ich Tom unhörbar für Lizzie zu. »Zumindest sie weiß, was sie tut. Sie ist ein großes Mädchen.«
Den Schreck muss Tom erstmal verdauen, und so spricht er erst, als wir bereits im Flugzeug sitzen. Angenehm, so ein Einchecken fast ohne jegliche Zollformalitäten. Mit uns an Bord gehen eine ganze Reihe von Diplomaten, einige Angehörige der Streitkräfte und auch Journalisten. Wir werden neugierig beäugt, aber in Ruhe gelassen. Die Pause vor dem Abflug nutze ich, die Toilette aufzusuchen, und so höre ich, wie sie über uns tuscheln. »9/11 First Responders… FBI… NSB…« Oh je, wenn das man gut geht! Doch wie es scheint, bilden diese Worte eine wirksame Barriere gegen jedwede Zudringlichkeit, oder wir werden von anderer Seite geschützt, wer weiß. Jedenfalls lässt man uns in Ruhe.

So entspannen wir uns, und ich verbringe diesen Flug in Toms Armen, immer wieder den Ring betrachtend und an meinen Pass denkend. Mrs. Flynnt…

»Ich bin so froh, dass du mit mir gekommen bist. Noch so eine Trennung, das hätte ich, glaube ich, nicht mehr ertragen«, flüstert er mir ins Ohr. »Von jetzt an werden wir nicht mehr getrennt sein, das verspreche ich dir. Ich liebe dich, Sanna.«

Dieses Versprechen, obschon er gar nicht wissen kann, ob er das ewig wird halten können, wärmt mir das Herz und ist der Beginn eines neuen Lebens.

Kapitel 11

Arizona - 15 Jahre später

Draußen vor der Tür unseres Wintergartens herrscht dichtes Schneetreiben. Ich stehe an der großen Scheibe und schaue den dicken Flocken zu, in mich selber versunken, wartend. Hinter mir, auf der Bank am Panoramafenster, höre ich leise, mühsame Atemzüge. Die Abstände werden immer länger, die Züge schwächer. Ich werfe einen Blick auf die Gestalt, die dort liegt. Sie ist nur noch ein Schatten des Mannes, der er einst gewesen ist und den ich damals zu lieben gelernt habe. Sein Wesen jedoch, das leuchtete bis zum Ende unvermindert stark und hat mir diesen Weg so unendlich erleichtert.

Wir beide haben immer gewusst, dass ihn dieses Schicksal eines Tages ereilen könnte, dass ich, wenn ich ihn heirate, auch einen Pakt mit dem Tod eingehe. Einem tückischen Tod, der brutal schnell zuschlägt, und gegen den, trotz aller Fortschritte in der Medizin, trotz aller High-Tech Medikamente, nichts zu wirken scheint. Es ist wie ein Fluch, der Fluch des Mannes, der einst so viele Menschen in den Tod gerissen hat und es immer noch tut.

Es begann mit einer harmlosen Erkältung vor etwas weniger als einem Jahr, doch der Husten ging nicht mehr weg, er wurde schlimmer. Als er dann mit der Diagnose nach Hause kam, musste ich nur einen Blick auf sein Gesicht werfen, und ich wusste sofort Bescheid. Er ist der nächste der fünf Freunde, der gehen wird. Danny, Sean und Vince leben seit Wochen in unserem Haus, um ihn auf diesem letzten Weg zu begleiten. Heute Nacht haben wir die Beatmung abgeschaltet, gemeinsam, und seine Augen haben mich dabei angesehen, voller Dankbarkeit, voller Liebe.

Ich wende mich um und setze mich zu ihm, nehme seine knochige Hand. Diese schlanken Finger, einst warm und stark, sind bereits spürbar kalt. Wärme, Geruch, der tiefe Atem, meine steten Begleiter in all diesen Jahren, sind fast verschwunden. Es dauert jetzt nicht mehr lange. Er hatte hier sterben wollen, das war sein Wunsch gewesen, in diesem wunderschönen Raum mit Blick auf den Canyon, angefüllt voller Erinnerungen. Hier haben wir uns geliebt, gestritten, uns versöhnt. Partys gefeiert und in einvernehmlichem Schweigen gelesen, während draußen die Sonne den Canyon in rotes Licht tauchte. Hier hat er nachts sein erstes Enkelkind gewiegt, als es zahnte und die geplagten Eltern etwas Ruhe bitter nötig hatten. Und hier haben wir auch Jahr für Jahr unser Eheversprechen erneuert, unsere ganz eigene, private Zeremonie.

Etwas verändert sich. Ich hebe den Kopf, lausche. Oben auf der Galerie geht die Tür auf. Lizzie kommt herein, gefolgt von Kris, die eine geweihte Kerze in der einen Hand hält und den Zeichenblock und Kohlestift in der anderen. Mühsam stützt sich Lizzie auf das Geländer, hochschwanger, wie sie ist, und kommt zu mir herunter.

»Es ist soweit«, sagt sie und legt den Arm um mich. Nach und nach kommen sie jetzt alle herunter, die Jungs, Col und Tamara und ihre Kinder, Lizzies Mann Chip und Perri mit seiner weißen Löwenmähne. Unsere Navajo Freunde, Faith, Rosie, Sylvie und ihre Männer, Mo und ihr Sohn.

Wir öffnen die Tür einen Spalt weit, stellen die Kerze davor, zünden sie an. Lizzie und ich nehmen Kris in die Mitte, damit sie die Verbindung spürt. Danny setzt sich zu Tom ans Lager, nimmt meinen Platz ein, damit er nicht alleine ist in diesem letzten Augenblick. Denn ich bin die Brücke, ich bereite ihm den Weg zu demjenigen, den ich jetzt immer deutlicher spüre. Wir bekommen Besuch, denke ich und lächele voller Vorfreude darauf, ihn noch einmal zu sehen, sie beide, wie sie einst gewesen sind.

Eine Gestalt kommt durch das Schneetreiben auf uns zu. Zuerst nur ein Schemen, doch das bleibt nicht so, als er an uns herantritt. Er kommt näher, viel näher als sein Vater damals, streckt die Hand aus, streicht mir zärtlich über die Wange.

‚Sanna…'

Es hallt durch meinen Kopf. Jimmy lächelt mich warm an. Kris fängt an zu zeichnen.

‚Ich bin so froh, dass du da bist. Dass du es bist, der Tom begleitet.'

Hinter mir kommt von Tom ein ersticktes Keuchen. Jimmy streckt die Hand aus, in seine Richtung. Etwas streift mich, streift Lizzie, umhüllt uns kurz und ihr ungeborenes Kind ganz besonders. Dann tritt Jimmy zurück und zieht ihn neben sich. Es dauert etwas, wie bei Jimmy damals auch, ich spüre, wie er ihm hilft. Doch dann steht er vor mir, Tom, wie ich ihn in Erinnerung habe, groß, schlank und stark in seiner Uniform und uns liebevoll anlächelnd. Lizzie schluchzt auf, aber ich schaue und schaue und schaue, erlaube mir keine Tränen, denn sonst würde mein Blick auf ihn verschwimmen und mir die Sicht nehmen. Er kommt noch einmal zu mir, umarmt mich, ein Hauch. Dann tritt er zurück und legt Jimmy den Arm um die Schultern.

‚Ich liebe dich, Tom', formen meine Lippen und Gedanken die Worte, und er: *‚Ich werde immer bei dir sein.'*

Dann drehen sie sich um und gehen Arm in Arm fort, bis ihre Schatten im Schneetreiben verschwunden sind.

Vierzehn Tage später mache ich einen letzten Gang durch unser Haus. Meine Sachen sind gepackt, Kisten und andere Dinge warten darauf, dass die Spedition sie abholt. Obwohl ich das meiste hierlassen werde, ist doch einiges zusammengekommen. Persönliche Dinge, Erinnerungen.

Meine Hände streifen die Wände aus Naturstein, das hölzerne Geländer der Treppe, während ich die Galerie abschreite, wo die Bilder unseres gemeinsamen Lebens hängen. Die frühen Bilder unserer Reise durch Arizona, von unserer Heirat, wie wir dieses

Haus gebaut haben. Rob im Sommer danach, kurz bevor er starb, einfach eingeschlafen in seinem Lieblingssessel und mit einem Glas Whiskey in der Hand. Sally, die noch einige Jahre hier mit uns gelebt hat, bevor wir sie einschläfern lassen mussten. Die Hochzeiten der Kinder, die Enkel. Alles glückliche Momente. Und natürlich, die Fotos und Reliefs von den Jungs, die dürfen nicht fehlen, ganz besonders nicht von Jimmy und CC. Bald wird eines von Tom und Jimmy hinzukommen.

Als ich nach einigen Tagen des Suchens bei den örtlichen Maklern auf dieses Stück Land etwas außerhalb des Glen Canyons mit den Überresten eines über einhundert Jahre alten Farmhauses darauf gestoßen bin, da wusste ich gleich, das ist es. Es war total heruntergekommen, mehr einer Ruine gleich, aber mit Ruinen kenne ich mich aus. Alle haben mich für verrückt erklärt, aber Tom, vollauf beschäftigt mit seinem neuen Job, hat gesagt: mach nur. Du wirst für uns etwas Großartiges daraus bauen. Wenige Tage später haben wir dieses Land für einen Spottpreis erworben. Es hat sogar einen eigenen Canyon, einen kleinen, aber wunderschön.

Als wir dann eine eiskalte Nacht Ende Februar hier drin übernachtet haben und ich für ihn meine Vision an den Sternenhimmel gemalt habe, da hat er es sich das erste Mal richtig vorstellen können: ein Natursteinhaus, mit viel Licht und auf drei Ebenen, wobei die unterste Ebene der Wintergarten ist, der sich über zwei Stockwerke mit Blick auf den Canyon erhebt. Er sagte zwar, mach nur, aber das habe ich ihm nicht durchgehen lassen. Es sollte unser gemeinsames Heim werden, also habe ich auch von ihm gefordert, Ideen einzubringen, habe alles mit ihm abgestimmt, auch wenn sein Kopf noch so voll war mit anderen Dingen. Eine gute Ehe funktioniert nur, wenn man gemeinsam daran arbeitet, und das hat er auch verstanden.

Es war schwierig, sehr schwierig, überhaupt Handwerker zu finden, die sich mit dieser alten Bauart noch auskannten, und unmöglich, Zimmerleute aufzutun, die noch mit etwas anderem als der Nagelpistole umgehen konnten, denn ich habe auf einer traditionellen Bauweise bestanden. Perri musste kommen und seine Kollegen einweisen. Er tat es gerne, und der örtliche Bauunternehmer, eh schon Feuer und Flamme für dieses Projekt, hätte ihn am liebsten gleich behalten. Als das Haus dann immer mehr Gestalt annahm, wurde über uns berichtet. Es gab Artikel in Zeitungen, auch überregional.

Ich wollte, dass dieses Haus Energie unabhängig betrieben werden kann, mit Solar- und Windkraft und eigenem Brunnen und Energiespeicher. Natürlich hätten wir so etwas auch teuer kaufen können, aus Europa, sogar aus China. Aber ich habe mir gedacht, dass es doch auch vor Ort eine Möglichkeit geben könnte. Den Anfang machte das Windrad, ein vertikales, gebaut von einigen örtlichen Metallbauern und Schweißern. Solar für Warmwasser kam später dazu, dann die Speichereinheit. Denn wenn sie hier eines im Überfluss haben, dann ist es Sonne und Wind. Nachdem das gelungen war, war eine Idee geboren. Wir haben mit dem Bauunternehmer, den Metallbauern und Schweißern ein Unternehmen gegründet, eines, das günstige Wind- und Solaranlagen für den schmalen Geldbeutel herstellt. Mittlerweile sind wir weit über die Region hinaus bekannt und haben mehrere Standorte, die meisten davon in den Reservaten, wo dringend benötigte Arbeitsplätze entstanden sind und günstige Energiespender für die arme Bevölkerung in dieser Region.

So war ich über die Jahre nicht nur als Fotografin für die Navajo und die anderen Stämme unterwegs, sondern bin auch Unternehmerin geworden. Meine Finger streifen die Papiere auf dem großen Esstisch hinter dem Galeriefenster. Dieses Haus und die Unternehmensanteile haben wir Lizzie überschrieben und mit ihr Chip.

Als Tom anfing, die Rettungseinheit aufzubauen, war Chip von Anfang an mit dabei und ist mittlerweile drauf und dran, Captain zu werden. Dass er sich darüber hinaus eines Tages die Tochter des Chiefs angeln könnte, damit hat nun wahrlich keiner gerechnet. Aber da Lizzie genauso wie ich das Tattoo auf dem Handrücken trägt, gehört sie eh schon zum Stamm dazu, und wie es scheint, hat sie ihren Chip wirklich ins Herz geschlossen und er sie. Sie wird meine Nachfolgerin hier werden, als Fotografin, Unternehmerin und Brücke für die Geister. Wir haben viel zusammen geübt und gelernt in den vergangenen Jahren, wurden immer wieder zu Totenzeremonien eingeladen, auch wenn Tom das gar nicht gepasst hat. Das war immer wieder einer der großen Streitpunkte in unserer Ehe gewesen. Aber mit den Jahren ist er duldsamer geworden und hat gelernt, mir meine Freiräume zu lassen.

Mit über sechzig und als viel geachteter Chief der Rettungseinheit war Tom bereits am Überlegen, ob er nicht in Rente gehen sollte. Amerikaner bekommen nicht viel Urlaub, und ein Chief erst recht nicht. Ständig im Einsatz, oft auch, wenn er keinen Dienst hatte. Viele Überstunden und die ganze Verantwortung, das zehrt. Aber es hat ihm auch irre viel Spaß gemacht, diese Einheit aufzubauen, sie war sein Lebensinhalt bis zum Schluss. Er war glücklich mit diesem Job, mit dieser Verantwortung, und deshalb war ich es auch und ihm nicht böse, wenn wieder einmal ein gemeinsamer Termin platzte, wenn er nur wenige Tage, manchmal eine oder zwei Wochen frei machen konnte, damit wir gemeinsam auf Reisen gehen konnten. Auf Wanderung oder nach New York, manchmal auch nach Haulensteen, wenn die Zeit reichte.

Wir hatten bereits Pläne geschmiedet, das Haus Lizzie zu überlassen und selber auf Reisen zu gehen, andere Länder zu entdecken, doch das Schicksal ist uns zuvorgekommen. Nun bin ich es, die von hier fortgehen wird, und das allein. So schön ich die Natur rings herum finde, so gerne ich unsere Familie, unsere Freunde mag, wirklich heimisch geworden bin ich hier nie, und ohne Tom, da bin ich hier verloren. Haltlos. In diesem Haus, aber auch draußen. Die amerikanische Gesellschaft, gerade hier auf dem Land, ist immer noch eine erzkonservative, von vielerlei Dogmen geprägt. Ich stand immer außen vor, als ausländische Frau vom Chief, als Schamanin, als Frau, welche die Dinge anpackt und nicht den Männern überlässt. Nicht gläubig, keiner Kirche zugehörig. Und ja, auch intellektuell. Mit dem Navajo Tattoo auf der Hand, aber auch nicht wirklich tief drin im Stamm, um dazuzugehören. Sicherlich, genauso geachtet und teilweise auch verehrt wie mein Mann. Aber eben zu anders, als wirklich akzeptiert zu sein. Mir fehlen meine Freunde, ihre freie Art zu denken, diese Freiheit, einfach zu sein. Weshalb ich beschlossen habe, diesem Ort den Rücken zuzukehren. Wohin ich dann gehen werde, das weiß ich noch nicht. Ich denke nicht über die nächsten Tage und Wochen hinaus.

Ein letztes Mal noch gehe ich jetzt ins Obergeschoss, in unser Schlafzimmer, Ort vieler glücklicher Stunden. Selbst als er eigentlich schon zu krank war, hat Tom sich mir hier noch geschenkt, mit Worten, mit Blicken und Berührungen. Jetzt ist dieser Raum fast leer, das Bett abgezogen. Kalt. Unwillkürlich läuft mir eine Träne die Wange herunter. Ich trete ans Fenster, schaue hinaus auf den Canyon. Diese Aussicht wird mir fehlen, so viel ist sicher.

Ein Geräusch lässt mich nach unten blicken. Unter mir, durch das gläserne Dach des Wintergartens, sehe ich eine Gestalt auf der Bank am Fenster hocken, eines der großen Kissen im Arm, die Schultern zuckend und die Nase darin vergraben. Genauso habe ich dort auch gesessen in den ersten Nächten nach Toms Tod, als ich versucht habe, seinen Geruch, seine Nähe festzuhalten, und es doch nicht geschafft habe. Mein Herz bricht auf. All der Schmerz, aber auch die Liebe ist wieder da. Ich laufe nach unten, ins Erdgeschoss und von dort auf die Galerie, die Treppe in den Wintergarten hinunter. Gleich darauf schließe ich Danny in die Arme und wiege ihn, tröste ihn und mich selbst.

»Danny, Danny, schscht, ist ja gut. Ich weiß, ich weiß, du hast ihn schon so viel länger geliebt als ich«, flüstere ich und halte ihn ganz fest.

Er erstarrt gut spürbar, aber nur einen winzigen Moment, und dann lässt er sich fallen und weint richtig, wilde, abgehackte Schluchzer, die er sich wohl nie erlaubt hätte, wäre jemand anderes bei ihm gewesen.

Es dauert lange, bis er sich wieder beruhigt hat. Irgendwann stehe ich auf und koche uns beiden einen Tee. Noch haben wir Zeit.

Schließlich schaut er auf den Becher in seinen schmalen Händen herab. »Woher hast du es gewusst?«, fragt er leise.

»Wirklich gewusst... hm. Dass etwas anders mit dir ist, habe ich gemerkt, als ich damals überfallen wurde. Du warst der einzige, von dem ich mich berühren lassen mochte außer von Tom. Da habe ich es das erste Mal gespürt. Aber richtig klar wurde es mir erst Weihnachten auf Haulensteen. Wie du Tom einen Moment lang angesehen hast. Da ging es mir auf.«

Er schließt die Augen, hält sich an dem Becher fest. »Ich konnte nichts machen. Egal, was ich versucht habe, es ging nicht weg. Es hat schon in der Schulzeit angefangen. Bitte, sei mir nicht böse deswegen.« Jetzt schaut er mich an, furchtsam und ein wenig scheu.

»Das bin ich nicht, denke das doch nicht, Danny. Du hast das Recht zu sein, wie du bist, und zu lieben, wen du willst. Hast du deswegen immer so gut aufgepasst? Wolltest du ihn beschützen?«

Er lächelt leicht. »Man will immer beschützen, was man liebt. Nur bei Pam, da ist es mir nicht gelungen. Keinem von uns. Ich habe mir solche Vorwürfe gemacht! Aber dann, dann kamst du. Das hat es wieder ausgeglichen, obwohl ich am Anfang ziemlich eifersüchtig auf dich war. Sehr sogar.«

»Und ich habe dir das auch noch an den Kopf geworfen. Oh Mann!«

Jetzt lacht er leise. »Jaah, das hat mir einen Schreck verpasst, das kann ich dir sagen! Ich dachte, wie kann es nur sein, dass sie das weiß? Du warst mir richtig unheimlich am Anfang, aber noch mehr Vince und Sean. Nur Jimmy nicht. Den hast du umgehauen. Ich bin trotzdem froh, dass du dich nicht von ihm hast herumkriegen lassen. Um Toms Willen. So nett Jimmy sein konnte, er war auch ein Dreckschwein, was Frauen anging, später, wenn er ihrer überdrüssig wurde. Wenn der zwischen euch gefunkt hätte, dann hätte Tom das nicht verkraftet. Er wäre kaputt gegangen. Ist er beinahe auch wieder, als diese furchtbaren WhatsApp eintrafen. Das waren die drei schlimmsten Tage in unser aller Leben. Tom, der saß die ganze Zeit wie erstarrt da, und Jimmy hat in seiner Wohnung gewütet, war sturzbetrunken, das kannst du dir nicht vorstellen!«

»Ich weiß«, flüstere ich und muss die Augen schließen. Ich habe diese WhatsApp gelesen, damals, als ich Jimmys Handy aufgeräumt und gelöscht habe. Und die an Tom nach langem Zögern auch. Das waren schlimme Botschaften, viel schlimmer als die an mich, geboren aus Rache und Hass. »Ich konnte nur hoffen, dass mein Paket euch schnellstmöglich erreicht und keiner von euch irgendwelche Dummheiten begeht. Insbesondere Tom nicht.«

»Die Sorge um die Kinder hat ihn am Leben gehalten, Sanna«, sagt Danny leise. »Als ich dein Paket in meiner Post auf der Wache fand, da habe ich bestimmt eine Viertelstunde dagesessen und geheult. Du musst auch so schlimme Botschaften erhalten haben wie wir, aber du, du warst stark und klug, viel, viel mehr als wir. Ich bin froh, dass er dich gefunden hat oder du ihn. Und damit uns. Um unser aller Willen, aber vor allem um seinetwillen.«

»Das hat Jimmy auch geschrieben, in seinem Abschiedsbrief. Er hat mir auch geschrieben, dass er mich nehmen würde, wenn Tom es nicht tun würde. Tja.« Wir tauschen einen Blick und müssen lachen.

Er streckt die Hand aus, umfasst meine. »Hättest du ihn denn genommen?«

»Nein.« Das war mir schon immer klar. »Das wäre keine paar Tage gut gegangen. Als ich seine Wohnung gesehen habe, hat mich fast der Schlag getroffen. Was für ein Chaos! Bestimmt haben seine festen Freundinnen angefangen, daran herumzumäkeln, aufzuräumen. Ihn versucht zu ändern. Das hätte ich auch getan, und dann wäre es zu Ende gewesen. Nein, Jimmy war kein Mann für eine feste Beziehung, da hätte er sich zu sehr verändern müssen. Ich wäre mir dafür auch zu schade gewesen, Danny.«

»Gott sei Dank warst du das«, sagt er und umarmt mich noch einmal. Trost suchend lehnen wir aneinander, bis draußen ein sich näherndes Motorengeräusch uns gemahnt, dass wir jetzt aufbrechen müssen. Der Umzugswagen ist da.

Der Abschied von Arizona fällt mir nicht schwer, zumindest noch nicht. Denn alle, die mir etwas bedeuten, werden mit mir fahren. Der eigentliche Abschied wird erst später erfolgen, in New York, weil wir dort etwas vorhaben.

Schon als ich das erste Mal New York wirklich betreten habe, da habe ich es bis hinaus ins PFZ gespürt. In einer dunklen Winternacht bin ich dann heimlich nach Manhattan gefahren, habe mich dieser Stätte angenähert, so weit ich es irgendwie konnte. Ich musste sie spüren, diese Linie, welche die Geister an ihrem Ort festhielt, sonst hätte ich mich niemals in die Stadt wagen können, und das ging nur allein. Es hat mich überrascht, wie sehr sie an den Ort ihres Todes gekettet sind, nicht in der Lage, diese Barriere zu überschreiten. Sie umfasst gerade mal das Areal der ehemaligen Trümmerstätte. So konnte ich mich diesem Ort bis an den Rand des Platzes nähern, ohne Gefahr für mich. Und ich habe *ihn* gespürt, oh ja. Diese böse Seele, die dort immer noch ist und die anderen gefangen hält und sich von der Trauer und der Angst, die diesen Ort immer umgibt, nährt.

Tom wusste nichts davon, und hinterher ist er ausgerastet, als ich es ihm gesagt habe, der erste große Streit in unserer Ehe. Ich wusste, dass dies geschehen würde, und bin gelassen geblieben. Genauso, wie ich wusste, dass er mir niemals erlauben würde, das zu tun, was ich immer mehr spürte, tun zu müssen, je öfter ich in New York war: die Sühne eines alten Versagens, meines großen Fehlers. Erst auf seinem Sterbebett hat er mir sein Einverständnis gegeben. Wenn dir dabei etwas passiert, dann werden wir uns sehr schnell wiedersehen, hat er gesagt. Allerdings musste ich ihm ein Versprechen geben: Dass Lizzie nicht mit mir auf das Gelände gehen würde. Und das haben wir auch nicht vor. Ich werde allein dort hineingehen, aber ich werde nicht allein sein. Für diesen Plan brauche ich Unterstützung, sehr viel davon, aber von außen.

Die Navajo Frauen und Dutzende andere werden mich begleiten. Aus allen Teilen des Landes und von noch weiter her haben wir uns verabredet für eine ganz bestimmte Nacht, die Tag- und Nachtgleiche, den 20. März. Kris wird da sein und ihre Freundinnen. Angehörige anderer Stämme, weiße Hexen, Schamaninnen, und wer weiß wer noch. Es hat sich herumgesprochen, was wir vorhaben. Dabei gab es eine ganz klare Regel: keine Posts bei den Social Media. Nur Mund-zu- Mund-Propaganda. Wir wollten keine Spuren im Netz hinterlassen.

Oh, hoffentlich halten sich alle daran!, denke ich so bei mir, während ich am Steuer des Landi sitze und ihn aus dem Reservat herauslenke, dem Reisebus folgend, den wir für die anderen gemietet haben. Mit mir im Wagen sitzen Danny, Lizzie und Chip und die kleine Tamsin, keine zwei Tage nach Toms Tod geboren. Lizzie und Chip wollten ihr Kind unbedingt nach ihm benennen, und da es ein Mädchen wurde, kam dies dabei heraus.

Auch ein Teil von Toms Asche begleitet uns. Wir werden sie in New York neben Rob und den übrigen Familienmitgliedern beisetzen. Er hat mir auch sein Einverständnis gegeben, dass ich einen kleinen Teil am Ground Zero verstreuen darf bei unserer

Aktion. Den anderen Teil haben wir in unserem Canyon verstreut, das war sein Wunsch gewesen.

Wir werden über Land nach New York fahren, und sollte ich heil aus dieser Sache herauskommen, werde ich danach überlegen müssen, wo ich hingehen will. Entschieden habe ich mich noch nicht. Weil ich, so ehrlich bin ich zu mir selber, nicht damit rechne, dass die Sache gut für mich ausgeht.

Kapitel 12

Drei Tage später kommen wir erschöpft, aber zufrieden über die reibungslose Fahrt im PFZ an. Ich liebe dieses Gebäude, die Architektur, aber vor allem die Erinnerungen, die es füllen. Es ist mir zu einer weiteren Heimstatt geworden, genauso, wie es das für Tom immer gewesen ist.

Erst hatten Rob und Col Jimmys Wohnung übernommen, und den Anbau, den haben Danny und Sean dem FDNY zur Verfügung gestellt, günstiger Wohnraum für Probies, wie sie die jungen Feuerwehrleute auf Probe hier nennen, solche von außerhalb, die sich in New York keine Wohnung leisten können. Auch welche aus Toms Rettungseinheit, die hier in der großen Stadt Erfahrungen sammeln sollten.

Nach Robs Tod hat Col dann allein in Jimmys Wohnung gewohnt, doch nicht allzu lange. Als Tamara sich dazu entschloss, ihr Studium der Tiermedizin in New York abzuschließen und sich damit gegen ihre Mutter und den Rest der Familie durchgesetzt hat, ist sie gleich bei Col eingezogen. Was als Teenager-Liebe begann, ist eine gute, stabile Ehe geworden mit mittlerweile drei Kindern, die das Haus mit jeder Menge Lärm und Trubel füllen. Drei Jungs haben sie, und ich weiß, Tamara will unbedingt noch eine Tochter. Dabei hat sie es geschafft, ihre Arbeit und die Kinder stets unter einen Hut zu bringen, denn durch den

Schichtdienst der Feuerwehrleute ist immer jemand da, der auf die Kleinen aufpassen kann, und zur Not springen auch mal Vince oder einer der Probies mit ein.

Unter Tamaras Einfluss wurde aus der Junggesellenhöhle ein richtiges Heim, Mittelpunkt unser aller Leben, selbst für Tom und mich, wir waren so oft dort, wie wir konnten. Tamara hat auf der rückwärtigen Brache einen Garten angelegt, nach dem Vorbild von dem in Haulensteen, mittlerweile bekannt im ganzen Viertel und darüber hinaus. So ist das Gebäude nicht nur innen, sondern auch außen ein richtiges Schmuckstück geworden.

Dort im Garten sitze ich ein paar Tage später bei Sonnenaufgang, fest in eine warme Decke gewickelt und einen Latte Macchiato genießend. Heute Nacht soll es also sein. Es ist mir klar, das kann meinen Tod bedeuten, und auch den anderen ist es klar. Entsprechend schleichen sie um mich herum, bewachen mich geradezu, weshalb ich in die Stille des Morgens hinaus geflüchtet bin, nur unterbrochen vom Rauschen des weiter entfernten Verkehrs.

Als wir mit der konkreten Planung begannen, mussten wir natürlich beichten, was sich damals im Canyon de Chelly zugetragen hat und wie gefährlich es ist, sich einem solchen Geist zu nähern. Deshalb möchte ich auch niemanden auf dem Gelände haben, das habe ich durchgesetzt. Es wird sich zeigen, ob sie sich alle an diese Direktive halten. Ich würde es mir niemals verzeihen, würde jemand anderer als ich selbst dabei zu Schaden kommen.

Die Tür vom PFZ geht auf. Heraus kommt Sean, in Uniform, einen Kaffeebecher in der Hand. »Hey«, sagt er und setzt sich zu mir. »Nervös?« Er nimmt einen Schluck und schaut auf die Uhr. Bald Schichtbeginn. Anders als Vince, der bereits in Rente ist, und Danny, der es demnächst plant, macht Sean keine Anstalten, diesen Gedanken auch nur ins Auge zu fassen. Denn dann müsste er sich ja wegen Mo endlich entscheiden und sie sich auch. Da bleibt er lieber noch ein Weilchen beschäftigt und klettert immer weiter die Karriereleiter des FDNY hinauf. Mittlerweile ist er Chief, und das in den höheren Rängen.

»Geht so«, erwidere ich auf seine Frage.

»Du weißt, du musst das nicht tun«, wiederholt er das ewige Mantra der letzten Tage.

»Und du weißt, dass ich nicht anders kann, Sean. Wir werden das heute Nacht durchziehen, und wenn es das Letzte ist, was ich tun werde. Es ist mein Wunsch, und Tom hat mir seinen Segen dazu gegeben. Also lass mich. Bitte.«

»Na schön. Der Himmel weiß, wie wir das verbergen wollen. Wir werden sehen.« Drüben auf der anderen Seite des Hofes fliegt die Tür zum Anbau auf. Heraus eilen vier Probies, alle jung und noch ziemlich grün hinter den Ohren, erst wenige Wochen im Dienst. »Gerade noch rechtzeitig«, ruft Sean herüber, drückt mir seinen Kaffeebecher in die Hand, gibt mir einen Kuss auf die Wange und steht auf, die Jungen mit sich winkend.

Den Tag verbringe ich mit meinen beiden jüngsten Enkelkindern, Robbie und Klein-Jimmy. Der Älteste, TomTom, ist in der Schule. Sie lieben ihre Oma und vermissen ihren Opa ganz schrecklich, wie sie mir immer wieder sagen. Es tut mir gut und weh zugleich, das zu hören, denn sie werden bald auf die eine oder andere Weise auch auf diese Oma verzichten müssen, entweder zeitweise oder für immer. Die andere Oma, meine Schwester, hat sich nie überwinden können, in den Flieger zu steigen und hierher zu kommen, um sie kennenzulernen. Ihr Groll gegen diesen Teil der Familie, also gegen mich, ist zu stark, was ich sehr bedauerlich finde, nicht wegen mir, sondern wegen Tamara. Aber die kam ja schon immer mehr nach mir. Und die ganz andere Oma, die, über die nie gesprochen wird, sitzt nach wie vor in einer Irrenanstalt und wird dort auch hoffentlich bis an ihr Lebensende bleiben.

Am Abend wird es voll im PFZ. Die Navajo Frauen fallen bei uns ein, sie wollen sich und mich mit einem Ritual auf die Nacht vorbereiten. Wir haben die Männer losgeschickt, sämtliche Rauchmelder im Haus zu deaktivieren, denn das Letzte, das wir jetzt gebrauchen können, ist ein Feuerwehreinsatz, der unser Ritual stört. Das Ganze findet in einem leerstehenden Teil des Anbaus statt, die Probies haben wir verbannt.

Spät in der Nacht sind wir dann auf dem Weg nach Manhattan. Wir fahren im Einsatzwagen von Sean, er ist in Uniform, Vince gibt den Chauffeur, ebenfalls in Uniform, genauso wie Danny und Col. Lizzie fährt in dem Wagen hinter uns und Chip, der sich nicht davon hat abhalten lassen, sie zu begleiten. Er wird aufpassen, dass sie keine Dummheiten macht. Oder sie auf ihn, da sind sie sich wohl noch nicht ganz einig.

Ich selber befinde mich in einem fast schwebenden Zustand. Es hat die Männer erschreckt, mich so zu sehen, bemalt und mit geweiteten Augen. Deshalb trage ich einen langen Umhang mit Kapuze, sodass man möglichst wenig von meinem Gesicht erkennen kann. Nicht, dass ich noch wegen Drogenkonsums verhaftet werde auf dem Weg dorthin. In meinen Händen halte ich einen Thermobecher, gefüllt mit einem Tee, den ich nach dem ganz speziellen Rezept eines jungen Mannes gekocht habe, eine Erinnerung, eine Verbindung in die Vergangenheit. Das soll mich an das Gute erinnern, an die Freundlichkeit, an eine nette Geste.

Am Ground Zero, der nun ja schon lange nicht mehr so heißt, parken wir an der Feuerwache 10, die direkt hier ihren Sitz hat. Die Mitglieder der Wache haben sich draußen versammelt, mit verschränkten Armen stehen sie da und schauen uns abwartend entgegen. Ich spüre ihre Ablehnung, sie mögen es gar nicht, wenn irgendwelcher Unsinn auf ihrem heiligen Grund stattfindet. Doch Seans Anwesenheit lässt sie Zurückhaltung wahren, er begrüßt nur knapp den Captain der Wache und einen anderen von der Polizei, welche die Zugänge zu dem Platz gesperrt hat.

Ich weiß nicht, welche Beziehungen Sean hat spielen lassen, damit das möglich wurde. Er sagte mir, sie hätten jedwede Überwachung und auch die Beleuchtung des Denkmales abschalten lassen für die Zeit, die wir da sind. Der Platz selber ist jetzt, mitten in der Nacht, fast unheimlich still. Als würde das, was dort wartet, die Luft anhalten. Nur das leise Rauschen des Wassers in den Becken ist zu hören und natürlich, der immerwährende Verkehr. Doch er wirkt seltsam entfernt, wie entrückt.

Noch konzentriere ich mich nicht, noch lenke ich mich ab, fest in Dannys Arm und im Hintergrund wartend, an dem Denkmal für die gefallenen Feuerwehrleute, ein langes Bronzerelief, das an der Seite der Wache angebracht ist. Auf dem Platz hat irgendwer im Laufe des Tages die Grenze markiert, kleine unauffällige Kreidestriche, kaum zu sehen und mit dem nächsten Regen wieder weggewaschen. Nun kommen aus allen Straßen rings herum die Frauen herbeigeströmt, jede eine brennende Kerze in der Hand, viele geweiht, nach ihrer jeweiligen Glaubensauffassung. Stumm lassen sie sich in sicherer Entfernung vor den Markierungen nieder, und sie werden stumm bleiben, kein Gesang, nichts, was zusätzlich die Aufmerksamkeit auf mich ziehen würde. Darauf habe ich bestanden. Auch Lizzie gesellt sich jetzt mit Kris, Faith, Sylvie und Rosie und den anderen Navajo Frauen zu ihnen. Ich mache mich von Danny los, beginne diese lange, lange Reihe abzuschreiten. Berühre jede einzelne von ihnen, baue die Verbindung auf. Viele, die mich kennen, antworten mir, die anderen oft nicht. Es ist egal. Die Geste ist es, die zählt.

Mit jeder Hand, die ich berühre, mit jeder neuen Verbindung merke ich, wie sich etwas verändert. Etwas wird wach, aufmerksam, richtet sich aus. Als ich nach langer Zeit wieder bei Lizzie ankomme, ist es da und wartet auf mich. Sie ein letztes Mal berührend, lenke ich nun meine volle Aufmerksamkeit darauf. Dann schraube ich den Becher auf, damit mich der Duft des Tees auf meinem Weg begleitet, und betrete das Innere der

Markierung. Ich laufe hinein, hin zu den beiden Becken, zwischen sie, und bin augenblicklich von vollkommener Stille umgeben. Es ist, als würde die Stadt rings um uns herum nicht existieren, alles nur noch eine undurchdringliche, nebelige Wand. Einzig die Fußabdrücke der beiden Türme liegen so da, wie sie seit Jahrzehnten dort sind: zwei tiefe Becken, ein Wasserfall in zwei Stufen in jedem, mit rings herum eingelassenen Namen auf der Brüstung für jedes Opfer dieses furchtbaren Anschlags.

Vorsichtig stelle ich den Becher ab, ziehe einen kleinen Beutel mit Toms Asche heraus. Öffne ihn, schütte sie in meine Hand. Und verstreue sie ganz langsam rings um mich herum.

Das Wasser hält an. Plötzlich ist das Rauschen verschwunden, die Stille wird jetzt erdrückend. Dann, mit einem Mal, zerstäubt es zu einem feinen Nebel, es löst sich auf. Ich werde eingehüllt, so dicht, dass ich kaum noch die Hand vor Augen sehen kann. Fest halte ich nun wieder meinen Becher umfasst, konzentriere mich auf diesen Bezugspunkt zur Welt ringsherum. Und dann ist er auf einmal da. Er steht vor mir, eine Totenschädelgestalt, kaum zu erkennen im Nebel.

‚Ich habe auf dich gewartet. Du warst schon mal hier. Wer bist du?‘

‚Du kennst mich. Wir sind uns schon mal begegnet, vor langer Zeit. Ich habe dich damals nicht aufhalten können. Deshalb bin ich jetzt hier.‘

Die Gestalt kommt näher. *‚Zeige dich mir!‘*

Langsam hebe ich die Hände und schlage die Kapuze zurück. *‚Zeige du dich mir auch. So, wie du damals ausgehen hast. Als dein Freund Ziad mir diesen Tee gekocht hat.‘* Und ich nehme einen langsamen Schluck aus dem Becher. Spüre ihm nach, wie er mir die Kehle herunterrinnt, mich wärmt, die Botschaft dahinter.

Er zischt, Gischt kommt auf mich zu, trifft mich im Gesicht, klebt auf mir wie Gift. Doch irgendwie, ich weiß auch nicht, wie, wird er gezwungen, es zu tun. Die Verbindung ist noch da, oh ja, sie war es die ganze Zeit. Dann steht er vor mir, Mohat, nicht so, wie er damals ausgesehen hat, sondern so, wie er wahrgenommen werden will. Mit Vollbart, in diesem langen Gewand, welches die Männer der Moslems tragen, aber das ist egal. Die Augen sind es, die den Unterschied machen. Sie sind kalt, grausam, nicht menschlich.

„Jetzt weiß ich, wer du bist. Mädchen, das zu uns gehören sollte. Aber das tust du nicht. Noch nicht. Aber bald wirst du es.' Er kommt näher. Glaubt er, das macht mir Angst? Falls es so ist, hat er sich getäuscht.

Ich weiche nicht zurück. Hoch aufgerichtet stehe ich vor ihm. *‚Es war meine Entscheidung, wie ich mein Leben lebe, genauso wie es deine Entscheidung gewesen ist, was du tust. Ich habe stets für andere gelebt. Ihnen geholfen. Sie gerettet. Du jedoch, du hast den Tod gebracht. Warum? Was hast du gesucht? Eine Art der Anerkennung? War es dein Geltungsbedürfnis, etwas Besonderes zu sein? Macht es dich an, anderen Angst zu bereiten? Fest steht, du bist in deiner ganz eigenen Hölle gelandet, hier, für immer. Kein Himmel und keine siebzig Jungfrauen für dich. Denn du, so viel steht fest, hast es nicht für einen Gott getan, sondern nur für einen Mann, einen bösen, machtgierigen Mann, nichts weiter.'*

Und ich strecke den Becher von mir, gieße den Rest des Tees aus und lasse ihn dann fallen, sodass er in der Pfütze des Tees zwischen uns aufschlägt.

Der plötzlich aufschießende Zorn dieses Wesens reißt mich von den Füßen. Ich pralle hart auf den Boden. Mit einem Mal ist es nicht mehr alleine, sie sind zu zehnt, fünf Attentäter für jedes Flugzeug. Ich werde gepackt und hochgezerrt, hinein in den Nebel. Wie lange Eisfinger greifen sie nach mir, doch ich weigere mich, Angst zu empfinden, denn dann habe ich verloren, das weiß ich. Stattdessen halte ich die Verbindung zu den anderen Frauen fest, das Gute, auch wenn sie dünner und dünner wird, je weiter ich mich von ihnen entferne. Wo bringen sie mich hin?!

Dann kommen wir mit einem Ruck zum Stehen. Er steht wieder da, diesmal in westlicher Kleidung und ohne Bart. Ich reiße die Augen auf. Vor mir erkenne ich die Umrisse eines Cockpits. Wir stehen in dem Gang eines Flugzeugs, es schwebt, die Nasenspitze direkt vor den markanten Strahlstreben des einen Turmes. Ich sehe die Umrisse von Menschen, sie stehen, sitzen, arbeiten. Ich sehe die Passagiere, ihre Münder zum letzten Schrei ihres Lebens aufgerissen.

‚*Nein*', sagt er und kommt jetzt so dicht heran, dass sich sein kalter Atem wie Eis auf meine Haut legt. ‚*Ich bin nicht in der Hölle, sondern sie sind in meiner. Ich erfülle noch immer meine Pflicht an meinem Herrn. Ich lasse sie dies wieder und wieder und wieder erleben, bis, ja bis keiner mehr von ihnen übrig ist und ich endlich gehen kann. Die Leute im Flugzeug, die Leute in den Büros und die Leute, die zu ihrer Rettung hierhergeeilt sind. All jene, die man vergeblich gesucht hat, sie beherrsche ich. Die Leute, die um sie trauern, sie nähren mich, uns, Jahr für Jahr für Jahr. Es werden weniger. Sicherlich. Aber es sind immer noch genug, dass wir für lange Zeit unsere Botschaft hier verbreiten können. Und du, du wirst jetzt zu ihnen gehören, ganz egal, ob ich dich jetzt vernichte oder dich einfach nur fallen lasse.*'

Er tut es, einen winzigen Augenblick nur lichtet sich der Nebel und ich erkenne, ich schwebe wirklich so hoch, über neunzig Stockwerke des alten Turmes, und muss mich mit aller Macht zusammenreißen, mein Erschrecken nicht zu zeigen. Denn das macht ihn, macht sie stärker.

‚*Oh nein*', denke ich, ‚*da irrst du dich. Wenn du mich tötest, werde ich nicht dir gehören, sondern zu jemand anderem, zu einem, der auf mich wartet.'* Und ich öffne mich, öffne meinen Geist, baue die Brücke, welche die Verbindung zwischen Leben und Tod ist, und rufe sie herbei, meine Lieben, Tom, Jimmy, Rob und CC. Denke an die Momente inniger Verbundenheit, die Tom und ich hatten, diese Verbindung zweier Seelen, unsere Liebe.

Doch stattdessen erhalte ich Antwort von ganz anderer Seite. Die Menschen rings um mich herum, bisher stumm und wie gelähmt, werden auf einmal wach. Springen auf, schauen uns an.

‚*Kommt her*', rufe ich ihnen zu, ‚*helft mir! Ihr seid so viele, und sie sind nur so wenige! Gemeinsam können wir sie besiegen, und ihr werdet frei sein!*'

Kaum hat der letzte Gedanke mich verlassen, greifen die zehn Männer mich an. Sie stürzen sich auf mich, fassen nach mir, versuchen meine Seele zu zerreißen, aber die wird zusammengehalten von dutzenden von Fäden, genährt von unten, die Verbindung zu meinen Freundinnen.

Doch dann sind die anderen heran, sie reißen die Attentäter von mir, greifen sie nun ihrerseits an, ziehen und zerren an ihnen. Schneller und immer schneller wirbeln sie um mich herum, es ist wie ein Sturm. Er will sie wieder in dem Schrecken gefangen nehmen, lenkt das Flugzeug und damit uns in den Turm, doch diesmal schafft er es nicht, sie haben sich befreit. Es rauscht, es wird laut, Blitze zucken. Ich helfe ihnen, stärke sie, baue weiter an der Brücke, und dann, als der Lärm schier unerträglich wird, schaffen sie es und sprengen die zehn Geister in tausend Stücke. Es gibt einen lauten Schlag. Ich lasse los, bringe sie auf den Weg, einen nach dem anderen, und auf einmal merke ich, wie die Kräfte auch mich loslassen, wie ich falle. Wie lange dauert es, bis man diese Strecke überwindet? Ich weiß es nicht. Mir kommt es endlos vor, und ich weiß, wenn ich unten aufschlage, wird von mir nichts mehr übrig bleiben außer eine unförmige Masse wie von so vielen damals. Tom, denke ich und rufe ihn mit letzter Kraft. Über mir, weit entfernt, wirbelt immer noch die leuchtende Wolke, aber sie wird kleiner und kleiner, als jetzt die Letzten den Weg über die Brücke schaffen und ich denke, nun kann ich sie erlöschen lassen.

In dem Moment taucht neben mir ein Schatten auf, der Rand des Beckens. Ich falle hinein, ein winziger Augenblick nur noch bis ganz unten, doch er kommt nicht. Auf einmal sind da dutzende Arme und Hände, sie fangen mich auf, bremsen meinen Fall, bis ich fast sanft in den Wasserresten ganz unten aufsetze. Ich schaue auf sie, sehe schemenhafte Gestalten, unförmig und kaum zu erkennen, und ich frage mich, wer das wohl ist, da kommt einer auf mich zu und zeigt sich mir, ein Helm, eine Uniform, und ich erkenne, es sind die Retter von einst, jene, die man nie in dem Trümmerhaufen gefunden hat. Und ich weiß, dass ich die Brücke noch offenlassen muss, sie bestärken, damit auch sie ihren Weg endlich nach Hause finden.

Mit letzter Kraft rufe ich meine Freunde zu Hilfe, erhalte Antwort und bündele alles, was ich noch besitze, um den Gefangenen zu helfen. Einer nach dem anderen löst sich nun und wendet sich dem Licht zu, in dem Becken, wo ich liege, aber auch in dem anderen. Es zerreißt mich fast. Am Ende, als sie fort sind, lasse ich einfach los. Das Licht über mir zieht sich zu einem winzigen Punkt zusammen und explodiert dann in einem gleißenden Blitz, lauter Donner hält zu mir herunter. Dann ist es dunkel und still.

Einen Moment liege ich atemlos und mit klingelnden Ohren da, völlig benommen. Dann trifft ein harter Wassertropfen mich im Gesicht. Dann noch einer und noch einer, und mit einem Mal fängt es an zu prasseln, als das Wasser, das sonst die Wände des Beckens herabströmt und es füllt, die gesamte Strecke von dort oben herabrauscht, wie Hagelkörner. Ich werde getroffen, ein Schlag nach dem anderen, es geht so schnell, dass ich gerade einmal das Gesicht schützend in den Armen bergen und die Kapuze über mich ziehen kann, doch das hilft nicht viel. Es ist, als würde man mit einer Peitsche auf mich einschlagen, ich fühle, wie der

Stoff reißt, wie sich die Wassertropfen in meine Haut graben, hart wie Stein.

Und dann rauscht das Wasser mit Wucht auf mich herab, eine Welle, die mich empor reißt und mich gegen die Wand des Beckens schleudert. Ich gehe unter, werde herumgewirbelt, bekomme keine Luft mehr. Werde ich hier ertrinken, frage ich mich in einem Moment der Panik, und ich versuche zu schreien, laut und im Geiste.

Mein Hilferuf wird gehört. Plötzlich werde ich gepackt und an die Oberfläche gezerrt. Schemenhaft sehe ich Leitern in der Dunkelheit am Beckenrand lehnen, es sind Feuerwehrleute, die mich jetzt mit vereinten Kräften nach oben ziehen, erst über den ersten Rand, dann über den zweiten und mich dann auf dem Gehweg ablegen. Viel erkennen kann ich nicht, es ist stockfinster ringsherum, und ich frage mich verwirrt, warum das so ist. Von meinen Rettern sehe ich nur die Umrisse, die Helme, sie lassen mich jetzt los und allein, alle, bis auf einer. Er umfasst mich, hüllt mich ein. Dieses Gefühl… so vertraut.

»Tom«, flüstere ich und erhalte Antwort. Hinter ihm sehe ich drei weitere Umrisse stehen, sie warten auf ihn. Jimmy, Rob und CC sind es, ganz bestimmt. Sie können nicht lange bleiben. »Nimm mich mit…«

‚*Nein. Du musst leben, Sanna. Tu es für mich, sei für unsere Familie da. Sei nicht traurig. Wir werden uns wiedersehen, sehr bald.*‘ Er streift noch einmal über mich, eine Liebkosung. Dann steht er auf und gesellt sich zu den anderen, und gleich darauf sind sie verschwunden.

Benommen liege ich da und höre lange Zeit nur meinen keuchenden Atem. Warum ist es so dunkel? Bin ich etwa woanders? Allein? Doch dann durchbricht ein Geräusch die Nacht. Ich höre Rufe, rennende Schritte. Flackernde Lichter kommen auf mich zu.

»Sanna!« Jemand rüttelt mich. Schemenhaft erkenne ich die Gesichter von Sean und Danny über mir. Sie richten mich auf, Sean zieht seine Jacke aus und hängt sie mir um die Schultern. Ich werde hochgehoben, getragen. Es tut so weh, dass ich unwillkürlich stöhne. »Wir brauchen einen Krankenwagen!«

»Nein, kein Krankenhaus«, fahre ich auf. »Es geht mir gut. Bringt mich nach Hause.« Ich fange an, mich zu winden, und zwinge Sean so, anzuhalten und mich abzusetzen. Wieso ist sein vorher weißes Uniformhemd auf einmal so rot?, wundere ich mich, da geht mir auf, das Blut stammt von mir, von meinem Gesicht und den Kleidern, sie sind zerfetzt.

»Sanna, ganz ruhig. Du bist verletzt. Wir müssen uns das anschauen, aber nicht hier«, sagt Danny.

»Ich weiß, es ist nicht schlimm, es sind nur Kratzer. Holt eine Decke, irgendetwas. Niemand soll mich so sehen«, flehe ich. »Bitte, Danny! Bringt mich einfach von hier weg.« Die beiden sehen aus, als wollten sie mir lieber den Hals umdrehen, aber dann rennt Danny los und ist bald darauf mit einer Decke wieder da und hüllt mich darin ein. »Helft mir auf. Ich werde auf meinen eigenen Beinen von hier weggehen. Tut es, na los doch!«, fahre ich sie an.

Sean macht einen Laut, als wolle er mich eher wegschleifen, doch sie tun es. Einen Moment lang stehe ich da und forsche in mich. Keine Kopfschmerzen, also ist das in Ordnung. Ein paar Prellungen. Keine Brüche. Aber viele kleine Schnitte auf der Haut, als wäre ich in Glasscherben gefallen. Vorsichtig mache ich einen Schritt. Es geht gut. Ich streife die zerfetzten Reste der Kapuze über und setze meinen Weg fort, gestützt von Danny und Sean.

Die Frauen stehen Spalier für uns, stumm, die Kerzen sind aus. »Warum ist es so dunkel?«, wispere ich.

»Der Strom ist ausgefallen. Es gab einen Sturm, ein Gewitter. Das warst du. Sie.« Bei Dannys Worten spüre ich, wie Seans Griff um meinen Arm fast schmerzhaft wird.

Jetzt kommen Lizzie und Kris zu mir gerannt und fallen mir um den Hals, gleich gefolgt von Faith, Rosie und Sylvie. »Ist schon gut«, flüstere ich. Lizzie und Kris nehmen Dannys und Seans Platz ein und führen mich durch die wartende Frauenriege hindurch. Nicht wenige kommen zu mir, berühren mich, ein Trost, ein Dank, eine Ehrbezeugung. Ich lasse es mit geschlossenen Augen über mich ergehen, bis Danny und Sean aufrücken und eine deutliche Barriere gegen solcherlei Zudringlichkeiten bilden.

Vor der Feuerwache ist es voll geworden. Nicht nur die Feuerwehrleute sind jetzt da, auch etliche Polizisten haben sich dort versammelt, alle reden aufgeregt durcheinander. Weiter hinten, an den Absperrungen, haben sich einige Schaulustige versammelt, späte Nachtschwärmer. Ich sehe die eckigen Displays von Handys in der Dunkelheit leuchten, wie man die Szenerie filmt, und verkrieche mich tiefer in meiner Kapuze. Die Tore der Wache sind hochgefahren und die Scheinwerfer der Einsatzfahrzeuge eingeschaltet, sodass der Bereich davor beinahe gespenstisch beleuchtet wird. Als sie uns kommen sehen, verstummen alle.

»Komm, wir bringen dich zum Wagen«, raunt Danny mir zu, nimmt mich wieder fest in den Arm und führt mich von den wartenden Männern und Frauen weg, hin zum Wagen. Vince öffnet uns die Türen, erleichtert schlüpfe ich hinein und unterdrücke ein Stöhnen, als ich mich mit meinem malträtierten Rücken in den Sitz lehne. Oh bitte, bringt mich doch von hier weg, flehe ich, doch wie es scheint, hat Sean noch einiges zu klären, er wird regelrecht belagert, laute Stimmen hallen durch die Nacht. Danny und Vince lassen mich allein, eilen ihm zu Hilfe.

Durch die offene Tür sehe ich Lizzie, Faith, Rosie und Sylvie bei Chip stehen und aufgeregt auf ihn einflüstern. Die Frauen verabschieden sich nun, sie strömen von dem Platz herunter, viele erschüttert, manche weinen auch, nicht laut, aber es ist gut zu sehen. Sehr schnell wird es leerer. Ich spüre, wie mich langsam die Müdigkeit überkommt, das Zittern anfängt wegen der nassen Kleidung auf meiner Haut, wie der Schock durchdringt. Wann kommen die denn endlich? Mein Blick wandert zu den Einsatzkräften. Was müssen sie denken? Hat man etwas von außen gesehen? Hat das jemand gefilmt?

Wie ich sie so beobachte, fällt mir mit einem Mal eine Gestalt auf. Eine Frau. Anders als die anderen geht sie nicht fort, sie steht allein da und beobachtet, nicht die Wache, nicht die Polizei, sondern Lizzie, ihren Mann und meine Freundinnen. Das Licht eines heranfahrenden Einsatzwagens streift über sie. Ich richte mich auf. Das ist keine von uns, durchzuckt es mich. Ein Kostüm, ein offener Mantel, hochhackige Schuhe. Nein, so sieht keine von uns aus. Mühsam packe ich die Rückenlehne des Vordersitzes, ziehe mich hoch. Ich komme kaum auf die Beine. Mich am Fahrzeug abstützend, beobachte ich, wie sie sich bewegt, auf die Gruppe meiner Freundinnen zu. Jetzt zieht sie etwas aus ihrer Tasche, etwas, das ich nicht erkennen kann. Aber es sieht nicht gut aus.

»Nein... Lizziieeee!«, schreie ich auf und renne los.

Die Frau fährt zu mir herum, hebt den Arm. Ich höre einen Schrei, ist es meiner oder ein anderer, ich weiß es nicht. Dann gibt es einen Knall, reißender Schmerz durchfährt mich, ich werde zurückgerissen und spüre, wie ich hart auf dem Beton der Straße aufschlage, und dann spüre ich gar nichts mehr.

Epilog

Die Sonne kommt durch die Nebelschwaden in dem herbstlichen Garten von Haulensteen und taucht ihn in ein geradezu magisches Licht. Nicht übel hätte ich jetzt Lust, die Kamera zu holen, doch stattdessen sitze ich lieber noch einen Moment hier auf der Bank und genieße den Anblick, einen Schluck aus meiner Kaffeetasse trinkend. Mittlerweile habe ich gelernt, solche Augenblicke zu leben, wirklich zu leben.

Beim Anheben der Tasse spüre ich immer noch einen leichten Schmerz in der linken Schulter, Folge der Schusswunde aus dem März des letzten Jahres. Das wird wohl auch noch eine ganze Weile so bleiben, sagen die Ärzte und sind sich nicht sicher, ob es nicht langanhaltende Spätfolgen geben wird.

Niemand hat sich erklären können, wie Pam es geschafft hat, aus der Anstalt zu fliehen, und wie sie herausgefunden hat, dass wir uns allesamt in jener Nacht an diesem Ort befinden würden. Fragen konnte sie keiner mehr danach. Nach dem ersten Schuss auf mich und einem weiteren auf Lizzie, der zum Glück jedoch nicht getroffen hat, wurde sie von den anwesenden Polizisten an Ort und Stelle erschossen. Ich weiß nichts mehr davon, bin erst Tage später im Krankenhaus wieder aufgewacht. Zwischendrin, da war es wirklich knapp gewesen, haben mir die anderen hinterher berichtet. Ich erinnere mich nur, dass Tom auf einmal an meinem Bett stand und mir befohlen hat, weiter zu leben.

Die Verwundung hat mich vor dem Aufruhr und Presserummel bewahrt, der gleich danach losgebrochen ist. Nicht, dass irgendjemand auf mich gekommen wäre, das nicht. Aber der Stromausfall, die seltsamen Lichter, dieser Wirbel aus Nebel und Wasser und die Tatsache, dass hinterher das Wasser nur noch in einem der Becken war und nicht in beiden, das hat für einiges an Spekulationen gesorgt. Es gibt sogar ein paar verwackelte Handy Videos von dem Sturm. Zum Glück ist nicht viel darauf zu sehen, aber dennoch, im Netz überschlagen sich die Verschwörungsjunkies. Da war das Drama um Pam nur noch eine Randnotiz. Sean hat sich einige Fragen gefallen lassen müssen, Fragen, die er nicht hatte beantworten können. Was hätte er auch sagen sollen?

Ich bin noch ein halbes Jahr in New York geblieben, im PFZ, und habe mich davon erholt. Alle haben mich angefleht, für immer zu bleiben, doch so, wie das Haus aufgeteilt war, hatte ich dort keine wirkliche Bleibe. Hätten sie mir diese eingeräumt, dann hätte etwas anderes weichen müssen. Also haben wir eine andere Lösung gefunden: Der Anbau wurde um ein Stockwerk erweitert und mir im Erdgeschoss eine Wohnung eingerichtet, mit eigenem Zugang und Terrasse zum Garten. Seitdem teile ich meine Zeit zwischen New York und Haulensteen und den übrigen Reisen auf. So kann ich Familie, Freunde und Fotografie unter einen Hut bringen und habe einen Lebensmittelpunkt, meine Enkelkinder. Denn das ist es ja, was Tom mir aufgetragen hat: Ich sollte mich um die Familie kümmern.

Ich spüre das nahende Alter, auch wenn mir jeder sagt, ich sehe fünfzehn Jahre jünger aus, aber wegdiskutieren kann man es nicht. Ich bin jetzt fünfundsechzig Jahre alt, und die Verletzung hat mich langsamer gemacht. Die Tage, an denen ich mit schwerem Rucksack auf Wanderung gehen konnte, sind wohl vorbei, genauso wie die Übernachtungen im Zelt. Natürlich bin ich beschäftigt wie eh und je, aber nicht mehr so wie früher. Widme mich den Enkelkindern, betreue die Gäste auf Haulensteen, wenn ich denn da bin und mal Not am Mann oder der Frau ist. Ziehe nach wie vor als Fotografin für die Stämme durch die Lande, aber im Landi.

Und versuche, egal, wo ich bin, nicht allzu sehr in der Trauer und der Sehnsucht nach meinem Geliebten zu versinken. Es schmerzt mich immer noch. Auch wenn ich nicht mehr in unserem Heim schlafe, also mich nichts mehr an unsere gemeinsame Zeit erinnert, er fehlt mir. Mit jeder Minute, mit jedem Atemzug, den ich tue. Wird das jemals anders werden? Bei Thore, da war es nicht so gewesen. Schmerzhaft, oh ja. Aber diese Sehnsucht, die war sehr schnell verblasst. Bei Tom jedoch nicht. Es ist, als sei er immer noch bei mir. Was vermutlich auch stimmt, wer weiß das schon. Jedenfalls war er da gewesen, als ich ihn brauchte.

Die Ereignisse in New York haben auch Danny nicht mehr losgelassen. Er ist bald darauf in Rente gegangen und mir mittlerweile ein treuer Freund geworden, viel enger als früher. Die gemeinsame Trauer und die Sehnsucht haben uns zusammengeführt. An ihm ist mir in letzter Zeit eine Veränderung aufgefallen, ein stilles Leuchten in seinen Augen. Er trifft sich mit jemandem, das spüre ich und habe auch so eine Vermutung, diesen Jemand in dem Künstlerkreis von Kris und Perri verorten zu können, jemand, der sowohl in Berlin als auch New York lebt. Geoutet hat Danny sich jedoch nie. Mir ist es egal, solange er nur glücklich ist. Viel glücklicher als ich. Obwohl…

Ich richte mich auf. Hinten auf der Wiese, am Eingang zum Garten, ist eine Gestalt erschienen, hebt grüßend die Hand in meine Richtung und kommt jetzt mit langen Schritten, die Jagdflinte über der Schulter und seinen Hund neben sich herspringend, auf mich zu.

Seit ich wieder zeitweise in Haulensteen bin und einigermaßen genesen, bedenkt mich Georg mit einiger Aufmerksamkeit. Seine Frau Helena ist vor drei Jahren gestorben, und er lebt seitdem allein im ehemaligen Gutsverwalterhaus.

Ich nehme den zweiten Becher, den ich mitgebracht habe, und schenke einen weiteren Kaffee für ihn ein. Mit beiden Tassen in den Händen stehe ich auf und laufe ihm lächelnd entgegen. Vielleicht, ja vielleicht ist das Leben doch noch nicht ganz vorbei.

Ende

Nachwort

Der 11. September 2001 ist ein Tag, der sich tief in das kollektive Gedächtnis der Menschheit eingeprägt hat. Nichts war danach mehr so, wie es vorher gewesen ist.

Manche Leser oder Leserinnen werden sich fragen, ob, und wenn ja, welche Details dieser Geschichte historisch verbürgten Tatsachen entsprechen.

Nun, die beteiligten Protagonisten und die Handlung sind frei erfunden. Jede Ähnlichkeit mit lebenden Personen ist rein zufällig und nicht beabsichtigt.

Eine Ausnahme sind die Namen der Attentäter. Sie sind bekannt und wurden auch in diesem Buch verwendet. Auch der Name des wohl kontroversesten Präsidenten der USA (man rate, wer damit gemeint ist!) ist natürlich real.

Toms Schilderungen zu dem Anschlag liegen die Erinnerungen zahlreicher Personen zugrunde, die an jenem Tag vor Ort und im Einsatz waren.

Viele Dokumentationen wurden über den 11. September herausgebracht, in Büchern, Filmen und Zeitschriften. Folgende sind besonders ergreifend:

Die Dokumentation „Portraits from Ground Zero" handelt von der Fotografin Andrea Booher, die damals für die amerikanische FEMA die Helfer auf der riesigen Trümmerstätte begleitet hat. Zehn Jahre später sucht sie die abgelichteten Personen noch einmal auf und vollzieht mit ihnen die damaligen Ereignisse nach. Einer dieser Beteiligten heißt Tom. Seinen Namen habe ich für diese Handlung entliehen.

Ein weitere – 9/11 - ist eigentlich eine ganze Serie von Dokumentationen. Wie es der Zufall so wollte, waren am Tag des Anschlages zwei französische Dokumentarfilmer vor Ort, die Brüder Jules und Gedéon Naudet. Über mehrere Monate hatten sie einen jungen Feuerwehrmann, einen sogenannten Probie, während seiner Ausbildung beim FDNY begleitet. Am Morgen des Anschlages waren sie mit ihren Kameras in den Straßen Manhattans unterwegs. Jules war der Einzige, der den Einschlag des ersten Flugzeuges in den Nordturm des World Trade Centers filmte. Zusammen mit dem Chief der Feuerwehreinheit, Joseph Pfeifer, und dessen Männern ging Jules in den Nordturm und lieferte die einzigen bewegten Bilder aus dem Innern der Türme. Diese wurden später in einer der besten Dokumentationen zu diesem Thema herausgebracht. Die Interviews mit den beteiligten Feuerwehrleuten, unmittelbar danach, aber auch zehn, fünfzehn Jahre später, wie diese gestandenen Männer selbst nach so langer Zeit immer noch mit ihrer Fassung ringen, sind sehr ergreifend.

Chief Pfeifer hat später seine Erinnerungen in einem eigenen Buch herausgebracht. Leider derzeit nur auf Englisch verfügbar, ist es aber auch für Nicht-Muttersprachler sehr gut zu lesen.

Die neuste Dokumentation, One Day in America, wurde anlässlich des zwanzigjährigen Jahrestages vom National Geographic produziert und läuft derzeit auf diversen Pay TV Kanälen, auch auf Deutsch.

Die Angehörigen der Opfer, die Überlebenden und Ersthelfer jener furchtbaren Anschläge leiden bis heute unter den Erinnerungen und den gesundheitlichen Spätfolgen.

Je mehr Zeit vergeht, desto zahlreicher werden die Opfer. Es sind die Helfer, die über Tage, Wochen und Monate dem giftigen Staub der Anschlagsstätten ausgesetzt waren, allen voran am Ground Zero in New York. Sie sterben an Krebs.

Man mag von dem bereits erwähnten Staatsoberhaupt halten, was man will, aber unter seinem Federstrich wurden diese Opfer das erst Mal vom amerikanischen staatlichen Gesundheitswesen abgesichert. Vielleicht, weil es seinem Image Auftrieb gab, wer weiß. Für viele Opfer kam diese Hilfe leider viel zu spät.

Eine Facette der Anschläge jedoch wird bei den zahlreichen Berichten oft vergessen: Dass die Attentäter zuvor ein ganz normales Leben geführt haben, unter anderem in Deutschland, in Hamburg, und auch dort eine ganz spezielle Art von Opfern zurückgelassen haben: Es sind jene, welche diese Anschläge hätten verhindern können. Manch einer wird sich bis heute Vorwürfe machen, die Anzeichen nicht gesehen zu haben. Oder sie gesehen zu haben, aber sie nicht bis in die letzte Konsequenz verstanden und nichts getan zu haben. Menschen, die mit den Attentätern zusammengelebt haben, mit ihn gebetet, diskutiert. Mit ihnen befreundet waren. Diese Last muss sehr schwer sein.

All diesen Opfern, egal welcher Art und wo auf der Welt, auch jenen, die jahrelang unschuldig im Gefängnis gesessen haben, ist dieses Buch gewidmet.

Wer wie ich in den 90er Jahren in Hamburg studiert hat, der kennt mit hoher Wahrscheinlichkeit von den diversen Studentenpartys, Veranstaltungen und Kursen auch Menschen, die an der technischen Universität in Hamburg-Harburg studiert haben und dort den Attentätern begegnet sind. Das bleibt gar nicht aus. Manch einer berichtet davon, wie es war, als das erste Mal die Fahndungsbilder über die Fernsehmonitore flimmerten, von dem unbestimmten Gefühl, die Gesichter von irgendwoher zu kennen, wenn man sie auch im ersten Moment nicht einordnen konnte. Oder es doch konnte und es einen förmlich aus den Socken gehauen hat. Über das gruselige Gefühl, bereits einmal dem Tod begegnet zu sein. Womöglich direkt neben ihm gesessen zu haben. Diese Schilderungen habe ich in dieses Buch mit einfließen lassen.

Es ist ein kontroverses Thema. Überall in unserer Gesellschaft begegnet man den unterschiedlichsten Arten von Gewalt. Menschenverachtende Ansichten, Extremismus. Auf allen Seiten. Die

Grenzen zwischen Duldung und übler Nachrede sind fließend und niemals klar gezogen. Was läuft noch im Rahmen der Toleranz, was ist wirklich gefährlich? Wann schlägt es um? Wann sollte man eingreifen? Diese Frage wird man wohl nie wirklich beantworten können.

Nun noch ein paar Worte den örtlichen und gesellschaftlichen Gegebenheiten im Südwesten der USA.

Wie schon geschrieben, sind sämtliche Personen und Handlungen bis auf die historisch belegten frei erfunden. Für die Handlung habe ich mir die Freiheit erlaubt, einige Schauplätze, besonders die an den bekannten Sehenswürdigkeiten, etwas umzubauen, damit es in die Handlung passt. Die beschriebenen Gebäude gibt es so nicht, und auch ein gewisser Hot Pot ist nicht existent.

Als Reisender in dieser Gegend streift man die Kultur der Diné, wie die Navajo sich selber nennen, allenfalls sehr oberflächlich, und auch aus dieser Sicht habe ich Sannas Erlebnisse geschildert.

Die Glaubenswelt der Navajo, obschon sie selber diese nicht als Religion bezeichnen, ist vielfältig und sehr, sehr komplex, genauso wie ihre Sprache, die als nicht erlernbar gilt. Im zweiten Weltkrieg haben die US Streitkräfte auf Basis dieser Sprache einen Geheimcode verwendet, der von den Gegnern nicht zu knacken war. Auch hier habe ich gewisse Details – Tattoos, Rituale usw. – passend für die Handlung erfunden. Die Bewohner der Gegend und die Angehörigen des Volkes der Diné mögen es mir nachsehen.

Wer sich etwas mehr für diese Kultur interessiert, dem seien die Kriminalromane von Tony Hillerman empfohlen, erschienen auf Deutsch im Rowohlt Verlag. Leider nur noch gebraucht zu erhalten, geben sie einen guten Einblick in die kulturelle Vielfalt der Navajo und die Konflikte, die immer wieder in ihrer Gesellschaft und zu den Weißen aufbrechen.

Die Region im Südwesten der USA, in der die Handlung spielt, hat eine lange, sehr, sehr schmerzhafte Geschichte. Diese ist geprägt von Völkermord, Zwangsenteignungen und -umsiedlungen, Umweltsünden, Arbeitslosigkeit, Armut und Gewalt. Ich habe versucht, einen Teil davon in die Handlung mit einfließen zu lassen, um zu verdeutlichen, woran es in dieser eigentlich so reichen Gegend, voller Naturschönheiten und Bodenschätze, mangelt. Sinnbildlich dafür stehen das wie ein abgestürztes Ufo in die Landschaft gefallene Kohlekraftwerk nahe Page sowie der Staudamm am Glen Canyon.

Die Gratwanderung zwischen Tourismus, Kommerz, Schaffung von Arbeitsplätzen und dem Schutz von Natur und Kultur ist schwierig. Ich wünsche es den Bewohnern, egal welcher Abstammung, dass es ihnen gelingt, die Balance zu halten und diese einzigartige Natur zu bewahren.

Katas Ellie

Literaturverzeichnis

Garrett M. Graff: Und auf einmal diese Stille. Die Oral History des 11. Septembers; Suhrkamp Verlag

Mitchell Zuckoff: 9/11 Der Tag, an dem die Welt stehen blieb; Fischer Verlag

Stefan Aust / Cordt Schnibben (Hg.): 11. September – Geschichte eines Terrorangriffs; Deutsche Verlags-Anstalt

Joseph Pfeifer: Ordinary Heroes – A Memoir of 9/11; Penguin

Jim Dwyer / Kevin Flynn: 102 Minutes; Times Books

Diverse: September 11: The 9/11 Story, Aftermath and Legacy; Reports and Collections by Journalists of the Associated Press

Geo Epoche: Der 11. September

Mitchell Fink / Lois Mathias: Never Forget – An Oral History of September 11th, 2001; Harper Collins

Tony Hillerman: Wolf ohne Fährte / ff; Rowohlt Verlag

ISBN 978-3-7575-1090-9

www.epubli.de